Schneeloch/Meyering/Patek
Betriebswirtschaftliche Steuerlehre
Band 6: Rechtsformwahl, Rechtsformwechsel, qualifizierte Beteiligungen

Betriebswirtschaftliche Steuerlehre

Band 6: Rechtsformwahl, Rechtsformwechsel, qualifizierte Beteiligungen

von

StB Univ.-Prof. Dr. Dieter Schneeloch

Univ.-Prof. Dr. Stephan Meyering

StB Prof. Dr. habil. Guido Patek

4., vollständig überarbeitete Auflage

Verlag Franz Vahlen München

StB Univ.-Prof. Dr. Dieter Schneeloch, Emeritus und Leiter der Abteilung für Betriebswirtschaftliche Steuerlehre des „Centrum für Steuern und Finanzen (CSF)“ an der FernUniversität in Hagen;

Univ.-Prof. Dr. Stephan Meyering, Inhaber des Lehrstuhls für Betriebswirtschaftslehre, insb. Betriebswirtschaftliche Steuerlehre an der FernUniversität in Hagen;

StB Prof. Dr. habil. Guido Patek, Professor für Rechnungswesen und Steuern an der Hochschule Osnabrück, Fakultät für Management, Kultur und Technik.

ISBN Print 978 3 8006 6315 6
ISBN E-Book 978 3 8006 6316 3

Satz: PDF-Datei der Autoren
Druck und Bindung: Beltz Grafische Betriebe GmbH
Am Fliegerhorst 8, 99947 Bad Langensalza
Umschlaggestaltung: Ralph Zimmermann – Bureau Parapluie

Gedruckt auf säurefreiem, alterungsbeständigem Papier
(hergestellt aus chlorfrei gebleichtem Zellstoff)

Vorwort

Das vorliegende Buch ist der sechste Band eines sechsbändigen Werks zur Betriebswirtschaftlichen Steuerlehre. Das Gesamtwerk stellt die grundlegend überarbeitete Fassung des von Dieter Schneeloch begründeten und während der bisherigen Auflagen von ihm allein verfassten doppelbändigen Werks „Betriebswirtschaftliche Steuerlehre" dar. Zur nunmehrigen siebenten (bisheriger Band 1) bzw. vierten (bisheriger Band 2) Auflage haben die Verfasser und der Verlag gemeinsam beschlossen, jedes der beiden bisherigen Bücher im Umfang von jeweils ca. 600 Seiten inhaltlich geringfügig auszuweiten und in drei dünnere Bände mit einem Umfang von jeweils ca. 200 bis 250 Seiten aufzuteilen.

Adressaten des vorliegenden sechsten Bandes sind vorrangig Studierende der Betriebswirtschaftslehre mit steuerlicher Schwerpunktsetzung. Darüber hinaus richtet sich das Werk auch an Studierende juristischer Studiengänge, die eine spätere Tätigkeit im steuerlichen Bereich anstreben. Schließlich sind auch Praktiker angesprochen, die grundlegende Kenntnisse erwerben oder auffrischen wollen.

Die betriebliche Steuerplanung ist eine der Kernaufgaben der betriebswirtschaftlichen Steuerlehre. Sie setzt fundierte *fachliche* Kenntnisse der jeweils relevanten Normen voraus, ebenso profunde Kenntnisse über deren *Wirkungen*. Die fachlichen Kenntnisse und die Kenntnisse über die Wirkungen werden an anderer Stelle dieses Gesamtwerks vermittelt.[1] Der vorliegende Band konzentriert sich hingegen im Wesentlichen *auf die betriebliche Steuerplanung*.

Betriebliche Steuerplanung ist an vielen Stellen nötig oder zumindest sinnvoll. Im Mittelpunkt dieses Bandes stehen die folgenden drei Themenkomplexe:

- Rechtsformwahl und Rechtsformwechsel,
- besondere Rechtsformen bzw. Rechtsformkombinationen wie die GmbH & Co. KG oder die Betriebsaufspaltung sowie
- qualifizierte Beteiligungen und Unternehmenszusammenschlüsse.

Die Gliederungspunkte 1 bis 4 enthalten Ausführungen zur betrieblichen Steuerplanung in diesen Themenkomplexen. Dabei geht es, wie bereits angedeutet, nicht um einzelne Fälle, für die eine optimale Entscheidung ermittelt werden soll. Vielmehr wird *auf grundsätzliche, über den Einzelfall hinausgehende Erkenntnisse* abgezielt. Hierfür braucht es ein angemessenes *methodisches Rüstzeug*. Die Grundlagen hierfür werden ebenfalls an anderer Stelle dieses Gesamtwerks gelegt.[2] In diesem Band erfolgt im Wesentlichen dessen Anpassung an die hier im Mittelpunkt stehenden Problemstellungen und – mit einem grundsätzlichen Blickwinkel – die Durchführung der eigentlichen Steuerplanung.

---

1 Vgl. *Schneeloch/Meyering/Patek*, Band 1 (2016), *Schneeloch/Meyering/Patek*, Band 2 (2017a), *Schneeloch/Meyering/Patek*, Band 3 (2017b).

2 Vgl. *Schneeloch/Meyering/Patek*, Band 4 (2020).

In die Ausführungen zu den oben genannten drei Themenkomplexen sind Übungsaufgaben integriert. Der fünfte Gliederungspunkt enthält Lösungsvorschläge hierzu. Die Ausführungen beruhen auf dem Ende Juni 2020 geltenden Rechtsstand.

Weitere wichtige Themenkomplexe der betrieblichen Steuerplanung sind:

- Investitionsentscheidungen,
- Finanzierungsentscheidungen und
- Standortwahlentscheidungen.

Diese werden an anderer Stelle dieses Gesamtwerks bearbeitet.[3]

Die Federführung bei der Überarbeitung und zum Teil vorgenommenen Erweiterung des Stoffes dieses Bandes lag bei Stephan Meyering. Dieser dankt Herrn Christoph Hintzen, Herrn Lukas Reiter und Frau Johanna Serocka herzlich für die tatkräftige Unterstützung bei der Anfertigung dieser Auflage. Dank gilt auch Herrn Sam Kuhtz für seine Unterstützung bei Recherche- und Korrekturlesearbeiten. Ein abschließender Dank gilt den Lesern der dritten Auflage des zweiten Bandes zur Betriebswirtschaftlichen Steuerlehre für wertvolle Korrekturhinweise und Ergänzungsvorschläge.

Um das Gesamtwerk zum Nutzen unserer Leser auch künftig weiterentwickeln zu können, würden wir uns sehr über entsprechende Anregungen und Hinweise zur neu konzipierten Fassung freuen. Diese können gerne auch über die E-Mail-Adresse lehrstuhl.meyering@fernuni-hagen.de kommuniziert werden.

Hagen, im Juni 2020

Dieter Schneeloch
Stephan Meyering
Guido Patek

[3] Vgl. *Schneeloch/Meyering/Patek,* Band 5 (2021).

Inhaltsverzeichnis

Abbildungsverzeichnis

Abkürzungsverzeichnis

Abb.	Abbildung
Abl. EU	Amtsblatt der Europäischen Union
Abs.	Absatz/Absätze
Abschn.	Abschnitt
AfA	Absetzung für Abnutzung
AG	Aktiengesellschaft
AO	Abgabenordnung
Art.	Artikel
BewG	Bewertungsgesetz
BFH	Bundesfinanzhof
BFH/NV	Sammlung der Entscheidungen des BFH (Zeitschrift)
BgA	Betriebe gewerblicher Art
BGB	Bürgerliches Gesetzbuch
BGBl	Bundesgesetzblatt
BMF	Bundesministerium der Finanzen
BR-Drucksache	Bundesrats Drucksache
bspw.	beispielsweise
BStBl	Bundessteuerblatt
BT-Drucksache	Bundestags-Drucksache
BVerfG	Bundesverfassungsgericht
bzw.	beziehungsweise
Co.	Compagnie
d. h.	das heißt
DB	Der Betrieb (Zeitschrift)
DStR	Deutsches Steuerrecht (Zeitschrift)
EFG	Entscheidungen der Finanzgerichte (Zeitschrift)
ErbStG	Erbschaftsteuer- und Schenkungsteuergesetz
EStG	Einkommensteuergesetz
EStH	Einkommensteuer-Hinweise
EU	Europäische Union
EWIV	Europäische wirtschaftliche Interessenvereinigung
f	folgende
ff	fortfolgende
FG	Finanzgericht
Fn.	Fußnote
GbR	Gesellschaft bürgerlichen Rechts
gem.	gemäß

GewStG	Gewerbesteuergesetz
GG	Grundgesetz für die Bundesrepublik Deutschland
ggf.	gegebenenfalls
ggü.	gegenüber
GmbH	Gesellschaft mit beschränkter Haftung
GmbHG	Gesetz betreffend die Gesellschaften mit beschränkter Haftung
HGB	Handelsgesetzbuch
i. d. R.	in der Regel
i. H. d./v.	in Höhe des/der/von
i. S. d./v.	im Sinne des/der/von
i. V. m.	in Verbindung mit
insb.	insbesondere
KG	Kommanditgesellschaft
KGaA	Kommanditgesellschaft auf Aktien
KStG	Körperschaftsteuergesetz
Mio.	Millionen
Nr./Nrn.	Nummer/Nummern
OHG	Offene Handelsgesellschaft
Pkw	Personenkraftwagen
RFH	Reichsfinanzhof
RStBl	Reichssteuerblatt
s.	siehe
S.	Seite
SE	Societas Europaea (Europäische (Aktien-)Gesellschaft)
SCE	Societas Cooperativa Europaea (Europäische Genossenschaft)
sog.	so genannt(e)
Stbg	Die Steuerberatung (Zeitschrift)
T€	Tausend Euro
Tz.	Textziffer, häufig, z. B. in Kommentaren, auch als Randnummer (Rn., Rdn.) oder Randziffer (Rz.) bezeichnet
u. a.	unter anderem
UG	Unternehmergesellschaft (haftungsbeschränkt)
UmwG	Umwandlungsgesetz
UmwStE	Umwandlungssteuererlass
UmwStG	Umwandlungssteuergesetz
UStAE	Umsatzsteuer-Anwendungserlass
UStG	Umsatzsteuergesetz

usw. .... und so weiter

vGA .... verdeckte Gewinnausschüttung
vgl. .... vergleiche

z. B. .... zum Beispiel
z. T. .... zum Teil

Symbolverzeichnis

α .... Anrechnungsfaktor der Gewerbesteuer auf die Einkommensteuer nach § 35 EStG

β .... Faktor der Hinzurechnung von Schuldzinsen nach § 8 Nr. 1 Buchstabe a GewStG

γ .... Faktor der Kürzung nach § 9 Nr. 1 GewStG (1,2 %) nach Multiplikation mit dem Faktor nach § 121a BewG (140 %); ab dem 01.01.2025: 0,11 % ohne weitere Multiplikation

δ .... Faktor, mit dem Dividenden (Ausschüttungen) unter Berücksichtigung des § 3 Nr. 40 EStG steuerpflichtig sind

ϵ .... Faktor, der angibt, welcher Teil der aufgedeckten stillen Reserven zu Aufwand wird

A .... Ausschüttung

$A_{n/gewst}$ ...... nach § 35 EStG auf die Einkommensteuer anrechenbare Gewerbesteuer

B .... Bruttobetrag, der für Gestaltungsmaßnahmen zur Verfügung steht

B_{mbgr} .... Bemessungsgrundlage der Grundsteuer bei Betriebsgrundstücken

B_{mpgr} .... Bemessungsgrundlage der Grundsteuer bei Privatgrundstücken

BW_j .... Barwert (der Alternative j)

E .... Erträge bzw. Aufwendungen unter Ausklammerung der betrieblichen Steuern

E^* .... zu versteuerndes Einkommen

E_e .... Einnahmen und Ausgaben, die das Einkommen, nicht aber den Gewerbeertrag beeinflussen, ohne Abzug der Kirchensteuer

E_k .... Einnahmen und Ausgaben, die das körperschaftsteuerliche Einkommen, nicht aber den Gewerbeertrag beeinflussen

$F_{e§19}$ .... Freibeträge, die mit Einkünften aus § 19 EStG im Zusammenhang stehen

$F_{e§20}$ .... Freibeträge, die mit Einkünften aus § 20 EStG im Zusammenhang stehen

G .... Bruttogewinn; auch: Gewinnbestandteil

Gh .... Gehalt

h_t .... Gewerbesteuer-Hebesatz (im Jahr t)

H_{ge} .... Hinzurechnungen und Kürzungen bei der Ermittlung des Gewerbeertrags einschließlich der Freibeträge, aber ohne Kürzung nach § 9 Nr. 1 GewStG

i_n .... Nettozinssatz

j .... Gestaltungsalternativen (Index)

m .... Anzahl der Gestaltungsalternativen (Index)
m_e .... Steuermesszahl der Gewerbesteuer
$m_{e_{kap}}$ .... Steuermesszahl der Gewerbesteuer bei Kapitalgesellschaften
$m_{e_{persu}}$ .... Steuermesszahl der Gewerbesteuer bei Personenunternehmen
$Min!$ .... Minimierungsbedingung

n .... Anzahl der Perioden des Planungszeitraums (Index)

q_n .... Nettodiskontierungsfaktor $(1 + i_n)$

R_{still} .... stille Reserve

s_e .... kombinierter Einkommensteuer-, Kirchensteuer- und Solidaritätszuschlagsatz
s'_e .... Grenzsteuersatz der Einkommensteuer
$s_{e/a}$ .... kombinierter Einkommensteuer-, Kirchensteuer- und Solidaritätszuschlagsatz im Fall der Ausschüttung
$s_{e/kap}$ .... kombinierter Einkommensteuer-, Kirchensteuer- und Solidaritätszuschlagsatz im Fall von aus einer Kapitalgesellschaft stammenden Einkünften
$s_{e/mip}$ .... kombinierter Einkommensteuer-, Kirchensteuer- und Solidaritätszuschlagsatz im Fall der Miet- oder Pachtzahlung
$s_{e/persu}$ .... kombinierter Einkommensteuer-, Kirchensteuer- und Solidaritätszuschlagsatz im Fall von aus einem Personenunternehmen stammenden Einkünften
$s_{e/zi}$ .... kombinierter Einkommensteuer-, Kirchensteuer- und Solidaritätszuschlagsatz im Fall der Zinszahlung
$s_{e\S32a_t}$ .... sich aus § 32a EStG ergebender kombinierter Einkommensteuer-, Kirchensteuer- und Solidaritätszuschlagsatz (im Jahr t)
$s_{e\S32d}$ .... kombinierter Einkommensteuer-, Kirchensteuer- und Solidaritätszuschlagsatz für Einkünfte i. S. d. § 32d EStG
s_{ei} .... reiner Einkommensteuersatz ohne Kirchensteuer und ohne Solidaritätszuschlag
$s_{ei\S32a}$ .... reiner Einkommensteuersatz für Einkünfte i. S. d. § 32a EStG
$s_{ei\S32d}$ .... reiner Einkommensteuersatz für Einkünfte i. S. d. § 32d EStG
$s_{ei/kap}$ .... reiner Einkommensteuersatz bei Einkünften aus einer Kapitalgesellschaft
$s_{ei/persu}$ ...... reiner Einkommensteuersatz bei Einkünften aus einer Personengesellschaft

$s_{ei/ges}$ .... reiner Einkommensteuersatz des Gesellschafters bei Ausschüttungen einer Kapitalgesellschaft

s_{ge} .... Gewerbesteuersatz

s_{gr} .... Grundsteuersatz

s_k .... kombinierter Körperschaftsteuer- und Solidaritätszuschlagsatz

s_{ki} .... Kirchensteuersatz

s_{koe} .... Körperschaftsteuersatz ohne Solidaritätszuschlag

s_{solz} .... Solidaritätszuschlagsatz

S_t .... Steuerlast, Steuern; auch: Steuerminderung, Steuerbelastungsdifferenz (im Jahr t)

$S_{\S 3umwstg}$ .... abgezinste Gesamtsteuerwirkung einer Aufdeckung stiller Reserven nach § 3 UmwStG

S_{Aufw_t} .... Steuerersparnis aufgrund eines durch eine Aufstockung nach § 3 UmwStG entstehenden zusätzlichen Aufwands (im Jahr t)

$S_{ges/a}$ .... durch die Ausschüttung einer Kapitalgesellschaft hervorgerufene Steuerbelastung des Gesellschafters

$S_{ges/a/pv/TEV}$. Steuerbelastung des Gesellschafters einer Kapitalgesellschaft aufgrund einer Ausschüttung, wenn sich die Gesellschaftsanteile im Privatvermögen befinden und das Teileinkünfteverfahren zur Anwendung kommt

$S_{gt/persu}$ ...... Steuerbelastung des in einem Personenunternehmen thesaurierten Gewinns

S_{kap} .... Summe der jährlichen Steuerbelastungen einer Kapitalgesellschaft

$S_{kap/a}$ .... Steuerbelastung der Kapitalgesellschaft infolge einer Ausschüttung

$S_{kap/gh}$ .... Steuerbelastung infolge einer Gehaltszahlung

$S_{kap/zi}$ .... Steuerbelastung einer Kapitalgesellschaft im Fall von Zinserträgen bzw. bei der Verringerung von Zinsaufwendungen für kurzfristige Verbindlichkeiten

$S_{kap+ges}$ ...... Gesamtbelastung der Kapitalgesellschaft und ihres Gesellschafters

$S_{kap+ges/a}$ .... Gesamtbelastung der Kapitalgesellschaft und ihres Gesellschafters im Fall der Ausschüttung

$S_{kap+ges/a/pv/TEV}$ Gesamtsteuerbelastung der Kapitalgesellschaft und des Gesellschafters mit Anteilen der Gesellschaft im Privatvermögen und bei Anwendung des Teileinkünfteverfahrens

$S_{kap+ges/a-mip}$ Steuerbelastungsdifferenz der Eigenfinanzierung und der Vermietung oder Verpachtung von Wirtschaftsgütern durch einen Gesellschafter

$S_{kap+ges/a-zi}$ .. Steuerbelastungsdifferenz zwischen Eigen- und Fremdfinanzierung der Kapitalgesellschaft und ihres Gesellschafters

S_{nat} .... Summe der jährlichen Steuerbelastung einer natürlichen Person

$S_{O/a/ges}$ ...... Steuerbelastung des Gesellschafters bzw. der Gesellschafter im Fall der Ausschüttung (Organschaft)

$S_{O/a/ug}$ .... Steuerbelastung bei der Untergesellschaft im Fall der Ausschüttung (Organschaft)

$S_{O/gav/pers}$	Steuerbelastung mit Gewinnabführungsvertrag bei einem Personenunternehmen als Organträger (Organschaft)
$S_{persu§32a}$	Steuerbelastung eines Personenunternehmens i. S. v. § 32a EStG
$S_{persu/gh}$	Steuerbelastung der von einer Personengesellschaft an einen ihrer Gesellschafter gezahlten Gehälter
$S_{persu/zi}$	Steuerbelastung eines Personenunternehmens einschließlich der Belastung der Mitunternehmer durch die Zinserträge einer Supplementinvestition bei Aufbau einer positiven Finanzinvestition oder Abbau kurzfristiger Verbindlichkeiten
S_{UenG}	Steuerbelastung des infolge einer Aufstockung nach § 3 UmwStG zusätzlich entstehenden Übernahmegewinns
S_{UetG}	Steuerbelastung des Übertragungsgewinns
t	Zeitindex
WK	Werbungskosten
x	Rechenkonstante i. S. v. § 32a Abs. 1 EStG
z	Rechenkonstante i. S. v. § 32a Abs. 1 EStG
Z_i	Zinsen

1 Rechtsformwahl

1.1 Überblick über die Rechtsformen[4]

Die Rechtsordnung kennt keinen einheitlichen Begriff des Unternehmens. Zwar wird in § 1 Abs. 2 HGB vom Unternehmen gesprochen. Jedoch finden im Handelsgesetzbuch auch die Begriffe Handelsgewerbe (§ 1 Abs. 1 HGB), Gewerbebetrieb (§ 1 Abs. 2 HGB), gewerbliches Unternehmen (§ 2 Satz 1 HGB) sowie Handelsgeschäft (§ 22 Abs. 1 HGB) Verwendung.

Die Rechtsprechung fasst ein **Unternehmen** als Gebilde auf, das sich „institutionell und funktionell als Unternehmen im hergebrachten Sinn darstellt"[5] und als „Inbegriff von Vermögensgegenständen"[6] in Form eines „Inbegriffs von Rechts- und Sachgesamtheiten"[7] zu verstehen ist.

Dies präzisiert das juristische Schrifttum dahingehend, dass das Gebilde Unternehmen weder als eine Sache noch als ein Recht i. S. d. Zivilrechts anzusehen ist, sondern eine Gesamtheit von Sachen und Rechten, unternehmerischen Handlungen sowie tatsächlichen Beziehungen und Erfahrungen darstellt. Ein Unternehmen ist demnach mehr als die Summe bestimmter Gegenstände. Allerdings entzieht sich der Begriff des Unternehmens *einer abschließenden formelhaften Definition*.

Ein Unternehmen ist nicht selbst rechtsfähig. Daher kann es kein Rechtssubjekt, d. h. kein Zuordnungsobjekt von Rechten und Pflichten sein. Statt dem Unternehmen werden die mit diesem verbundenen Rechte und Pflichten dem jeweiligen Inhaber des Unternehmens zugeordnet, der als **Rechtsträger** bezeichnet wird. Nur dieser Rechtsträger, der vorliegend der Träger eines Unternehmens ist und daher **Unternehmensträger** genannt wird, *ist rechtsfähig*. Er ist das Rechtssubjekt des Unternehmens. Jedes Unternehmen muss über einen Unternehmensträger verfügen, um als Rechtssubjekt am Rechtsverkehr teilnehmen zu können. Unternehmensträger können *natürliche Personen, Personenhandels- und Kapitalgesellschaften sein*.

Beachtlich ist die Differenzierung zwischen dem Unternehmen und dem Unternehmensträger insb. im Hinblick auf *das Eigentum an einem Unternehmen und einen möglichen Verkauf*. Da es kein Eigentum an einem Unternehmen gibt, kann nur das Eigentum am jeweiligen Unternehmensträger verkauft werden (Beteiligungs(ver)kauf) oder aber es werden die einzelnen zum Unternehmen gehörenden Sachen und Rechte veräußert (Einzelwirtschaftsgüter(ver)kauf).

[4] Vgl. zu den Ausführungen in diesem Gliederungspunkt *Meyering* (2007), S. 15 ff, 29 ff (einschließlich umfangreicher Nachweise).

[5] BGH-Urteil vom 8.5.1979, KVR 1/78, NJW 1979, S. 2401.

[6] BGH-Urteil vom 11.10.1967, Ib ZR 144/65, NJW 1968, S. 392.

[7] BGH-Urteil vom 2.3.1988, VIII ZR 63/87, NJW 1988, S. 1668.

Im betriebswirtschaftlichen Schrifttum findet sich die Differenzierung zwischen der Unternehmung und dem Betrieb.[8] Unter einer **Unternehmung** wird ein Betrieb marktwirtschaftlicher Prägung verstanden, der also selbstbestimmt agieren kann und nach dem größtmöglichen Gewinn strebt. Den übrigen Betrieben fehlt es an diesen beiden Merkmalen. Die Unternehmungen stellen somit eine Teilmenge der Betriebe dar.

Die vom Gesetzgeber für den Oberbegriff der Betriebe zur Verfügung gestellten Rechtskonstrukte lassen sich in solche des öffentlichen Rechts und solche des Privatrechts unterteilen. Dies verdeutlicht Abbildung 1.1. Zu den Organisationsformen des öffentlichen Rechts mit eigener Rechtsfähigkeit zählen z. B. die Anstalten (bspw. die Sparkassen) und die Körperschaften (bspw. die allgemeinen Ortskrankenkassen). Zu den Organisationsformen des öffentlichen Rechts ohne eigene Rechtsfähigkeit zählen z. B. die Eigenbetriebe (bspw. der Hagener Betrieb für Informationstechnologie) und die Regiebetriebe (bspw. der Regiebetrieb Stadtgrün der Stadt Dortmund). Die Unternehmen im hier verstandenen Sinne sind *dem Privatrecht zuzuordnen.*

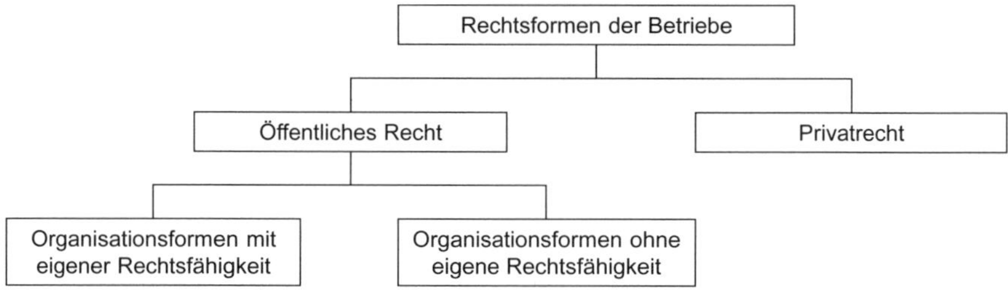

Abb. 1.1: Die Rechtsformen der Betriebe[9]

Innerhalb des Privatrechts stellt der Gesetzgeber in unterschiedlichen Gesetzen zahlreiche Rechtsformen zur Verfügung. Deren Anzahl wird durch die Möglichkeit der Kombination und der Variation noch erweitert. Einen Überblick über wichtige privatrechtliche Rechtsformen gibt Abbildung 1.2 auf der gegenüberliegenden Seite.

Die sich in Abbildung 1.2 gegenüberstehenden Einzelunternehmen und Gesellschaften unterscheiden sich dadurch, dass die Gesellschaften der jeweilige Unternehmensträger sind, wohingegen bei Einzelunternehmen der jeweilige Einzelunternehmer der Unternehmensträger ist. Die Anzahl der beteiligten – natürlichen (§§ 1 bis 14 BGB) oder juristischen (§§ 21 bis 89 BGB) – Personen grenzt hingegen nur das Einzelunternehmen von den Personengesellschaften ab. An einer Kapitalgesellschaft kann auch nur eine Person beteiligt sein (§ 2 AktG, § 1 GmbHG).

Anhaltspunkte für die wirtschaftliche Bedeutung der einzelnen Rechtsformen in Deutschland gibt die jährlich vom Statistischen Bundesamt erstellte Umsatzsteuerstatistik. Dieser ist für das Jahr 2018 zu entnehmen, dass 66,75 % (=

[8] Der Begriff der Unternehmung wird schon im allgemeinen Sprachgebrauch als Synonym für den Begriff Unternehmen verwendet. Die synonyme Verwendung von Unternehmung und Unternehmen ist auch das in der Betriebswirtschaftslehre übliche Vorgehen.

[9] Modifiziert entnommen aus: *Klunzinger* (2012), S. 1.

[10] Modifiziert entnommen aus: *Kußmaul* (2016), S. 100. Dargestellt sind nur Außengesellschaften.

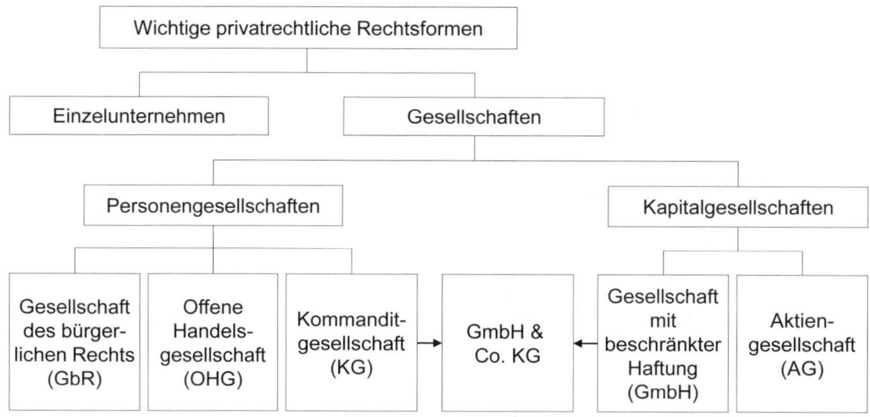

Abb. 1.2: Wichtige privatrechtliche Rechtsformen[10]

2.155.909) aller umsatzsteuerpflichtigen Unternehmen mit jährlichen Lieferungen und Leistungen von mehr als 17.500 € in der Rechtsform *Einzelunternehmen* geführt wurden (s. Abbildung 1.3).

Rechtsform	Anzahl der Steuerpflichtigen		Zu-/Abnahme
	2018	2017	
Einzelunternehmen	2.155.909	2.163.104	-0,33 %
GmbH einschließlich UG	587.667	576.240	1,98 %
OHG einschließlich GbR	275.064	273.945	0,41 %
KG einschließlich GmbH & Co. KG	166.100	164.038	1,26 %
AG, KGaA., Europäische AG und sonstige Kapitalgesellschaften	8.179	8.159	0,25 %
BgA des öffentlichen Rechts	6.260	6.257	0,05 %
Erwerbs- und Wirtschaftsgenossenschaften	5.451	5.530	-1,43 %
Sonstige Rechtsformen	74.506	69.533	7,15 %
Insgesamt	3.279.136	3.266.806	0,38 %

Abb. 1.3: Anzahl der Steuerpflichtigen in 2017 und 2018 nach Rechtsformen (Steuerpflichtige mit jährlichen Lieferungen und Leistungen über 17.500 €)[11]

Diese auf den ersten Blick überragende Bedeutung der Einzelunternehmen wird durch die im Rahmen der Umsatzsteuerstatistik ebenfalls erfasste Summe der Lieferungen und Leistungen relativiert. Bei der Summe der Lieferungen und Leistungen führt die *GmbH* die Liste an. Auf diese entfielen im Jahr 2018 39,24 % (= 2.621.848 Mio. €) aller Lieferungen und Leistungen, die von umsatzsteuerpflichtigen Unternehmen mit jährlichen Lieferungen und Leistungen von mehr als 17.500 € erbracht wurden (s. Abbildung 1.4 auf der nächsten Seite).

[11] Vgl. *Statistisches Bundesamt* (2020b), S. 45; *Statistisches Bundesamt* (2020a), S. 45. Die Gruppe der Einzelunternehmen umfasst dabei: Hausgewerbetreibende, sonstige Einzelgewerbetreibende, Land- und Forstwirte, Angehörige der freien Berufe, sonstige selbstständig tätige Personen,

Rechtsform	*Lieferungen und Leistungen (in T€)*		Zu- (+)/Ab-nahme (-)
	2018	2017	
GmbH einschließlich UG	2.621.848.249	2.495.864.899	5,05%
KG einschließlich GmbH & Co. KG	1.464.345.245	1.419.710.561	3,14%
AG, KGaA, Europäische AG und sonstige Kapitalgesellschaften	1.148.490.123	1.095.467.567	4,84%
Einzelunternehmen	610.756.901	596.547.778	2,38%
OHG einschließlich GbR	193.464.041	196.059.452	-1,32%
Erwerbs- und Wirtschafts-genossenschaften	67.324.472	68.044.464	-1,06%
BgA des öffentlichen Rechts	47.137.208	44.113.115	6,86%
sonstige Rechtsformen	469.410.346	444.993.725	5,49%
Insgesamt	6.622.776.586	6.360.801.562	4,12%

Abb. 1.4: Lieferungen und Leistungen in 2017 und 2018 nach Rechtsformen (Umsätze ohne Umsatzsteuer; Steuerpflichtige mit jährlichen Lieferungen und Leistungen über 17.500 €)[12]

Im Schrifttum gibt es Schätzungen, nach denen die Zahl der GmbH noch deutlich höher sei als sich aus der Umsatzsteuerstatistik ergibt. Beispielsweise nennt *Kornblum* für das Jahr 2019 als Zahl 1.289.037.[13] Die große Differenz zwischen den von diesen Autoren geschätzten Zahlen und denen der Umsatzsteuerstatistik erklären diese zutreffenderweise damit, dass in der Umsatzsteuerstatistik lediglich solche Unternehmen erfasst sind, deren Umsätze i. S. d. § 19 Abs. 1 UStG den in dieser Rechtsnorm genannten Rahmen von 17.500 € überschreiten. Damit fallen viele GmbH aus der Umsatzsteuerstatistik heraus, die ausschließlich oder in einem hohen Maße steuerfreie Umsätze tätigen. Zu nennen sind in diesem Zusammenhang insb. Gesellschaften, deren Geschäftszweck in der Vermietung, Verpachtung und Verwaltung eigener Immobilien sowie in der Vermittlung von Versicherungsgeschäften besteht. Ferner fallen die meisten „reinen" Komplementär-GmbH einer GmbH & Co. KG aus der Statistik heraus, da diese i. d. R. ebenfalls keine steuerpflichtigen Umsätze von mehr als 17.500 € tätigen.

Eine besondere Ausprägung der GmbH enthält § 5a GmbH. Diese Norm eröffnet die Möglichkeit, eine haftungsbeschränkte Gesellschaft zu gründen, deren Stammkapital das in § 5 Abs. 1 GmbHG genannte Mindeststammkapital von 25.000 € unterschreitet. Diese Gesellschaftsform, die das Gesetz als **Unternehmergesellschaft (haftungsbeschränkt)** bezeichnet, stellt eine Art Mini-GmbH dar. Damit will der Gesetzgeber insb. einer Abwanderung deutscher Unternehmen in ausländische Rechtsformen entgegenwirken.[14]

Personen mit Beteiligungen an gewerblichen Personengesellschaften sowie sonstige natürliche Personen; vgl. *Statistisches Bundesamt* (2020b), S. 49.

12 Vgl. *Statistisches Bundesamt* (2020b), S. 45; *Statistisches Bundesamt* (2020a), S. 45. Siehe zum Umfang der Gruppe der Einzelunternehmen Fn. 11 in diesem Gliederungspunkt.

13 Vgl. *Kornblum* (2019), S. 690. Ähnlich bspw.: *Hansen* (2004), S. 41.

14 Vgl. beispielsweise bezüglich der Vor- und Nachteile einer private company limited by shares (Ltd.) *Schneeloch* (2006), S. 327 ff.

Erweitert werden die auf nationaler Ebene bestehenden Rechtsform-Wahlmöglichkeiten durch Rechtskonstrukte, die auf Ebene der Europäischen Union zur Verfügung stehen (supranationale Rechtsformen). Zu nennen sind die Europäische wirtschaftliche Interessenvereinigung (EWIV), die Europäische Gesellschaft (Societas Europaea, SE) sowie die Europäische Genossenschaft (Societas Cooperativa Europaea, SCE).

1.2 Entscheidungskriterien und Eingrenzung des Untersuchungsgegenstands

Bei der Wahl der Rechtsform ist *keine allgemeingültige Aussage* über deren Vorteilhaftigkeit möglich. Vielmehr sollte immer sorgfältig geprüft werden, welche Rechtsform im konkreten Einzelfall die vorteilhafteste ist. Unterschiede zwischen den einzelnen Rechtsformen können sich insb. ergeben hinsichtlich:[15]

- der Höhe des aufzubringenden Eigenkapitals,
- der Möglichkeiten der Kapitalbeschaffung,
- der Haftung,
- der Leitung und der Kontrolle des Unternehmens,
- der Nachfolgeregelung,
- der Prüfungs- und Offenlegungspflichten,
- der rechtsformspezifischen Kosten und
- der steuerlichen Belastung.

Die Steuerbelastung ist somit *lediglich ein Entscheidungskriterium*, wenn auch häufig ein sehr wichtiges. Nachfolgend werden dennoch weitgehend nur steuerliche Partialvergleiche durchgeführt. Deren Ergebnisse müssen vor einer konkreten Rechtsformwahl mit anderen Partialvergleichen zur Rechtsformwahl abgestimmt werden. Die optimale Rechtsform kann dann durch einen iterativen Abstimmungsprozess bestimmt werden.[16]

Die Suche nach der geeigneten Rechtsform ist als *eine ständige Herausforderung* an die Unternehmensführung anzusehen. Eine Entscheidung über die Rechtsform ist zunächst bei Gründung des Unternehmens zu treffen. In späteren Jahren sollte dann in größeren Abständen geprüft werden, ob ein Rechtsformwechsel (eine Umwandlung) sinnvoll ist.[17] Das gilt vor allem bei größeren Veränderungen im Unternehmen und bei deren Gesellschaftern.

In Gliederungspunkt 1.1 wurde deutlich, dass für die Rechtsformwahl eine Vielzahl an unterschiedlichen Rechtsformen zur Verfügung stehen. Aus diesen werden im Folgenden Personenunternehmen und Kapitalgesellschaften ausgewählt. Hierfür gibt es zwei Gründe:

[15] Vgl. zu Kriterien für die Rechtsformwahl auch bspw. *Kaminski/Strunk* (2012), S. 39 ff; *Heinhold u.ä.* (2015), S. 4 ff; *König/Maßbaum/Sureth* (2016), S. 6 ff.

[16] Vgl. hierzu vertiefend *Schneeloch* (2006), S. 12 ff, 327 ff, 361 f.

[17] Vgl. zu möglichen Gründen für einen Rechtsformwechsel bspw. *Kußmaul* (2020), S. 377 f.

1. Bei diesen beiden Gruppen handelt es sich, wie in Gliederungspunkt 1.1 deutlich wurde, zahlenmäßig und hinsichtlich der wirtschaftlichen Bedeutung um die wesentlichen Rechtsformen.
2. Zwischen diesen Rechtsformen bestehen augenfällige systematische Unterschiede bei der Besteuerung.

Systematische Unterschiede gibt es vor allen Dingen bei der laufenden Besteuerung und dort insb. bei den Ertragsteuern.

Ein Unterschied ergibt sich aus § 11 Abs. 1 GewStG. Nach dieser Vorschrift steht einem Personenunternehmen bei der Ermittlung des Gewerbeertrags *ein Freibetrag* zu, Kapitalgesellschaften hingegen nicht.

Im Hinblick auf die Einkommen- bzw. Körperschaftsteuer weicht die Besteuerung der Personenunternehmen erheblich von derjenigen der Kapitalgesellschaften ab. *Personenunternehmen* selbst unterliegen weder der Einkommen- noch der Körperschaftsteuer. Eine Besteuerung erfolgt vielmehr bei den (Mit-) Unternehmern. Der steuerliche Gewinn(anteil) eines (Mit-)Unternehmers unterliegt bei diesem der Einkommensteuer – unabhängig davon, ob der Gewinn einbehalten oder entnommen wird. Anzuwenden ist dessen individueller Einkommensteuersatz. Auf die Einkommensteuerschuld ist nach § 35 EStG in pauschaler Form Gewerbesteuer des Unternehmens anzurechnen (*Gewerbesteueranrechnung*).

Auf Antrag kann der (Mit-)Unternehmer unter den Voraussetzungen des § 34a Abs. 1 EStG eine Versteuerung des nicht entnommenen Gewinns (Gewinnanteils) mit dem in dieser Rechtsnorm festgelegten Einkommensteuersatz von 28,25 % beantragen (*Thesaurierungsbegünstigung*). Entnimmt er den Gewinn zu einem späteren Zeitpunkt, hat er die in § 34a Abs. 4 EStG geregelte Nachversteuerung i. H. v. 25 % des nachversteuerungspflichtigen Betrags in Kauf zu nehmen.

Kapitalgesellschaften hingegen sind nach § 1 KStG eigenständige Steuersubjekte der Körperschaftsteuer. Steuerliche Gewinne einer Kapitalgesellschaft unterliegen dem Körperschaftsteuersatz von 15 %, unabhängig davon, ob die Kapitalgesellschaft die Gewinne ausschüttet oder einbehält. *Ausgeschüttete Gewinne* unterliegen zusätzlich bei dem Gesellschafter – i. d. R. als Einkünfte aus Kapitalvermögen – der Einkommensteuer. Anzuwenden ist § 32d EStG (i. d. R. dessen Absatz 1). Dies bedeutet, dass regelmäßig der Abgeltungsteuersatz von 25 % zur Anwendung kommt. Eine Anrechnung von Gewerbesteuer auf die Einkommensteuer der Gesellschafter nach § 35 EStG kommt nicht in Betracht, da diese Rechtsnorm nur auf Einkünfte aus Gewerbebetrieb und nicht auf Einkünfte aus Kapitalvermögen anzuwenden ist.

Ein weiterer Unterschied betrifft *Leistungsvergütungen* einer Gesellschaft an ihre Gesellschafter. Als solche kommen insb. Gehalts-, Zins- sowie Miet- und Pachtzahlungen in Betracht (s. im Einzelnen Gliederungspunkt 1.4 (S. 41)). Leistungsvergütungen sind *handelsrechtlich* als Aufwand zu verbuchen. Das gilt unabhängig davon, ob es sich bei der Gesellschaft um eine Personen- oder eine Kapitalgesellschaft handelt. Die *steuerliche Behandlung* derartiger Leistungsvergütungen ist hingegen rechtsformabhängig. Während sie bei Kapitalgesellschaften grundsätzlich abzugsfähige Betriebsausgaben darstellen, sind sie bei

Personengesellschaften nach § 15 Abs. 1 Satz 1 Nr. 2 EStG im Rahmen der Ermittlung der steuerlichen Bemessungsgrundlage dem steuerlichen Gewinn der Mitunternehmerschaft hinzuzurechnen (als Sondervergütungen des begünstigten Gesellschafters). Auch bei einer Kapitalgesellschaft kann es in Ausnahmefällen zu einer Umqualifikation kommen, dann aber nicht nach § 15 Abs. 1 Satz 1 Nr. 2 EStG, sondern nach § 8 Abs. 3 KStG *als verdeckte Gewinnausschüttung*.

Für die Besteuerung ist der Einbezug bzw. der Nicht-Einbezug der Anteilseigner bedeutsam. Hier werden **personenbezogene Unternehmen** betrachtet. Dabei handelt es sich um Unternehmen, die von einer natürlichen Person oder von wenigen natürlichen Personen beherrscht werden. Weiteres Kennzeichen ist, dass diese Unternehmen oft die einzige oder zumindest die wichtigste Erwerbsquelle der an ihnen beteiligten Personen darstellen. Werden von den personenbezogenen Unternehmen nur die Gesellschaften in den Blick genommen (statt alle Unternehmen), wird von *personenbezogenen Gesellschaften* gesprochen.[18]

Nicht personenbezogene Unternehmen sind damit aber nicht ausgegrenzt. Für sie gelten die Ausführungen analog, es ist lediglich die Ebene der Anteilseigner zu vernachlässigen. Aber ohnehin ist die Rechtsform bei nicht personenbezogenen Unternehmen häufig *aus nicht steuerlichen Gründen vorgegeben*. Die Frage nach der aus steuerlicher Sicht vorteilhaftesten Rechtsform ist dann unerheblich. Das gilt insb. für die Fälle, in denen an dem Unternehmen eine große Zahl von Personen beteiligt ist und eine Finanzierung über den organisierten Kapitalmarkt erfolgen soll. In derartigen Fällen bieten sich aus nicht steuerlichen Gründen allein die Aktiengesellschaft und die SE an.

Im Folgenden wird in Gliederungspunkt 1.3 zunächst *ein steuerlicher Partialvergleich* zwischen Personenunternehmen und Kapitalgesellschaften durchgeführt. Hierbei werden in isolierter Betrachtungsweise sukzessive verschiedene Aspekte untersucht. Im Mittelpunkt stehen dabei vornehmlich Steuerwirkungen, die sich *ohne Gestaltungsmaßnahmen* ergeben. *Ein Gesamtvergleich* kann nur im konkreten Einzelfall unter Berücksichtigung der jeweils relevanten Daten durchgeführt werden. Daher wird auf einen Gesamtvergleich verzichtet.

Im Anschluss daran werden in Gliederungspunkt 1.4 *Gestaltungsmaßnahmen zwischen Gesellschaft und Gesellschafter* in die Überlegungen einbezogen. Hierbei werden zunächst für Kapitalgesellschaften und Personenunternehmen jeweils gesondert wichtige Gestaltungsmaßnahmen und deren steuerliche Auswirkungen untersucht. Auf Basis der so gewonnenen Erkenntnisse werden dann einige Vorteilhaftigkeitsvergleiche zwischen Kapitalgesellschaften und Personenunternehmen vorgenommen.

Steht die Entscheidung zur Wahl der Rechtsform nicht im Zusammenhang mit einer Unternehmensgründung, muss neben der im Hinblick auf das jeweilige Entscheidungskriterium optimalen Rechtsform auch der Weg dorthin, d. h. der *Rechtsformwechsel*, in die Überlegungen einbezogen werden. Die Befassung damit erfolgt in Gliederungspunkt 2.

Den Schwerpunkt der Ausführungen in diesem Gliederungspunkt bildet *die laufende Besteuerung*. Darüber hinaus werden die Beendigung einer unterneh-

---

[18] Vgl. *Beinert* (1979), S. 270; *Brönner* (2007), S. 824 ff; *Jacobs* (2015), S. 356 f.

merischen Betätigung in die Überlegungen einbezogen, insb. die Auswirkungen auf die Erbschaft- und Schenkungsteuer.

Für das weitere Vorgehen werden die Gesamtbelastungsformeln für Personenunternehmen und für Kapitalgesellschaften benötigt. Sie werden an anderer Stelle dieses Gesamtwerks abgeleitet[19] und sind hier im Anhang aufgeführt (s. Anlage 3 (S. 233)). Es handelt sich um Gleichung I und Gleichung II (für Personenunternehmen) bzw. Gleichung IV und Gleichung V (für Kapitalgesellschaften). Aus Vereinfachungsgründen werden nachfolgend regelmäßig nur die jeweils ersten Gleichungen erwähnt, sofern nicht ausnahmsweise ausdrücklich auf die jeweils zweiten Gleichungen zurückgegriffen wird.

Bezüglich des **Solidaritätszuschlags** wurden Änderungen mit Wirkung ab dem Jahr 2021 beschlossen,[20] in deren Folge die Belastung durch diesen in einigen Fällen aufgehoben und in einigen Fällen abgemildert wird. Die wesentliche Änderung besteht darin, dass die Freigrenze in § 3 Abs. 3 SolZG von 972 bzw. 1.944 € auf 16.956 bzw. 33.912 € (Einzel- bzw. Zusammenveranlagung) angehoben wird. Darüber hinaus wird, zur Verringerung von Härten beim Überschreiten der Freigrenze, die Wirkung der Milderungszone (§ 4 SolZG) gestreckt, d. h. deren Wirkung reicht deutlich weiter über die Freigrenze hinaus, als das bislang der Fall war.[21] Ausweislich der Gesetzesbegründung wird durch diese Änderungen erreicht, dass rund 90 % der Zahler der Lohnsteuer und der veranlagten Einkommensteuer nicht mehr mit dem Solidaritätszuschlag belastet werden.[22] Ob diese Wirkung tatsächlich eintreten wird, muss hier dahingestellt bleiben. Es ist aber zu konstatieren, dass der Solidaritätszuschlag in Fällen der Abgeltungsteuer des § 32d Abs. 3 und 4 EStG unverändert zur Anwendung gelangen wird. Dies gilt unabhängig von der Höhe des Einkommens (es kann aber durch das Wahlrecht des § 32d Abs. 6 EStG vermieden werden). Außerdem wird der die Kapitalgesellschaften betreffende Solidaritätszuschlag auf Körperschaftsteuer unverändert erhoben. Es wird also zukünftig viele Bereiche geben, in denen der Solidaritätszuschlag unverändert oder abgemildert erhoben wird (hohe Einkommen natürlicher Personen, Einkünfte aus Kapitalvermögen, Kapitalgesellschaften). Dies sind gerade die Bereiche, in denen Steuerplanung eine große Rolle spielt. Daher wird im Folgenden, soweit der Solidaritätszuschlag entscheidungserheblich sein sollte, mit einem Solidaritätszuschlagsatz von 5,5 % gerechnet.

[19] Siehe hierzu *Schneeloch/Meyering/Patek*, Band 4 (2020), Teil I, Gliederungspunkt 4.

[20] Vgl. Gesetz zur Rückführung des Solidaritätszuschlags 1995 vom 10.12.2019, BGBl I 2019, S. 2115.

[21] Siehe zu den Wirkungen im Einzelnen *Schneeloch/Meyering/Patek*, Band 4 (2020), Teil I, Gliederungspunkt 3.2.3.2.

[22] Vgl. BT-Drucksache 19/14103 vom 16.10.2019: Regierungsentwurf zum Gesetz zur Rückführung des Solidaritätszuschlags 1995, S. 2.

1.3 Vorteilsvergleiche zwischen Personenunternehmen und Kapitalgesellschaften

1.3.1 Besteuerung der Gründung

Die ertragsteuerlichen Folgen *einer Unternehmensgründung* sind überwiegend rechtsform*un*abhängig. So ist die Zufuhr von Eigenkapital bei allen Rechtsformen ein Vorgang, der sich in der Vermögens-, nicht in der Einkommenssphäre abspielt. Gründungskosten gehören bei allen Rechtsformen zu den abzugsfähigen Betriebsausgaben, d. h. sie mindern den steuerlichen Gewinn im Gründungsjahr des Unternehmens. Im Rahmen von Steuerbelastungsvergleichen können diese Steuerfolgen vereinfachend nicht eigenständig, sondern im Gründungsjahr im Rahmen der laufenden Besteuerung berücksichtigt werden. Dieses Vorgehen wird nachfolgend stets angewendet.

Umsatzsteuerlich entstehen bei der Gründung eines Einzelunternehmens regelmäßig nur *nicht steuerbare* Vorgänge. Die Ausgabe von Gesellschaftsrechten sowohl an einer Personen- als auch an einer Kapitalgesellschaft führt zwar zu steuerbaren sonstigen Leistungen, doch sind diese nach § 4 Nr. 8 UStG steuerbefreit. Bareinlagen durch den Unternehmer bzw. die Gesellschafter stellen regelmäßig nicht steuerbare Vorgänge dar. Ausnahmen können sich lediglich in den Fällen ergeben, in denen Sacheinlagen getätigt werden, allerdings nur dann, wenn dies im Rahmen eines Unternehmens geschieht. Dann handelt es sich regelmäßig *um Umwandlungsvorgänge*.

1.3.2 Laufende Besteuerung

1.3.2.1 Überblick

Zunächst wird die Steuerbelastung des Gewinns eines Personenunternehmens mit der des Gewinns einer Kapitalgesellschaft verglichen. Hierbei ergeben sich einige Probleme, die durch folgende Aspekte hervorgerufen werden:

- das Wahlrecht eines (Mit-)Unternehmers, auf einbehaltene Gewinnbestandteile den Steuersatz des § 34a Abs. 1 EStG anzuwenden (an Stelle des Tarifs gem. § 32a EStG),
- die unterschiedliche ertragsteuerliche Behandlung von thesaurierten und ausgeschütteten Gewinnen bei der Besteuerung von Kapitalgesellschaften und deren Gesellschaftern und
- den progressiven Tarifverlauf des § 32a EStG unterhalb des Proportionalbereichs.

Es kann gezeigt werden, dass *ein Antrag nach § 34a Abs. 1 EStG* – wenn überhaupt – nur vorteilhaft ist, wenn der einbehaltene Gewinn ansonsten mit einem hohen Steuersatz belastet wird. Konkret kann ein Vorteil durch § 34a Abs. 1 EStG nur erzielt werden, wenn der auf den thesaurierten Gewinn(bestandteil) entfallende Differenz-Einkommensteuersatz 28,25 % (29,804 % bei Einbezug des

Solidaritätszuschlags) übersteigt.[23] Bewegen sich die Steuersätze in diesen Dimensionen, sollte einem Vergleich der Steuerbelastung von Personenunternehmen und Kapitalgesellschaft daher zunächst auf Ebene des Personenunternehmens ein Vorteilsvergleich zwischen einer Antragstellung nach § 34a Abs. 1 EStG und einem Verzicht hierauf vorangehen. Darauf wird hier aber verzichtet.

Die unterschiedliche steuerliche Behandlung *thesaurierter und ausgeschütteter Gewinne* von Kapitalgesellschaften legt eine entsprechende Trennung nahe. Entsprechend werden in Gliederungspunkt 1.3.2.2 zunächst die Steuerbelastungen thesaurierter Gewinne von Personenunternehmen mit denen thesaurierter Gewinne von Kapitalgesellschaften verglichen und anschließend in Gliederungspunkt 1.3.2.3 diejenigen für aus Personenunternehmen entnommene und für von Kapitalgesellschaften ausgeschüttete Gewinne.

Die durch den *nicht linearen Tarifverlauf des § 32a EStG* hervorgerufenen Probleme betreffen zum einen die Unternehmer bzw. Mitunternehmer von Personenunternehmen (und zwar unabhängig davon, ob die Gewinne thesauriert oder entnommen werden). Soweit Gewinne ausgeschüttet werden, betreffen sie darüber hinaus unter Umständen auch die Gesellschafter von Kapitalgesellschaften. Diese Probleme werden innerhalb der nachfolgenden Steuerbelastungsvergleiche berücksichtigt.

In den Vergleichsfällen wird von einem gleich großen thesaurierten Gewinnbestandteil G ausgegangen. Dieser hat die Wirkung von „E", und zwar im Fall eines Personenunternehmens von E i. S. v. Gleichung I bzw. Gleichung II (S. 233) und im Fall einer Kapitalgesellschaft von E i. S. v. Gleichung IV bzw. Gleichung V.

1.3.2.2 Thesaurierung

1.3.2.2.1 Ausgangsgleichungen und Fallunterscheidung

Für ein *Personenunternehmen* lässt sich die Steuerbelastung eines thesaurierten Gewinnbestandteils ($S_{gt/persu}$) auf Basis von Gleichung II (S. 233) wie folgt formulieren:

$$S_{gt/persu} = \left(s_e + m_e \cdot h - m_e \cdot \alpha \cdot (1 + s_{solz})\right) \cdot G. \tag{1}$$

Dabei gilt stets $\alpha \leq h$. Für den sehr wichtigen Spezialfall, dass es nach § 35 EStG zu einer vollständigen Anrechnung der Gewerbesteuer auf die Einkommensteuer und den Solidaritätszuschlag kommt, gilt: $m_e \cdot \alpha \cdot (1 + s_{solz}) = m_e \cdot h$. Dann vereinfacht sich Gleichung 1 zu:

$$S_{gt/persu} = s_e \cdot G. \tag{2}$$

In Gleichung 1 bzw. in Gleichung 2 stellt s_e den kombinierten Einkommensteuer- und Solidaritätszuschlagsatz dar (ggf. erweitert um den Kirchensteuersatz). Dieser kann bei einem vorgegebenen reinen Einkommensteuersatz s_{ei} mittels Gleichung 64 (S. 234) ermittelt werden.

[23] Vgl. *Schneeloch* (2009), S. 333.

Die Steuerbelastung im Fall einer *Kapitalgesellschaft* (S_{kap}) kann auf Basis von Gleichung V (S. 234) wie folgt geschrieben werden:

$$S_{kap} = (s_k + m_e \cdot h) \cdot G. \tag{3}$$

Werden die Belastungen miteinander verglichen, kann es je nach konkreter Fragestellung sinnvoll sein, die sich aus Gleichung 3 ergebenden Belastungen von den aus Gleichung 1 bzw. Gleichung 2 ermittelten abzuziehen oder umgekehrt vorzugehen (Jahresbelastungsdifferenz).[24]

Vorteilsvergleiche zwischen Personenunternehmen und Kapitalgesellschaften werden dadurch vereinfacht, dass die Steuersätze s_k und $m_e \cdot h$ in Gleichung 3 *konstant sind*. Einige Schwierigkeiten bereitet hingegen die *progressive Ausgestaltung* des Einkommensteuertarifs, also die Verwendung von $s_{e§32a}$ für s_{ei}. Um dem zu begegnen, wird bei den nachfolgenden Steuerbelastungen und Belastungsdifferenzen folgende Fallunterscheidung vorgenommen: a) unterer Einkommensbereich, b) Beginn der ersten Proportionalzone (unterer Plafond) und c) zweite Proportionalzone (oberer Plafond).

1.3.2.2.2 Unterer Einkommensbereich

Die Untersuchung zur Anwendung des Tarifs nach § 32a EStG in unteren Einkommensbereichen wird anhand von Steuerbelastungen bei Personenunternehmen und Kapitalgesellschaften durchgeführt. Bei dem Personenunternehmen wird vereinfachend davon ausgegangen, dass das zu versteuernde Einkommen des (Mit-)Unternehmers dem Gewinn(anteil) G entspricht. Es werden also zusätzlich zu dem betrachteten Gewinn andere Einkünfte unterstellt, die den Abzügen zur Ermittlung des zu versteuernden Einkommens entsprechen (Sonderausgaben, außergewöhnliche Belastungen usw.). Ausgangspunkt der Untersuchung ist Abbildung 1.5 auf der nächsten Seite.

In Spalte 1 der Abbildung 1.5 sind die den nachfolgenden Spalten zu Grunde liegenden Gewerbesteuer-Hebesätze aufgeführt. Hierbei enthalten die einzelnen Zeilen jeweils zwei Angaben. Die erste Angabe bezieht sich auf Personenunternehmen, die zweite auf Kapitalgesellschaften. Ein Gewerbesteuer-Hebesatz von 0 % bei Kapitalgesellschaften kann sich nur dann ergeben, wenn einer der seltenen Fälle einer Befreiung der Kapitalgesellschaft von der Gewerbesteuer vorliegt. Bei Personenunternehmen ist dieser Fall hingegen wesentlich weiter verbreitet: Er umfasst alle Fälle, in denen es sich bei dem (Mit-)Unternehmer um einen Land- und Forstwirt oder um einen Freiberufler handelt. Er trifft außerdem auf die Fälle zu, in denen der Gewerbeertrag den Freibetrag gem. § 11 Abs. 1 Satz 3 Nr. 1 GewStG nicht übersteigt.

In derartigen Fällen unterliegt die Vergleichs-Kapitalgesellschaft aufgrund des § 8 Abs. 2 KStG regelmäßig der Gewerbesteuer (mit einem von Null verschiedenen Gewerbesteuer-Hebesatz). Vor diesem Hintergrund enthält Zeile 1 für Personenunternehmen und für Kapitalgesellschaften einen Gewerbesteuer-Hebesatz von 0 % (h = 0 %). In Zeile 2 ist der Fall abgebildet, dass das Personenunternehmen nicht der Gewerbesteuer unterliegt (h = 0 %), die Kapitalgesellschaft hingegen doch (und zwar mit einem Gewerbesteuer-Hebesatz von

[24] Siehe hierzu *Schneeloch/Meyering/Patek*, Band 4 (2020), Teil I, Gliederungspunkt 5.

	h (Personen-unternehmen/ Kapital-gesellschaft)	Kapital-gesellschaft $s_e = s_k + m_e \cdot h$	Personenunternehmen s_{ei} bei		Personenunternehmen zu versteuerndes Einkommen (in T€) bei s_{ei} aus		$S_{persu§32a}$ (in T€) bei s_{ei} aus		Kapital-gesellschaft S_{kap} (in T€) [= Spalte 2 · Spalte 5]	Differenzbelastung (in T€) [= Spalte 9 - Spalte 7 bzw. Spalte 8] bei s_{ei} aus	
			s_{ki} = 0 %	s_{ki} = 9 %	Spalte 3	Spalte 4	Spalte 3	Spalte 4		Spalte 3	Spalte 4
	(1)	(2)	(3)	(4)	(5)	(6)	(7)	(8)	(9)	(10)	(11)
(1)	0 %/0 %	15,825 %	15,000 %	13,995 %	9,9	9,4	0,1	0,0	1,6	1,5	1,6
(2)	0 %/400 %	29,825 %	28,270 %	26,673 %	24,7	20,9	3,8	2,9	7,4	3,6	4,5
(3)	300 %/300 %	26,325 %	24,953 %	23,477 %	16,9	13,4	1,6	0,8	4,4	2,8	3,6
(4)	400 %/400 %	29,825 %	28,270 %	26,673 %	24,7	20,9	3,8	2,9	7,4	3,6	4,5
(5)	500 %/500 %	33,325 %	31,588%	29,888%	32,5	28,5	7,4	6,3	10,8	3,4	4,5

Abb. 1.5: Ermittlung der maximalen Minderbelastung des Gewinnbestandteils eines (Mit-)Unternehmers im Vergleich zur Belastung des Gewinnbestandteils bei einer Kapitalgesellschaft (bei Anwendung des Grundtarifs)

400 %; $h = 400$ %). Dies ist ein Gewerbesteuer-Hebesatz, der nahe an dem durchschnittlichen Hebesatz liegt.[25] In den weiteren Zeilen 3 bis 5 wird dann wieder davon ausgegangen, dass der Gewerbesteuer-Hebesatz in beiden Fällen, also bei dem Personenunternehmen und bei der Kapitalgesellschaft, gleich hoch ist.

In Spalte 2 sind die kombinierten Körperschaft- und Gewerbesteuersätze zu den in Spalte 1 für Kapitalgesellschaften vorgegebenen Gewerbesteuer-Hebesätzen angegeben (unter Berücksichtigung des 5,5 %igen Solidaritätszuschlags).

Die Spalten 3 bis 8 dienen der Ermittlung der Daten für Personenunternehmen. Den kombinierten Körperschaft-, Gewerbesteuer und Solidaritätszuschlagsätzen aus Spalte 2 werden bei Personenunternehmen die kombinierten Einkommensteuer- und Solidaritätszuschlagsätze gleichgesetzt (mit und ohne Berücksichtigung von Kirchensteuer). Diese in den Spalten 3 und 4 aufgeführten Steuersätze sind *als Grenzsteuersätze* zu verstehen, bis zu denen der Gewinn von Personenunternehmen geringer besteuert wird als der einer Vergleichs-Kapitalgesellschaft. Mit steigendem Gewinn entsteht bis zu diesem Grenzsteuersatz – ceteris paribus – ein steigender steuerlicher Vorteil des Personenunternehmens. Der Vorteil fällt bei Erreichen des Grenzsteuersatzes am höchsten aus und nimmt mit weiter steigendem Gewinn wieder ab. Bei den Grenzsteuersätzen handelt es sich um die zur Spalte 2 korrespondierenden reinen Einkommensteuersätze s_{ei}: In Spalte 3 ohne Berücksichtigung von Kirchensteuer und in Spalte 4 mit Berücksichtigung einer 9 %igen Kirchensteuer. Die Werte wurden mittels Gleichung 64 (S. 234) berechnet. Gesucht wird jeweils der reine Einkommensteuersatz s_{ei}, der dem in Spalte 2 aufgeführten Steuersatz entspricht (bspw. für Zeile 1 von Spalte 3: $\frac{x\cdot(1+0+0{,}055)}{1+x\cdot 0} = 0{,}15825 \Rightarrow x = 0{,}15$; für Zeile 1 von Spalte 4: $\frac{x\cdot(1+0{,}09+0{,}055)}{1+x\cdot 0{,}09} = 0{,}15825 \Rightarrow x = 0{,}13995$). Zu dem Wert in Spalte 4, Zeile 1 (13,995) sei angemerkt, dass es sich bei diesem um einen mathematischen Wert handelt. Aufgrund des höheren Eingangssteuersatzes (vgl. § 32a Abs. 1 S. 2 Nr. 1 EStG) ist dieser in der Praxis nicht existent.

Da es sich bei den in den Spalten 3 und 4 abgetragenen Steuersätzen um Grenzsteuersätze handelt, kann durch deren Anwendung *kein exakter Vergleich* mit der Steuerbelastung einer Kapitalgesellschaft durchgeführt werden. Dafür ist die tatsächliche Steuerbelastung gem. § 32a EStG zu ermitteln. Hierzu werden zunächst die korrespondierenden zu versteuernden Einkommen zu den in den Spalten 3 und 4 abgetragenen Grenzsteuersätzen benötigt. Diese lassen sich aus den Grenzsteuersätzen der jeweiligen Tariffunktionen ermitteln. Die Tariffunktionen des Grundtarifs und die zugehörigen Grenzsteuersätze sind in Anlage 1 (S. 231) und 2 (S. 232) aufgeführt.

Es lässt sich erkennen, dass die Steuersätze der Spalten 3 und 4 größtenteils den *zweiten* Progressionsbereich betreffen. Lediglich die Werte in Zeile 1 und der Wert in Spalte 4, Zeile 3 betreffen den *ersten* Progressionsbereich. Durch Einsetzen der Steuersätze aus den Spalten 3 und 4 in die betreffenden Funktionen zur Ermittlung der Grenzsteuersätze des Grundtarifs (s. Anlage 2) und Umformung nach E^* lassen sich die jeweiligen zu versteuernden Einkommen ermitteln (beispielsweise für den Steuersatz aus Spalte 3, Zeile 1 (15,000 %): $0{,}15 = 19{,}4574 \cdot E^* \cdot 10^{-6} - 0{,}043055219 \Rightarrow E^* = 9.921{,}94$). Die jeweils korrespondierenden zu versteuernden Einkommen zu den Spalten 3 und 4 sind in den Spalten 5 und 6 wiedergegeben.

[25] Vgl. *Schneeloch/Meyering/Patek*, Band 1 (2016), Gliederungspunkt 4.4.

Die Spalten 7 und 8 enthalten schließlich die Steuerbelastungen für die in den Spalten 5 und 6 abgetragenen zu versteuernden Einkommen (auf Basis des Grundtarifs; s. Anlage 1): In Spalte 7 beziehen sich die Werte auf Spalte 5 (Einkommensteuer- und Solidaritätszuschlag *ohne* Berücksichtigung der Kirchensteuer), in Spalte 8 beziehen sich die Werte auf Spalte 6 (Einkommensteuer- und Solidaritätszuschlag *mit* Berücksichtigung der Kirchensteuer). Die Werte sind mit Hilfe von Gleichung 2 (in den Zeilen 1 bis 4) bzw. Gleichung 1 (in Zeile 5) und von Gleichung 64 ermittelt worden. Dabei wird in den Zeilen 1 bis 4 davon ausgegangen, dass es bei dem (Mit-)Unternehmer des Personenunternehmens nach § 35 EStG zu einer Vollanrechnung der Gewerbesteuer auf die Einkommensteuer und den Solidaritätszuschlag kommt. Bei Anwendung des mit „*E*" i. S. v. Gleichung II verknüpften kombinierten Ertragsteuersatzes gilt also $m_e \cdot \alpha \cdot (1 + s_{solz}) = m_e \cdot h$. Eine Vollanrechnung der Gewerbesteuer (auf die Einkommensteuer und den Solidaritätszuschlag) ist nur bei Gewerbesteuer-Hebesätzen bis zu rund 401 % möglich.[26] In Zeile 5, in der von einem 500 %igen Gewerbesteuer-Hebesatz ausgegangen wird, kommt es somit zu keiner Vollanrechnung der Gewerbesteuer (es gilt $\alpha = 3{,}8$).

In Spalte 9 ist die Steuerbelastung aufgeführt, die sich bei Besteuerung eines Gewinn(bestandteils) einer Kapitalgesellschaft i. H. d. aus Spalte 5 ersichtlichen zu versteuernden Einkommens im Fall des Vergleichs-Personenunternehmens ergibt (Gewerbe- und Körperschaftsteuer einschließlich des Solidaritätszuschlags; bspw. für Zeile 1: 0,15825 · 9,9 = 1,57).

Die Spalten 10 und 11 enthalten abschließend die Differenzen zwischen den Steuerbelastungen von Kapitalgesellschaft (Spalte 9) und Personenunternehmen (Spalte 10 bzw. Spalte 11). Bei diesen Differenzen handelt es sich zugleich um die maximalen Steuer-Minderbelastungen des Personenunternehmens im Vergleich zu den Steuerbelastungen des Gewinns der Vergleichs-Kapitalgesellschaft. Die sich aus den Spalten 10 und 11 ergebenden Minderbelastungen liegen zwischen 1,5 T€ und 4,5 T€, sind also nicht von erheblichem Gewicht. Allerdings sind zwei Aspekte zu beachten:

- Die maximalen Vorteile verdoppeln sich bei Anwendung *des Splittingtarifs*.
- Sind an einer Personengesellschaft *mehrere Gesellschafter* beteiligt, ergibt sich der maximal mögliche aus der Summe der maximalen Vorteile der einzelnen Gesellschafter. Sind bspw. 10 Gesellschafter vorhanden (alle verheiratet, jeweils zusammen veranlagt und kirchensteuerpflichtig), ergibt sich bei einem Gewerbesteuer-Hebesatz von 400 % ein maximaler Gesamtvorteil von 90 T€ (= 4,5 T€ · 2 · 10) pro Jahr.

1.3.2.2.3 Beginn der ersten Proportionalzone (unterer Plafond)

Auch für den Beginn der ersten Proportionalzone wird bei dem Personenunternehmen davon ausgegangen, dass das zu versteuernde Einkommen des (Mit-) Unternehmers dem Gewinn(anteil) *G* entspricht.

[26] Siehe hierzu *Schneeloch/Meyering/Patek*, Band 4 (2020), Teil I, Gliederungspunkt 4.2.3.

Die Basis der Untersuchung stellen Berechnungen der Steuerbelastungen bei Personenunternehmen bzw. Kapitalgesellschaften dar, die in Abbildung 1.6 auf der nächsten Seite zusammengefasst sind.

Spalte 1 enthält die gleichen Gewerbesteuer-Hebesätze bzw. Kombinationen von Gewerbesteuer-Hebesätzen, die bereits in Spalte 1 von Abbildung 1.5 (S. 12) verwendet wurden.

In Spalte 2 ist das zu versteuernde Einkommen zu Beginn der ersten Proportionalzone aufgeführt (bei Anwendung des Grundtarifs; s. Anlage 1). Es beträgt in allen Fällen 57.052 €. Annahmegemäß entspricht dieser Betrag dem steuerlichen Gewinn, der dem Vergleich zu Grunde liegt. Die Spalten 3 und 4 enthalten die Steuerbelastungen im Fall eines Personenunternehmens $S_{persu§32a}$ (in Spalte 3 ohne Berücksichtigung der Kirchensteuer, in Spalte 4 mit Berücksichtigung einer 9 %igen Kirchensteuer). Wie bereits in den Zeilen 1 bis 4 von Abbildung 1.5, wird auch in den Zeilen 1 bis 4 von Abbildung 1.6 davon ausgegangen, dass es bei dem (Mit-)Unternehmer des Personenunternehmens nach § 35 EStG zu einer *Vollanrechnung der Gewerbesteuer* auf die Einkommensteuer und den Solidaritätszuschlag kommt. Bei Anwendung des mit „E" i. S. v. Gleichung II verknüpften kombinierten Ertragsteuersatzes gilt in den Zeilen 1 bis 4 also auch hier bei Gewerbesteuer-Hebesätzen bis einschließlich 400 %: $m_e \cdot \alpha \cdot (1 + s_{solz}) = m_e \cdot h$. Der mit „$E$" i. S. v. Gleichung II verknüpfte kombinierte Ertragsteuersatz reduziert sich in diesen Fällen daher zu s_e (s. Gleichung 2). Der Wert von s_e kann mit Hilfe von Gleichung 64 ermittelt werden. Der dazu benötigte reine Einkommensteuersatz s_{ei} ist aus § 32a Abs. 1 Satz 2 Nr. 4 EStG abzuleiten (s. Anlage 1). Bei einem zu versteuernden Einkommen von 57.052 € beträgt die Einkommensteuer nach dieser Norm 14.998 € (= 57.052 · 0,42 - 8.963,74). Daraus ergibt sich für s_{ei} 0,26288 (= $\frac{14.998,1}{57.052}$). Wird dieser Wert in Gleichung 64 eingesetzt, kann der kombinierte Ertragsteuersatz ermittelt werden. Er beträgt ohne Berücksichtigung der Kirchensteuer 27,734% (= $\frac{0,26288 \cdot (1+0+0,055)}{1+0,26288 \cdot 0}$) und mit Berücksichtigung der Kirchensteuer 29,404% (= $\frac{0,26288 \cdot (1+0,09+0,055)}{1+0,26288 \cdot 0,09}$). Angewendet auf das zu versteuernde Einkommen in Spalte 2 resultiert hieraus eine Belastung des Personenunternehmens von 15.823 € (ohne Kirchensteuer; Spalte 3) bzw. von 16.776 € (mit Kirchensteuer; Spalte 4).

In Zeile 5 der Spalten 3 und 4, in der von einem 500 %igen Gewerbesteuer-Hebesatz ausgegangen wird, kommt es zu *keiner Vollanrechnung* der Gewerbesteuer (es gilt daher: $\alpha = 3,8$). Der mit „E" i. S. v. Gleichung II verknüpfte Ertragsteuersatz ($s_e + m_e \cdot h - m_e \cdot \alpha \cdot (1 + s_{solz})$) reduziert sich in diesen Fällen also nicht zu s_e (s. Gleichung 1). Durch die Begrenzung der Anrechnung kann der Freibetrag des § 11 Abs. 1 GewStG seine Wirkung entfalten (durch die Vollanrechnung ist dies in den Zeilen 1 bis 4 nicht der Fall). Wird der Freibetrag berücksichtigt, ist nur der 1. Term des Ertragsteuersatzes (s_e) auf das zu versteuernde Einkommen anzuwenden, der 2. und der 3. Term ($m_e \cdot h$, $m_e \cdot \alpha \cdot (1 + s_{solz})$) hingegen auf das um den Freibetrag reduzierte zu versteuernde Einkommen (57.052 - 24.500 = 32.552). Es ergibt sich dann eine Belastung des Personenunternehmens von 16.952 € (ohne Kirchensteuer; Spalte 3) bzw. von 17.905 € (mit Kirchensteuer; Spalte 4).

Spalte 5 enthält die Steuerbelastung der Vergleichs-Kapitalgesellschaft. In dieser Spalte wird stets von einem steuerlichen Gewinn(bestandteil) i. H. d. sich aus Spalte 2 ergebenden Betrags von 57.052 € ausgegangen. Die Steuerbelas-

	h	Beginn des unteren Plafonds	$S_{persu§32a}$ zu Beginn des unteren Plafonds bei s_{ki} =		S_{kap} bei einem steuerlichen Gewinn i. H. v. Spalte 2 [= Spalte 2 x ($s_k + m_e \cdot h$)]	Differenzbelastung bei s_{ki} =	
			0 %	9 %		0 % [= Spalte 3 - Spalte 5]	9 % [= Spalte 4 - Spalte 5]
(1)		(2)	(3)	(4)	(5)	(6)	(7)
(1)	0 %/0 %	57.052 €	15.823 €	16.776 €	9.028 €	6.794 €	7.747 €
(2)	0 %/400 %	57.052 €	15.823 €	16.776 €	17.016 €	-1.193 €	-240 €
(3)	300 %/300 %	57.052 €	15.823 €	16.776 €	15.019 €	804 €	1.757 €
(4)	400 %/400 %	57.052 €	15.823 €	16.776 €	17.016 €	-1.193 €	-240 €
(5)	500 %/500 %	57.052 €	16.952 €	17.905 €	19.013 €	-2.061 €	-1.108 €

Abb. 1.6: Steuerbelastungen und Steuerbelastungsdifferenzen zu Beginn der ersten Proportionalzone bei Anwendung des Grundtarifs

tungen der Kapitalgesellschaft können Spalte 2 von Abbildung 1.5 entnommen werden.

Die Spalten 6 und 7 von Abbildung 1.6 weisen schließlich die Differenzbelastungen zwischen der Steuerbelastung im Fall eines Personenunternehmens und derjenigen einer Kapitalgesellschaft aus. Es handelt sich um die Differenzen der Werte der Spalten 3 und 5 (ohne Kirchensteuer) bzw. der Werte der Spalten 4 und 5 (mit Kirchensteuer). Mit Ausnahme der Werte der Zeile 1 sind die Werte der Spalten 6 und 7 *vernachlässigbar gering*. In Zeile 1 ergibt sich hingegen eine *Mehrbelastung* des Personenunternehmens im Vergleich zur Kapitalgesellschaft von 6,8 T€ (ohne Kirchensteuer) bzw. 7,8 T€ (mit Kirchensteuer). Hierbei handelt es sich aber um den Fall, dass nicht nur das Personenunternehmen, sondern auch die Kapitalgesellschaft *keiner Gewerbesteuer unterliegt*. Dies ist ein eher seltener Fall.

Insgesamt ist zu konstatieren, dass ein Gewinn, der bei einem Personenunternehmen zu einem zu versteuernden Einkommen am Beginn der ersten Proportionalzone führt, nur noch *einen geringfügigen Vorteil des Personenunternehmens* nach sich zieht. Resultiert aus dem Gewinn ein höheres zu versteuerndes Einkommen, ist es für die Steuerplanung daher im Einzelfall ausreichend, wenn die Steuerwirkungen betrachten werden, die sich im Proportionalbereich ergeben (s. den nachfolgenden Gliederungspunkt 1.3.2.2.4).

1.3.2.2.4 Zweite Proportionalzone (oberer Plafond)

Die Basis für die Untersuchung in der zweiten Proportionalzone stellen Berechnungen der Steuerbelastungen bei Personenunternehmen bzw. Kapitalgesellschaften dar, die in Abbildung 1.7 auf der nächsten Seite zusammengefasst sind.

Spalte 1 enthält wieder die aus den letzten Gliederungspunkten bekannten Gewerbesteuer-Hebesätze. Die Spalten 2 und 3 enthalten die zu den Hebesätzen der Spalte 1 ermittelten Steuerbelastungen eines Personenunternehmens (in Spalte 2 für den Fall der ersten Proportionalzone, d. h. für s_{ei} = 0,42, und in Spalte 3 für den Fall der zweiten Proportionalzone, d. h. für s_{ei} = 0,45). Die Werte sind mit Hilfe von Gleichung 2 (in den Zeilen 1 bis 4) bzw. Gleichung 1 (in Zeile 5) und von Gleichung 64 ermittelt worden (in allen Fällen unter Berücksichtigung eines Solidaritätszuschlags von 5,5 % und einer 9 %igen Kirchensteuer). Bei Gewerbesteuer-Hebesätzen bis einschließlich 400 % (also in den Zeilen 1 bis 4) wird in bekannter Weise Folgendes unterstellt: $m_e \cdot \alpha \cdot (1 + s_{solz}) = m_e \cdot h$.

Spalte 4 der Abbildung enthält die Steuerbelastungen der Vergleichs-Kapitalgesellschaft. Die dort aufgeführten Werte ergeben sich aus Gleichung 3.

In den Spalten 5 und 6 der Abbildung 1.7 sind die Belastungsdifferenzen dargestellt. In allen Fällen ergeben sich bei einem Personenunternehmen *deutlich höhere Steuerbelastungen* als bei einer Kapitalgesellschaft. Die meisten dieser Differenzen liegen zwischen rund 16,5 % und 23,2 % des thesaurierten Anteils am steuerlichen Gewinnbestandteil *G*. Wesentlich höhere Belastungsdifferenzen ergeben sich in Zeile 1 (die Ursache hierfür wurde bereits erläutert). Hinsichtlich Zeile 5 sei erwähnt, dass der Freibetrag des § 11 Abs. 1 GewStG hier bei

h		Personenunternehmen $S_{persu§32a}$ bei s_{ki} = 9 % und s_{ei} = 42 %	s_{ei} = 45 %	Kapitalgesellschaft $S_{kap} = s_k + m_e \times h$	Belastungsdifferenz bei s_{ki} = 9 % und s_{ei} = 42 % [= Spalte 2 - Spalte 4]	s_{ei} = 45 % [= Spalte 3 - Spalte 4]
(1)		(2)	(3)	(4)	(5)	(6)
(1)	0 %/0 %	46,34 %	49,52 %	15,83 %	30,51 %	33,69 %
(2)	0 %/400 %	46,34 %	49,52 %	29,83 %	16,51 %	19,69 %
(3)	300 %/300 %	46,34 %	49,52 %	26,33 %	20,01 %	23,19 %
(4)	400 %/400 %	46,34 %	49,52 %	29,83 %	16,51 %	19,69 %
(5)	500 %/500 %	49,81 %	52,99 %	33,33 %	16,48 %	19,66 %

Abb. 1.7: Steuerbelastung des Gewinnbestandteils G bei Personenunternehmen und bei Kapitalgesellschaften (Besteuerung des Personenunternehmens in der zweiten Proportionalzone

der Belastung der Personenunternehmen keine Berücksichtigung findet (anders als in Abbildung 1.6 (S. 16)).

Unter der Voraussetzung, dass der Gewinn mit einem der Steuersätze der ersten oder der zweiten Proportionalzone versteuert wird, lässt sich also insgesamt feststellen, dass die Steuerbelastung des Gewinns eines Personenunternehmens *erheblich höher* ist als die Steuerbelastung des thesaurierten Gewinns einer Kapitalgesellschaft.

1.3.2.3 Einbezug von Ausschüttungen bzw. Entnahmen

1.3.2.3.1 Einordnung

Nun werden auch die Folgen in den Vergleich einbezogen, die bei einer Ausschüttung bzw. bei einer Gewinnentnahme entstehen. In diesem Zusammenhang ist zu beachten, dass einmal entstandene Gewinne grundsätzlich zu irgendeinem Zeitpunkt entnommen bzw. ausgeschüttet werden. Dies kann im Jahr der Gewinnentstehung bzw. im Jahr unmittelbar nach der Gewinnentstehung, es kann aber auch zu einem späteren Zeitpunkt geschehen. Dieser Zeitpunkt kann viele Jahre oder auch Jahrzehnte nach dem Jahr der Gewinnentstehung liegen. Spätestens kommt es i. d. R. dann zu einer Gewinnentnahme bzw. -ausschüttung, wenn das Unternehmen liquidiert wird. Von diesem Grundsatz gibt es dann eine Ausnahme, wenn der Gewinn durch einen später entstehenden Verlust wieder vernichtet wird und er bis dahin noch nicht entnommen bzw. ausgeschüttet worden ist. Dieser Fall wird hier nicht weiter betrachtet.

Bei einer *Kapitalgesellschaft* zieht eine Ausschüttung, zusätzlich zum kombinierten Körperschaft- und Gewerbesteuersatz auf Gesellschaftsebene, beim Gesellschafter steuerliche Konsequenzen nach sich. Dabei ist danach zu unterscheiden, ob die Anteile im Privatvermögen, im Betriebsvermögen einer Kapitalgesellschaft oder in einem sonstigen Betriebsvermögen gehalten werden.[27] Wie oben bereits ausgeführt wurde (s. Gliederungspunkt 1.2), liegt hier die Annahme zu Grunde, dass die Anteile an der Kapitalgesellschaft im Privatvermögen gehalten werden. Folglich kommt grundsätzlich der besondere Tarif für Einkünfte aus Kapitalvermögen gem. § 32d EStG zur Anwendung.[28] Der sich aus einer „unternehmerischen" Beteiligung ergebende steuerplanerische Aktionsparameter wird gesondert in Gliederungspunkt 1.3.3.2 (S. 24) betrachtet.

Bei einem *Personenunternehmen* ändert sich im Fall einer Entnahme nichts im Vergleich zur Thesaurierung. Die Ertragsteuern auf den Gewinn(bestandteil) G können auch hier mit Hilfe von Gleichung 1 (S. 10) ermittelt werden. Kommt es zur Vollanrechnung der Gewerbesteuer, d. h. gilt $\alpha \cdot (1 + s_{solz}) = h$, vereinfacht sich Gleichung 1 zu Gleichung 2.

Im Folgenden werden zunächst die Auswirkungen einer Ausschüttung bei einer Kapitalgesellschaft bestimmt, dann die Belastungsdifferenzen ermittelt und diese schließlich analysiert.

1.3.2.3.2 Belastung bei der Kapitalgesellschaft

Die Ausschüttung A unterliegt bei dem jeweiligen Gesellschafter der Kapitalgesellschaft *der Einkommensteuer*. Auf sie ist der Einkommensteuersatz des Gesellschafters anzuwenden. Da im Privatvermögen gehaltene Anteile an der Kapitalgesellschaft unterstellt werden, handelt es sich i. d. R. um den besonderen Steuersatz für Einkünfte aus Kapitalvermögen i. S. d. § 32d Abs. 1 EStG ($s_{e\S 32d}$). Dieser beträgt einschließlich des Solidaritätszuschlags 26,375 % (= 0,25 · 1,055) bzw. unter Einbezug einer 9 %igen Kirchensteuer 27,995 % (durch Anwendung von Gleichung 64 ermittelt). In Ausnahmefällen kommt auch der sich aus § 32a EStG ergebende Steuersatz ($s_{e\S 32a}$) zur Anwendung. Um beide Fälle erfassen zu können, werden beide Steuersätze unter der Bezeichnung $s_{e/a}$ zusammengefasst (kombinierter Einkommensteuer-, Kirchensteuer- und Solidaritätszuschlagsatz bei Ausschüttung).

Durch die Ausschüttung kann es bei dem Gesellschafter zur Ausnutzung eines bisher nicht ausgeschöpften Teils des *Sparer-Pauschbetrags* i. S. d. § 20 Abs. 9 EStG kommen. Sofern ohne die Ausschüttung ein nicht ausgeschöpfter Teil des Sparer-Pauschbetrags vorhanden ist, mindert dieser die Bemessungsgrundlage der Einkommensteuer auf die Ausschüttung. Der anzuwendende Steuersatz $s_{e/a}$ bezieht sich dann auf die Differenz zwischen der Ausschüttung A und dem nicht ausgeschöpften Teil des Sparer-Pauschbetrags (hier als $F_{e\S 20}$ bezeichnet). Die zusätzliche Einkommensteuer des Gesellschafters ($S_{ges/a}$) beträgt demnach:

$$S_{ges/a} = (A - F_{e\S 20}) \cdot s_{e/a}. \tag{4}$$

[27] Vgl. zur Besteuerung der Gesellschafter von Kapitalgesellschaften *Schneeloch/Meyering/Patek*, Band 1 (2016), Gliederungspunkt 3.5.5. Ausführungen zu Fällen, in denen die Anteile im Betriebsvermögen gehalten werden, finden sich in Gliederungspunkt 4.2 (S. 177).

[28] Vgl. zu den Ausnahmen vom besonderen Tarif für Einkünfte aus Kapitalvermögen *Schneeloch/Meyering/Patek*, Band 1 (2016), Gliederungspunkt 2.5.1.4.

Da der Abzug von Freibeträgen weder zu negativen Einkünften noch zu einem negativen Einkommen und auch nicht zu einer negativen Jahressteuerschuld führen darf, gilt für den Abzug von $F_{e§20}$ stets die *Nebenbedingung*:

$$F_{e§20} \leq A. \tag{5}$$

Erfolgt der Abzug eines ansonsten nicht ausgenutzten Freibetrags i. H. d. durch die Ausschüttung entstandenen steuerpflichtigen Einnahmen, d. h. gilt $F_{e§20} \geq A$, entsteht zusätzlich zu der durch die Thesaurierung entstandenen Steuerschuld keine weitere. Damit gelten die in Gliederungspunkt 1.3.2.2 (S. 10) ermittelten Ergebnisse unverändert fort. Dieser Fall dürfte in erster Linie bei nur in geringem Umfang beteiligten Gesellschaftern gegeben sein, die zudem per Saldo nur in geringem Umfang Einkünfte aus anderen Einkunftsquellen als der Gesellschaft beziehen. Er könnte bspw. bei minderjährigen Erben eines verstorbenen Gesellschafters eintreten. Auch ist er in Fällen einer vorweggenommenen Erbfolge mit (noch) nicht im Unternehmen mitarbeitenden Kindern denkbar.

Ist der steuerpflichtige Teil der Einnahmen hingegen größer als der noch ausnutzbare Teil des Sparer-Pauschbetrags, kommt es bei der Alternative zu einer zusätzlichen Steuerbelastung. Diese kommt zu derjenigen hinzu, die sich im Fall der Thesaurierung ergibt.

Die maximale Ausschüttung, die aus dem vorgegebenen Gewinn(bestandteil) G vorgenommen werden kann, ergibt sich, indem von G die hierauf gem. Gleichung 3 (S. 11) entfallende Gewerbe- und Körperschaftsteuer (inklusive Solidaritätszuschlag) abgezogen wird. A nimmt also folgenden Wert an:

$$A = G \cdot (1 - s_k - m_e \cdot h)\,. \tag{6}$$

Durch Einsetzen dieses Terms für A in Gleichung 4 ergibt sich für die Steuerbelastung des Gesellschafters der Kapitalgesellschaft Folgendes:

$$S_{ges/a} = \big(G \cdot (1 - s_k - m_e \cdot h) - F_{e§20}\big) \cdot s_{e/a}. \tag{7}$$

1.3.2.3.3 Belastungsdifferenz

Zu vergleichen ist nun die Steuerbelastung, die sich für das Personenunternehmen und seinen (Mit-)Unternehmer ergibt (Gleichung 2), mit der Steuerbelastung der Kapitalgesellschaft (Gleichung 3) zuzüglich der auf den Vergleichszeitpunkt abgezinsten Belastung des Gesellschafters (Gleichung 7).

Die abgezinste Belastungsdifferenz zwischen der Belastung des Personenunternehmens und ihres (Mit-)Unternehmers einerseits und der der Kapitalgesellschaft andererseits kann wie folgt geschrieben werden:[29]

$$\begin{aligned} S_{persu§32a} - S_{kap+ges} = {} & \Big(s_{e§32a} + m_e \cdot \big(h - \alpha \cdot (1 + s_{solz})\big)\Big) \cdot G \\ & - (s_k + m_e \cdot h) \cdot G \\ & - \big(G \cdot (1 - s_k - m_e \cdot h) - F_{e§20}\big) \cdot s_{e/a} \cdot (1 + i_n)^{-n}. \end{aligned} \tag{8}$$

[29] Bei der Abzinsung gelangt ein Nettozinssatz (i_n) zur Anwendung. Siehe zu dieser Thematik *Schneeloch/Meyering/Patek*, Band 4 (2020), Teil I, Gliederungspunkt 6.

In dieser Gleichung ist das aus Gleichung 1 stammende Symbol $S_{gt/persu}$ durch $S_{persu\S 32a}$ und das Symbol s_e durch $s_{e\S 32a}$ ersetzt worden. Beides dient hier zur Verdeutlichung, dass der Gewinn bei dem (Mit-)Unternehmer gem. § 32a EStG versteuert wird.

Für den Fall, dass der Sparer-Pauschbetrag bereits anderweitig ausgenutzt ist ($F_{e\S 20} = 0$), vereinfacht sich Gleichung 8 zu:

$$\begin{aligned} S_{persu\S 32a} - S_{kap+ges} = &\Big(s_{e\S 32a} + m_e \cdot \big(h - \alpha \cdot (1 + s_{solz})\big)\Big) \cdot G \\ &- (s_k + m_e \cdot h) \cdot G \\ &- G \cdot (1 - s_k - m_e \cdot h) \cdot s_{e/a} \cdot (1 + i_n)^{-n}. \end{aligned} \tag{9}$$

Kommt es im Fall des Personenunternehmens des Weiteren zu einer Vollanrechnung der Gewerbesteuer, d. h. gilt $\alpha \cdot (1 + s_{solz}) = h$, vereinfacht sich Gleichung 9 weiter zu:

$$\begin{aligned} S_{persu\S 32a} - S_{kap+ges} = &\, s_{e\S 32a} \cdot G - (s_k + m_e \cdot h) \cdot G \\ &- G \cdot (1 - s_k - m_e \cdot h) \cdot s_{e/a} \cdot (1 + i_n)^{-n}. \end{aligned} \tag{10}$$

Für den Fall, dass n gegen Unendlich strebt ($n \to \infty$), nimmt der letzte Summand in den Gleichungen 8 bis Gleichung 10 den Wert Null an. Aus Gleichung 10 wird dann:

$$S_{persu\S 32a} - S_{kap+ges} = s_{e\S 32a} \cdot G - (s_k + m_e \cdot h) \cdot G. \tag{11}$$

Dieser Fall entspricht mathematisch dem Fall einer quasi-dauerhaften Thesaurierung.

1.3.2.3.4 Analyse

Werden in den Gleichungen des vorherigen Gliederungspunktes für m_e, s_{ki}, s_{koe} und s_{solz} die gesetzlich vorgeschriebenen Werte eingesetzt, wird deutlich, dass die Vorteilhaftigkeit von h, i_n, n und $s_{e\S 32a}$ abhängt.

Da der Absolutbetrag des letzten Terms in den Gleichungen 8 bis 11 stets einen Wert ≥ 0 hat,[30] ist die in diesen Gleichungen ausgedrückte Differenzbelastung dann negativ, wenn der erste Term der genannten Gleichungen kleiner ist als der zweite, d. h. wenn die Steuerbelastung des Personenunternehmens und seines (Mit-)Unternehmers kleiner ist als die der Kapitalgesellschaft ohne deren Gesellschafter. In Abbildung 1.5 (S. 12) wurden bereits für unterschiedliche Hebesatzkombinationen zu versteuernde Einkommen des (Mit-)Unternehmers ermittelt, bis zu deren Höhe diese Bedingung für Grenzgewinne gilt. Diese zu versteuernden Einkommen sind *vergleichsweise niedrig* (sie liegen zwischen rund 9 T€ und 33 T€, bzw. bei Anwendung des Splittingtarifs doppelt so hoch).

[30] In Gleichung 11 beträgt der letzte Term annahmegemäß Null und ist daher nicht aufgeführt.

Wie außerdem in Gliederungspunkt 1.3.2.2 ermittelt wurde, sind die Vorteile des Personenunternehmens zu Beginn des Proportionalbereichs in etwa aufgebraucht (unter Beachtung der Prämissen). Schüttet eine Kapitalgesellschaft zu irgendeinem Zeitpunkt einen bei ihr versteuerten Gewinnanteil aus, nimmt der Absolutbetrag des dritten Terms in den Gleichungen 8 bis 10 also *einen positiven Wert an*,[31] verbessert sich die Position des Personenunternehmens nochmals. Bis zum Beginn des Proportionalbereichs und unter Einbezug einer Sofortausschüttung bei der Kapitalgesellschaft ist ein Personenunternehmen *grundsätzlich vorteilhafter* als die Kapitalgesellschaft. Nur bei sehr niedrigen Hebesätzen der Gewerbesteuer ist die Kapitalgesellschaft vorteilhafter.

Diese Vorteilhaftigkeit kippt zum einen *bei einer höheren Einkommensteuer* und zum anderen *bei einer erst später erfolgenden Ausschüttung*: In der zweiten Proportionalzone ist ein Personenunternehmen stets im Nachteil und in der ersten Proportionalzone reicht bei der Ausschüttung schon eine Verzögerung von drei Jahren, um zu einer höheren Gesamtbelastung als bei einer Kapitalgesellschaft zu kommen.

Angesichts der Komplexität der Zusammenhänge ist die Ermittlung einer Differenzbelastung im Wege der Schätzung nicht verlässlich möglich. Stattdessen ist die *Berechnung* mit Hilfe der Belastungsgleichungen *nötig*. Die Ergebnisse solcher Berechnungen sind in Abbildung 1.8 auf der gegenüberliegenden Seite für wichtige Parameterkonstellationen dargestellt.

Miteinander verglichen werden darin die Steuerbelastungen des Gewinns eines Personenunternehmens bzw. einer Kapitalgesellschaft und ihres Gesellschafters. Vorausgesetzt ist bei dem Personenunternehmen stets, dass der reine Einkommensteuersatz (s_{ei}) 42 % beträgt und ein 5,5 %iger Solidaritätszuschlag sowie eine 9 %ige Kirchensteuer erhoben werden.

Spalte 1 enthält in der bekannten Weise Gewerbesteuer-Hebesätze, die den Belastungen bzw. Belastungsdifferenzen der nachfolgenden Spalten zu Grunde liegen. In den Spalten 2 und 3 sind die Steuerbelastungen des Gewinnbestandteils G im Fall eines Personenunternehmens bzw. einer Kapitalgesellschaft aufgeführt (diese entstammen den Spalten 2 und 4 von Abbildung 1.7 (S. 18)).

Die Spalten 4 bis 6 enthalten abgezinste Steuerbelastungen des Gesellschafters der Kapitalgesellschaft, die infolge einer späteren Ausschüttung und Abzinsung auf den Beginn des Planungszeitraums entstehen. Zu Grunde gelegt ist jeweils ein Nettozinssatz von 6 %. Die Ausschüttung erfolgt nach drei unterschiedlichen Thesaurierungszeiträumen (n = 0, 10 und 30).[32]

In den Spalten 7 bis 10 sind die Belastungsdifferenzen enthalten, die sich aus der jeweiligen Belastung des Personenunternehmens nach Abzug der Belastung der Kapitalgesellschaft und der abgezinsten Belastung des Gesellschafters ergeben. Zusätzlich zu den drei unterschiedlichen Zeiträumen der Spalten 4 bis 6 ist in Spalte 10 der Fall einer quasi-dauerhaften Thesaurierung aufgeführt, d. h. der Thesaurierungszeitraum strebt gegen Unendlich ($n \to \infty$).

[31] In Gleichung 11 ist das annahmegemäß nicht möglich, da der Term dort den Wert Null annimmt.

[32] Bspw. für Zeile 1: $(1 - 0{,}15825) \cdot \frac{0{,}25 \cdot (1+0{,}09+0{,}055)}{1+0{,}25 \cdot 0{,}09} = 0{,}23565$ (Spalte 4) bzw. $(1 - 0{,}15825) \cdot \frac{0{,}25 \cdot (1+0{,}09+0{,}055)}{1+0{,}25 \cdot 0{,}09} \cdot (1+0{,}06)^{-10} = 0{,}13158$ (Spalte 5) bzw. $(1 - 0{,}15825) \cdot \frac{0{,}25 \cdot (1+0{,}09+0{,}055)}{1+0{,}25 \cdot 0{,}09} \cdot (1+0{,}06)^{-30} = 0{,}04103$ (Spalte 6).

h	Belastung (in % von G)		abgezinste Belastung des Gesellschafters bei Ausschüttung (i_n = 6 %; in % von G) bei n =			abgezinste Differenzbelastung bei Ausschüttung (i_n = 6 %; in % von G) bei			
	Personen-unter-nehmen	Kapital-gesellschaft	0	10	30	$n = 0$ [= Spalte 2 - Spalte 3 - Spalte 4]	$n = 10$ [= Spalte 2 - Spalte 3 - Spalte 5]	$n = 30$ [= Spalte 2 - Spalte 3 - Spalte 6]	$n \rightarrow \infty$ [= Spalte 2 - Spalte 3]
(1)	(2)	(3)	(4)	(5)	(6)	(7)	(8)	(9)	(10)
(1) 0 %	46,34 %	15,83 %	23,56 %	13,16 %	4,10 %	6,95 %	17,35 %	26,41 %	30,51 %
(2) 276 %	46,34 %	25,49 %	20,86 %	11,65 %	3,63 %	-0,01 %	9,20 %	17,22 %	20,85 %
(3) 300 %	46,34 %	26,33 %	20,62 %	11,52 %	3,59 %	-0,61 %	8,49 %	16,42 %	20,01 %
(4) 400 %	46,34 %	29,83 %	19,64 %	10,97 %	3,42 %	-3,13 %	5,54 %	13,09 %	16,51 %
(5) 500 %	49,81 %	33,33 %	18,66 %	10,42 %	3,25 %	-2,18 %	6,06 %	13,23 %	16,48 %

Abb. 1.8: Steuerbelastung des Gewinnbestandteils G bei Personenunternehmen sowie bei Kapitalgesellschaften und deren Gesellschaftern (in Prozent von G; für $s_{ei/persu} = 42\,\%$, $s_{ei/ges} = 25\,\%$, $s_{koe} = 15\,\%$, $s_{solz} = 5{,}5\,\%$, $s_{ki} = 9\,\%$)

Es zeigt sich, dass der Vorteil des Personenunternehmens bei sofortiger Ausschüttung ($n = 0$) in den meisten Fällen *nur gering* und außerdem *von der Höhe des Hebesatzes der Gewerbesteuer* abhängig ist: Bei einem rechnerischen Hebesatz von 0 % ist die Kapitalgesellschaft bei $n = 0$ deutlich vorteilhafter (Zeile 1); erst bei einem Hebesatz von etwa 276 % ändert sich die Vorteilhaftigkeit zu Gunsten des Personenunternehmens (Zeile 2). Wird der Gewinn hingegen *längere Zeit einbehalten* ($n = 10$, $n = 30$, $n \to \infty$), ergibt sich bei allen Hebesätzen eine überwiegend deutlich höhere Steuerbelastung des Gewinns des Personenunternehmens (im Vergleich zu derjenigen einer Kapitalgesellschaft einschließlich der abgezinsten Belastung ihres Gesellschafters). Der Nachteil des Personenunternehmens steigt einerseits *mit steigender Thesaurierungsdauer*. Andererseits sinkt er im Bereich der Vollanrechnung der Gewerbesteuer *mit steigendem Gewerbesteuer-Hebesatz*.

1.3.3 Erweiterungen des Ausgangsfalls

1.3.3.1 Steuerfreie Gewinne

Ertragsteuerlich gibt es eine Vielzahl steuerfreier Einnahmen und damit auch steuerfreier Gewinne. Die für die Praxis wichtigsten dürften steuerfreie ausländische Einnahmen und Investitionszulagen sein. Derartige steuerfreie Einnahmen führen *zu unterschiedlichen Steuerfolgen*, je nachdem, ob sie von einem Personenunternehmen oder aber von einer Kapitalgesellschaft erzielt worden sind. Die Unterschiede entstehen allerdings erst, wenn diese steuerfreien Einnahmen entnommen oder ausgeschüttet werden.

Steuerfreie Einnahmen bleiben bei *Personenunternehmen* steuerfrei, unabhängig davon, ob die ihnen entsprechenden Beträge thesauriert oder zu irgendeinem Zeitpunkt ausgeschüttet werden. Anders verhält es sich bei *Kapitalgesellschaften*. Hier führt jede Gewinnausschüttung beim Gesellschafter nach § 20 Abs. 1 Nr. 1 EStG zu steuerpflichtigen Einnahmen aus Kapitalvermögen. Dies gilt unabhängig davon, ob der ausgeschüttete Gewinnbestandteil aus bei der Gesellschaft steuerpflichtigen oder aber aus steuerfreien Einnahmen stammt.

Hinsichtlich der Behandlung von steuerfreien Einnahmen erweist sich die Kapitalgesellschaft ggü. einem Personenunternehmen somit *als deutlich nachteilig*. Wenn keine Kirchensteuer anfällt, beträgt der Nachteil i. d. R. 26,375 % (= 25 % · 1,055) der ausgeschütteten (ursprünglich steuerfreien) Gewinne. Ist zusätzlich eine 9 %ige Kirchensteuer zu berücksichtigen, erhöht sich der Nachteil der Kapitalgesellschaft auf 27,995 %[33] des ursprünglich steuerfreien Gewinns. Der Nachteil fällt geringer aus, wenn es für den Steuerpflichtigen vorteilhaft ist, nach § 32d Abs. 6 EStG einen Antrag auf Einbeziehung der Ausschüttung in seine Veranlagung zu stellen.

1.3.3.2 „Unternehmerische" Beteiligung

§ 32d Abs. 2 Satz 1 Nr. 3 EStG enthält das Wahlrecht, bei bestimmten „typischerweise unternehmerischen Beteiligungen"[34] auf Antrag auf die Anwendung des besonderen Tarifs für Einkünfte aus Kapitalvermögen gem. § 32d

[33] Die Berechnung erfolgte unter Verwendung von Gleichung 64 (S. 234).

[34] BT-Drucksache 16/7036 vom 8.11.2007, S. 14.

EStG *zu verzichten*. Wird hiervon Gebrauch gemacht, kommt bei **unternehmerischen Beteiligungen** stattdessen *das Teileinkünfteverfahren* zur Anwendung. Außerdem findet § 20 Abs. 6 und 9 EStG keine Anwendung (§ 32d Abs. 2 Satz 1 Nr. 3 Satz 2 EStG). Dies betrifft den Abzug von Verlusten und Werbungskosten.

Voraussetzung für die Inanspruchnahme ist eine Beteiligung i. S. d. § 20 Abs. 1 Nrn. 1 oder 2 EStG (also insb. Aktien oder GmbH-Anteile):

1. entweder im Umfang von mindestens 25 % (bei dieser Quote wird die Möglichkeit eines „wesentlichen" Einflusses auf die Kapitalgesellschaft unterstellt) oder,
2. wenn durch eine berufliche Tätigkeit für die betreffende Kapitalgesellschaft ein maßgeblicher unternehmerischer Einfluss auf deren wirtschaftliche Tätigkeit genommen werden kann, von mindestens 1 %.

Für die Ermittlung der sich aus dem Wahlrecht ergebenden Belastungen sind Anpassungen an den in Gliederungspunkt 1.3.2.3.2 (S. 19) hergeleiteten Gleichungen nötig, um Folgendes zu berücksichtigen:

- Es kommt nicht $s_{e/a}$, sondern $s_{e\S32a}$ zur Anwendung, dafür sind 40 % der Ausschüttung steuerfrei;
- hinsichtlich der Werbungskosten ergibt sich aus § 3c Abs. 2 EStG der Höhe nach eine Begrenzung auf 60 % der Werbungskosten (WK);
- etwaige Verluste dürfen mit Einkünften aus anderen Einkunftsarten ausgeglichen werden;
- es gibt keinen Freibetrag, die in Ungleichung 5 (S. 20) formulierte Nebenbedingung entfällt also.

Für die weiteren Überlegungen wird der sich nach dem Teileinkünfteverfahren ergebende Faktor, der die steuerpflichtigen Einnahmen und den Abzug von Werbungskosten bestimmt, mit δ bezeichnet. Außerdem wird die Möglichkeit des Verlustausgleichs bzw. -abzugs nicht weiter berücksichtigt.

In Anlehnung an Gleichung 4 beträgt die zusätzliche Einkommensteuer des Gesellschafters ($S_{ges/a/pv/TEV}$):

$$S_{ges/a/pv/TEV} = \delta \cdot (A - WK) \cdot s_{e\S32a}. \tag{12}$$

Gleichung 6 zur Ermittlung der maximalen Ausschüttung bleibt unverändert. Durch Einsetzen dieses Terms für A in Gleichung 12 ergibt sich für die Steuerbelastung des Gesellschafters der Kapitalgesellschaft ($S_{kap+ges/a/pv/TEV}$) Folgendes:

$$S_{kap+ges/a/pv/TEV} = \delta \cdot \left(G \cdot (1 - s_k - m_e \cdot h) - WK\right) \cdot s_{e\S32a}. \tag{13}$$

Hieraus resultieren Veränderungen der Belastungsdifferenzen aus Gliederungspunkt 1.3.2.3.3 (S. 20). Unter Verwendung der dortigen Gleichungen 2 und 3 sowie Gleichung 13 ergibt sich folgende Gleichung zur Ermittlung *der abgezinsten Belastungsdifferenz:*

$$\begin{aligned} &S_{persu§32a} - S_{kap+ges/a/pv/TEV} = \\ &\Big(s_{e§32a} + m_e \cdot \big(h - \alpha \cdot (1 + s_{solz})\big)\Big) \cdot G \\ &- (s_k + m_e \cdot h) \cdot G \\ &- \delta \cdot \big(G \cdot (1 - s_k - m_e \cdot h) - WK\big) \cdot s_{e§32a} \cdot (1 + i_n)^{-n} . \end{aligned} \tag{14}$$

Kommt es im Fall des Personenunternehmens zu einer *Vollanrechnung der Gewerbesteuer* (d. h.: $\alpha \cdot (1 + s_{solz}) = h$), vereinfacht sich Gleichung 14 zu:

$$\begin{aligned} S_{persu§32a} - S_{kap+ges/a/pv/TEV} &= s_{e§32a} \cdot G - (s_k + m_e \cdot h) \cdot G \\ &- \delta \cdot \big(G \cdot (1 - s_k - m_e \cdot h) - WK\big) \cdot s_{e§32a} \cdot (1 + i_n)^{-n} . \end{aligned} \tag{15}$$

Werden für m_e, s_{ki}, s_{koe}, s_{solz} und δ die gesetzlich vorgeschriebenen Werte eingesetzt, wird deutlich, dass die Vorteilhaftigkeit von h, i_n, n $s_{e§32a}$ und WK abhängt. Durch die Anwendung des Teileinkünfteverfahrens entfällt die Fixierung des Steuersatzes auf die Ausschüttung auf 25 %. Gleichzeitig erfolgt eine Freistellung dieser Ausschüttung im Umfang von 40 %. Dies lässt *im Proportionalbereich* ähnliche Ergebnisse wie in Gliederungspunkt 1.3.2.3.4 erwarten (0,6 · 0,42 = 0,252 bzw. 0,6 · 0,45 = 0,27). *Für niedrigere Einkommen* sind bedingt durch die Komplexität der Zusammenhänge auf Basis der soeben abgeleiteten Belastungsgleichungen Berechnungen nötig.

In Anlehnung an Abbildung 1.8 (S. 23) enthält Abbildung 1.9 auf der gegenüberliegenden Seite die Ergebnisse solcher Berechnungen. Dabei wurde unterstellt, dass keine Werbungskosten anfallen ($WK = 0$).

Es ist zu erkennen, dass die Ergebnisse etwas mehr *zu Gunsten der Kapitalgesellschaft* ausfallen. Auch hier ergibt sich eine Vorteilhaftigkeit für das Personenunternehmen nur bei sofortiger Ausschüttung ($n = 0$) und bei einem Hebesatz von mehr als etwa 281 % (Zeile 2).

Zu berücksichtigen ist, dass *Werbungskosten* bislang aus den Überlegungen ausgeklammert wurden. Werden sie in die Überlegungen einbezogen ($WK > 0$), verbessert sich der Vorteil der Kapitalgesellschaft *noch weiter*.

1.3.3.3 Berücksichtigung mehrerer Gesellschafter

Die bisherigen Untersuchungen wurden für einen einzelnen Unternehmer bzw. Gesellschafter durchgeführt. Die gewonnenen Erkenntnisse gelten deshalb zunächst für ein Einzelunternehmen bzw. für eine Einpersonen-Kapitalgesellschaft. Sie gelten darüber hinaus aber auch in den Fällen, in denen zwar mehrere Gesellschafter vorhanden sind, der jeweils den Vorteilsvergleich durchführende Gesellschafter aber lediglich *seine eigenen Interessen* wahren möchte (die Ergebnisse dieser Vorteilsvergleiche bei einzelnen Gesellschaftern können durchaus voneinander abweichen).

Betrachten sich die Gesellschafter hingegen als eine wirtschaftliche Einheit, ist es sinnvoll, die Vorteilhaftigkeit der Rechtsformen nicht aus der Sicht eines jeden einzelnen Gesellschafters, sondern *aus der Gesamtsicht aller* Gesellschafter

	h	Belastung (in % von G)		abgezinste Belastung des Gesellschafters bei Ausschüttung (i_n = 6 %; in % von G) bei n =			abgezinste Differenzbelastung bei Ausschüttung (i_n = 6 %; in % von G) bei			
		Personenunternehmen	Kapitalgesellschaft	0	10	30	n = 0 [= Spalte 2 - Spalte 3 - Spalte 4]	n = 10 [= Spalte 2 - Spalte 3 - Spalte 5]	n = 30 [= Spalte 2 - Spalte 3 - Spalte 6]	$n \rightarrow \infty$ [= Spalte 2 - Spalte 3]
	(1)	(2)	(3)	(4)	(5)	(6)	(7)	(8)	(9)	(10)
(1)	0 %	46,34 %	15,83 %	23,40 %	13,07 %	4,07 %	7,11 %	17,44 %	26,44 %	30,51 %
(2)	282 %	46,34 %	25,70 %	20,66 %	11,54 %	3,60 %	-0,02 %	9,10 %	17,04 %	20,64 %
(3)	300 %	46,34 %	26,33 %	20,48 %	11,44 %	3,57 %	-0,47 %	8,57 %	16,44 %	20,01 %
(4)	400 %	46,34 %	29,83 %	19,51 %	10,89 %	3,40 %	-3,00 %	5,62 %	13,11 %	16,51 %
(5)	500 %	49,81 %	33,33 %	18,54 %	10,35 %	3,23 %	-2,06 %	6,13 %	13,25 %	16,48 %

Abb. 1.9: Steuerbelastung des Gewinnbestandteils G bei Personenunternehmen sowie bei Kapitalgesellschaften und deren Gesellschaftern unter Anwendung des Teileinkünfteverfahrens (in Prozent von G; für $s_{ei/persu}$ = 42 %, s_{koe} = 15 %, s_{solz} = 5,5 %, s_{ki} = 9 %, δ = 0,6, WK = 0)

zu betrachten. Methodisch kann in gleicher Weise wie in den letzten Gliederungspunkten vorgegangen werden. Soweit im Rahmen des Vorteilsvergleichs Differenzsteuersätze von Bedeutung sind, ist dann jeweils der gewogene Differenzsteuersatz aller Gesellschafter anzusetzen.

Die Situation, dass Gesellschafter von gemeinsamen wirtschaftlichen Interessen ausgehen, kann insb. in Fällen auftreten, in denen Ehegatten Gesellschafter sind. Auch Eltern und ihre Kinder dürften häufig von einem gemeinsamen wirtschaftlichen Interesse ausgehen (insb. bei minderjährigen Kindern).

1.3.3.4 Schuldzinsen

Bereits an anderen Stellen des Gesamtwerks wurde ausgeführt, dass der Abzug von Schuldzinsen als Betriebsausgaben durch § 4 Abs. 4a EStG *begrenzt wird*.[35] Dies betrifft aber nur den Schuldzinsenabzug bei Personenunternehmen, nicht hingegen bei Kapitalgesellschaften. Durch Gestaltungsmaßnahmen ist es aber möglich, die Beschränkungen bei Personenunternehmen *teilweise oder vollständig zu vermeiden*.[36]

Es bleiben aber durchaus Fälle, in denen das Abzugsverbot des § 4 Abs. 4a EStG greift. Damit kann ein Personenunternehmen im Einzelfall hinsichtlich des Abzugs von Schuldzinsen im Vergleich zu einer Kapitalgesellschaft *von Nachteil sein*. Dieser Nachteil kann durchaus ein erhebliches Ausmaß annehmen. Zu diesem steuerlichen Nachteil tritt noch ein nicht steuerlicher Nachteil hinzu. Dieser besteht darin, dass Maßnahmen zur Vermeidung einer Nichtabzugsfähigkeit von Schuldzinsen nach § 4 Abs. 4a EStG *erheblichen Planungsaufwand* verursachen können, da sich die Maßnahmen i. d. R. nicht ohne eine intensive Unterstützung durch einen Steuerberater realisieren lassen.

Bestimmte Zinsaufwendungen unterliegen den sich aus den §§ 4h EStG und 8a KStG ergebenden Abzugsbeschränkungen (*Zinsschranke*).[37] Allerdings führen diverse Ausnahmetatbestände dazu, dass die Zinsschranke *nur in seltenen Ausnahmefällen* zur Anwendung kommt. Außerdem entsprechen sich die Wirkungen der Zinsschranke bei Personenunternehmen und Kapitalgesellschaften in weiten Teilen. Daher wird hier auf eine weitere Betrachtung verzichtet.

1.3.4 Beendigung unternehmerischer Betätigung

1.3.4.1 Überblick

In den bisher durchgeführten Steuerbelastungsvergleichen wurden nur Steuerfolgen der laufenden Besteuerung berücksichtigt. Nachfolgend werden in knapper Form auch die Steuerfolgen in die Betrachtung einbezogen, die sich als Folge *einer Beendigung der unternehmerischen Betätigung* ergeben. Eine solche kann erfolgen:

- durch die Veräußerung des Unternehmens bzw. der Anteile an dem Unternehmen,

[35] Siehe hierzu *Schneeloch/Meyering/Patek*, Band 2 (2017a), Gliederungspunkt 4.3.

[36] Siehe hierzu *Schneeloch/Meyering/Patek*, Band 4 (2020), Teil II, Gliederungspunkt 5.3.2.

[37] Siehe hierzu *Schneeloch/Meyering/Patek*, Band 1 (2016), Gliederungspunkt 3.3.3.3.

- durch Erbfolge bzw. vorweggenommene Erbfolge oder
- durch Betriebsaufgabe mit Liquidation.

Nachfolgend werden lediglich die beiden zuerst genannten Gründe der Beendigung der unternehmerischen Betätigung berücksichtigt.[38]

1.3.4.2 Erbfolge und vorweggenommene Erbfolge

1.3.4.2.1 Grundsätzliches

Am häufigsten dürfte die Beendigung der eigenen unternehmerischen Betätigung *durch einen Generationenwechsel* erfolgen. Dies kann im Wege der Erbfolge oder der vorweggenommenen Erbfolge geschehen. Letztere kann zunächst nur eine teilweise Übertragung des Betriebs bzw. der Gesellschaftsanteile auf die nachfolgende Generation beinhalten.

In steuerlicher Hinsicht kann der Generationenwechsel in zweifacher Weise Einfluss auf die Vorteilhaftigkeit unterschiedlicher Rechtsformen nehmen. Zum einen kann in unterschiedlicher Höhe *Erbschaft- und Schenkungsteuer* anfallen, zum anderen können in unterschiedlichem Maße Wahlrechte und Pflichten *zur Aufdeckung stiller Reserven* bestehen.

Häufig schließt sich an eine Erbfolge *eine Erbauseinandersetzung zwischen Miterben an*, d. h. die Aufteilung des Nachlasses unter den Miterben (§§ 2042 ff BGB). Ist in derartigen Fällen ein Unternehmen oder sind Anteile an einem Unternehmen Teil der Erbmasse, sind unterschiedliche Gestaltungsmaßnahmen denkbar. Naheliegend ist hierbei der Versuch, aus dem Unternehmen *ausscheidende Miterben* in den Genuss der Begünstigung der §§ 16 Abs. 4, 34 EStG kommen zu lassen und gleichzeitig dem das Unternehmen bzw. den Anteil *übernehmenden Miterben* Anschaffungskosten über abschreibungsfähige Wirtschaftsgüter zu verschaffen. Während Erbauseinandersetzungen bei Personenunternehmen regelmäßig *zu direktem Aufwandspotential* führen, tritt eine Steuerwirkung bei Kapitalgesellschaften erst bei der Veräußerung der Anteile ein.[39] Regelmäßig dürfte es aber *bei der ursprünglichen Wahl der Rechtsform* nicht möglich sein, die unterschiedlichen Steuerfolgen einer möglichen späteren Erbauseinandersetzung zu quantifizieren. Mehr als eine qualitative Aussage über die unterschiedliche Flexibilität der miteinander zu vergleichenden Rechtsformen lässt sich *deshalb vielfach nicht treffen*.

1.3.4.2.2 Erbschaft- und Schenkungsteuer

Erbschaft- und schenkungsteuerliche Folgen können sich im konkreten Einzelfall nur dann ergeben, wenn *die gesetzlichen Freibeträge* überschritten sind. Zu nennen ist in diesem Zusammenhang in erster Linie der sich aus § 16 Abs. 1 ErbStG ergebende allgemeine persönliche Freibetrag. Dieser beträgt gem. Nummer 2 dieser Rechtsnorm beim Erwerb steuerpflichtigen Vermögens durch ein

---

[38] Vgl. zur Betriebsaufgabe bspw. *Schneeloch/Meyering/Patek*, Band 1 (2016), Gliederungspunkt 2.3.1.4.3.

[39] Im Einzelnen s. hierzu *Schneeloch* (2006), S. 313-315.

Kind bzw. durch mehrere Kinder des Schenkers bzw. Erblassers grundsätzlich 400.000 € je Kind. Hinzukommen kann in Einzelfällen noch ein sich aus § 17 ErbStG ergebender Versorgungsfreibetrag, der allerdings bereits wegen seiner geringen Höhe kaum von Bedeutung ist. Die genannten Freibeträge werden auf den gesamten steuerpflichtigen Erwerb von Todes wegen gewährt. Dies geschieht unabhängig davon, ob zum Erwerb Betriebsvermögen oder Anteile an einer Gesellschaft gehören. Die Höhe der anzuwendenden Freibeträge ist also unabhängig von der Rechtsform des Unternehmens, das (vollständig oder teilweise) im Wege einer Schenkung oder eines Erbanfalls auf die nächste Generation übertragen wird.

Von herausragender Bedeutung sind *bei der Übertragung von Betriebsvermögen* im Rahmen eines Generationenwechsels die §§ 13a und 13b ErbStG. In § 13b ErbStG werden die Begriffe begünstigungsfähiges und begünstigtes Vermögen definiert, § 13a ErbStG enthält Steuerbefreiungen. Auf deren Darstellung wird hier verzichtet.[40]

Sowohl die Bewertung des Betriebsvermögens von Personenunternehmen als auch die von Anteilen an Kapitalgesellschaften erfolgt i. d. R. *nach betriebswirtschaftlichen Grundsätzen*.[41] Als *Bewertungsverfahren* kommen insb. in Betracht:

- das Ertragswertverfahren,
- die Varianten des DCF-Verfahrens und
- das vereinfachte Ertragswertverfahren.

Grundsätzlich kann – ceteris paribus – davon ausgegangen werden, dass der Wert des Betriebsvermögens eines Personenunternehmens und der vergleichbare Wert der Summe der Anteile an einer Kapitalgesellschaft *einander entsprechen*, dass also über die Bewertung keine unterschiedlichen Belastungen mit Erbschaft- und Schenkungsteuer entstehen. Trotz dieser grundsätzlichen Übereinstimmung sind aber *in Einzelfällen* voneinander abweichende Werte denkbar.[42]

Ist der Wert des (anteiligen) Betriebsvermögens bzw. des gemeinen Werts der Anteile ermittelt, sind von diesem die sich aus dem Erbschaftsteuer- und Schenkungsteuergesetz ergebenden Freibeträge abzuziehen.[43] In sehr vielen Fällen dürfte der steuerpflichtige Erwerb *niedriger* sein als die persönlichen Freibeträge. Dies gilt rechtsformunabhängig. Dann hat die Rechtsform des Unternehmens somit keinen Einfluss auf die Höhe der Erbschaft- bzw. Schenkungsteuer.

Ist der steuerpflichtige Erwerb *größer* als die persönlichen Freibeträge, sind folgende Fallgruppen zu unterscheiden:

- Der Erwerber plant, den (anteiligen) Betrieb bzw. seine Anteile an der Gesellschaft innerhalb kurzer Zeit nach dem Erwerb zu veräußern.

40 Vgl. hierzu *Schneeloch/Meyering/Patek*, Band 3 (2017b), Gliederungspunkt 1.3.4.2.

41 Diese Ausführungen zur Bewertung sind bewusst knapp gehalten. Vgl. ausführlich bspw. *Matschke/Brösel* (2013); *Hering* (2014).

42 Vgl. bspw. *Creutzmann* (2008), S. 158.

43 Auch die Ausführungen zum Erbschaftsteuer- und Schenkungsteuergesetz sind knapp gehalten. Vgl. zu ausführlicheren Ausführungen bspw. *Schneeloch/Meyering/Patek*, Band 3 (2017b), Gliederungspunkt 1.3.

- Der Erwerber plant den Betrieb selbst fortzuführen bzw. seinen Anteil an dem Betriebsvermögen bzw. seine Anteile an der Gesellschaft zu behalten (zumindest für einige Zeit).

In der ersten Fallgruppe ergibt sich aus § 13a ErbStG *keine Steuerbefreiung* bzw. eine Befreiung wird innerhalb kurzer Zeit wieder rückgängig gemacht. Dies gilt rechtsformunabhängig. In dieser Fallgruppe entstehen also im Hinblick auf die Erbschaft- und Schenkungsteuer keine rechtsformabhängigen Belastungsunterschiede.

In der zweiten Fallgruppe entstehen dann keine rechtsformunabhängigen Belastungsunterschiede, wenn der Schenker bzw. Erblasser an dem Betriebsvermögen bzw. an den Gesellschaftsanteilen *zu mehr als 25 %* beteiligt ist. In diesem Unterfall kommt es unabhängig von der Rechtsform zur Anwendung von § 13a ErbStG (grundsätzlich in gleichem Umfang wie beim Betriebsvermögen eines Personenunternehmens).

Ist der Schenker bzw. Erblasser hingegen *zu nicht mehr als 25 %* an dem Betriebsvermögen bzw. an den Gesellschaftsanteilen beteiligt, ergibt sich aus § 13b Abs. 1 ErbStG ein rechtsformabhängiger Unterschied. Handelt es sich bei dem Unternehmen um ein Personenunternehmen, kommt auch in dieser Unterfallgruppe eine Begünstigung nach § 13a ErbStG zur Anwendung. Handelt es sich hingegen um eine Kapitalgesellschaft, ist dies nach § 13b Abs. 1 Nr. 2 i. V. m. § 13a ErbStG nicht der Fall.

Zusammenfassend lässt sich hinsichtlich einer möglichen Rechtsformabhängigkeit der erbschaft- und schenkungsteuerlichen Belastung einer (vorweggenommenen) Erbfolge Folgendes festhalten:

- In den vermutlich weitaus meisten Fällen entsteht rechtsformunabhängig entweder überhaupt keine Belastung mit Erbschaft- und Schenkungsteuer oder es entsteht eine Belastung, doch diese ist in den Vergleichsfällen (annähernd) gleich groß.
- In den Fällen, in denen bei Inanspruchnahme der partiellen Steuerbefreiungen des § 13a ErbStG eine Erbschaft- und Schenkungsteuerschuld entsteht, kann es in Abhängigkeit von der Rechtsform zu einer nennenswert unterschiedlichen Belastung kommen. Dies kann aber nur bei einem Gesellschafter geschehen, der zu nicht mehr als 25 % an der Gesellschaft beteiligt ist.

1.3.4.2.3 Ertragsteuern

Ertragsteuerlich sind Schenkungen und Erbschaften *nicht steuerbare Vorgänge*. Beim Schenker bzw. beim Erblasser werden *stille Reserven* deshalb grundsätzlich nicht aufgedeckt. Beim Beschenkten bzw. beim Erben berühren Schenkungen bzw. Erbschaften nicht die Einkommens-, sondern die Vermögenssphäre. Der Beschenkte bzw. der Erbe hat grundsätzlich die Steuerbilanzwerte (§ 6 Abs. 3 EStG) bzw. die Steuerwerte i. S. d. §§ 17 oder 23 EStG des Schenkers bzw. Erblassers fortzuführen. Dies gilt auch, wenn im Rahmen der Erbfolge bzw. der vorweggenommenen Erbfolge mehrere Kinder Gesellschafter des Unternehmens werden.

Aus diesen Wirkungen folgt, dass Schenkungen bzw. Erbschaften grundsätzlich *keinen ertragsteuerlichen Einfluss* auf die Vorteilhaftigkeit miteinander zu vergleichender Rechtsformen haben. Ausnahmen von diesem Grundsatz kann es aber infolge von *Gestaltungsmaßnahmen* der Beteiligten geben. Dies gilt sowohl für die vorweggenommene Erbfolge als auch für eine Erbauseinandersetzung.

Im Rahmen einer vorweggenommenen Erbfolge können neben unentgeltlichen auch entgeltliche und damit einkommensteuerpflichtige Vorgänge konstruiert werden.[44] **Entgeltlichkeit** liegt bei der Übertragung von Betriebsvermögen im Rahmen einer vorweggenommenen Erbfolge in folgenden Fällen vor:

- bei *Abstandszahlungen* an den bisherigen Eigentümer und
- bei *Gleichstellungszahlungen* an einen Dritten, insb. an Geschwister und andere Angehörige.

Leisten Erben im Rahmen einer vorweggenommenen Erbfolge Abstands- oder Gleichstellungszahlungen für den Erhalt eines Gewerbebetriebs, liegt ertragsteuerlich teilweise ein unentgeltlicher *und* teilweise ein entgeltlicher Vermögensübergang vor (**teilentgeltliche Übertragung**). Bei einer solchen teilentgeltlichen Übertragung eines Betriebs gilt die *Einheitstheorie*. Sie hat zur Folge, dass *beim Veräußerer ein Veräußerungsgewinn* nur insoweit entsteht, wie die Summe der Abstands- und Gleichstellungszahlungen das Kapitalkonto des Veräußerers übersteigt. Ein solcher Veräußerungsgewinn ist ggf. nach § 16 Abs. 4 EStG und nach § 34 EStG begünstigt.

Für *den Erwerber* stellt die Summe der Abstands- und Gleichstellungszahlungen *die Anschaffungskosten* der erworbenen betrieblichen Wirtschaftsgüter dar. Soweit diese Anschaffungskosten über die bisherigen Buchwerte hinausgehen, entsteht beim Erwerber *zusätzliches Aufwandspotential* (über das Maß hinaus, das bei einer in vollem Umfang unentgeltlichen Betriebsübertragung gem. § 6 Abs. 3 EStG vorhanden wäre).

Erhält ein Steuerpflichtiger im Rahmen einer vorweggenommenen Erbfolge *eine Beteiligung an einer Kapitalgesellschaft* i. S. d. § 17 EStG, ist dieser Vorgang grundsätzlich als unentgeltlich und damit als nicht steuerbar anzusehen. Der Erwerber ist bei einer späteren Veräußerung von Anteilen *an die Anschaffungskosten seines Rechtsvorgängers gebunden*. Diese Anschaffungskosten sind dann bei der Ermittlung eines Veräußerungsgewinns i. S. d. § 17 Abs. 2 EStG als seine eigenen Anschaffungskosten anzusetzen. *Zusätzliche Anschaffungskosten* können aber auch hier durch Abstandszahlungen an den bisherigen Eigentümer und durch Gleichstellungszahlungen an Dritte entstehen. Im Gegensatz zu den Steuerwirkungen bei Abstands- und Gleichstellungszahlungen für den Erwerb eines Personenunternehmens entsteht hier aber grundsätzlich *kein zusätzliches Aufwandspotential*, da Anteile an Kapitalgesellschaften nicht nach § 7 EStG abschreibungsfähig sind.[45]

[44] Vgl. BFH-Beschluss vom 5.7.1990, GrS 4-6/89, BStBl II 1990, S. 847.

[45] Zulässig sind lediglich Teilwertabschreibungen nach § 6 Abs. 1 Nr. 2 Satz 2 EStG.

1.3.4.2.4 Grunderwerbsteuer

Die Grunderwerbsteuer knüpft an einen *Wechsel des Rechtsträgers* an. Daher kann die Erbfolge oder die vorweggenommene Erbfolge von dieser Verkehrsteuer erfasst werden. Die Besteuerung ist dabei *von der Rechtsform* des Unternehmens abhängig, welches vererbt bzw. verschenkt wird. Zu unterscheiden sind Einzelunternehmen, Personengesellschaften und Kapitalgesellschaften.[46]

Wird ein *Einzelunternehmen* vererbt oder verschenkt, zu dessen Betriebsvermögen ein Grundstück zählt, ist dies *steuerbar* (§ 1 Abs. 1 Nr. 3 GrEStG für den Erbfall und § 1 Abs. 1 Nr. 1 für die Schenkung), aber gem. § 3 Nr. 2 GrEStG *steuerfrei.*

Eine Erbschaft oder eine Schenkung von Anteilen an einer *Personengesellschaft,* zu deren Betriebsvermögen ein Grundstück zählt, ist grundsätzlich *nicht steuerbar.* Allerdings sind mit § 1 Abs. 2a und Abs. 3 GrEStG gleich zwei *Ersatztatbestände* zu beachten:

- Kommt es durch eine *Schenkung* (der Erbfall wird durch § 1 Abs. 2a Satz 6 GrEStG ausgegrenzt) innerhalb von fünf Jahren zu einem *Wechsel* von mindestens 95 % der Gesellschafter, ist dies gem. § 1 Abs. 2a GrEStG steuerbar. Es gilt allerdings die *Befreiung* des § 3 Nr. 2 GrEStG,[47] um eine Doppelbelastung mit Erbschaft- und Schenkungsteuer sowie Grunderwerbsteuer zu vermeiden.
- Werden durch einen *Erbfall oder durch eine Schenkung* mindestens 95 % der Anteile an einer Personengesellschaft beim Erben bzw. beim Beschenkten *vereinigt* oder werden die vereinigten Anteile übertragen, ist dies *steuerbar* (§ 1 Abs. 3 Nr. 1, 2 GrEStG für die Anteilsvereinigung bzw. § 1 Abs. 3 Nr. 3, 4 GrEStG für die Anteilsübertragung).[48]

Das Vererben oder Verschenken von Anteilen an einer *Kapitalgesellschaft,* in deren Vermögen sich Grundstücke befinden, ist grundsätzlich *nicht steuerbar.* Es kann aber der bereits von den Personengesellschaften bekannte Ersatztatbestand des § 1 Abs. 3 GrEStG zur Anwendung gelangen (Absatz 2a gilt ausdrücklich nur für Personengesellschaften).

Liegt bei Personengesellschaften oder bei Kapitalgesellschaften ein steuerbarer und steuerpflichtiger Sachverhalt vor, erfolgt die Ermittlung der Bemessungsgrundlage unter Verwendung des Werts der Gegenleistung (Regelbemessungsgrundlage gem. § 8 Abs. 1 GrEStG). In bestimmten Fällen, insb. wenn eine Gegenleistung nicht vorhanden oder nicht zu ermitteln ist, wird für die Ermittlung der Bemessungsgrundlage jedoch auf das Bewertungsgesetz und die dort geregelte Bedarfsbewertung zurückgegriffen (Ersatzbemessungsgrundlage gem. § 8 Abs. 2 GrEStG).[49]

---

[46] Vgl. *Scheffler/Nagel* (2013), S. 447 f.

[47] Vgl. *Pahlke* (2018), § 3 GrEStG, Rn. 36.

[48] Der Erbfall wird von § 1 Abs. 3 Nr. 2, 4 GrEStG erfasst, da der Übergang der Anteile durch Gesetz erfolgt, eine Schenkung fällt als schuldrechtlicher Vertrag unter § 1 Abs. 3 Nr. 1, 3 GrEStG; vgl. *Scheffler/Nagel* (2013), S. 448, Fn. 37. Vgl. auch Oberste Finanzbehörden der Länder: Gleich lautende Erlasse zur Anwendung der §§ 3 und 6 GrEStG in den Fällen des § 1 Abs. 3 GrEStG vom 19.9.2018, S 4505 – 12 – V A 6 (Aktenzeichen des NRW-Finanzministeriums), BStBl I 2018, S. 1069.

[49] Vgl. zu dieser Bedarfsbewertung bspw. *Schneeloch/Meyering/Patek,* Band 3 (2017b), Gliederungspunkt 1.2.3.4.

1.3.4.3 Veräußerung und Aufgabe des Unternehmens bzw. von Anteilen

1.3.4.3.1 Fallunterscheidung

Im Folgenden wird zwischen Einzelunternehmen, Personengesellschaften und Kapitalgesellschaften unterschieden. Für deren Veräußerung oder Aufgabe gibt es vielfältige Möglichkeiten. So kann die Veräußerung des Unternehmens durch eine Veräußerung des Betriebs oder durch eine Veräußerung der Anteile an dem Unternehmen geschehen. Letzteres kommt aber nur dann in Betracht, wenn es sich bei dem Unternehmen um eine Gesellschaft handelt (also nicht bei einem Einzelunternehmen). Auch eine Kapitalgesellschaft kann ihren gesamten Betrieb veräußern. An den Verkaufserlös gelangen die Gesellschafter allerdings nur dann in vollem Umfang, wenn die Kapitalgesellschaft anschließend liquidiert und das gesamte verbleibende Vermögen den Gesellschaftern durch Ausschüttungen und Kapitalrückzahlungen zur Verfügung gestellt wird. Zu beachten ist dabei, dass eine solche Betriebsveräußerung durch eine Kapitalgesellschaft nicht durch die §§ 16 Abs. 4, 34 EStG steuerbegünstigt ist. Sie kann deshalb in aller Regel von vornherein als unvorteilhaft ausgelassen werden.

Ertragsteuerlich betrachtet werden nachfolgend:

- bei Einzelunternehmen die Veräußerung und die Aufgabe des Betriebs,
- bei einer Personengesellschaft die Veräußerung eines Mitunternehmeranteils und die Betriebsaufgabe
- sowie bei Kapitalgesellschaften die Veräußerung der gesamten Anteile und die Auflösung mit anschließender Abwicklung.

Daran schließen sich Ausführungen zu den möglichen grunderwerbsteuerlichen Folgen an.

1.3.4.3.2 Ertragsteuern

Ein *Einzelunternehmer* kann sein Unternehmen dadurch beenden, dass er den Betrieb veräußert oder ihn aufgibt. Sofern die Voraussetzungen des § 16 Abs. 1 EStG oder des § 16 Abs. 3 EStG erfüllt sind, ist der Gewinn gem. § 34 EStG unter den dort genannten Voraussetzungen *tarifbegünstigt*. Hierbei ist zu unterscheiden zwischen dem Fall, dass lediglich die Voraussetzungen des § 34 Abs. 1 EStG, und dem Fall, dass zusätzlich die Voraussetzungen des § 34 Abs. 3 EStG erfüllt sind. Bei Anwendung von § 34 Abs. 3 EStG tritt diese Norm an die Stelle von § 34 Abs. 1 EStG, es kann also nur eine der beiden Begünstigungen in Anspruch genommen werden.

Bezüglich § 34 Abs. 3 EStG ist zu beachten, dass diese Vorschrift vom Steuerpflichtigen *nur einmal im Leben* in Anspruch genommen werden kann. Dies gilt auch für den durch § 16 Abs. 4 EStG gewährten *Freibetrag*, der an die gleichen Voraussetzungen wie § 34 Abs. 3 EStG geknüpft ist. Dies sollte bei der Entscheidung über einen Antrag zur Anwendung dieser Vorschrift beachtet werden.

Ein entstehender Veräußerungs- oder Aufgabegewinn unterliegt *nicht der Gewerbesteuer* (da es sich nicht um laufenden Gewinn handelt; vgl. R 7.1 Abs. 3 GewStR). Bei einer Betriebsveräußerung bzw. bei einer Betriebsaufgabe kann es somit zu einer nicht unerheblichen Steuerbegünstigung kommen (sie dient vornehmlich dazu, die Wirkung des progressiven Einkommensteuertarifs abzumildern). Eine Ausnahme ergibt sich nur dann, wenn die Voraussetzungen des § 16 Abs. 1 bzw. Abs. 3 EStG nicht erfüllt sind. Dann entsteht kein Veräußerungsgewinn, sondern *ein nicht begünstigter laufender Gewinn.*

Veräußert ein *Mitunternehmer* seinen Anteil an einer Personalgesellschaft oder gibt diese *ihren Betrieb auf*, erfüllt dies die Voraussetzungen von § 16 Abs. 1 EStG. Der Mitunternehmer erfüllt damit auch die Voraussetzungen von § 34 Abs. 1 EStG. Eine Steuerbegünstigung nach dieser Vorschrift geht aber häufig ins Leere. Das gilt, wenn das durch die Veräußerung entstehende zu versteuernde Einkommen beim Veräußerer in eine der beiden Proportionalzonen fällt.[50] Erfüllt eine Betriebsveräußerung auch die einengenden Voraussetzungen der §§ 16 Abs. 4, 34 Abs. 3 EStG, können diese Vorschriften angewendet werden (auf Antrag). § 34 Abs. 3 EStG tritt dann auch hier an die Stelle von § 34 Abs. 1 EStG und der entstehende Veräußerungs- oder Aufgabegewinn unterliegt *nicht der Gewerbesteuer* (R 7.1 Abs. 3 GewStR). Somit entsprechen die Steuerfolgen denen bei der Betriebsveräußerung oder -aufgabe eines Einzelunternehmers.

Die Veräußerung *aller Anteile an einer Kapitalgesellschaft* fällt unter § 17 EStG. Voraussetzung dafür ist, dass sich die Anteile im Privatvermögen befinden (da alle Anteile veräußert werden, ist das Erfordernis der Mindestbeteiligung von 1 % erfüllt). Die Mindestbeteiligungshöhe wird bei den hier behandelten personenbezogenen Kapitalgesellschaften in aller Regel erreicht werden. Unter den engen Voraussetzungen des § 17 Abs. 3 EStG kommt es zur Anwendung eines Freibetrags. Dieser dürfte aber – sofern er überhaupt zum Ansatz kommt – i. d. R. geringer sein als der Freibetrag nach § 16 Abs. 4 EStG. Statt eines ermäßigten Steuersatzes nach § 34 EStG ist bei der Veräußerung von Anteilen an einer Kapitalgesellschaft *das Teileinkünfteverfahren* nach § 3 Nr. 40 Buchstabe c EStG anzuwenden. Danach wird der Veräußerungsgewinn nach § 17 EStG nur zu 60 % der Einkommensteuer des Gesellschafters unterworfen. Im Gegenzug finden angefallene Veräußerungskosten gem. § 3c Abs. 2 EStG lediglich zu 60 % Eingang in die Ermittlung des Veräußerungsgewinns. Mit dem steuerpflichtigen Teil (60 %) unterliegt der Veräußerer im Rahmen der Besteuerung des gesamten zu versteuernden Einkommens *dem Tarif des § 32a EStG.* Anteilsveräußerungen i. S. d. § 17 EStG unterliegen ebenso wie Betriebsveräußerungen nach § 16 EStG *nicht der Gewerbesteuer.*

Zwischen Personenunternehmen und Kapitalgesellschaften besteht somit ein großer Unterschied darin, dass im einen Fall § 34 EStG, im anderen hingegen § 3 Nr. 40 EStG zur Anwendung gelangt. Ein entsprechender Vergleich zeigt Folgendes:

1. Die Steuerermäßigung gem. § 34 Abs. 1 EStG geht vielfach ins Leere. Ausnahmen ergeben sich insb. bei Verlusten aus anderen Einkunftsquellen des Steuerpflichtigen.

[50] Siehe hierzu *Schneeloch/Meyering/Patek,* Band 4 (2020), Teil I, Gliederungspunkt 3.2.6.

2. Steuerermäßigung gem. § 34 Abs. 3 EStG:

    - Diese Ermäßigung kommt nur für Steuerpflichtige in Betracht, die entweder das 55. Lebensjahr vollendet haben oder im sozialversicherungsrechtlichen Sinne dauernd berufsunfähig sind; außerdem ist sie nur anwendbar, soweit der Veräußerungsgewinn 5 Mio. € nicht übersteigt.
    - Entsprechende Beschränkungen gibt es nach § 3 Nr. 40 EStG nicht.

3. Der ermäßigte Steuersatz des § 34 Abs. 3 Satz 2 EStG beträgt mindestens 14 %. Hingegen beträgt der sich aufgrund des Teileinkünfteverfahrens auf den gesamten Veräußerungsgewinn anzuwendende Steuersatz höchstens 60 % des in dem jeweiligen Veranlagungszeitraum geltenden Spitzensteuersatzes. Auf Basis des Grundtarifs (s. Anlage 1 (S. 231)) beträgt er bspw. 27 %. Er kann den jeweiligen Spitzensteuersatz nicht übersteigen, beträgt aber häufig deutlich weniger.

Bei der sich der *Auflösung anschließenden Abwicklung* (Liquidation) *einer Kapitalgesellschaft* unterliegt ein Liquidationsgewinn i. S. d. § 11 KStG *auf Gesellschaftsebene* der normalen Besteuerung. Es entsteht also eine Tarifbelastung gem. § 23 KStG i. H. v. 15 % des Liquidationsgewinns. Außerdem fällt Gewerbesteuer an.

Im Falle der *Liquidation einer Kapitalgesellschaft* ergeben sich zusätzlich zu den Steuerfolgen bei der Gesellschaft selbst auch Steuerfolgen *bei deren Gesellschaftern*. Bezüge, die die Gesellschafter einer Kapitalgesellschaft nach deren Auflösung von der Gesellschaft aus der Verteilung des Liquidationsgewinns erhalten, gehören *zu den Einkünften aus § 20 Abs. 1 Nr. 2 EStG*. Voraussetzung ist allerdings, dass es sich um Gewinnbestandteile und nicht um die Rückzahlung von Nennkapital oder Kapitalrücklagen handelt. Ausnahmsweise führt auch eine Rückzahlung von Nennkapital zu Einnahmen des Gesellschafters i. S. d. § 20 EStG. Dies gilt dann, wenn das Nennkapital durch die Umwandlung von in früheren Jahren angefallenen Gewinnen entstanden ist. Auch in diesen Fällen handelt es sich um Einnahmen i. S. d. § 20 Abs. 1 Nr. 2 EStG. Dies ergibt sich aus § 20 Abs. 1 Nr. 2 EStG i. V. m. § 28 Abs. 2 Satz 2 und 4 KStG. Unabhängig davon, ob es sich um einen Liquidationsgewinn oder (ausnahmsweise) um die Rückzahlung von Nennkapital handelt, unterliegen sie *dem gesonderten Steuertarif des § 32d Abs. 1 EStG*.

Soweit die Verteilung des Liquidationsvermögens nicht als eine Gewinnausschüttung, sondern *als eine Kapitalrückzahlung* anzusehen ist, entstehen beim Gesellschafter keine Einnahmen aus Kapitalvermögen. In solchen Fällen kann sich aber nach § 17 Abs. 4 EStG *ein Veräußerungsgewinn* ergeben. Dies setzt allerdings voraus, dass der Gesellschafter eine sog. *wesentliche* Beteiligung i. S. d. § 17 Abs. 1 EStG hält. Da das bereits bei einer Beteiligungsquote von 1 % der Fall ist, dürften Beteiligungen an nicht börsennotierten Kapitalgesellschaften i. d. R. die Voraussetzungen des § 17 Abs. 1 EStG erfüllen. Ein eventuell entstehender Gewinn i. S. d. § 17 Abs. 4 EStG ist nach § 3 Nr. 40 Buchstabe a EStG nur zu 60 % zu versteuern. Bei der Ermittlung des Gewinns sind mit diesem im Zusammenhang stehende Aufwendungen nach § 3c Abs. 2 EStG *nur zu 60 % abzugsfähig*.

Während die Betriebsaufgabe eines Personenunternehmens *nur einmal* zu einer Belastung mit Steuern vom Einkommen führt, kann die Liquidation einer Kapitalgesellschaft also *zweimal* zu einer Belastung mit derartigen Steuern führen. Besteuert wird zum einen der Liquidationsgewinn bei der Kapitalgesellschaft, zum anderen kann es bei den Gesellschaftern zu einer Besteuerung von Einnahmen kommen (hierbei kommt eine Besteuerung nach § 20 Abs. 1 Nr. 2 EStG oder nach § 17 Abs. 4 EStG in Betracht). Ein Nachteil der Kapitalgesellschaft kann aus dieser doppelten Besteuerung allerdings nur dann entstehen, wenn bei der Liquidation *tatsächlich ein Gewinn* und nicht ein Verlust entsteht. Dies ist aber keinesfalls selbstverständlich, da sich die für eine Betriebsaufgabe bzw. Liquidation in Betracht kommenden Unternehmen häufig in wirtschaftlichen Schwierigkeiten befinden.

Ein Unterschied, der aus dem Gegensatz zwischen Transparenz- und Trennungsprinzip resultiert, betrifft *Verluste* aus den Jahren bis zur Aufgabe bzw. Veräußerung. Bei einer *Kapitalgesellschaft* verfallen solche Verlustvorträge bei der Aufgabe in jedem Fall und bei der Veräußerung i. d. R. ebenso (s. die §§ 8c und 8d KStG). Bei *Einzelunternehmen und Personengesellschaften* sind die Verluste hingegen bereits auf die Ebene der Gesellschafter überführt worden und konnten dort im besten Fall bereits mit anderen Einkünften verrechnet werden. Bei der Rechtsformwahl dürfte dieser Unterschied eher von nachgelagerter Bedeutung sein. Bedeutsamer ist allenfalls, wie es sich bei den Rechtsformen mit *Anlaufverlusten* verhält.

Aus den bisherigen Ausführungen ergibt sich Folgendes:

- Veräußerungen von Anteilen an Kapitalgesellschaften unterliegen *unabhängig vom Alter des Veräußerers* dem Teileinkünfteverfahren. Bei Einzelunternehmen und Mitunternehmerschaften läuft die Begünstigung durch § 34 Abs. 1 EStG vielfach ins Leere, die durch § 34 Abs. 3 EStG ist vom Alter des Veräußerers abhängig. Dadurch ist die Kapitalgesellschaft – ceteris paribus – im Fall einer Veräußerung häufig vorteilhafter als ein Personenunternehmen.
- Veräußerungsgewinne bei der Veräußerung von Anteilen an einer Kapitalgesellschaft unterliegen dem Teileinkünfteverfahren in unbegrenzter Höhe, Veräußerungsgewinne bei der Veräußerung von Personenunternehmen hingegen nur bis zu einer Höhe von 5 Mio. €. Damit ist die Kapitalgesellschaft – ceteris paribus – in weiteren Fällen der Unternehmensveräußerung vorteilhafter als ein Personenunternehmen.
- Ein Vorteil für Personenunternehmen kann insb. in den Fällen entstehen, in denen der Freibetrag des § 16 Abs. 4 EStG in vollem Umfang oder doch in hohem Maße zur Anwendung gelangt.

1.3.4.3.3 Grunderwerbsteuer

Wie schon bei Erbfolge und Schenkung (s. Gliederungspunkt 1.3.4.2.4 (S. 33)), kann die Veräußerung eines Unternehmens bzw. von Anteilen an einem Unternehmen von der Grunderwerbsteuer erfasst werden. Auch hier ist die Besteuerung *von der Rechtsform des Unternehmens abhängig*, welches veräußert wird. Zu unterscheiden sind wieder Einzelunternehmen, Personengesellschaften und Kapitalgesellschaften.[51]

Wird ein *Einzelunternehmen* veräußert, zu dessen Betriebsvermögen ein Grundstück zählt, ist dies steuerbar (§ 1 Abs. 1 Nr. 1 GrEStG) und auch steuerpflichtig. Bemessungsgrundlage ist der Wert der für das Grundstück gewährten Gegenleistung. Eine Steuerbefreiung kann sich lediglich bei einer Veräußerung an den Ehegatten oder an ein Kind ergeben (§ 3 Nr. 4, 6 GrEStG).

Werden Anteile an einer *Personengesellschaft* veräußert, ist dies grundsätzlich nicht steuerpflichtig. Eine Steuerpflicht kann sich allerdings aus den beiden bereits im Rahmen von Erbfall bzw. Schenkung erwähnten *Ersatztatbeständen* ergeben (s. nochmals Gliederungspunkt 1.3.4.2.4). Kommt der Ersatztatbestand des § 1 Abs. 2a GrEStG (zur Änderung des Gesellschafterbestands einer Personengesellschaft) zur Anwendung, gilt die anteilige Steuerbefreiung nach § 6 Abs. 3 GrEStG, bei einer Anteilsvereinigung nach § 1 Abs. 3 Nr. 1 GrEStG die anteilige Steuerbefreiung nach § 6 Abs. 2 GrEStG. Steuerbefreit sein kann außerdem eine Veräußerung an den Ehegatten oder ein Kind (§ 3 Nr. 4, 6 GrEStG).

Die Veräußerung von Anteilen an einer *Kapitalgesellschaft* unterliegt grundsätzlich nicht der Grunderwerbsteuer. Zur Anwendung gelangen kann aber der Ersatztatbestand des § 1 Abs. 3 GrEStG. Eine Steuerbefreiung ist hierfür nicht vorgesehen; ausgenommen ist bei einer Anteilsübertragung gem. § 1 Abs. 3 Nr. 3 GrEStG (also nicht bei der Anteilsvereinigung) die Veräußerung an den Ehegatten oder an ein Kind (§ 3 Nr. 4, 6 GrEStG).

Erwähnt sei, dass bei der Veräußerung von Anteilen an Personengesellschaften oder Kapitalgesellschaften *im Konzern* eine vollständige Steuerbefreiung vorliegen kann (§ 6a GrEStG).

Sollte es bei der Veräußerung des Anteils an einer Personengesellschaft oder an einer Kapitalgesellschaft zu einer Steuerpflicht kommen, stellt der Bedarfswert des Grundvermögens der Personengesellschaft die *Bemessungsgrundlage* der Grunderwerbsteuer dar (§ 8 Abs. 2 Satz 1 Nr. 3 GrEStG).[52]

1.3.5 Zusammenfassung

Die Ergebnisse des Vergleichs zwischen der Steuerbelastung des Gewinns eines Personenunternehmens und dem einer Kapitalgesellschaft lassen sich wie folgt zusammenfassen:

1. Thesaurierung:
   (a) Sind der Gewinn(anteil) des (Mit-)Unternehmers bzw. Gesellschafters und dessen Einkommen gering und wird der Gewinn quasidauerhaft thesauriert, führt dies zu einem geringfügigen Vorteil des Personenunternehmens (Gliederungspunkt 1.3.2.2.2).
   (b) Bereits bei zu versteuernden Einkommen am Beginn der ersten Proportionalzone ist der im vorhergehenden Absatz angeführte Vorteil fast vollständig verschwunden oder sogar in einen geringfügigen Nachteil umgeschlagen (Gliederungspunkt 1.3.2.2.3).

[51] Vgl. *Scheffler/Nagel* (2013), S. 444 f.

[52] Vgl. zu dieser Bedarfsbewertung bspw. *Schneeloch/Meyering/Patek*, Band 3 (2017b), Gliederungspunkt 1.2.3.4.

(c) Werden dauerhaft thesaurierte Gewinne bei einem Personenunternehmen mit einem der beiden Steuersätze der beiden Proportionalzonen besteuert, ist die Steuerbelastung des Personenunternehmens und ihres (Mit-)Unternehmers deutlich höher als die der Kapitalgesellschaft und ihres Gesellschafters (Gliederungspunkt 1.3.2.2.4).

Ein solcher Vergleich zwischen Kapitalgesellschaften und Personenunternehmen hat allerdings *nur eingeschränkte Aussagekraft*, da es bei Personenunternehmen ertragsteuerlich grundsätzlich keinen Unterschied zwischen einer Thesaurierung und einer Ausschüttung gibt. Vielmehr kann ein Gewinn entnommen werden, ohne dass dies steuerliche Konsequenzen nach sich zieht. Insofern besteht ein bedeutender Unterschied zu den Kapitalgesellschaften.

2. Einbezug von Ausschüttungen bzw. Entnahmen: Wird ein Gewinn(anteil) zu irgendeinem Zeitpunkt entnommen bzw. ausgeschüttet, hängt die Steuerbelastungsdifferenz in hohem Maße von der Höhe des bei dem Personenunternehmen zur Anwendung kommenden Einkommensteuersatzes, dem Zeitraum der Thesaurierung und dem Nettokalkulationszinssatz ab; von wesentlich geringerem Einfluss ist hingegen die Höhe des Gewerbesteuer-Hebesatzes (Gliederungspunkt 1.3.2.3.4):

(a) Beträgt der Einkommensteuersatz 0 %, ist die Steuerbelastung im Fall des Personenunternehmens mit 0 % erheblich geringer als in dem der Kapitalgesellschaft. Der Vorteil sinkt mit steigendem Einkommensteuersatz und kann mit weiter steigendem Einkommensteuersatz in einen hohen Nachteil umschlagen.

(b) Je höher bei einer Thesaurierung der Nettokalkulationszinssatz ist, umso geringer wird der Vorteil bzw. umso höher wird der Nachteil des Personenunternehmens im Vergleich zu der Kapitalgesellschaft.

In Fällen, in denen eine Thesaurierung nicht in Frage kommt (da der Gewinn bspw. für den Lebensunterhalt benötigt wird) und die Gewinne gleichzeitig eher niedrig sind (erste Proportionalzone oder darunter), sind Personenunternehmen steuerlich die bessere Wahl. Ist eine Thesaurierung möglich, wird häufig eine Kapitalgesellschaft steuerlich die bessere Wahl sein. Das gilt namentlich in Fällen mit hohen zu erwartenden Gewinnen.

3. Erweiterungen:

   - Steuerfreie Gewinne: Sowohl bei einem Personenunternehmen als auch bei einer Kapitalgesellschaft unterliegen steuerfreie Gewinne solange keiner Besteuerung, wie sie thesauriert werden. Bei einer Entnahme aus einem Personenunternehmen bleiben sie steuerfrei. Bei einer Ausschüttung aus einer Kapitalgesellschaft geht die Steuerfreiheit hingegen verloren, da es zu einer Steuerbelastung des ursprünglich steuerfreien Gewinns bei dem Gesellschafter kommt. Hinsichtlich der Belastung steuerfreier Gewinne ist ein Personenunternehmen also erheblich vorteilhafter als eine Kapitalgesellschaft (Gliederungspunkt 1.3.3.1).

- „Unternehmerische“ Beteiligung: In diesen Fällen, d. h. bei Anwendung des Teileinkünfteverfahrens, ist die Kapitalgesellschaft noch etwas vorteilhafter als bei einer „normalen“ Beteiligung (Gliederungspunkt 1.3.3.2). Eine Vorteilhaftigkeit für Personenunternehmen ergibt sich nur bei sofortiger Ausschüttung und bei sehr niedrigen Gewerbesteuer-Hebesätzen.
- Schuldzinsen sind bei Kapitalgesellschaften grundsätzlich abzugsfähige Betriebsausgaben, d. h. sie mindern den Gewinn. Bei Personenunternehmen greifen hingegen die Abzugsbeschränkungen des § 4 Abs. 4a EStG. Dies kann zu Nachteilen des Personenunternehmens führen (Gliederungspunkt 1.3.3.4).

4. Beendigung der unternehmerischen Betätigung:

   (a) (Vorweggenommene) Erbfolge: Dies hat in sehr vielen Fällen überhaupt keine erbschaft- bzw. schenkungsteuerlichen Folgen. In anderen Fällen ergeben sich zwar derartige Folgen, sie sind jedoch i. d. R. rechtsformunabhängig. Ein nennenswerter Unterschied kann sich regelmäßig nur dann ergeben, wenn das übertragene Vermögen hoch ist und in einem Gesellschaftsanteil besteht, der einen Anteil von nicht mehr als 25 % am Nennkapital der Gesellschaft repräsentiert. In einem derartigen Fall ist ein Personenunternehmen erbschaft- und schenkungsteuerlich vorteilhafter als eine Kapitalgesellschaft (Gliederungspunkt 1.3.4.2.2).

   (b) Beendigung unternehmerischer Betätigung: Es ist regelmäßig nur dann ein Vorteil des Personenunternehmens zu erwarten, wenn der Veräußerungsgewinn so gering ist, dass der Freibetrag des § 16 Abs. 4 EStG in vollem Umfang oder zumindest zum großen Teil zur Anwendung kommt. In anderen Fällen ist tendenziell die Kapitalgesellschaft die hinsichtlich der Steuerfolgen des Verkaufs vorteilhaftere Rechtsform (Gliederungspunkt 1.3.4.3).

Insgesamt ergeben die steuerlichen Einflussfaktoren auf die Wahl zwischen Personenunternehmen oder Kapitalgesellschaft somit *kein einheitliches Bild*. Daher ist im Einzelfall eine sorgfältige Analyse notwendig.

Bei der Gesamtschau der laufenden Besteuerung und der Steuerfolgen einer späteren Beendigung der unternehmerischen Betätigung sind im Rahmen eines Vergleichs zwischen Personenunternehmen und Kapitalgesellschaften in methodischer Hinsicht zwei Fallgruppen zu unterscheiden:

1. Die Ergebnisse der laufenden Besteuerung und die der Beendigung der unternehmerischen Betätigung sind gleichgerichtet.

2. Die Ergebnisse widersprechen einander.

Im ersten Fall erübrigen sich weitere Analysen hinsichtlich der steuerlichen Vorteilhaftigkeit, insb. ist kein Vergleich der Steuerbarwerte erforderlich. Im zweiten Fall ist hingegen grundsätzlich ein Vergleich der Steuerbarwerte erforderlich. Allerdings ist dieser dann entbehrlich, wenn eines der beiden Teilergebnisse offensichtlich dominant ist.

1.4 Gestaltungsmaßnahmen zwischen Unternehmen und Unternehmer

1.4.1 Einführung

In Gliederungspunkt 1.3 wurden steuerliche Partialvergleiche durchgeführt. Nachfolgend werden mögliche Gestaltungsmaßnahmen zwischen Unternehmer und Unternehmen untersucht. Diese sind vor allen Dingen bei personenbezogenen Unternehmen von großer Bedeutung.

Als *personenbezogene Unternehmen* werden hier solche Unternehmen verstanden, bei denen die Beziehungen zwischen dem Unternehmen und den Eigentümern des Unternehmens eng sind. Sie sind dadurch gekennzeichnet, dass sie von einer oder von wenigen natürlichen Personen beherrscht werden. Für diese stellt das Unternehmen oft die einzige oder zumindest die wichtigste Erwerbsquelle dar. Einzelne oder auch alle Miteigentümer arbeiten in „ihrem" Unternehmen. Vielfach sind sie dessen Geschäftsführer. Häufig gehören alle Miteigentümer einem Familienverband an. Derartige Unternehmen werden als **Familiengesellschaften** bezeichnet.

Infolge der engen Verbundenheit von Unternehmen und Eigentümern ist es sinnvoll, beide *als eine wirtschaftliche Einheit aufzufassen*. Geplante unternehmerische Entscheidungen sollten deshalb nicht isoliert auf ihre Vorteilhaftigkeit für das Unternehmen oder isoliert für die Eigentümer untersucht werden. In die Betrachtung sollten vielmehr stets die Gesamtwirkungen auf das Unternehmen und auf die Gesellschafter einbezogen werden. Die nachfolgenden Ausführungen beruhen *auf derartigen Gesamtbetrachtungen*.

Die hier skizzierte enge Verbundenheit von Unternehmen und Gesellschaftern ist typisch für viele kleine und mittelgroße Unternehmen. Diese werden häufig auch als **mittelständische Unternehmen** bezeichnet.[53] Die Verbundenheit der Gesellschafter mit „ihrem" Unternehmen kann allerdings bei den einzelnen Gesellschaftern unterschiedlich ausgeprägt sein. Im Extremfall ist es sogar denkbar, dass ein Gesellschafter-Geschäftsführer vorhanden ist, dessen Beziehung zu dem Unternehmen sehr eng ist, während alle anderen Mitgesellschafter ihre Beteiligung lediglich als eine Kapitalanlage ansehen (vergleichbar mit einer *Zwergbeteiligung* eines Aktionärs an einer börsennotierten Aktiengesellschaft). In derartigen Fällen sind *Interessenkonflikte* zwischen dem Gesellschafter-Geschäftsführer einerseits und den übrigen Gesellschaftern andererseits naheliegend.

Handelt es sich bei einem personenbezogenen Unternehmen *um eine Gesellschaft* und nicht um ein Einzelunternehmen, besteht hinsichtlich der Rechtsverhältnisse zwischen der Gesellschaft und ihren Gesellschaftern oft *ein erheblicher Gestaltungsspielraum*. Dies gilt *zivilrechtlich* sowohl für Personen- als auch für Kapitalgesellschaften. Zu *steuerlichen* Wirkungen führen derartige Gestaltungsmaßnahmen i. d. R. allerdings nur bei Kapitalgesellschaften (auch zwischen einer Kapitalgesellschaft und ihrem Einmanngesellschafter). Bei Personengesellschaften laufen die meisten Gestaltungsmaßnahmen aufgrund der

[53] Vgl. zum Begriff bspw. *Meyering* (2007), S. 76 ff.

Umqualifizierungsvorschrift des § 15 Abs. 1 Satz 1 Nr. 2 EStG hingegen ins Leere.

Als Gestaltungsmaßnahmen zwischen einer Gesellschaft und ihren Gesellschaftern kommen insb. in Betracht und werden im Folgenden untersucht:

- die Zahlung von Gehältern der Gesellschaft an einen Gesellschafter an Stelle von Ausschüttungen bzw. Entnahmen,
- die Zahlung von Gehältern an einen Gesellschafter zusätzlich zu den Ausschüttungen bzw. Entnahmen,
- die Zusage von Pensionen an in der Gesellschaft angestellte Gesellschafter,
- die Gewährung von Darlehen durch die Gesellschafter an die Gesellschaft (Gesellschafterdarlehen),
- die Vermietung oder Verpachtung von Wirtschaftsgütern durch die Gesellschafter an die Gesellschaft,
- Gestaltungsmaßnahmen bei der Ausschüttung einer Kapitalgesellschaft an ihre Gesellschafter und
- Maßnahmen der Entnahmen- und Einlagenpolitik zwischen einer Personengesellschaft und ihren Gesellschaftern.

Nachfolgend werden zunächst Gestaltungsmaßnahmen zwischen einer Kapitalgesellschaft und deren Gesellschaftern thematisiert (Gliederungspunkt 1.4.2), anschließend zwischen Personenunternehmen und deren Gesellschaftern (Gliederungspunkt 1.4.3). Dabei steht die Wirkung der jeweiligen Gestaltung im Vergleich zur Unterlassensalternative im Mittelpunkt. Diese Ausführungen sind die Grundlage für die in Gliederungspunkt 1.4.4 folgenden Vorteilsvergleiche zwischen Personenunternehmen und Kapitalgesellschaften für einige der zuvor behandelten Steuergestaltungsmaßnahmen zwischen Gesellschaft und Gesellschaftern.

1.4.2 Kapitalgesellschaft

1.4.2.1 Gehalt oder Ausschüttung

1.4.2.1.1 Grundsätzliches

Alleinige Gesellschafter von GmbH, die zugleich Geschäftsführer sind (**Alleingesellschafter-Geschäftsführer**), können die von ihnen für erforderlich erachteten Bezüge sowohl in Form von Gewinnausschüttungen als auch in Form von Gehaltszahlungen erhalten.[54] Auch beliebige Zusammensetzungen von Ausschüttungen und Gehältern sind denkbar und gängige Praxis. *Zivilrechtliche Schranken*, die eine Verschiebung der Anteile der Ausschüttungen und

[54] Dies und die folgenden Ausführungen gelten in gleicher Weise für alleinige Gesellschafter einer AG, die zugleich deren Vorstand sind.

Gehaltszahlungen zueinander an den Gesamtbezügen einschränken könnten, gibt es i. d. R. nicht.

Auch in den Fällen, in denen zwar *mehrere Gesellschafter* an einer Kapitalgesellschaft beteiligt sind, diese aber *alle* in der Gesellschaft mitarbeiten, dürfte regelmäßig eine Verschiebung zwischen den Anteilen der Gewinnausschüttungen einerseits und den Gehaltszahlungen an die Gesellschafter andererseits möglich sein. Auch hier dürfte der Gestaltungsspielraum i. d. R. groß sein. In ähnlicher Weise gilt dies sicherlich auch in den Fällen von Kapitalgesellschaften, in denen die Gesellschafter lediglich aus einem beherrschenden Gesellschafter-Geschäftsführer sowie dessen Ehegatten und deren gemeinsamen Kindern bestehen. Das gilt insb., wenn die Kinder entweder noch minderjährig oder zwar volljährig sind, sich aber noch in der Berufsausbildung befinden. In anderen Fällen, in denen nur ein Gesellschafter oder nur einige Gesellschafter in der Gesellschaft mitarbeiten, wird eine Verschiebung zwischen Gewinnausschüttungen und Gehaltszahlungen regelmäßig nicht oder nur in einem engen Rahmen möglich sein.

Nachfolgend wird untersucht, ob in den Fällen, in denen die notwendige Flexibilität gegeben ist, Gewinnausschüttungen vorteilhafter sind als Gehaltszahlungen oder ob das Umgekehrte gilt. Hierbei erfolgt in bekannter Weise eine Beschränkung auf eine steuerliche Partialanalyse. Ausdrücklich sei darauf hingewiesen, dass die Ergebnisse der Untersuchung nur insoweit gelten, als die Gehaltszahlungen *nicht in verdeckte Gewinnausschüttungen umzudeuten sind.* Damit ist auch klar, dass es sich bei einem Ersatz von Ausschüttungen durch Gehälter oder umgekehrt nur um in die Zukunft gerichtete Maßnahmen handeln kann, denn rückwirkende Gehaltszahlungen führen regelmäßig zu verdeckten Gewinnausschüttungen.

Soll die Summe der dem Unternehmen zur Verfügung stehenden finanziellen Mittel nicht auf Dauer gemindert werden, kann ein (teilweiser) Ausgleich für die Auszahlungen für Gehälter bzw. Ausschüttungen dadurch erfolgen, dass die Gesellschafter dem Unternehmen in größeren Abständen Gesellschafterdarlehen oder Eigenkapital zuführen.[55]

1.4.2.1.2 Allgemeine Ableitung

Im Folgenden wird davon ausgegangen, dass *der Bruttobetrag*, der für die Ausschüttung zur Verfügung steht (d. h. vor Abzug der bei der Kapitalgesellschaft auf ihn anfallenden Ertragsteuern), gleich groß ist wie der für die Gehaltszahlung verfügbare Betrag. Für diesen Bruttobetrag wird das Symbol B verwendet.

Zahlt eine Kapitalgesellschaft einem ihrer Gesellschafter ein Gehalt, stellt dies bei ihr *eine abzugsfähige Betriebsausgabe* dar. Das Gehalt wird *bei der Gesellschaft also nicht mit Ertragsteuern belastet*. Bei dem Gesellschafter ist das Gehalt den Einnahmen aus nichtselbständiger Arbeit zuzurechnen. Voraussetzung ist, dass ein schriftlicher Arbeitsvertrag vorliegt und dass das Arbeitsverhältnis auch tatsächlich durchgeführt wird.[56] Dies gilt auch bei einer Einmann-GmbH.

55 Siehe zu den Steuerwirkungen, die sich als Folge zusätzlicher Gehaltszahlungen und Rückholung der gezahlten Beträge ergeben, *Schneeloch/Meyering/Patek*, Band 5 (2021).

56 Vgl. R 8.5 Abs. 2 KStR.

Durch die Gehaltszahlung kann es *bei dem Gesellschafter* zu einer Erhöhung seiner bei der Einkommensermittlung abzugsfähigen Freibeträge kommen. In erster Linie ist hierbei an den Arbeitnehmer-Pauschbetrag i. S. d. § 9a EStG zu denken. Wird die Veränderung der Freibeträge mit $F_{e\S19}$ (Freibeträge, die mit Einkünften aus § 19 EStG im Zusammenhang stehen) bezeichnet, ergibt sich infolge der Gehaltszahlung folgende Steuerbelastung ($S_{kap/gh}$):

$$S_{kap/gh} = B \cdot s_{e\S32a} - F_{e\S19} \cdot s_{e\S32a}. \tag{16}$$

Für den Fall, dass der Freibetrag $F_{e\S19}$ bereits vollständig ausgeschöpft ist ($F_{e\S19}$ = 0), vereinfacht sich die Steuerbelastung zu $B \cdot s_{e\S32a}$.

Bei $s_{e\S32a}$ handelt es sich um einen auf dem Tarif des § 32a EStG beruhenden kombinierten Einkommensteuer-, Kirchensteuer- und Solidaritätszuschlagsatz in Form eines Differenzsteuersatzes, der durch Anwendung von Gleichung 64 (S. 234) ermittelt wird. Er kann auf Basis des Grundtarifs (s. Anlage 1 (S. 231)) einen Wert von maximal 49,52 % ($= \frac{0{,}45 \cdot (1+0{,}09+0{,}055)}{1+0{,}45 \cdot 0{,}09}$) annehmen. Wenn das zu versteuernde Einkommen innerhalb des Grundfreibetrags des § 32a EStG liegt, kann er aber auch 0 % betragen. Da es sich bei $s_{e\S32a}$ um einen Differenzsteuersatz handelt, sind aber auch beliebige Werte zwischen 0 % und dem um den Solidaritätszuschlag und die Kirchensteuer ergänzten Steuersatz der oberen Proportionalzone (49,52 %) möglich. Es kann formuliert werden:

$$0 \leq S_{kap/gh} \leq 49{,}519\,\% \cdot B. \tag{17}$$

Wird an Stelle eines Gehalts(teils) eine Gewinnausschüttung vorgenommen, wird diese *als normaler Gewinnbestandteil* bei der Kapitalgesellschaft besteuert. Bei einer Gewinnausschüttung hat B bei der Gesellschaft die Wirkung von E i. S. v. Gleichung IV (S. 233) bzw. Gleichung V. Hieraus ergibt sich eine Steuerbelastung *der Kapitalgesellschaft* im Ausschüttungsfall ($S_{kap/a}$) i. H. v.:

$$S_{kap/a} = (s_k + m_e \cdot h) \cdot B. \tag{18}$$

Für die Ausschüttung (A) an den Gesellschafter verbleibt dann lediglich der nach Abzug von $S_{kap/a}$ verbleibende Betrag:

$$A = B - S_{kap/a}. \tag{19}$$

Durch Einsetzen des Werts von Gleichung 18 in Gleichung 19 ergibt sich:

$$A = (1 - s_k - m_e \cdot h) \cdot B. \tag{20}$$

Die Ausschüttung A führt *beim Gesellschafter* zu Einnahmen aus Kapitalvermögen. Diese sind i. d. R. mit dem Abgeltungsteuersatz i. S. d. § 32d Abs. 1 EStG ($s_{e\S32d}$) zu versteuern. Ist der Sparer-Pauschbetrag des § 20 Abs. 9 EStG noch nicht voll ausgeschöpft, führt die Ausschüttung zu einem zusätzlichen Abzug eines Freibetrags ($F_{e\S20}$) beim Gesellschafter. Insgesamt beträgt die Steuerbelastung des Gesellschafters bei der Ausschüttung ($S_{ges/a}$) demnach:

$$S_{ges/a} = A \cdot s_{e\S32d} - F_{e\S20} \cdot s_{e\S32d}. \tag{21}$$

Wird der Wert von A aus Gleichung 20 in Gleichung 21 eingesetzt, ergibt sich:

$$S_{ges/a} = (1 - s_k - m_e \cdot h) \cdot B \cdot s_{e\S 32d} - F_{e\S 20} \cdot s_{e\S 32d}. \tag{22}$$

Die *Gesamtbelastung* der Kapitalgesellschaft und ihres Gesellschafters im Fall einer Ausschüttung ($S_{kap+ges/a}$) beträgt:

$$S_{kap+ges/a} = S_{kap/a} + S_{ges/a}. \tag{23}$$

Durch Einsetzen der Werte von Gleichung 18 und von Gleichung 22 in Gleichung 23 ergibt sich:

$$\begin{aligned} S_{kap+ges/a} = {} & (s_k + m_e \cdot h) \cdot B \\ & + (1 - s_k - m_e \cdot h) \cdot B \cdot s_{e\S 32d} - F_{e\S 20} \cdot s_{e\S 32d}. \end{aligned} \tag{24}$$

Wird bei s_{koe}, s_{solz} und m_e von *den gesetzlichen Werten* ausgegangen ($s_{koe} = 0{,}15$, $s_{solz} = 0{,}055$, $m_e = 0{,}035$), ergibt sich folgende *Gesamtbelastung* $S_{kap+ges/a}$:

$$\begin{aligned} S_{kap+ges/a} = {} & (0{,}15825 + 0{,}035 \cdot h) \cdot B \\ & + (1 - 0{,}15825 - 0{,}035 \cdot h) \cdot B \cdot s_{e\S 32d} - F_{e\S 20} \cdot s_{e\S 32d}. \end{aligned} \tag{25}$$

Bei $s_{e\S 32d}$ handelt es sich um einen kombinierten Einkommensteuer-, Kirchensteuer- und Solidaritätszuschlagsatz, dessen konkrete Höhe durch Anwendung von Gleichung 64 (S. 234) ermittelt werden kann. Der reine Einkommensteuersatz $s_{ei\S 32d}$ beträgt hierbei nach § 32d Abs. 1 EStG grundsätzlich 25 %. Er kann aber auch einen niedrigeren Wert annehmen, wenn der Steuerpflichtige bspw. einen Antrag gem. § 32d Abs. 6 EStG stellt, den – im konkreten Fall vorteilhafteren – Tarif des § 32a EStG anzuwenden. Denkbar sind somit Werte zwischen 0 % und 27,995%[57].

Wird schließlich ein *Gewerbesteuer-Hebesatz* von 400 % unterstellt und angenommen, dass sich aufgrund der Ausschüttung *kein zusätzlicher einkommensteuerlicher Freibetrag* ergibt ($F_{e\S 20} = 0$), wird Gleichung 25 zu:

$$S_{kap+ges/a} = \left(0{,}29825 + 0{,}70175 \cdot s_{e\S 32d}\right) \cdot B. \tag{26}$$

Nun interessiert noch die *Belastungsdifferenz*. Diese wird durch den Abzug der Steuerbelastung im Fall einer Gehaltszahlung $S_{kap/gh}$ (s. Gleichung 16) von derjenigen im Fall einer Ausschüttung $S_{kap+ges/a}$ (s. Gleichung 24) ermittelt. Es ergibt sich dann folgende Belastungsdifferenz:

$$\begin{aligned} S_{kap+ges/a} - S_{kap/gh} = {} & (s_k + m_e \cdot h) \cdot B \\ & + (1 - s_k - m_e \cdot h) \cdot B \cdot s_{e\S 32d} - F_{e\S 20} \cdot s_{e\S 32d} \\ & - B \cdot s_{e\S 32a} + F_{e\S 19} \cdot s_{e\S 32a}. \end{aligned} \tag{27}$$

[57] Dieser Wert wurde unter Einbezug des Solidaritätszuschlags von 5 % und einer 9 %igen Kirchensteuer durch Anwendung von Gleichung 64 (S. 234) ermittelt.

Wenn in Gleichung 27 wieder die bereits erwähnten *gesetzlichen Werte* verwendet werden und außerdem davon ausgegangen wird, dass *die Freibeträge* bereits voll ausgeschöpft sind ($F_{e§19} = 0$ und $F_{e§20} = 0$), nimmt Gleichung 27 folgende Gestalt an:

$$\begin{aligned} S_{kap+ges/a} - S_{kap/gh} = {} & (0{,}15825 + 0{,}035 \cdot h) \cdot B \\ & + (1 - 0{,}15825 - 0{,}035 \cdot h) \cdot B \cdot s_{e§32d} \\ & - B \cdot s_{e§32a}. \end{aligned} \tag{28}$$

1.4.2.1.3 Konkrete Berechnungen

Nun wird anhand von Gleichung 28 die Vorteilhaftigkeit der Verwendung eines Bruttobetrags B für eine Gehaltszahlung oder eine Ausschüttung analysiert. Den Ausgangspunkt dieser Analyse stellt Abbildung 1.10 auf der gegenüberliegenden Seite dar. Diese enthält für unterschiedliche Werte von $s_{e§32a}$, $s_{e§32d}$ und h die jeweiligen Steuerbelastungen im Gehalts- sowie im Ausschüttungsfall und zusätzlich die Differenz zwischen beiden. Hierbei wird hinsichtlich s_{koe}, s_{solz} und m_e stets von den bereits erwähnten gesetzlichen Werten ausgegangen. Impliziert wird außerdem, dass sich sowohl das zu versteuernde Einkommen als auch der Gewerbeertrag der Kapitalgesellschaft im positiven Bereich bewegen.

Spalte 1 beruht auf der Voraussetzung, dass sowohl der reine Einkommensteuersatz nach § 32a EStG als auch derjenige nach § 32d EStG 0 % beträgt. Bei dem Steuersatz nach § 32d EStG ist dies nur dann möglich, wenn der Steuerpflichtige nach Absatz 6 dieser Rechtsnorm einen Antrag auf Einbeziehung der Ausschüttung in die Einkommensteuerveranlagung stellt.

In Spalte 2 ist der reine Einkommensteuersatz nach § 32a EStG mit 25 % genauso hoch wie derjenige nach § 32d Abs. 1 EStG.

In den Spalten 3 bis 6 beträgt der reine Einkommensteuersatz, mit dem das Gehalt belastet ist, d. h. der Steuersatz nach § 32a EStG, stets 42 %. Das zu versteuernde Einkommen des Steuerpflichtigen bewegt sich also in der ersten Proportionalzone. Der reine Einkommensteuersatz im Ausschüttungsfall beträgt hingegen stets 25 % (gem. § 32d Abs. 1 EStG). Die Spalten unterscheiden sich untereinander dadurch, dass sowohl der Kirchensteuersatz (s_{ki}) als auch der Gewerbesteuer-Hebesatz (h) variiert werden.

In den Spalten 7 bis 10 beträgt der reine Einkommensteuersatz im Gehaltsfall stets 45 %. Das zu versteuernde Einkommen des Steuerpflichtigen bewegt sich also in der zweiten Proportionalzone. Der reine Einkommensteuersatz im Ausschüttungsfall beträgt auch hier stets 25 %. Hinsichtlich des Kirchensteuersatzes (s_{ki}) und hinsichtlich des Gewerbesteuer-Hebesatzes (h) sind diese Spalten in gleicher Weise aufgebaut wie die Spalten 3 bis 6.

Mit zwei Ausnahmen in den Spalten 8 und 9 weisen die aus der untersten Zeile ersichtlichen Belastungsdifferenzen ein negatives Vorzeichen aus. Dies bedeutet, dass die Steuerbelastung bei der Gehaltszahlung geringer ist als im Fall der Ausschüttung. Diese Minderbelastung ist in Spalte 1, d. h. bei reinen Einkommensteuersätzen von jeweils 0 % mit knapp 30 % der Bezugsgröße B

		keine Ertragsteuern des Gesell-schafters	gleiche Belastung von Gehalt und Ausschüttung	Belastung des Gehalts mit 42 %				Belastung des Gehalts mit 45 %			
	$s_{ei\S32a}$	0 %	25 %	42 %	42 %	42 %	42 %	45 %	45 %	45 %	45 %
	$s_{ei\S32d}$	0 %	25 %	25 %	25 %	25 %	25 %	25 %	25 %	25 %	25 %
	s_{ki}	0 %	0 %	0 %	9 %	9 %	9 %	0 %	9 %	9 %	9 %
	h	400 %	400 %	400 %	400 %	300 %	500 %	400 %	400 %	300 %	500 %
		(1)	(2)	(3)	(4)	(5)	(6)	(7)	(8)	(9)	(10)
(1)	Gehalt	0,0 %	26,4 %	44,3 %	46,3 %	46,3 %	46,3 %	47,5 %	49,5 %	49,5 %	49,5 %
(2)	./. Ausschüttung	29,8 %	48,3 %	48,3 %	49,4 %	46,9 %	52,0 %	48,3 %	49,4 %	46,9 %	52,0 %
(3)	= Differenz	-29,8 %	-21,9 %	-4,0 %	-3,1 %	-0,6 %	-5,7 %	-0,8 %	0,1 %	2,6 %	-2,5 %

Abb. 1.10: Belastung eines Bruttobetrags (B), der als Gehalt oder als Ausschüttung ausgezahlt wird, in Abhängigkeit von den Steuersätzen $s_{ei\S32a}$, $s_{ei\S32d}$, s_{ki} und vom Gewerbesteuer-Hebesatz h

am höchsten. Diese Differenzbelastung beruht auf der bei der Kapitalgesellschaft anfallenden Gewerbe- und Körperschaftsteuer einschließlich des Solidaritätszuschlags. Die Minderbelastung sinkt mit steigendem reinem Einkommensteuersatz bei der Gehaltszahlung, d. h. mit steigendem $s_{ei§32d}$ (dies ergibt der Vergleich der Spalten 1, 2, 3 und 4). In geringfügigem Maße sinkt sie außerdem, wenn Kirchensteuer berücksichtigt wird (Spalte 3 vs. Spalte 4 sowie Spalte 7 vs. Spalte 8). Eine Erhöhung des Hebesatzes hat hingegen eine geringe Erhöhung der Minderbelastung zur Folge (s. die Spalten 4, 5 und 6 sowie die Spalten 8, 9 und 10).

In den Spalten 8 und 9 weist die Differenzbelastung kein negatives Vorzeichen auf. Allerdings sind die Beträge recht gering. Die Werte beider Spalten beruhen auf einem reinen Einkommensteuersatz bei Gehaltszahlung, der sich in der zweiten Proportionalzone von 45 % bewegt. In Spalte 8 beträgt der Gewerbesteuer-Hebesatz 400 % (er befindet sich damit in etwa im bundesdeutschen Durchschnitt[58]). In Spalte 9 beträgt der Gewerbesteuer-Hebesatz hingegen 300 % (dieser befindet sich im unteren Rahmen der in der Realität von den Gemeinden festgesetzten Gewerbesteuer-Hebesätze).

1.4.2.1.4 Schlussfolgerungen

Aus der bisherigen Analyse können folgende Schlussfolgerungen gezogen werden:

1. Solange das zu versteuernde Einkommen des Gesellschafters die Grenze der ersten Proportionalzone (s. Anlage 1 (S. 231)) nicht überschreitet, ist eine Zahlung der Kapitalgesellschaft an den Gesellschafter in Form einer Gehaltszahlung stets vorteilhafter als in Form einer Gewinnausschüttung.

2. Unter der gleichen Voraussetzung gilt dies auch in allen Fällen, in denen der Gewerbesteuer-Hebesatz höher ist als 400 %.

3. Nur in den Fällen, in denen sich das zu versteuernde Einkommen des Gesellschafters in der zweiten Proportionalzone bewegt und gleichzeitig der Gewerbesteuer-Hebesatz etwa 400 % oder weniger beträgt, ist eine Ausschüttung geringfügig vorteilhafter als eine Gehaltszahlung. Hierbei hängt die Höhe des kritischen Gewerbesteuer-Hebesatzes (bei dessen Unterschreitung sich die Vorteilhaftigkeit also ändert) davon ab, ob der Gesellschafter der Kirchensteuer unterliegt oder nicht.

Klargestellt sei nochmals, dass Gehaltszahlungen nur insoweit zu den hier ermittelten Wirkungen führen, wie sie *nicht in verdeckte Gewinnausschüttungen umzudeuten sind*. Soweit eine Umqualifikation erfolgt, treten nicht die Wirkungen einer Gehaltszahlung, sondern die einer Gewinnausschüttung ein: Die Folgen einer verdeckten sind die gleichen wie die einer offenen Gewinnausschüttung.

[58] Vgl. *Schneeloch/Meyering/Patek,* Band 1 (2016), Gliederungspunkt 4.4.

1.4.2.2 Gesellschafterdarlehen

Unter Gesellschafterdarlehen werden üblicherweise solche Darlehen verstanden, die Gesellschafter ihrer Gesellschaft gewähren. Bei personenbezogenen Gesellschaften kann die Hingabe eines Gesellschafterdarlehens eine Alternative zur Zufuhr von Eigenkapital darstellen. In einem derartigen Fall ist *ein Vorteilsvergleich* zwischen den alternativen Finanzierungsmaßnahmen angebracht. Dieser sollte dann auch einen Vergleich in steuerlicher Hinsicht beinhalten. Derartige Vergleiche werden an anderer Stelle dieses Gesamtwerks durchgeführt.[59] Auf eine Ableitung von Belastungsdifferenzen kann daher an dieser Stelle verzichtet werden. Wie dort gezeigt wird, ist die Gesellschafterfremdfinanzierung im Fall einer *Kapitalgesellschaft* in aller Regel steuerlich vorteilhafter als die Eigenfinanzierung.

1.4.2.3 Miet- oder Pachtvertrag

Bei *personenbezogenen Kapitalgesellschaften* bietet es sich häufig an, der Gesellschaft an Stelle einer alternativ durchzuführenden Eigenkapitalerhöhung miet- oder pachtweise Wirtschaftsgüter eines Gesellschafters zur Verfügung zu stellen. Abgesehen davon, dass auf diese Weise kein Vermögen von dem Gesellschafter auf die Gesellschaftsebene übertragen wird, kann eine Vermietung oder Verpachtung steuerlich vorteilhaft sein, da die steuerliche Wirkung der aus einer Eigenkapitalerhöhung später resultierenden Ausschüttung eine andere ist als die bei der Zahlung von Miet- oder Pachtzinsen.

Miet- oder Pachtzahlungen, die auf der Grundlage derartiger Miet- oder Pachtverhältnisse von der Gesellschaft erbracht werden, gehören bei der Gesellschaft zu den *abzugsfähigen Betriebsausgaben* und bei dem Gesellschafter zu steuerbaren Einnahmen (ebenso wie Gehalts- und Zinszahlungen der Kapitalgesellschaft an einen ihrer Gesellschafter). Insoweit sind die Steuerwirkungen die Gleichen wie in Gliederungspunkt 1.4.2.1 dargestellt. Uneingeschränkt gilt dies aber nur, wenn es *nicht* nach § 8 Nr. 1 GewStG *zu einer Hinzurechnung* kommt.

Findet eine derartige Hinzurechnung statt (wofür die Tatbestandsvoraussetzungen erfüllt und der Freibetrag des § 8 Nr. 1 GewStG überschritten sein müssen), hat sie grundsätzlich die gleiche Wirkung wie eine entsprechende Hinzurechnung von Zinsen (ebenfalls nach § 8 Nr. 1 GewStG).[60] Der konkrete Wert des Hinzurechnungsfaktors nach § 8 Nr. 1 GewStG (β) richtet sich nach Buchstabe d oder nach Buchstabe e des § 8 Nr. 1 GewStG: Buchstabe d ist bei der Vermietung oder Verpachtung beweglicher und Buchstabe e bei der Vermietung oder Verpachtung unbeweglicher Wirtschaftsgüter des Anlagevermögens anzuwenden. Der Hinzurechnungsfaktor beträgt im Falle:

- des Buchstaben d: $\frac{1}{4} \cdot \frac{1}{5} = 5\,\%$ und
- des Buchstaben e: $\frac{1}{4} \cdot \frac{1}{2} = 12{,}5\,\%$ des Miet- oder Pachtaufwands.

[59] Siehe hierzu *Schneeloch/Meyering/Patek*, Band 5 (2021).

[60] Siehe hinsichtlich der Gesamtwirkungen in einem derartigen Fall *Schneeloch/Meyering/Patek*, Band 5 (2021); allerdings nimmt der dort für die Hinzurechnung nach § 8 Nr. 1 GewStG verwendete Faktor β andere Werte an als im Fall einer Hinzurechnung von Zinsen.

Soll bei gleich hohem für die Ausschüttung oder die Miet- oder Pachtzahlungen zur Verfügung stehendem Bruttobetrag B die Steuerbelastungsdifferenz ($S_{kap+ges/a-mip}$) der Alternativen:

- Eigenkapitalerhöhung und spätere Ausschüttung bzw.
- Miet- oder Pachtvertrag und Miet- bzw. Pachtzahlungen

ermittelt werden, kann am einfachsten Gleichung 69 (S. 234) für den Vergleich der Steuerbelastungen der Eigen- und der Gesellschafterfremdfinanzierung analog angewendet werden. In dieser Gleichung ist dann der Steuersatz $s_{e/zi}$ (der kombinierte Einkommensteuer-, Kirchensteuer- und Solidaritätszuschlagsatz im Fall der *Zinszahlung*) durch den entsprechenden kombinierten Einkommensteuer-, Kirchensteuer- und Solidaritätszuschlagsatz im Fall der *Miet- oder Pachtzahlung* ($s_{e/mip}$) zu ersetzen. In der Gleichung kommt der Freibetrag nach § 20 EStG nicht vor, da er im Fall von Miet- oder Pachtzinsen ohnehin nicht zur Anwendung gelangt (es handelt sich um Einkünfte aus Vermietung und Verpachtung gem. § 21 EStG) und im Übrigen (also bei der Eigenfinanzierung) dessen bereits vollständige anderweitige Verwendung unterstellt wird.

Die Steuerbelastungsdifferenz für den Fall eines Vergleichs der Eigenfinanzierung mit dem einer alternativen Vermietung oder Verpachtung von Wirtschaftsgütern durch einen Gesellschafter kann dann wie folgt formuliert werden:

$$\begin{aligned} S_{kap+ges/a-mip} = & \left(s_k + s_{ge}\right) \cdot B + s_{e/a} \cdot \left(1 - s_k - s_{ge}\right) \cdot B \\ & - \frac{\beta \cdot s_{ge} + s_{e/mip} \cdot \left(1 - s_k - s_{ge}\right)}{1 - s_k - s_{ge} + \beta \cdot s_{ge}} \cdot B. \end{aligned} \tag{29}$$

Hinsichtlich des kombinierten Einkommensteuer-, Kirchensteuer- und Solidaritätszuschlagsatzes $s_{e/mip}$ gilt: $s_{e/mip} \geq s_{e/a}$. Der Grund hierfür ist der gesonderte Steuersatz des § 32d Abs. 1 EStG und das sich aus § 32d Abs. 6 EStG ergebende Wahlrecht des Steuerpflichtigen, einen Antrag auf Einbeziehung der Ausschüttung in die Veranlagung zu stellen.

Kommt es im Fall der Vermietung oder Verpachtung *nicht* zur Hinzurechnung nach § 8 Nr. 1 GewStG (gilt also $\beta = 0$),[61] vereinfacht sich Gleichung 29 zu:

$$S_{kap+ges/a-mip} = \left(s_k + s_{ge} + s_{e/a} \cdot \left(1 - s_k - s_{ge}\right) - s_{e/mip}\right) \cdot B. \tag{30}$$

In diesem Fall zeigt sich (wenig überraschend) eine große Ähnlichkeit mit Gleichung 27 (S. 45) (für $F_{e§20} = 0$).

1.4.2.4 Ausschüttungsgestaltung

Personenbezogene Kapitalgesellschaften und ihre Gesellschafter können *den Zeitpunkt* der Ausschüttung von Gewinnen in den Dienst der betrieblichen

[61] Vgl. bspw. FG Düsseldorf, Urteil vom 29.1.2019, Aktenzeichen 10 K 2717/17 G, Zerl, EFG 2019 S. 544.

Steuerplanung stellen. Hierbei können sie das Ziel verfolgen, Ausschüttungen in solche Jahre zu verlagern, in denen ein oder mehrere Gesellschafter *ohne diese Ausschüttungen* nur ein geringes oder sogar ein negatives zu versteuerndes Einkommen erzielen.

Durch die Verlagerung von Ausschüttungen in Jahre mit geringen Einkommen der Gesellschafter gelingt es, diese Ausschüttungen mit niedrigeren Einkommensteuersätzen zu belasten als dies der Fall wäre, wenn sie in Jahren mit hohen Einkommen gezahlt würden. In Einzelfällen mag es sogar gelingen, den sich aus § 32a Abs. 1 Satz 2 Nr. 4 oder Nr. 5 EStG ergebenden *Formelabzugsbetrag* (bei Anwendung des Grundtarifs bspw. 8.963,74 € bzw. 17.078,74 €; s. Anlage 1 (S. 231)) *mehrfach zu nutzen*, während er bei einem Verzicht auf die Gestaltungsmaßnahme verloren ginge. Von Bedeutung ist es in diesem Zusammenhang, dass sich der aus § 32a Abs. 1 Satz 2 EStG ergebende Formelabzugsbetrag im Splittingfall verdoppelt. Die Zusammenhänge verdeutlicht das folgende Beispiel.

Beispiel

Die Eheleute E, beide mit Wohnsitz in Deutschland, sind alleinige Gesellschafter der Z-GmbH. Da die Eheleute während der Jahre 1 und 2 hohe Einkünfte aus anderen Einkunftsquellen bezogen haben, verzichteten sie bisher darauf, für diese Jahre Ausschüttungen vorzunehmen. Anfang des Jahres 3 hat der Ehemann (EM) 90 % der Kommanditanteile an einer von Insolvenz bedrohten GmbH & Co. KG (KG) erworben. Anschließend hat die KG ihr Kommanditkapital aufgrund einer Gesellschaftereinlage des EM um 2 Mio. € aufgestockt. Sie ist hierdurch in die Lage versetzt worden, die für ihr Überleben erforderlichen Rationalisierungsinvestitionen durchzuführen.

Im Dezember des Jahres 3 zeichnet sich ab, dass die KG während der Jahre 3 und 4 noch hohe Verluste erwirtschaften und erst ab dem Jahr 5 die Gewinnzone erreichen wird. EM schätzt seine Anteile an diesen Verlusten auf 400 T€ im Jahr 3 und 300 T€ im Jahr 4. Ohne eine Ausschüttung der Z-GmbH würde das zu versteuernde Einkommen der Eheleute unter diesen Umständen -250 T€ bzw. -150 T€ betragen. Um auch in den Jahren 3 und 4 die Formelabzugsbeträge des § 32a Abs. 1 Satz 2 Nr. 5 EStG nutzen zu können, erwägen die Eheleute als Gesellschafter der Z-GmbH, in den Jahren 3 und 4 so hohe Ausschüttungen durchzuführen, dass die Verluste im Jahr ihrer Entstehung ausgeglichen werden können (dies setzt einen Antrag gem. § 32d Abs. 6 EStG voraus). Nach der Ermittlung des möglichen Ausschüttungspotentials kommt Steuerberater S zu dem Ergebnis, dass das von den Eheleuten angestrebte Ziel verwirklicht werden kann. Die Eheleute beschließen daraufhin Ausschüttungen in der von S vorgeschlagenen Höhe.

Durch die Ausschüttungsbeschlüsse gelingt es den Eheleuten in den Veranlagungszeiträumen 3 und 4 einen Abzug gem. dem geltenden § 32a Abs. 1 Satz 2 Nr. 5 EStG (s. Anlage 1) i. H. v. 34.158 € (= 17.078,74 · 2) zu erzielen. In dieser Höhe erreichen sie durch eine gezielte Ausschüttungspolitik bei der Z-GmbH persönliche Einkommensteuervorteile.

Auch bei einer *Änderung des Einkommensteuertarifs* kann es vorteilhaft sein, Ausschüttungen (teilweise) aus einem Jahr in ein anderes Jahr zu verlagern. Dies verdeutlicht das folgende Beispiel.

Beispiel

Die X-GmbH nimmt ihre Gewinnausschüttung für das Vorjahr traditionell im Oktober des Jahres vor. Im Jahr 1 beraten die Gesellschafter, ob dies auch im Jahr 2 sinnvoll ist oder ob die Ausschüttung i. H. v. 100 T€ stattdessen noch im Jahr 1 erfolgen soll. In diesem Zusammenhang ist zu beachten, dass der Gesetzgeber zum 1.1. des Jahres 2 die Abschaffung der Abgeltungsteuer (§ 32d EStG) beschlossen hat. Alle Gesellschafter haben im Jahr 1 bereits ohne die Ausschüttung ein zu versteuerndes Einkommen, das in der zweiten Proportionalzone liegt. Sie erwarten das Gleiche auch für das Jahr 2.

Aufgrund der Tarifänderung ist es für die Gesellschafter vorteilhaft, die Ausschüttung noch im Jahr 1 vorzunehmen. Im Vergleich zu einer Ausschüttung im Jahr 2 sparen sie 20 T€ (= 100 · (45 % - 25 %)).

1.4.2.5 Mitarbeit und Beteiligung von Familienangehörigen

In personenbezogenen Kapitalgesellschaften kann versucht werden, Einkünfte vom Gesellschafter auf seinen Ehegatten oder auf seine Kinder zu verlagern. Dies gilt insb. in den Fällen, in denen der Gesellschafter Mehrheits- oder sogar Alleingesellschafter ist. Die Übertragung von Einkünften auf einen Familienangehörigen kann in zweierlei Weise erfolgen, und zwar:

1. durch Abschluss eines Arbeitsvertrags zwischen der Kapitalgesellschaft und dem Angehörigen des Gesellschafters,
2. durch Aufnahme des Angehörigen als Gesellschafter in die Gesellschaft.

Auch eine Kombination beider Maßnahmen ist möglich.

Für die Beurteilung der Vorteilhaftigkeit ist von Bedeutung, welche Einkünfte verlagert werden sollen: Es kann sich insb. um Einkünfte aus nichtselbständiger Arbeit oder um solche aus Kapitalvermögen handeln.

Beim Abschluss eines *Arbeitsvertrags* sind die *hohen Anforderungen* an die steuerliche Anerkennung von Ehegattenarbeitsverträgen und an Arbeitsverträge zwischen Eltern und Kindern (insb. bezüglich minderjährigen Kindern) zu beachten (vgl. R 4.8 EStR und H 4.8 EStH). Für die steuerliche Wirksamkeit ist insb. zwingend, dass der Vertrag vollzogen wird. Der Ehegatte oder das Kind muss also auch tatsächlich in der Gesellschaft mitarbeiten und es müssen sämtliche üblichen Konsequenzen aus dem Arbeitsverhältnis gezogen werden (insb. müssen Lohnsteuer und Sozialversicherungsbeiträge in der gesetzlich vorgeschriebenen Höhe entrichtet werden). Aber auch wenn Ehegattenarbeitsverträge grundsätzlich steuerlich anzuerkennen sind, ist damit noch nicht geklärt, ob sie auch in ihrer vereinbarten Höhe zum Abzug als Betriebsausgaben anerkannt werden: Sie sind nur insoweit zum Abzug zugelassen, als sie das Unternehmen auch mit familienfremden Personen vereinbaren würde.

Durch diese Anforderungen an die Anerkennung von Arbeitsverhältnissen mit Angehörigen des (beherrschenden) Gesellschafters der Gesellschaft sind Gestaltungsmaßnahmen *enge Grenzen gesetzt*. Sie beschränken sich auf solche Fälle, in denen der Angehörige ein Arbeitsverhältnis eingehen will und kann. Es handelt sich also um Fälle, in denen ein Angehöriger *einen familienfremden*

Arbeitnehmer ersetzt. In derartigen Fällen ist es allenfalls in geringem Umfang möglich, Einkünfte vom Gesellschafter auf einen Angehörigen zu verlagern. Dies kann dadurch geschehen, dass der Gesellschafter zu Gunsten seines Ehegatten oder eines Kindes künftig eine geringere Ausschüttung oder ein geringeres Gehalt bezieht als in dem Fall, in dem sein Ehegatte oder sein Kind nicht in der Gesellschaft mitarbeiten. Bei einer derartigen Einkünfteverlagerung sind allerdings sehr schnell die Grenzen der verdeckten Gewinnausschüttung erreicht.

Zunächst werden die Fälle betrachtet, in denen ein bisher *vom Gesellschafter bezogenes Gehalt* durch eine Gehaltszahlung bzw. eine Ausschüttung an einen Familienangehörigen substituiert werden soll.

Handelt es sich bei dem in der Gesellschaft beschäftigten Angehörigen um den *Ehegatten* des Gesellschafters, lässt sich *durch einen Arbeitsvertrag* keine körperschaft- und gewerbesteuerlichen und allenfalls eine geringfügige einkommensteuerliche Steuerersparnis erzielen. Ein körperschaft- und gewerbesteuerlicher Entlastungseffekt entsteht nicht, da lediglich Gehaltsaufwendungen *durch andere Gehaltsaufwendungen* und damit Betriebsausgaben durch andere Betriebsausgaben ersetzt werden. Einkommensteuerlich entsteht deshalb kein oder nur ein sehr geringer Effekt, weil eine Verlagerung von Einkünften von einem Ehegatten auf den anderen *im Rahmen einer Zusammenveranlagung der Ehegatten* grundsätzlich nicht zu einer Veränderung der Steuerbelastung führt. Allenfalls kann es zur Ausschöpfung bislang nicht ausgenutzter *Freibeträge* kommen (wie des Arbeitnehmer-Pauschbetrags; dies gilt aber nur, wenn der in der Gesellschaft mitarbeitende Ehegatte im Fall eines Verzichts auf Mitarbeit kein anderes Arbeitsverhältnis eingeht).

Auch wenn es sich bei dem in der Gesellschaft beschäftigten Angehörigen um *ein Kind* des Gesellschafters handelt, lassen sich *durch einen Arbeitsvertrag* keine gewerbesteuerlichen Ersparnisse erzielen (aus den gleichen Gründen wie im Ehegattenfall). Einkommensteuerliche Ersparnisse lassen sich hingegen dann erreichen, wenn der Gesellschafter *ein deutlich höheres zu versteuerndes Einkommen* erzielt als sein Kind. In diesem Fall unterliegt der vom Gesellschafter auf das Kind verlagerte Einkommensteil bei dem Kind einem geringeren Differenzeinkommensteuersatz als bei dem Gesellschafter.

Wesentlich größer als bei der Mitarbeit eines Familienangehörigen in der Gesellschaft sind die Möglichkeiten einer Einkünfteverlagerung durch *eine Beteiligung des Angehörigen an der Gesellschaft*. Dies kann durch Schenkung eines Anteils an der Gesellschaft durch den Gesellschafter geschehen (was auch an minderjährige Kinder möglich ist). Der Angehörige ist von da an quotal an den Gewinnausschüttungen der Gesellschaft beteiligt. Hierdurch kann es im Einzelfall gelingen, Einkünfte aus einer Besteuerung mit dem Spitzensteuersatz in eine Besteuerung mit einem wesentlich geringeren Differenzeinkommensteuersatz zu verlagern. In Extremfällen kann es zu einer mehrfachen Anwendung des Formelabzugsbetrags des § 32a Abs. 1 Satz 2 Nr. 5 EStG kommen. Die hierdurch entstehende Steuerersparnis ist allerdings nur bei der Beteiligung von Kindern, nicht hingegen bei der Beteiligung des Ehegatten möglich. Ehegatten kommen bereits über die Zusammenveranlagung in den Genuss des Formelabzugsbetrags für jeden Ehegatten (eine entsprechende Einkommenshöhe vorausgesetzt).

Nun werden die Fälle betrachtet, in denen *vom Gesellschafter bezogene Ausschüttungen* durch Ausschüttungen bzw. Gehaltszahlungen an Familienangehörige substituiert werden sollen.

Die *Ausschüttung* führt beim Gesellschafter bisher zu den bereits bekannten Wirkungen (Körperschaftssteuer und Gewerbesteuer bei der Gesellschaft sowie i. d. R. Einkünfte gem. § 32d EStG beim Gesellschafter). Kommt es nun zur *Beteiligung eines Angehörigen an der Gesellschaft*, ändert sich an dieser Wirkung grundsätzlich nichts. Vorteile lassen sich nur *bei Kindern* erreichen, die keine oder nur geringe andere Einkünfte erzielen. Dann kann die Einkommensteuerbelastung durch einen Antrag nach § 32d Abs. 6 EStG reduziert werden.

Wird ein *Arbeitsvertrag* mit *dem Ehegatten* abgeschlossen (soweit dies in den engen geschilderten Grenzen möglich ist), kommt es bei der Gesellschaft zu einer entsprechenden körperschaft- und gewerbesteuerlichen Entlastung. Gleichzeitig unterliegt das Gehalt bei Ehegatten nicht § 32d EStG sondern dem regulären Einkommensteuertarif. Ob die Gesamtbelastung höher ausfällt als bei der bisherigen Ausschüttung an den Ehegatten, hängt somit maßgeblich von der Höhe des zu versteuernden Einkommens ab. Dies ist auch bei dem Abschluss von Arbeitsverträgen *mit Kindern* der Fall. Soweit diese bisher keine oder nur niedrige andere Einkünfte erzielt haben, können die bekannten Vorteile erzielt werden.

1.4.3 Personenunternehmen

1.4.3.1 Schuldrechtliche Verträge

Einzelunternehmen können bereits zivilrechtlich und damit auch steuerrechtlich keine Verträge mit sich selbst abschließen (**Selbstkontrahierungsverbot**). Damit scheiden Einpersonenkonstruktionen für Gestaltungen mittels schuldrechtlicher Verträge von vornherein aus. Insoweit besteht *ein fundamentaler Unterschied* zu den *Kapitalgesellschaften*. Dort sind Einpersonengesellschaften möglich und in Form der Einmann-GmbH auch häufig in der Praxis anzutreffen. Diese Gesellschaften können schuldrechtliche Verträge mit ihrem Einpersonengesellschafter abschließen, die steuerlich grundsätzlich anerkannt werden.

Schuldrechtliche Verträge zwischen einer *Personengesellschaft* und den Eigentümern dieses Unternehmens setzen das Bestehen eines Gesellschaftsverhältnisses und damit einer Gesellschaft voraus. Abgesehen von der GmbH & Co. KG (s. Gliederungspunkt 3.2 (S. 137)), sind hierzu mindestens zwei natürliche Personen erforderlich.

Personengesellschaften können mit ihren Gesellschaftern grundsätzlich die gleichen Arten von schuldrechtlichen Verträgen abschließen wie Kapitalgesellschaften. Zu nennen sind insb.:

- Arbeitsverträge,
- Pensionsvereinbarungen,
- Darlehensverträge sowie
- Miet- und Pachtverträge.

Vergütungen aufgrund derartiger Verträge stellen *handelsbilanziell* Aufwendungen dar. Insoweit besteht Übereinstimmung mit der Behandlung von Leistungsvergütungen, die von Kapitalgesellschaften gezahlt werden. *Ertragsteuerlich* handelt es sich bei derartigen Vergütungen hingegen nach § 15 Abs. 1 Satz 1 Nr. 2 EStG um *Sondervergütungen*, die dem steuerlichen Gewinn im Rahmen der Ermittlung der steuerlichen Bemessungsgrundlage wieder hinzugerechnet werden. Sie stellen einen „normalen" Gewinnbestandteil der steuerlichen Mitunternehmerschaft dar und haben damit die Wirkung von *E* i. S. v. Gleichung I (S. 233) bzw. Gleichung II. Werden Gewinnbestandteile in Sondervergütungen umgewandelt, hat dies also *keine steuerlichen Folgen*, da die Vereinbarung der Vergütungen die Höhe des steuerlichen Gewinns der Mitunternehmerschaft unberührt lässt. Allenfalls können sich Gewinnverschiebungen zwischen den Gesellschaftern ergeben.

1.4.3.2 Entnahme- und Einlagepolitik, Schuldzinsenabzug

Die Gewinnverwendung hat bei Personenunternehmen grundsätzlich *keinen Einfluss auf die Besteuerung*. Ausnahmen ergeben sich aufgrund der Vorschriften des § 4 Abs. 4a EStG und des § 15a EStG. Die erstgenannte Vorschrift betrifft den Schuldzinsenabzug bei Personenunternehmen (s. Gliederungspunkt 1.3.3.4 (S. 28)).

Aufgrund von § 4 Abs. 4a EStG besteht die Gefahr, dass *Schuldzinsen* teilweise oder auch in vollem Umfang *nicht* zum Abzug als Betriebsausgaben zugelassen werden (s. nochmals Gliederungspunkt 1.3.3.4). Bereits an anderer Stelle des Gesamtwerks wurde gezeigt, dass dies durch Gestaltungsmaßnahmen teilweise oder vollständig vermieden werden kann.[62]

Die zweitgenannte Vorschrift betrifft die steuerliche Behandlung des *Verlustanteils eines Kommanditisten*. Ebenfalls an anderer Stelle des Gesamtwerks wurde bereits ausgeführt, dass aufgrund der Regelung des § 15a EStG Entnahmen und Einlagen als steuerplanerische Aktionsparameter eingesetzt werden können.[63] Sie können dazu benutzt werden, um aus verrechenbaren Verlusten ausgleichsfähige Verluste zu machen oder umgekehrt, um aus ausgleichsfähigen lediglich verrechenbare Verluste entstehen zu lassen.

1.4.3.3 Mitarbeit und Beteiligung von Familienangehörigen

Wie bereits ausgeführt wurde, lassen sich bei Personengesellschaften durch die Umwandlung von Ausschüttungen (Entnahmen) an Gesellschafter in Gehaltszahlungen grundsätzlich *keine steuerlichen Effekte* erzielen. Etwas anderes gilt lediglich, wenn durch Gehaltszahlungen *eine teilweise Einkommensverlagerung* auf Familienmitglieder möglich und gewollt ist. In Betracht kommen in diesem Zusammenhang in erster Linie Gehaltszahlungen an den Ehegatten bzw. an Kinder. Dies setzt aber die Beachtung der hohen Anforderungen an die steuerliche Anerkennung von Ehegattenarbeitsverträgen und an Arbeitsverträge zwischen Eltern und Kindern voraus (s. Gliederungspunkt 1.4.2.5). Werden Gehälter mit steuerlicher Anerkennung an den Ehegatten oder an die Kinder

[62] Siehe hierzu *Schneeloch/Meyering/Patek*, Band 4 (2020), Teil II, Gliederungspunkt 5.3.2.
[63] Siehe hierzu *Schneeloch/Meyering/Patek*, Band 4 (2020), Teil II, Gliederungspunkt 5.3.3.

gezahlt, kommt es bei dem Personenunternehmen i. H. d. Gehaltszahlung *zu einer voll abzugsfähigen Betriebsausgabe*, d. h. zu einer entsprechenden Minderung von E i. S. v. Gleichung I (S. 233) bzw. Gleichung II. *Bei dem Gehaltsempfänger* kommt es zu einer Erhöhung des zu versteuernden Einkommens, und zwar i. H. d. Gehalts nach Abzug der einschlägigen Freibeträge, regelmäßig also des Arbeitnehmer-Pauschbetrags.

Handelt es sich bei dem Gehaltsempfänger um *den Ehegatten* des (Mit-)Unternehmers, kann es in der Gesamtwirkung zu einer Gewerbesteuerentlastung kommen. Dieser steht eine Kürzung der Gewerbesteueranrechnung nach § 35 EStG ggü., die bei niedrigen Gewerbesteuer-Hebesätzen regelmäßig zu einer vollständigen Entlastung von Gewerbesteuer führt. Zu einer Gewerbesteuerentlastung kann es daher nur bei hohen Gewerbesteuer-Hebesätzen kommen, da in diesen Fällen die tatsächlich gezahlte Gewerbesteuer höher ist als die pauschale Entlastung nach § 35 EStG.[64]

Handelt es sich bei dem Gehaltsempfänger um *ein Kind*, kommt vielfach ein deutlich niedrigerer Einkommensteuersatz zur Anwendung als bei den Eltern. Für die gesamte Wirtschaftsgemeinschaft der an der Gestaltungsmaßnahme beteiligten Personen kommt es somit *zu einer Einkommensteuerentlastung*. Diese wird dadurch verstärkt, dass das Kind als Angestellter in den Genuss des Arbeitnehmer-Pauschbetrags kommt. Bei einem hohen Gewerbesteuer-Hebesatz kommt es außerdem per Saldo zu der soeben beschriebenen Gewerbesteuerentlastung.

Bei der Mitarbeit von Familienangehörigen ist zu beachten, dass die vereinbarten Arbeitsverhältnisse *ggf. sozialversicherungspflichtig sind*. Ist dies der Fall, sind die Zahlungen der Sozialversicherungsbeiträge und Leistungen der Sozialversicherungsträger bei der Untersuchung der Vorteilhaftigkeit der Gestaltung einzubeziehen. Eine steuerliche Partialbetrachtung reicht dann nicht aus.

1.4.4 Vorteilsvergleiche zwischen Kapitalgesellschaft und Personenunternehmen

1.4.4.1 Überblick

In Gliederungspunkt 1.4.2 wurden die Wirkungen einiger Gestaltungsmaßnahmen bei Kapitalgesellschaften untersucht, im Anschluss in Gliederungspunkt 1.4.3 die Wirkungen einiger Gestaltungsmaßnahmen bei Personenunternehmen. Nun schließen sich Vorteilsvergleiche zwischen Kapitalgesellschaft und Personenunternehmen für folgende Steuergestaltungsmaßnahmen zwischen einer Gesellschaft und ihren Gesellschaftern an:

- Gehaltsvereinbarungen (Gliederungspunkt 1.4.4.2),
- Gesellschafterdarlehen (Gliederungspunkt 1.4.4.3),
- Miet- und Pachtverträge (Gliederungspunkt 1.4.4.4) sowie
- Ausschüttungsgestaltungen (Gliederungspunkt 1.4.4.5).

[64] Siehe hierzu *Schneeloch/Meyering/Patek*, Band 4 (2020), Teil I, Gliederungspunkt 4.2.3.

1.4.4.2 Gehaltsvereinbarung

1.4.4.2.1 Belastungsgleichungen

Für die Ermittlung der aus einer Gehaltszahlung einer Kapitalgesellschaft an ihren Gesellschafter resultierenden Steuerbelastung ($S_{kap/gh}$) kann Gleichung 16 (S. 44) aus Gliederungspunkt 1.4.2.1.2 (S. 43) verwendet werden. In diesem Gliederungspunkt wird der dortige Einkommensteuersatz s_e mit dem Zusatzsymbol $/kap$ versehen (statt mit §32a). Hierdurch wird gekennzeichnet, dass die Gehaltszahlung von der Kapital- und nicht von der Vergleichs-Personengesellschaft gezahlt wird. Das ist bedeutsam, da der auf das Gehalt anfallende Einkommensteuersatz *bei beiden Rechtsformen unterschiedlich sein kann* (dies wird später noch näher erläutert). Da hier nicht ein Vergleich zwischen einem Gehalt und einer Ausschüttung erfolgt, sondern zwischen einem Gehalt bei einem Personenunternehmen und bei einer Kapitalgesellschaft, wird außerdem der Bruttobetrag B durch das Symbol Gh ersetzt.

Die Steuerbelastung einer Gehaltszahlung an den Gesellschafter *einer Kapitalgesellschaft* ($S_{kap/gh}$) wird demnach wie folgt erfasst:

$$S_{kap/gh} = Gh \cdot s_{e/kap} - F_{e\S 19} \cdot s_{e/kap}. \tag{31}$$

Völlig anders als bei Kapitalgesellschaften sind die Auswirkungen von Gehältern *bei Personenunternehmen*:

- *Einzelunternehmer* sind bereits zivilrechtlich nicht in der Lage, mit ihrem Unternehmen einen Arbeitsvertrag abzuschließen. An die Stelle von Gehaltszahlungen tritt bei ihnen ein kalkulatorischer Unternehmerlohn in gleicher Höhe. Dieser wird hier ebenfalls mit dem Symbol Gh erfasst.
- Gesellschafter *von Personengesellschaften* können zwar zivilrechtlich einen derartigen Vertrag abschließen, jedoch entfalten diese keine steuerliche Wirkung.

Die aufgrund von Arbeitsverträgen mit dem Gesellschafter einer Personengesellschaft gezahlten Gehälter sind bei diesem nach § 15 Abs. 1 Satz 1 Nr. 2 EStG *als Sondervergütungen* zu behandeln. Sie stellen damit E i. S. v. Gleichung I (S. 233) bzw. II dar. Die Steuerbelastung derartiger Gehälter ($S_{persu/gh}$) beträgt auf Basis von Gleichung II:

$$S_{persu/gh} = Gh \cdot \left(s_{e/persu} + m_e \cdot (h - \alpha \cdot (1 + s_{solz}))\right). \tag{32}$$

Die Struktur der Gleichung 32 zeigt, dass Gehälter im Fall von Personenunternehmen stets *wie normale steuerliche Gewinne* (G) behandelt werden.

Die *Steuerbelastungsdifferenz* von Gehaltszahlungen an Personenunternehmer einerseits und an Gesellschafter von Kapitalgesellschaften andererseits ergibt sich durch Abzug von Gleichung 31 von Gleichung 32. Sie beträgt:

$$\begin{aligned} S_{persu/gh} - S_{kap/gh} = {} & Gh \cdot \left(s_{e/persu} + m_e \cdot (h - \alpha \cdot (1 + s_{solz}))\right) \\ & - Gh \cdot s_{e/kap} + F_{e\S 19} \cdot s_{e/kap}. \end{aligned} \tag{33}$$

Für den Fall, dass sich die Einkommen in den Vergleichsfällen in derselben der beiden Proportionalzonen bewegen, gilt $s_{e/persu} = s_{e/kap}$. Gleichung 33 wird dann zu:

$$\begin{aligned} S_{persu/gh} - S_{kap/gh} = Gh \cdot \left(s_e + m_e \cdot (h - \alpha \cdot (1 + s_{solz}))\right) \\ - Gh \cdot s_e + F_{e\S 19} \cdot s_e. \end{aligned} \quad (34)$$

1.4.4.2.2 Einflussfaktoren auf die Vorteilhaftigkeit

Gleichung 33 lässt sich entnehmen, dass die Differenzbelastung des Gehalts von mehreren Einflussfaktoren abhängt. Dies sind:

- die Höhe der beiden kombinierten Einkommensteuer-, Kirchensteuer- und Solidaritätszuschlagsätze ($s_{e/persu}$ und $s_{e/kap}$),
- die Höhe des Anrechnungsfaktors von Gewerbesteuer auf die Einkommensteuer des (Mit-)Unternehmers (α),
- die Höhe des Gewerbesteuer-Hebesatzes (h) und
- bei Kapitalgesellschaften die Höhe des noch ausnutzbaren Freibetrags ($F_{e\S 19}$).

Die *Kirchensteuer* und der *Solidaritätszuschlag* können in den Vergleichsfällen nur in prozentual gleicher Höhe anfallen (jeweils bezogen auf den Einkommensteuersatz).

Letztlich hängt die Frage, ob *die kombinierte Belastung* aus Einkommensteuer-, Kirchensteuer und Solidaritätszuschlag in den Vergleichsfällen gleich oder unterschiedlich groß ist, somit ausschließlich vom Verhältnis der beiden reinen Einkommensteuersätze $s_{ei/persu}$ und $s_{ei/kap}$ zueinander ab. In diesem Zusammenhang kann i. d. R. davon ausgegangen werden, dass gilt: $s_{ei/persu} \geq s_{ei/kap}$. Der Grund für diese Behauptung liegt darin, dass der übrige vom Unternehmen erwirtschaftete steuerliche Gewinn im Fall des Personenunternehmens bei dem (Mit-)Unternehmer *der Einkommensteuer* unterliegt, im Fall der Kapitalgesellschaft hingegen nicht. Im letzten Fall ist der Gewinn von der Gesellschaft und nicht von deren Gesellschafter zu versteuern. Die Einkünfte und damit auch das zu versteuernde Einkommen des Unternehmers bzw. Gesellschafters sind somit im Fall des Personenunternehmens – ceteris paribus – höher als in dem der Kapitalgesellschaft. Die Differenz erhöht sich noch um den Freibetrag $F_{e\S 19}$, der nur bei einer Kapitalgesellschaft, nicht hingegen bei einem Personenunternehmen zum Abzug kommen kann (da ein (Mit-)Unternehmer wegen der Umqualifikation gem. § 15 Abs. 1 Satz 1 Nr. 2 EStG keine Einkünfte i. S. d. § 19 EStG von seinem Unternehmen beziehen kann).

Bei dem in § 35 Abs. 1 EStG genannten *Anrechnungsfaktor von Gewerbesteuer* auf die Einkommensteuer des Unternehmers bzw. der Mitunternehmer von 3,8 handelt es sich um einen maximalen Betrag. Die Anrechnung kann aufgrund der mehrfachen Restriktionen von § 35 EStG auch mit einem geringeren

Faktor erfolgen. Dies gilt insb. für die einzelnen Mitunternehmer einer Personengesellschaft. Der Grund hierfür liegt in § 35 Abs. 2 Satz 2 EStG. Nach dieser Rechtsnorm richtet sich die Anrechnung nach dem Gewinnverteilungsschlüssel des Gesellschaftsvertrags, d. h. Sondervergütungen werden bei der Ermittlung des anteiligen Gewerbesteuer-Messbetrags nicht berücksichtigt. Für den Anrechnungsfaktor α gilt demnach folgende Beziehung: $0 \leq \alpha \leq 3{,}8$. Es sei darauf hingewiesen, dass sich die Restriktion $\alpha \leq 3{,}8$ bei einer Mitunternehmerschaft nur auf die gesamte Mitunternehmerschaft bezieht. Bei den einzelnen Mitunternehmern (Gesellschaftern) kann hingegen durchaus der Fall eintreten, dass ein Gesellschafter einen höheren Anrechnungsfaktor als 3,8 hat. Dies setzt voraus, dass bei einem anderen Gesellschafter der Anrechnungsfaktor einen kleineren Wert als 3,8 aufweist.

1.4.4.2.3 Konkrete Belastungsdifferenzen

Nun werden konkrete Belastungsdifferenzen ermittelt und analysiert. Ausgangspunkt dieser Analyse ist Abbildung 1.11 auf der nächsten Seite. Diese enthält steuerliche Differenzbelastungen von Gehältern bei Personenunternehmen und Kapitalgesellschaften in Prozent des Gehalts Gh. Alle Werte sind mit Gleichung 33 ermittelt worden (unter Berücksichtigung eines 5,5 %igen Solidaritätszuschlags und einer 9 %igen Kirchensteuer). Den Differenzen liegen unterschiedliche Konstellationen von α, h, $s_{ei/kap}$ und $s_{ei/persu}$ zu Grunde.

In Spalte 1 sind die jeweils angewendeten Gewerbesteuer-Hebesätze ersichtlich. Sie umfassen das übliche Spektrum von 300 %, 400 % und 500 %.

Der den Berechnungen zu Grunde gelegte Anrechnungsfaktor α ergibt sich aus Spalte 2. Er beträgt in den Zeilen 1, 3 und 5 jeweils 1,9, d. h. die Hälfte des höchstmöglichen Faktors von 3,8. In den Zeilen 2, 4 und 6 wird jeweils vom gesetzlich höchstmöglichen Anrechnungsfaktor ausgegangen: von 3,0 bei einem Gewerbesteuer-Hebesatz von 300 % und von 3,8 bei einem Gewerbesteuer-Hebesatz von 400 % bzw. 500 %.

In den Spalten 3 bis 6 sind die mit Hilfe von Gleichung 33 errechneten Steuerbelastungsdifferenzen aufgeführt. Hierbei wird in den Spalten 3 und 4 von einem Differenz-Einkommensteuersatz des (Mit-)Unternehmers von 42 % bzw. 45 % ($s_{ei/persu}$ = 42 % bzw. 45 %) und des Gesellschafters der Kapitalgesellschaft von 25 % ($s_{ei/kap}$ = 25 %) ausgegangen. Den Werten in Spalte 5 liegen gleich große Differenz-Einkommensteuersätze zu Grunde. Eine derartige Konstellation ergibt sich i. d. R. nur, wenn sich die Differenzsteuersätze entweder in der ersten Proportionalzone (s_{ei} = 42 %) oder in der zweiten Proportionalzone (s_{ei} = 45 %) bewegen.[65] In Spalte 6 wird davon ausgegangen, dass der (Mit-)Unternehmer einem Einkommensteuersatz von 45 % ($s_{ei/persu}$ = 45 %) und der Gesellschafter der Kapitalgesellschaft einem Einkommensteuersatz von 42 % ($s_{ei/kap}$ = 42 %) unterliegt (der Grund für diese Konstellation wurde oben beschrieben). In Abbildung 1.11 nicht berücksichtigt ist der Freibetrag $F_{e\S19}$. Dadurch sind die Belastungen bei der Kapitalgesellschaft tendenziell etwas zu hoch.

Abgesehen von zwei Ausnahmen sind die Steuerbelastungsdifferenzen alle im deutlich positiven Bereich. Dies bedeutet, dass die Steuerbelastung eines Ge-

[65] Auf die Darstellung der Differenzen für Steuersätze von jeweils 45 % wird verzichtet. Gleichung 33 lässt sich entnehmen, dass die Differenzen denen bei jeweils 42 % entsprechen.

	h	Anrechnungsfaktor (α)	Differenzbelastungen bei			
			$s_{ei/persu}$ = 42 %, $s_{ei/kap}$ = 25 %	$s_{ei/persu}$ = 45 %, $s_{ei/kap}$ = 25 %	$s_{ei/persu}$ = 42 %, $s_{ei/kap}$ = 42 %	$s_{ei/persu}$ = 45 %, $s_{ei/kap}$ = 42 %
(1)		(2)	(3)	(4)	(5)	(6)
(1)	300 %	1,9	21,82 %	25,00 %	3,48 %	6,66 %
(2)	300 %	3,0	17,76 %	20,94 %	-0,58 %	2,60 %
(3)	400 %	1,9	25,32 %	28,50 %	6,98 %	10,16 %
(4)	400 %	3,8	18,31 %	21,49 %	-0,03 %	3,15 %
(5)	500 %	1,9	28,82 %	32,00 %	10,48 %	13,66 %
(6)	500 %	3,8	21,81 %	24,99 %	3,47 %	6,65 %

Abb. 1.11: Differenzbelastungen eines Gehalts (Gh) bei Personenunternehmen und Kapitalgesellschaften (in Prozent des Gehalts Gh; für s_{solz} = 5,5 % und s_{ki} = 9 %)

halts bei der Wahl eines Personenunternehmens *höher* ist als bei einer Kapitalgesellschaft. Ausnahmen ergeben sich lediglich in den Fällen, in denen:

- die Differenz-Einkommensteuersätze in den Vergleichsfällen gleich groß sind ($s_{ei/persu} = s_{ei/kap}$),
- der Gewerbesteuer-Hebesatz nicht größer ist als 400 % *und*
- der Anrechnungsfaktor α seinen maximalen Wert von 3,0 bzw. 3,8 annimmt.

In diesen Fällen ist das Gehalt des Gesellschafters eines Personenunternehmens *geringer* belastet als das des Gesellschafters einer Kapitalgesellschaft (allerdings nur geringfügig).

Zusammenfassend kann Folgendes festgestellt werden:

- Ist der Gewerbesteuer-Hebesatz deutlich größer als 400 %, ist das Gehalt des Gesellschafters einer Kapitalgesellschaft steuerlich stets geringer belastet als das des Gesellschafters einer Personengesellschaft.
- Für den Fall, dass der Differenz-Einkommensteuersatz des Gesellschafters eines Personenunternehmens größer ist als der des Gesellschafters einer Kapitalgesellschaft, ist die Steuerbelastung des Gehalts bei dem Personenunternehmen größer als bei der Kapitalgesellschaft. Gleiches gilt, wenn der Anrechnungsfaktor α geringer ist als der maximal mögliche Anrechnungsfaktor (3,8).
- Nur wenn die Einkommensteuersätze in den Vergleichsfällen gleich groß sind, der Gewerbesteuer-Hebesatz nicht mehr als 400 % beträgt und der sich aus § 35 EStG ergebende Anrechnungsfaktor α seinen maximalen Wert von 3,0 bzw. 3,8 annimmt, kann das Gehalt bei einer Personengesellschaft steuerlich geringfügig niedriger belastet sein als das bei einer Kapitalgesellschaft.

1.4.4.3 Gesellschafterdarlehen

1.4.4.3.1 Allgemeine Ableitung und Einflussfaktoren

Zinsen für Gesellschafterdarlehen (Z_i) stellen *bei Kapitalgesellschaften* abzugsfähige Betriebsausgaben dar. Eine Korrektur der als Aufwand verbuchten Zinsen für Zwecke der steuerlichen Gewinnermittlung findet dabei nicht statt. Allerdings können zur Ermittlung des Gewerbeertrags 25 % (β) der Zinsen nach § 8 Nr. 1 GewStG dem Gewinn aus Gewerbebetrieb wieder hinzuzurechnen sein. Insoweit stellen die Zinsen H_{ge} i. S. v. Gleichung IV (S. 233) bzw. Gleichung V dar. Der die Zinsen empfangende *Gesellschafter* hat diese nach § 20 EStG als Einnahmen aus Kapitalvermögen zu versteuern. Insoweit haben die Zinsen die Wirkung von E_e i. S. v. Gleichung II (S. 233). In Ausnahmefällen können die Zinsen auch zu einer Erhöhung des sich aus § 20 Abs. 9 EStG ergebenden *Sparer-Pauschbetrags* ($F_{e§20}$) führen. Insgesamt kann die Steuerbelastung der Kapitalgesellschaft und ihres Gesellschafters durch Zinsen für ein Gesellschafterdarlehen ($S_{kap/zi}$) wie folgt erfasst werden:

$$S_{kap/zi} = \beta \cdot Z_i \cdot m_e \cdot h + Z_i \cdot s_{e/kap} - F_{e§20} \cdot s_{e/kap}. \tag{35}$$

Bei $s_{e/kap}$ kann es sich sowohl um den „normalen" Steuersatz gem. § 32a EStG ($s_{e§32a}$) als auch um den Abgeltungsteuersatz nach § 32d Abs. 1 EStG ($s_{e§32d}$) handeln. Der Abgeltungsteuersatz i. S. d. § 32d Abs. 1 EStG kommt nach Absatz 2 dieser Rechtsnorm nur dann zur Anwendung, wenn der das Darlehen gewährende Gesellschafter zu weniger als 10 % an der Gesellschaft beteiligt ist.

Bei *Personenunternehmen* sind Zinsen für Gesellschafterdarlehen keine abzugsfähigen Betriebsausgaben, sondern *Sondervergütungen* i. S. d. § 15 Abs. 1 Satz 1 Nr. 2 EStG. Sie haben damit die Wirkung von E i. S. v. Gleichung II. Wenn der Freibetrag des § 11 Abs. 1 GewStG bereits ausgeschöpft ist, treten keine weiteren Steuerwirkungen ein. Die Steuerbelastung der Zinsen bei einem Personenunternehmen ($S_{persu/zi}$) beträgt dann:

$$S_{persu/zi} = Z_i \cdot \Big(s_{e/persu} + m_e \cdot \big(h - \alpha \cdot (1 + s_{solz})\big)\Big). \tag{36}$$

Ist der *Freibetrag* des § 11 Abs. 1 GewStG im Einzelfall noch nicht ausgeschöpft, muss der verbleibende Teil noch abgezogen werden. Er hat dann die Wirkung von $-H_{ge}$. Auf diese Erfassung wird hier verzichtet.

Die *Differenzbelastung* zwischen der Steuerbelastung eines Personenunternehmens und derjenigen einer Kapitalgesellschaft ergibt sich durch Abzug von Gleichung 35 von Gleichung 36. Sie beträgt:

$$\begin{aligned} S_{persu/zi} - S_{kap/zi} = {} & Z_i \cdot \Big(s_{e/persu} + m_e \cdot \big(h - \alpha \cdot (1 + s_{solz})\big)\Big) \\ & - \beta \cdot Z_i \cdot m_e \cdot h - Z_i \cdot s_{e/kap} + F_{e§20} \cdot s_{e/kap}. \end{aligned} \tag{37}$$

Wird in dieser Gleichung $\beta = 0$ gesetzt, Z_i durch Gh aus Gleichung 33 ersetzt und wird davon ausgegangen, dass $s_{e/kap}$ gem. § 32a EStG zu bestimmen ist, sind die beiden genannten Gleichungen identisch (unter Vernachlässigung von $F_{e§19}$ und $F_{e§20}$). Somit sind die für Gehälter abgeleiteten Ergebnisse in diesen

Fällen *auch auf Zinsen für Gesellschafterdarlehen anwendbar* (unter den dort genannten Voraussetzungen; s. Gliederungspunkt 1.4.4.2).

Kommt es bei der Kapitalgesellschaft hingegen nach § 8 Nr. 1 GewStG zur Hinzurechnung von Zinsen, verringert sich die steuerliche Mehrbelastung bei dem Personenunternehmen im Vergleich zur Kapitalgesellschaft um den Wert des Terms „$\beta \cdot Z_i \cdot m_e \cdot h$".

Wird das Gesellschafterdarlehen von einem *zu weniger als 10 %* an der Kapitalgesellschaft beteiligten Gesellschafter gewährt, ist grundsätzlich der Abgeltungsteuersatz des § 32d Abs. 1 EStG anwendbar. Dies kann im Vergleich zu einem Personenunternehmen zu einer deutlichen Verbesserung der Vorteilhaftigkeit der Kapitalgesellschaft führen.

1.4.4.3.2 Konkrete Belastungsdifferenzen

Nun werden konkrete Belastungsdifferenzen ermittelt und analysiert. Ausgangspunkt hierfür ist Abbildung 1.12 auf der gegenüberliegenden Seite. Diese enthält in den Spalten 3 bis 8 steuerliche Differenzbelastungen von Zinsen für Gesellschafterdarlehen bei Personenunternehmen und Kapitalgesellschaften (unter Verwendung der in den Spalten 1 und 2 aufgeführten Gewerbesteuer-Hebesätze und Anrechnungsfaktoren). Die Gewerbesteuer-Hebesätze und Anrechnungsfaktoren entsprechen denjenigen, die in Abbildung 1.11 berücksichtigt wurden. Allen Differenzbelastungen liegt ein Solidaritätszuschlag von 5,5 % und eine Kirchensteuer von 9 % zu Grunde.

Den Werten der Spalten 3 und 4 liegt die Prämisse zu Grunde, dass die Differenz-Einkommensteuersätze in den Vergleichsfällen gleich groß sind. In aller Regel wird dies nur der Fall sein, wenn sich das zu versteuernde Einkommen des Gesellschafters unabhängig von der gewählten Rechtsform entweder in der ersten oder in der zweiten Proportionalzone befindet (s_{ei} = 42 % oder s_{ei} = 45 %). Möglich ist auch, dass das zu versteuernde Einkommen in den Vergleichsfällen kleiner als der Grundfreibetrag ist (s_{ei} = 0 %). Die Werte dieser Spalte sind identisch mit Spalte 5 von Abbildung 1.11. Bei einem niedrigen Anrechnungsfaktor von Gewerbesteuer gem. § 35 EStG (α = 1,9) kommt es bei einem Personenunternehmen im Vergleich zu einer Kapitalgesellschaft stets zu einer Mehrbelastung der Zinsen. Mit steigendem Gewerbesteuer-Hebesatz steigt der Wert dieser Mehrbelastung bis zu einem Wert von rund 10,5 % der Zinsen (bei einem Gewerbesteuer-Hebesatz von 500 %). Zu einer (geringfügigen) Minderbelastung des Personenunternehmens kommt es hingegen bei einer maximalen Anrechnung (α = 3,8) und gleichzeitig geringen oder durchschnittlichen Gewerbesteuer-Hebesätzen (h = 300 % bzw. 400 %). Bei einem Gewerbesteuer-Hebesatz von 500 % entsteht hingegen ebenfalls eine höhere Belastung des Personenunternehmens von rund 3,5 %.

Die Differenzbelastungen der Spalte 4 entsprechen denjenigen der Spalte 3, allerdings jeweils gemindert um die Belastung der Kapitalgesellschaft im Fall einer Hinzurechnung der Zinsen gem. § 8 Nr. 1 GewStG um 25 %. Wie sich aus Gleichung 37 ergibt, beträgt die sich durch diese Hinzurechnung ergebende Belastung „$\beta \cdot m_e \cdot h$". Die Werte in dieser Spalte lassen erkennen, dass bei einem Anrechnungsfaktor von α = 1,9 stets das Personenunternehmen, bei einem von 3,8 hingegen die Kapitalgesellschaft höher belastet ist als die jeweils

	h	Anrech-nungs-faktor (α)	Differenzbelastungen bei					
			$s_{ei/persu} = s_{ei/kap}$ und		$s_{ei/persu}$ = 45 %, $s_{ei/kap}$ = 42 % und		$s_{ei/persu}$ = 42 %, $s_{ei/kap}$ = 25 % und	
			$\beta = 0$	β = 25 %	$\beta = 0$	β = 25 %	$\beta = 0$	β = 25 %
(1)		(2)	(3)	(4)	(5)	(6)	(7)	(8)
(1)	300 %	1,9	3,48 %	0,86 %	6,66 %	4,04 %	21,82 %	19,20 %
(2)	300 %	3,0	-0,58 %	-3,20 %	2,60 %	-0,02 %	17,76 %	15,14 %
(3)	400 %	1,9	6,98 %	3,48 %	10,16 %	6,66 %	25,32 %	21,82 %
(4)	400 %	3,8	-0,03 %	-3,53 %	3,15 %	-0,35 %	18,31 %	14,81 %
(5)	500 %	1,9	10,48 %	6,11 %	13,66 %	9,29 %	28,82 %	24,45 %
(6)	500 %	3,8	3,47 %	-0,91 %	6,65 %	2,27 %	21,81 %	17,43 %

Abb. 1.12: Differenzbelastungen von Zinsen für Gesellschafterdarlehen bei Personenunternehmen und Kapitalgesellschaften (in Prozent der Zinsen; für s_{solz} = 5,5 % und s_{ki} = 9 %)

andere Rechtsform. Die Mehrbelastung des Personenunternehmens steigt bzw. ihre Minderbelastung sinkt mit steigendem Gewerbesteuer-Hebesatz. Die Hinzurechnung wirkt sich zu Gunsten der Personenunternehmen aus.

Die Spalten 5 und 6 bilden den bereits in Gliederungspunkt 1.4.4.2 (S. 57) thematisierten Fall ab, dass der (Mit-)Unternehmer einem Einkommensteuersatz von 45 % ($s_{ei/persu}$ = 45 %) und der Gesellschafter der Kapitalgesellschaft einem Einkommensteuersatz von 42 % ($s_{ei/kap}$ = 42 %) unterliegt. Ohne Hinzurechnung (Spalte 5) ist die Belastung des Personenunternehmens in jedem Fall höher als die der Kapitalgesellschaft. Die Hinzurechnung wirkt sich auch hier zu Gunsten der Personenunternehmen aus (Spalte 6). Anders als in Spalte 4 kippt die Vorteilhaftigkeit bei einem Anrechnungsfaktor α von 3,0 bzw. 3,8 aber nur bis zu einem Gewerbesteuer-Hebesatz von 400 %. Und selbst dort fällt der Vorteil nur sehr gering aus.

In den Spalten 7 und 8 der Abbildung 1.12 wird schließlich davon ausgegangen, dass die Zinsen aus dem Gesellschafterdarlehen bei dem Personenunternehmen dem Einkommensteuersatz der ersten Proportionalzone ($s_{ei/persu}$ = 42 %), bei der Kapitalgesellschaft hingegen dem Abgeltungsteuersatz des § 32d Abs. 1 EStG ($s_{ei/kap}$ = 25 %) unterliegen. Bei dem Gesellschafter kann es sich somit nur um einen Gesellschafter handeln, der zu weniger als 10 % an der Gesellschaft beteiligt ist. Die Spalten unterscheiden sich durch den für β verwendeten Wert. Hier führt ein Personenunternehmen ggü. einer Kapitalgesellschaft in allen Fällen zu einer erheblichen Mehrbelastung. Der maximale Nachteil beträgt immerhin knapp 29 % der Zinsen (unter den genannten Prämissen). Auch hier wirkt sich die Hinzurechnung zu Gunsten der Personenunternehmen aus.

1.4.4.4 Miet- und Pachtvertrag

Wie bereits erarbeitet wurde (s. Gliederungspunkt 1.4.2.3), hängen die Steuerfolgen von Miet- und Pachtverträgen zwischen einer *Kapitalgesellschaft* und ihren Gesellschaftern in erheblichem Maße davon ab, ob die Miet- oder Pachtzahlungen nach § 8 Nr. 1 GewStG dem Gewinn aus Gewerbebetrieb teilweise hinzugerechnet werden oder nicht. Werden sie *nicht hinzugerechnet*, ergeben sich die gleichen Steuerfolgen *wie bei Gehaltszahlungen* der Kapitalgesellschaft an einen ihrer Gesellschafter. Werden sie hingegen *hinzugerechnet*, treten ähnliche Steuerwirkungen ein *wie bei Zinsen* für ein Gesellschafterdarlehen, das ein mit mindestens 10 % an der Gesellschaft beteiligter Gesellschafter seiner Gesellschaft gewährt hat. Lediglich der sich aus § 8 Nr. 1 GewStG ergebende Hinzurechnungsfaktor β ist *geringer* als bei der Hinzurechnung von Zinsen für ein Gesellschafterdarlehen: Bei der Vermietung und Verpachtung von Wirtschaftsgütern des beweglichen Anlagevermögens beträgt er 5 % (= $\frac{1}{4} \cdot \frac{1}{5}$) der als Aufwand verbuchten Miet- oder Pachtzinsen, bei der Vermietung und Verpachtung von unbeweglichen Wirtschaftsgütern des Anlagevermögens 12,5 % (= $\frac{1}{4} \cdot \frac{1}{2}$).

Miet- und Pachtzahlungen, die ein *Personenunternehmen* an einen ihrer Gesellschafter zahlt, sind *Sondervergütungen* i. S. d. § 15 Abs. 1 Satz 1 Nr. 2 EStG. Sie unterscheiden sich demnach nicht von den bereits behandelten Gehalts- und Zinszahlungen eines Personenunternehmens an ihre Gesellschafter.

Aus den bisherigen Ausführungen ergibt sich, dass die für Gehälter ermittelten Steuerfolgen (Gliederungspunkt 1.4.4.2 (S. 57)) auch bei Miet- und Pachtzahlungen eintreten können. Es können sich aber auch Steuerfolgen ergeben, die denen nahe kommen, die in Gliederungspunkt 1.4.4.3 für den Fall ermittelt wurden, dass es bei einer Kapitalgesellschaft zu einer Hinzurechnung von Zinsen für ein Gesellschafterdarlehen kommt. Allerdings ist die sich aus der Hinzurechnung nach § 8 Nr. 1 GewStG ergebende Belastung geringer als die in Gliederungspunkt 1.4.4.3 ermittelte. Die Freibeträge $F_{e\S 20}$ bzw. $F_{e\S 19}$ können durch Miet- oder Pachtzahlungen nicht verändert werden.

1.4.4.5 Ausschüttungsgestaltung

Wie bereits festgestellt wurde (s. Gliederungspunkt 1.4.2.4), kann der Gesellschafter *einer Kapitalgesellschaft* im Einzelfall dadurch Vorteile erzielen, dass Ausschüttungen der Gesellschaft gezielt in solche Jahre gelegt werden, in denen er ohne diese Maßnahme nur ein geringes zu versteuerndes Einkommen bezieht. Über eine vergleichbare Gestaltungsmaßnahme verfügen Personenunternehmen grundsätzlich nicht, da Entnahmen aus einem Personenunternehmen nicht die Höhe der Steuerbelastung beeinflussen. Insoweit kann eine Kapitalgesellschaft im Einzelfall Vorteile ggü. einem Personenunternehmen aufweisen.

Ein vergleichbarer Vorteil kann bei Personenunternehmen auch nicht mit Hilfe des § 34a EStG erzielt werden. Nach Absatz 4 dieser Rechtsnorm ist bei einer Entnahme eines zunächst nach Absatz 1 begünstigten nicht entnommenen Gewinnbestandteils eine Nachversteuerung mit einem Steuersatz von 25 % vorzunehmen. Dies gilt selbst dann, wenn der (Mit-)Unternehmer im Jahr der Entnahme hohe Verluste erzielt, so dass der „normale" Steuersatz i. S. d. § 32a EStG 0 % betragen würde.[66]

1.5 Aufgaben

1. In der Bäckerei des B ist dessen Ehefrau E bereits seit Jahren unentgeltlich etwa 20 Stunden wöchentlich tätig. Mit Beginn des kommenden Jahres soll Sohn S im Betrieb mitarbeiten, der dann eine Lehre bei einem befreundeten Bäcker abgeschlossen haben wird. Für eine Vergrößerung und Modernisierung der Backstube benötigt B 100 T€. B und E sind sich einig, dass E dem B die benötigten Mittel aus eigenem Vermögen zur Verfügung stellt. Prüfen Sie unter der Voraussetzung, dass B die Bäckerei als Einzelunternehmen fortführt, welche schuldrechtlichen Verträge die genannten Personen miteinander schließen sollten!

2. Der ledige Alleingesellschafter G der X-GmbH erwartet im kommenden Jahr einen Bruttogewinn der GmbH von 200 T€. Diesen will er entweder für eine Ausschüttung oder für ein zusätzliches Gehalt an sich verwenden (eine zusätzliche Gehaltszahlung in der vorgesehenen Größenordnung wäre angemessen). Sämtliche anfallenden Steuern für das Gehalt bzw. für die Ausschüttung sollen aus dem Gewinn geleistet werden.

66 Siehe hierzu *Schneeloch* (2009), S. 363.

Ohne diese Gestaltungsmaßnahme schätzt G das zu versteuernde Einkommen der X-GmbH auf 500 T€ und den Gewerbeertrag auf 600 T€. Der Gewerbesteuer-Hebesatz wird voraussichtlich 480 % betragen. Ohne die zusätzlichen Bezüge von der X-GmbH erwartet G für das kommende Jahr ein zu versteuerndes Einkommen im Bereich der zweiten Proportionalzone, in dem Einkünfte aus Kapitalvermögen i. H. v. rund 10 T€ und ein Geschäftsführergehalt des G aus der X-GmbH i. H. v. 60 T€ enthalten sind. G gehört keiner Religionsgemeinschaft an. Ermitteln Sie, welche Gesamtwirkung die Verwendung der 200 T€ für Gehaltszahlungen bzw. für eine Ausschüttung haben wird!

2 Rechtsformwechsel

2.1 Einführung

2.1.1 Allgemeiner Überblick

Bei Unternehmen gibt es immer wieder Anlässe, in deren Zusammenhang auch die aktuelle formale Struktur in Frage gestellt wird (bspw. Eintritt oder Austritt eines Gesellschafters oder Zukauf von Unternehmen). Und selbst unabhängig von solchen konkreten Anlässen ist es bei allen Unternehmen sinnvoll, nach einiger Zeit die Frage zu stellen, ob die einmal gewählte Rechtsform auch für die Zukunft zweckmäßig ist oder ob sie geändert werden sollte. Derartige Änderungen der Rechtsform werden als **Umwandlungen** bezeichnet. Die Gründe für eine mögliche Umwandlung können sowohl steuerlicher als auch nicht steuerlicher Art sein. Als ein nicht steuerlicher Grund für eine Umwandlung kommt bspw. eine Begrenzung der Haftung in Betracht.[67]

Umwandlungen sind zunächst ein gesellschaftsrechtliches, also ein *zivilrechtliches* Problem. Dabei geht es insb. um die Frage, ob durch die Umwandlung die Gefahr besteht, dass sich ein bislang unbeschränkt haftender Schuldner (bspw. die Gesellschafter einer OHG) durch die Umwandlung der unbeschränkten Haftung entzieht (bspw. durch einen Formwechsel in eine GmbH). Solche gesellschaftsrechtlichen Fragen werden durch das *Umwandlungsgesetz* adressiert. Dessen überblicksartige Darstellung steht im Mittelpunkt von Gliederungspunkt 2.1.2.

Zivilrechtlich gibt es Umwandlungsvorgänge, die ausdrücklich gesetzlich geregelt sind und Umwandlungsvorgänge, bei denen eine derartige Regelung fehlt. Mit den ausdrücklichen gesetzlichen Regelungen wird eine **Gesamtrechtsnachfolge** an allen Vermögensgegenständen des Betriebsvermögens ermöglicht. In den gesetzlich nicht ausdrücklich geregelten Fällen besteht hingegen nur die Möglichkeit, die Vermögensgegenstände einzeln zu übertragen (**Einzelrechtsnachfolge**). Eine Einzelrechtsnachfolge ist deutlich umständlicher und damit auch teurer als eine Gesamtrechtsnachfolge. Im Einzelfall können sich außerdem weitere Nachteile ergeben, auf die hier aber nicht eingegangen wird.[68]

Umwandlungen haben daneben auch ertragsteuerlich eine große Bedeutung. *Ertragsteuerlich* sind Umwandlungen im *Umwandlungssteuergesetz* geregelt. Dabei geht es nicht um eine eigene (Ertrag-)Steuer auf Umwandlungsfälle, sondern um Regelungen bezüglich der ertragsteuerlichen Konsequenzen von Umwandlungen. Das Umwandlungssteuergesetz *ergänzt* also die Regelungen im Einkommen-, im Körperschaft- und im Gewerbesteuergesetz. Es bezieht sich

---

[67] Vgl. zu weiteren nicht steuerlichen Gründen bspw. *Kaminski/Strunk* (2012), S. 92 f; *Madl* (2012), S. 2 ff; *Klingebiel/Patt/Rasche/Krause* (2016), S. 6 ff.

[68] Vgl. dazu bspw. *Klingebiel/Patt/Rasche/Krause* (2016), S. 3 f.

aber nicht nur auf rein nationale Umwandlungen, sondern auf solche in der EU.

Ertragsteuerlich problematisch sind im Zusammenhang mit Umwandlungen in erster Linie möglicherweise vorhandene *stille Reserven*.[69] Solange gewährleistet ist, dass diese auch nach der Umwandlung durch den deutschen Fiskus besteuert werden können, sind nur wenige Beschränkungen vorhanden. Lediglich wenn dies nicht gewährleistet ist, sind teilweise recht strenge Restriktionen zu beachten.

Ein Überblick über die steuerrechtliche Dimension von Umwandlungen, insb. über die Eigenart und den Aufbau des Umwandlungssteuergesetz, steht im Mittelpunkt von Gliederungspunkt 2.1.3.

Es wird sich zeigen, dass eine enge Verbindung zwischen dem Umwandlungsgesetz und dem Umwandlungssteuergesetz besteht. Die durch das Umwandlungssteuergesetz geregelten Sachverhalte entsprechen aber nicht vollständig den durch das Umwandlungsgesetz geregelten. Hieraus erwachsen drei mögliche Konstellationen:[70]

1. Sachverhalte, die nur im Umwandlungsgesetz geregelt sind, bspw. die Spaltung von Personengesellschaften;
2. Sachverhalte, die im Umwandlungsgesetz und im Umwandlungssteuergesetz geregelt sind, bspw. der Formwechsel einer OHG in eine GmbH;
3. Sachverhalte, die nur im Umwandlungssteuergesetz geregelt sind, bspw. die Einbringung eines Teilbetriebs im Wege der Einzelrechtsnachfolge.

Aus ertragsteuerlicher Sicht können folgende vier Umwandlungsvorgänge als die bedeutendsten angesehen werden:

1. Umwandlung einer Kapitalgesellschaft in ein Personenunternehmen;
2. Umwandlung einer Kapitalgesellschaft in eine andere Kapitalgesellschaft;
3. Umwandlung eines Personenunternehmens in eine Kapitalgesellschaft;
4. Umwandlung eines Einzelunternehmens in eine Personengesellschaft (Mitunternehmerschaft).

Diese vier Fälle werden anschließend jeweils in einem eigenen Gliederungspunkt erörtert.

2.1.2 Zivilrecht

Zivilrechtlich besteht nach dem Umwandlungsgesetz ein hohes Maß an Flexibilität, eine einmal gewählte Rechtsform im Wege der Gesamtrechtsnachfolge zu ändern. § 1 Abs. 1 UmwG unterscheidet in diesem Zusammenhang

---

[69] Vgl. zur Ent- und Verstrickung stiller Reserven *Schneeloch/Meyering/Patek*, Band 2 (2017a), Gliederungspunkt 4.4.

[70] Vgl. *Brähler/Krenzin* (2020), S. 29 f.

zwischen Umwandlungen durch Verschmelzung, durch Spaltung, durch Vermögensübertragung und durch Formwechsel.

Verschmelzungen sind in den §§ 2 bis 122m UmwG geregelt. Bei ihnen handelt es sich nach § 2 UmwG um Vorgänge, bei denen ein Rechtsträger (übertragender Rechtsträger) sein ganzes Vermögen auf einen anderen Rechtsträger (übernehmender Rechtsträger) überträgt. Verschmelzungen können auch zwischen mehreren übertragenden und einem übernehmenden Rechtsträger stattfinden. Mit der Übertragung des Vermögens erlischt der übertragende Rechtsträger. Bei dem übernehmenden Rechtsträger kann es sich sowohl um einen bereits bestehenden als auch um einen zu gründenden Rechtsträger handeln. Im Zuge der Verschmelzung erhalten die Gesellschafter der übertragenden Gesellschaft Gesellschaftsrechte an der übernehmenden Gesellschaft. Abbildung 2.1 auf der nächsten Seite verdeutlicht die Zusammenhänge.

Bei der **Spaltung** (§§ 123 bis 173 UmwG) unterscheidet das Gesetz zwischen der Aufspaltung, der Abspaltung und der Ausgliederung. In allen drei Fällen überträgt der übertragende Rechtsträger im Wege einer speziellen Art der Gesamtrechtsnachfolge, der Sonderrechtsnachfolge, sein Vermögen oder Teile seines Vermögens auf einen oder mehrere Rechtsträger.

Bei der Aufspaltung werden die einzelnen Vermögensteile auf mindestens zwei andere Rechtsträger übertragen, das Vermögen des übertragenden Rechtsträgers wird also aufgespalten (s. Abbildung 2.2 auf der nächsten Seite), und der übertragende Rechtsträger wird ohne Abwicklung aufgelöst (§ 123 Abs. 1 UmwG). Bei einer Abspaltung wird ein Teil des Vermögens des übertragenden Rechtsträgers von diesem Vermögen abgespalten und auf einen oder mehrere übernehmende Rechtsträger übertragen (s. Abbildung 2.3). Schließlich ist die Ausgliederung dadurch gekennzeichnet, dass Vermögen (ein Betrieb, ein Teilbetrieb oder ein Mitunternehmeranteil) gegen Gewährung von Gesellschaftsrechten auf einen der in § 152 UmwG genannten Rechtsträger (Personenhandelsgesellschaft, Kapitalgesellschaft oder eingetragene Genossenschaft) übertragen wird (s. Abbildung 2.4).

Die **Vermögensübertragung** (§§ 174 bis 189 UmwG) betrifft bestimmte Fälle der Übertragung von Vermögen im öffentlichen Bereich und in Teilen der Versicherungswirtschaft. Hierauf wird hier nicht weiter eingegangen.

Formwechsel (§§ 190 bis 304 UmwG) sind dadurch gekennzeichnet, dass bei ihnen der bisherige Rechtsträger nicht untergeht, sondern erhalten bleibt. Er ändert lediglich seine Rechtsform, sein juristisches Kleid. Es findet also keine Übertragung von Vermögen von einem Rechtsträger auf einen anderen statt. Formwechselnde Rechtsträger können nach § 191 Abs. 1 UmwG insb. Personenhandelsgesellschaften (OHG, KG, GmbH & Co. KG), Kapitalgesellschaften (AG, GmbH, KGaA, SE) und eingetragene Genossenschaften sein. Rechtsträger neuer Rechtsform können nach § 191 Abs. 2 UmwG ausschließlich Gesellschaften des bürgerlichen Rechts (GbR), Personenhandelsgesellschaften und Partnerschaftsgesellschaften, Kapitalgesellschaften und eingetragene Genossenschaften sein.

Abbildung 2.5 (S. 72) gibt einen Überblick über die gem. Umwandlungsgesetz möglichen Umwandlungsarten. Die Übersicht zeigt in den Spalten 1 bis 4, dass Umwandlungen aller gängigen Rechtsformen in fast alle anderen gängigen

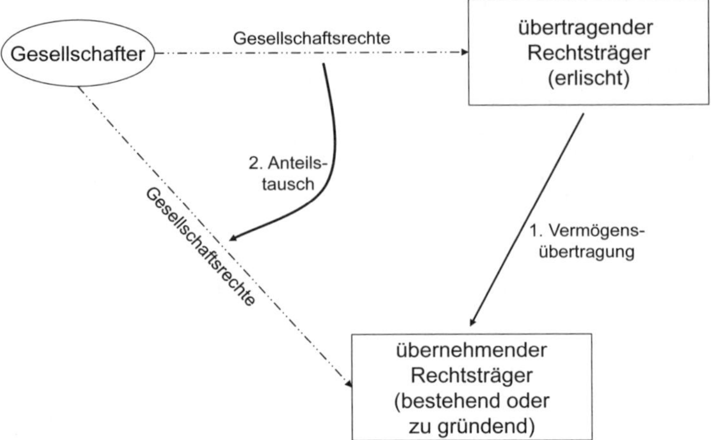

Abb. 2.1: Verschmelzung (§ 2 UmwG)

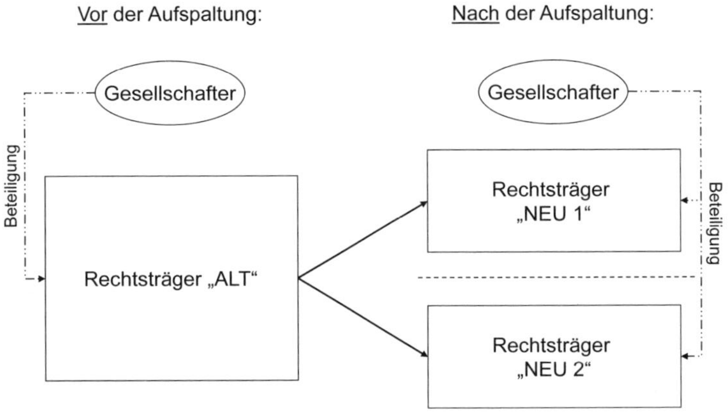

Abb. 2.2: Aufspaltung (§ 123 Abs. 1 UmwG)

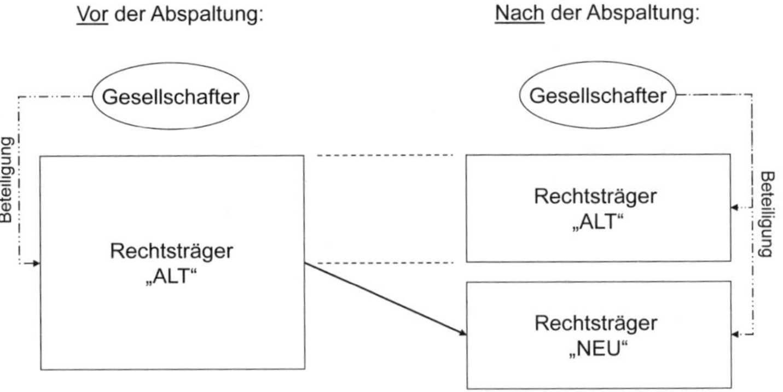

Abb. 2.3: Abspaltung (§ 123 Abs. 2 UmwG)

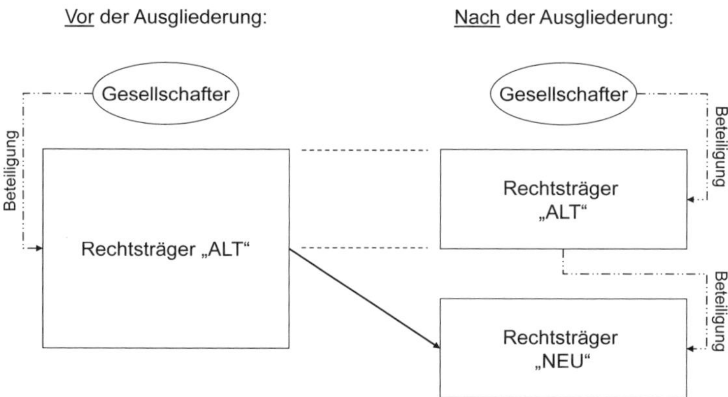

Abb. 2.4: Ausgliederung (§ 123 Abs. 3 UmwG)

Rechtsformen möglich sind. Aus gesellschaftsrechtlicher Sicht besteht somit kein Zwang, an einer einmal gewählten Rechtsform festzuhalten.

2.1.3 Steuerrecht, insb. Eigenart und Aufbau des Umwandlungssteuergesetzes

Steuerrechtlich haben die soeben genannten gesellschaftsrechtlichen Unterscheidungen nur z. T. Bedeutung, denn das Steuerrecht bedient sich weitgehend einer eigenständigen Terminologie und eigenständiger Unterscheidungen, die letztlich einer eigenen Systematik folgen. Dies ist einerseits bemerkenswert, da das Umwandlungsgesetz und das Umwandlungssteuergesetz zeitgleich beschlossen wurden (im Oktober 1994). Andererseits lässt sich dies durch die unterschiedlichen Zwecke erklären: Im Fokus des Umwandlungsgesetzes stehen gesellschaftsrechtliche Fragen (insb. Haftungsfragen), in dem des Umwandlungssteuergesetzes ertragsteuerliche Fragen (insb. die Gewährleistung der Besteuerung von etwaigen stillen Reserven).

Einen Überblick über die steuerrechtlichen Bezeichnungen der einzelnen Umwandlungsvorgänge gibt die bereits bekannte Abbildung 2.5. Dort werden in den Spalten 5 und 6 den Umwandlungsarten des Umwandlungsgesetzes die jeweiligen Bezeichnungen des Umwandlungssteuergesetzes ggü. gestellt. Die Eigenart und der Aufbau dieses Gesetzes werden gleich noch näher erörtert.

Das Umwandlungssteuergesetz behandelt ausschließlich ertragsteuerliche Folgen der Umwandlung eines Unternehmens von einer Rechtsform in eine andere Rechtsform. Umsatz- und grunderwerbsteuerliche Folgen werden in diesem Gesetz hingegen nicht geregelt. *Umsatzsteuerlich* ist § 1 Abs. 1a UStG von herausragender Bedeutung. Nach dieser Vorschrift sind die meisten Umwandlungsvorgänge umsatzsteuerlich nicht steuerbar. Wird im Rahmen einer Umwandlung ein Grundstück übertragen, ist dieser Vorgang *grunderwerbsteuerlich* in den meisten Fällen nach § 1 Abs. 1 Nr. 3 GrEStG steuerbar.[71] Die Vorschriften

[71] Handelt es sich um eine konzerninterne Umstrukturierung, ist diese gem. § 6a GrEStG steuerfrei. Vgl. hierzu bspw. *Scheffler/Nagel* (2013), S. 446 f. Diese Steuerbefreiung wird in diesem Gliederungspunkt nicht weiter beachtet.

	Rechtsform		Umwandlungsgesetz		Umwandlungssteuergesetz	
	alt	neu	Art der Umwandlung	Rechtsnormen	Bezeichnung der Umwandlung	Rechtsnormen
	(1)	(2)	(3)	(4)	(5)	(6)
(1)	Einzel-unternehmen	OHG, KG, GmbH & Co. KG	Ausgliederung aus dem Vermögen eines Einzelkaufmanns	§§ 152 bis 160 i. V. m. §§ 123 bis 137 UmwG	Einbringung von Betriebsvermögen in eine Personengesellschaft	§ 24 UmwStG
(2)		GmbH, AG	Ausgliederung aus dem Vermögen eines Einzelkaufmanns	§§ 152 bis 160 i. V. m. §§ 123 bis 137, 138 bis 146 UmwG	Einbringung eines Betriebs in eine Kapitalgesellschaft	§§ 20 bis 23 UmwStG
(3)	OHG, KG, GmbH & Co. KG	GmbH, AG	Verschmelzung	§§ 2 bis 76 UmwG	Einbringung eines Betriebs in eine Kapitalgesellschaft	§§ 20 bis 23 UmwStG
(4)		GmbH, AG	Formwechsel	§§ 190 bis 225 UmwG	Formwechsel einer Personenhandels- in eine Kapitalgesellschaft	§ 25 i. V. m. §§ 20 bis 23 UmwStG
(5)	GmbH, AG	Einzel-unternehmen	Verschmelzung	§§ 120 bis 122 i. V. m. §§ 2 bis 38 UmwG	Vermögensübergang auf eine natürliche Person	§§ 3 bis 8, 18 UmwStG
(6)		OHG, KG, GmbH & Co. KG	Verschmelzung	§§ 2 bis 76 UmwG	Vermögensübergang auf eine Personengesellschaft	§§ 3 bis 8, 18 UmwStG
(7)		OHG, KG	Formwechsel	§§ 226 bis 237 i. V. m. §§ 190 bis 213 UmwG	Formwechsel einer Kapitalgesellschaft in eine Personengesellschaft	§ 9 i. V. m. §§ 3 bis 8, 18 UmwStG
(8)	GmbH	AG, andere GmbH	Verschmelzung	§§ 46 bis 77 i. V. m. §§ 2 bis 38 UmwG	Verschmelzung auf eine andere Kapitalgesellschaft	§§ 11 bis 13, 19 UmwStG
(9)		AG	Formwechsel	§§ 238 bis 250 i. V. m. §§ 226, 190 bis 213 UmwG	Formwechsel	Identität des Steuerpflichtigen
(10)	AG	GmbH, andere AG	Verschmelzung	§§ 46 bis 77 i. V. m. §§ 2 bis 38 UmwG	Verschmelzung auf eine andere Kapitalgesellschaft	§§ 11 bis 13, 19 UmwStG
(11)		GmbH	Formwechsel	§§ 238 bis 250 i. V. m. §§ 226, 190 bis 213 UmwG	Formwechsel	Identität des Steuerpflichtigen

Abb. 2.5: Mögliche Umwandlungen und ertragsteuerliche Regelungen zur Umwandlung

des § 1 Abs. 1a UStG und des § 1 Abs. 1 Nr. 3 GrEStG werden noch wiederholt eine Rolle spielen.

Das Umwandlungssteuergesetz ist etwas unübersichtlich in 10 Teile untergliedert, in der sich die eigene Systematik widerspiegelt. Hier nicht weiter beachtet werden der 1. Teil mit allgemeinen Vorschriften insb. zum Anwendungsbereich, der ohnehin leere 9. Teil und der 10. Teil mit Anwendungsvorschriften und Ermächtigungen. Die übrigen Teile 2 bis 8 enthalten Folgendes:

2. Teil: Vermögensübergang bei Verschmelzung auf eine Personengesellschaft oder auf eine natürliche Person und Formwechsel einer Kapitalgesellschaft in eine Personengesellschaft; in Abbildung 2.5 sind dies die Zeilen 5 bis 7;

3. Teil: Verschmelzung oder Vermögensübertragung (Vollübertragung) auf eine andere Körperschaft (Zeilen 8 und 10);

4. Teil: Aufspaltung, Abspaltung und Vermögensübertragung (Teilübertragung); dies ist nicht in Abbildung 2.5 enthalten;

5. Teil: Gewerbesteuer (betrifft die Zeilen 5 bis 8 und 10);

6. Teil: Einbringung von Unternehmensteilen in eine Kapitalgesellschaft oder Genossenschaft und Anteilstausch (Zeilen 2 und 3);

7. Teil: Einbringung eines Betriebs, Teilbetriebs oder Mitunternehmeranteils in eine Personengesellschaft (Zeile 1);

8. Teil: Formwechsel einer Personengesellschaft in eine Kapitalgesellschaft oder Genossenschaft (Zeile 4).

Diese Teile lassen sich inhaltlich in zwei Gruppen gliedern: Die erste Gruppe besteht aus den Teilen 2 bis 5. Sie betrifft Umwandlungen, bei denen der übertragende Rechtsträger eine *Kapitalgesellschaft* ist (s. hierzu auch § 1 Abs. 1 UmwStG). Im Einzelnen erfasst werden die Verschmelzung und der Formwechsel auf bzw. in ein Personenunternehmen (2. Teil; Zeilen 5 bis 7 in Abbildung 2.5) sowie die Verschmelzung auf eine andere Kapitalgesellschaft (3. Teil; Zeilen 8 und 10). Darüber hinaus ergänzt der 4. Teil die Teile 2 und 3 für Auf- und Abspaltungen auf Kapital- (§ 15 UmwStG) und Personengesellschaften (§ 16 UmwStG) und der 5. Teil regelt die gewerbesteuerlichen Folgen für die Teile dieser Gruppe (Zeilen 5 bis 7 bzw. 8 und 10). In diesen Teilen orientieren sich die Formen und die Begrifflichkeiten des Umwandlungssteuergesetzes am Umwandlungsgesetz (s. Abbildung 2.5, Spalten 3 und 5).

Die zweite Gruppe wird durch die Teile 6 bis 8 gebildet. In deren Mittelpunkt steht die **Einbringung**, eine Umwandlungsart, die das Umwandlungsgesetz nicht kennt. Das Umwandlungs*steuer*gesetz versteht darunter eine Sacheinlage gegen Gewährung von Gesellschaftsanteilen. Die hierdurch erfassten zivilrechtlichen Umwandlungsarten sind in § 1 Abs. 3 UmwStG aufgeführt (s. Abbildung 2.5, Spalte 3). Unterschieden wird bei der Einbringung zwischen einer solchen in eine *Kapitalgesellschaft* und in eine *Personengesellschaft*. Die Einbringung in eine Kapitalgesellschaft wird vom 6. Teil des Umwandlungssteuergesetzes adressiert (Zeilen 2 und 3). In diese Gruppe fällt auch der 8. Teil

(Zeile 4), der zwar den Formwechsel einer Personengesellschaft in eine Kapitalgesellschaft betrifft, aber zur analogen Anwendung des 6. Teils führt. Der verbleibende 7. Teil betrifft Einbringungen in eine Personengesellschaft (Zeile 4).

Eine in der Praxis wichtige Ergänzung des Umwandlungssteuergesetzes stellt der **Umwandlungssteuererlass** (UmwStE) dar. Dahinter verbirgt sich ein BMF-Schreiben aus dem Jahr 2011,[72] welches ausführliche Erläuterungen der Anwendung der Normen des Umwandlungssteuergesetzes enthält.

Die Normen des Umwandlungssteuergesetzes lassen sich darüber hinaus vor dem Hintergrund *des Transparenz- und des Trennungsprinzips* auch in folgende vier Gruppen einteilen:[73]

1. Durch die Umwandlung kommt es zu einem Wechsel vom Trennungs- zum Transparenzprinzip, hierdurch fällt eine Besteuerungsebene weg. In Abbildung 2.5 sind dies die Zeilen 5 bis 7; hierzu zählt außerdem die in § 16 UmwStG geregelte Aufspaltung oder Abspaltung auf eine Personengesellschaft. Geregelt wird dies somit im 2. und im 4. Teil des Umwandlungssteuergesetzes.

2. Durch die Umwandlung kommt es zu einem Wechsel vom Transparenz- zum Trennungsprinzip, wodurch eine Besteuerungsebene hinzu kommt (Zeilen 2 bis 4). Geregelt wird dies im 6. und im 8. Teil des Umwandlungssteuergesetzes.

3. Durch die Umwandlung wird Vermögen zwischen Rechtsträgern übertragen, bei denen das Trennungsprinzip gilt (Zeilen 8 und 10); hierzu zählt außerdem die in § 15 UmwStG geregelte Aufspaltung, Abspaltung und Teilübertragung auf andere Körperschaften. Geregelt wird dies im 3. und im 4. Teil des Umwandlungssteuergesetzes.

4. Durch die Umwandlung wird Vermögen zwischen Rechtsträgern übertragen, bei denen das Transparenzprinzip gilt (Zeile 1). Geregelt wird dies im 7. Teil des Umwandlungssteuergesetzes.

Es wurde bereits ausgeführt, dass aus steuerlicher Sicht vier Umwandlungsvorgänge als die bedeutendsten angesehen werden können. Gleichzeitig repräsentieren diese Fälle alle vier soeben genannten Gruppen:

1. Umwandlung einer Kapitalgesellschaft in ein Personenunternehmen: *1. Gruppe*, geregelt im zweiten Teil des Umwandlungssteuergesetzes;

2. Umwandlung einer Kapitalgesellschaft in eine andere Kapitalgesellschaft: *3. Gruppe*, geregelt im dritten Teil des Umwandlungssteuergesetzes;

3. Umwandlung eines Personenunternehmens in eine Kapitalgesellschaft: *2. Gruppe*, geregelt im sechsten (Einbringung) und achten (Formwechsel) Teil des Umwandlungssteuergesetzes;

4. Umwandlung eines Einzelunternehmens in eine Personengesellschaft (Mitunternehmerschaft): *4. Gruppe*, geregelt im siebten Teil des Umwandlungssteuergesetzes.

[72] BMF-Schreiben vom 11.11.2011, IV C 2-S 1978-b/08/10001, BStBl I 2011, S. 1314.

[73] Vgl. hierzu *Strauch* (2012), Tz. 61-63.

2.2 Umwandlung einer Kapitalgesellschaft in ein Personenunternehmen

2.2.1 Vorbemerkungen

Gesellschaftsrechtlich kann die Umwandlung einer Kapitalgesellschaft in ein *Personenunternehmen* als:

- Verschmelzung nach den §§ 2 bis 122 UmwG oder
- durch einen Formwechsel nach den §§ 190 bis 304 UmwG

erfolgen (s. Abbildung 2.5 (S. 72), Zeilen 5 bis 7).

Die Gruppe der Personenunternehmen setzt sich bekanntlich aus Personengesellschaften und Einzelunternehmen zusammen. Bei *Personengesellschaften* sind beide Arten der Umwandlung möglich, soll eine Kapitalgesellschaft in ein *Einzelunternehmen* umgewandelt werden, kommt hingegen nur eine Verschmelzung in Betracht (nach § 3 UmwG), nicht hingegen ein Formwechsel (s. nochmals Abbildung 2.5 (S. 72)). Innerhalb der Vorschriften über die Verschmelzung ist dieser Fall in den §§ 120 bis 122 UmwG besonders geregelt.

Unter einer Verschmelzung ist die Übertragung des gesamten Vermögens eines Rechtsträgers auf einen anderen Rechtsträger im Wege der *Gesamtrechtsnachfolge* zu verstehen. Die Verschmelzung kann durch Aufnahme (§§ 4 bis 35 UmwG) oder durch Neugründung (§§ 36 bis 38 UmwG) erfolgen. Bei Letzterem müssen mindestens zwei übertragende Kapitalgesellschaften vorhanden sein (§ 2 Nr. 2 UmwG).

Steuerrechtlich ist die Umwandlung von Kapitalgesellschaften in Personenunternehmen in Form einer Verschmelzung ein Vermögensübergang, der im zweiten Teil des Umwandlungssteuergesetzes geregelt ist (§§ 3 bis 8 UmwStG). Die Umwandlung einer Kapital- in eine Personengesellschaft im Wege eines Formwechsels findet sich in § 9 UmwStG und damit ebenfalls im zweiten Teil. In dieser Norm wird weitestgehend auf die §§ 3 bis 8 UmwStG verwiesen.

Die Ausgangsstruktur (die Kapitalgesellschaft) ist dem Trennungsprinzip zuzuordnen, die Zielstruktur hingegen dem Transparenzprinzip. Daher wird bei der Kapitalgesellschaft *die Ausschüttung der offenen Rücklagen*, also der noch nicht ausgeschütteten Gewinne, *fingiert* und diese Ausschüttungen werden bei den Anteilseignern der Kapitalgesellschaft wie eine Gewinnausschüttung besteuert. Außerdem ist dies der Grund dafür, dass nicht nur die Verschmelzung, sondern auch der Formwechsel ertragsteuerliche Folgen hat und daher im Umwandlungssteuergesetz geregelt wird.

Einen ersten Überblick über die wichtigsten ertragsteuerlichen Folgen der Umwandlung einer Kapitalgesellschaft in ein Personenunternehmen gibt Abbildung 2.6 auf der nächsten Seite.

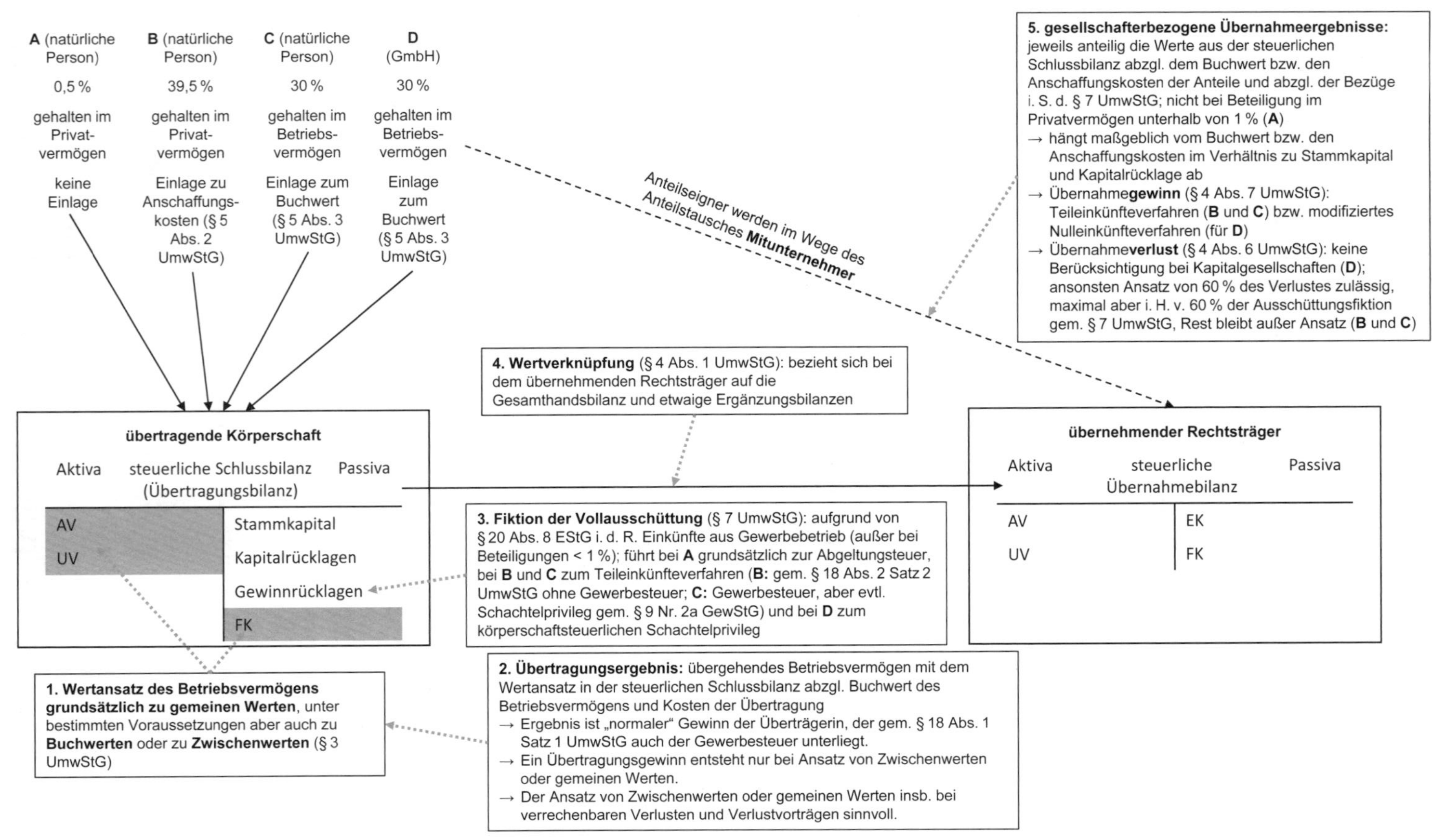

Abb. 2.6: Ertragsteuerliche Folgen der Umwandlung einer Kapitalgesellschaft in ein Personenunternehmen

2.2.2 Ertragsteuerliche Folgen bei der übertragenden Kapitalgesellschaft und deren Gesellschaftern

2.2.2.1 Übertragende Kapitalgesellschaft und deren Gesellschafter

Die das Betriebsvermögen übertragende Kapitalgesellschaft hat zum Übertragungsstichtag eine steuerliche Schlussbilanz zu erstellen (**Übertragungsbilanz**). In dieser hat sie die zu übertragenden Wirtschaftsgüter gem. § 3 Abs. 1 UmwStG grundsätzlich mit ihren gemeinen Werten anzusetzen (also die stillen Reserven vollständig aufzulösen). Auf Antrag kann sie die Wirtschaftsgüter nach § 3 Abs. 2 UmwStG in der Übertragungsbilanz unter bestimmten Voraussetzungen (insb. die auch zukünftige Steuerverstrickung stiller Reserven) aber auch mit ihren Buchwerten bewerten. **Buchwert** ist nach § 1 Abs. 5 Nr. 4 UmwStG der Wert, der sich nach den steuerrechtlichen Vorschriften über die Gewinnermittlung in einer für den steuerlichen Übertragungsstichtag von dem einbringenden Einzelunternehmer zu erstellenden Steuerbilanz ergibt oder ergäbe.

Auch der Ansatz von **Zwischenwerten** ist zulässig (d. h. von Werten zwischen den Buchwerten und den gemeinen Werten). Wird ein Zwischenwert angesetzt, sind die in den einzelnen Wirtschaftsgütern enthaltenen stillen Reserven und stille Lasten gem. Tz. 03.25 UmwStE mit einem einheitlichen Prozentsatz aufzudecken. Die *Aufstockung der Buchwerte* hat somit *gleichmäßig* zu erfolgen. Eine Aufstockung nur bei einzelnen Wirtschaftsgütern vorzunehmen, bei anderen hingegen die Buchwerte beizubehalten, ist somit nicht zulässig. Beispielsweise könnte der Steuerpflichtige lediglich die Werte des Umlaufvermögens und des abnutzbaren beweglichen Anlagevermögens mit kurzer Restnutzungsdauer aufstocken, die möglicherweise beträchtlichen stillen Reserven in den Betriebsgrundstücken und im Geschäfts- oder Firmenwert aber nicht aufdecken. Das ist aber nicht zulässig. Die Zusammenhänge verdeutlicht das folgende Beispiel.

Beispiel

In eine KG wird Betriebsvermögen mit einem Buchwert von 400 T€ eingebracht. Die darin enthaltenen stillen Reserven werden auf 200 T€ geschätzt; sie sind einer Maschine (150 T€) und dem Warenbestand (50 T€) zuzurechnen. Der gemeine Wert des Betriebsvermögens beträgt somit 600 T€ (= 400 + 150 + 50). Im Rahmen des Bewertungswahlrechts setzt die KG das eingebrachte Betriebsvermögen mit 500 T€ an.

Der Aufstockungsbetrag beträgt somit 100 T€; dies sind 50 % (= $\frac{100}{(150+50)}$) der insgesamt vorhandenen stillen Reserven. Folglich sind jeweils 50 % der in den eingebrachten Wirtschaftsgütern enthaltenen stillen Reserven aufzudecken: Bei der Maschine sind dies 75 T€ (= 150 · 50 %) und im Warenbestand 25 T€ (= 50 · 50 %).

Die Kapitalgesellschaft hat also ein *Wahlrecht* zwischen der Bewertung zu Buchwerten (Buchwertfortführung), zu gemeinen Werten (Vollaufstockung) oder zu Zwischenwerten (Teilaufstockung). Das Wahlrecht kann nicht selektiv ausgeübt werden.

Wählt die Kapitalgesellschaft in ihrer Schlussbilanz Wertansätze, die *über* den Buchwerten der Wirtschaftsgüter liegen, entsteht bei ihr ein zusätzlicher Gewinn. Dieser wird als **Übertragungsgewinn** bezeichnet. Er unterliegt der normalen Besteuerung (also – wie jeder andere laufende Gewinn einer Kapitalgesellschaft – Körperschaft- und Gewerbesteuer sowie Solidaritätszuschlag), so dass eine Trennung vom „normalen" Gewinn nicht erforderlich ist. Für die Gewerbesteuer ergibt sich dies aus § 18 Abs. 1 UmwStG. Nach dieser Rechtsnorm werden die §§ 3 bis 9 und 16 UmwStG ausdrücklich für die Ermittlung des Gewerbeertrags für anwendbar erklärt.

Wählt die Kapitalgesellschaft Wertansätze, die *unter* dem gemeinen Wert liegen, ist hinsichtlich der Gewerbesteuer § 18 Abs. 3 UmwStG zu beachten. Nach dieser Rechtsnorm kommt es zu einer gewerbesteuerlichen Erfassung der bisher nicht aufgedeckten stillen Reserven, wenn der von der Personengesellschaft oder dem Einzelunternehmer übernommene Betrieb *innerhalb von fünf Jahren* nach der Umwandlung aufgegeben oder veräußert wird. Gäbe es § 18 Abs. 3 UmwStG nicht, würden diese stillen Reserven gewerbesteuerlich niemals erfasst, da ein Gewinn aus der Aufgabe oder Veräußerung eines Personenunternehmens nach den allgemeinen Grundsätzen zwar der Einkommensteuer der (Mit-)Unternehmer, nicht aber der Gewerbesteuer unterliegt. Die Übergangsfrist soll Missbrauch vermeiden: Innerhalb der Frist werden Veräußerungen gewerbesteuerlich so behandelt, wie dies vor der Umwandlung bei der Kapitalgesellschaft der Fall gewesen wäre.

Eine für die bisherigen Gesellschafter der Kapitalgesellschaft und künftigen (Mit-)Unternehmer des das Betriebsvermögen übernehmenden Personenunternehmens wichtige Steuerfolge der Umwandlung ergibt sich aus § 7 UmwStG. Diese betrifft den Umstand, dass die Kapitalgesellschaft durch die Umwandlung erlischt, womit auch die Gesellschaftsanteile untergehen. Daher kommt es gem. § 7 UmwStG zu einer *fiktiven Vollausschüttung*: Nach Satz 1 dieser Norm hat jeder Anteilseigner seinen Anteil an dem in der Steuerbilanz der übertragenden Kapitalgesellschaft ausgewiesenen Eigenkapital abzüglich des Bestands des steuerlichen Einlagekontos i. S. d. § 27 KStG zu versteuern (**Ausschüttungsfiktion**). Der Anteil des einzelnen Gesellschafters bemisst sich nach seiner Beteiligung am Nennkapital der Gesellschaft. Zu versteuern hat der Gesellschafter also die nach steuerlichen Vorschriften ermittelten Beträge, die in der Terminologie des Handelsgesetzbuchs als Gewinnrücklagen, Gewinnvortrag und Jahresüberschuss bezeichnet werden. In der Terminologie des § 27 Abs. 1 KStG handelt es sich um den ausschüttbaren Gewinn. Dieser ergibt sich in schematischer Form wie folgt:

	Eigenkapital in der Übertragungsbilanz
./.	Nennkapital
./.	steuerliches Einlagekonto
=	ausschüttbarer Gewinn

Gemeint sind in der handelsrechtlichen und in der steuerlichen Definition die nach steuerlichen Vorschriften in der Vergangenheit ermittelten Gewinne, soweit diese noch nicht für Ausschüttungen verwendet worden sind. Diese stellen die von den Gesellschaftern zu versteuernden fiktiven Ausschüttungen dar.

Die dem einzelnen Gesellschafter zuzurechnenden anteiligen fiktiven Gewinnausschüttungen gehören bei diesem nach § 7 Satz 1 UmwStG zu den Einnahmen i. S. d. § 20 Abs. 1 Nr. 1 EStG. Ob sie nach § 20 Abs. 8 EStG in Einkünfte aus

Gewerbebetrieb umzuqualifizieren sind, richtet sich nach der Art der den fiktiven Ausschüttungen zu Grunde liegenden Anteile an der umzuwandelnden Kapitalgesellschaft (im Zeitpunkt der Umwandlung).[74] Zu unterscheiden sind in diesem Zusammenhang:

1. Anteile, die zu einem Betriebsvermögen gehören,
2. Anteile i. S. d. § 17 EStG und
3. Anteile, die weder zu einem Betriebsvermögen gehören noch Beteiligungen i. S. d. § 17 EStG darstellen (Zwerganteile).

Im ersten Fall (Anteile an der übertragenden Kapitalgesellschaft in einem Betriebsvermögen) sind die fiktiven Gewinnausschüttungen nach § 20 Abs. 8 EStG in Einkünfte aus Gewerbebetrieb umzuqualifizieren. Handelt es sich bei dem Betriebsvermögen um solches eines Personenunternehmens, hat der (Mit-)Unternehmer die Einkünfte nach § 15 EStG zu versteuern. Auf diese ist nach § 3 Nr. 40 EStG das Teileinkünfteverfahren anzuwenden, d. h. es sind lediglich 60 % der Ausschüttung zu erfassen. Außerdem erhöhen die fiktiven Ausschüttungen den Gewinn aus Gewerbebetrieb i. S. d. § 7 GewStG (evtl. ist das Schachtelprivileg des § 9 Nr. 2a GewStG anwendbar). Ist der Gesellschafter der umzuwandelnden Kapitalgesellschaft eine andere Kapitalgesellschaft, bleiben bei dieser vorbehaltlich der Grenze des Absatzes 4 gem. § 8b Abs. 1 und 5 KStG 95 % der fiktiven Ausschüttungen steuerfrei (körperschaftsteuerliches Schachtelprivileg).

In der zweiten Fallgruppe (Fälle, in denen der Gesellschafter der umzuwandelnden Kapitalgesellschaft eine Beteiligung i. S. d. § 17 EStG hält), kommt es nach h. M. grundsätzlich zu den gleichen Folgen wie bei der ersten Fallgruppe und dem dortigen Unterfall, dass es sich bei dem Betriebsvermögen um das eines Personenunternehmens handelt.[75] Ein Unterschied ergibt sich aber bei der Gewerbesteuer: Bezüge i. S. d. § 7 UmwStG aus Anteilen i. S. d. § 5 Abs. 2 UmwStG unterliegen gem. § 18 Abs. 2 Satz 2 UmwStG nicht der Gewerbesteuer.

Im dritten Fall (Zwerganteil im Privatvermögen) kommt es zu keiner Umqualifikation der fiktiven Gewinnausschüttungen. Dies bedeutet, dass die Ausschüttungen nach § 20 Abs. 1 Nr. 1 EStG in voller Höhe der Einkommensteuer unterliegen (und zwar grundsätzlich mit dem Abgeltungsteuersatz des § 32d Abs. 1 EStG i. H. v. 25 %). Der Gewerbesteuer unterliegt die Ausschüttung bei dem Gesellschafter nicht.

Die Zusammenhänge verdeutlicht das nachfolgende Beispiel.

---

[74] Bei Vorliegen der entsprechenden Voraussetzungen ist auch eine Umqualifikation in Einkünfte aus Land- und Forstwirtschaft oder aus freiberuflicher Tätigkeit möglich. Diese Fälle dürften aber nur selten vorkommen.

[75] Diese Rechtsauffassung wird als weite Einlagefiktion bezeichnet. Teilweise wird auch eine sog. enge Einlagefiktion vertreten. Demnach findet hinsichtlich der fiktiven Ausschüttungen nach § 7 UmwStG keine Umqualifikation nach § 20 Abs. 8 EStG statt, so dass es sich um Einkünfte aus Kapitalvermögen handelt, die wie die dritte Fallgruppe besteuert werden. Vgl. hierzu bspw. *Dötsch/Patt/Pung/Möhlenbrock* (2012), § 7, Tz. 17 ff; *Börst* (2019), § 7 UmwStG, Tz. 50 ff; *Klingebiel/Patt/Rasche/Krause* (2016), S. 177 ff; *Klingberg* (2020), § 7 UmwStG, Tz. 17 ff.

Beispiel

Die Ü-GmbH soll auf die Ü-OHG verschmolzen werden. An beiden Gesellschaften sind beteiligt: A (natürliche Person, Anteil im Privatvermögen) mit 0,5 %, B (natürliche Person, Anteil im Privatvermögen) mit 39,5 %, C (natürliche Person, Anteil in einem Betriebsvermögen) mit 30 % und die D-GmbH mit 30 %.

Das Eigenkapital der Ü-GmbH beträgt laut Übertragungsbilanz 350 T€, darin enthalten ist Nennkapital i. H. v. 50 T€. Der Wert des steuerlichen Einlagekontos beträgt 150 T€.

Der gem. § 7 UmwStG zu besteuernde ausschüttbare Gewinn beträgt:

	Eigenkapital in der Übertragungsbilanz	350 T€
./.	Nennkapital	50 T€
./.	steuerliches Einlagekonto	150 T€
=	ausschüttbarer Gewinn	150 T€

Dieser ist den vier Gesellschaftern im Verhältnis ihrer Beteiligung zuzurechnen.

A ist eine natürliche Person und hält die Beteiligung im Privatvermögen. Sie beträgt weniger als 1 %, so dass § 17 EStG nicht zur Anwendung gelangt (also keine Umqualifikation der fiktiven Gewinnausschüttungen in gewerbliche Einkünfte). Folglich unterliegt die fiktive Ausschüttung i. H. v. 0,075 T€ (= 150 · 0,005) bei A nach § 20 Abs. 1 Nr. 1 EStG in voller Höhe der Einkommensteuer, dies grundsätzlich mit dem Abgeltungsteuersatz des § 32d Abs. 1 EStG i. H. v. 25 %. Der Gewerbesteuer unterliegt die Ausschüttung nicht.

B und C unterliegen mit ihrer fiktiven Ausschüttung i. H. v. 59,25 T€ (= 150 · 0,395) bzw. 45 T€ (= 150 · 0,3) dem Teileinkünfteverfahren. Bei B handelt es sich um eine Beteiligung i. S. d. § 17 EStG. Somit werden die Einkünfte in solche aus Gewerbebetrieb umqualifiziert. Diese unterliegen gem. § 18 Abs. 2 Satz 2 UmwStG nicht der Gewerbesteuer. Bei C handelt es sich aufgrund von § 20 Abs. 8 EStG um Einkünfte aus Gewerbebetrieb. Sie erhöhen den Gewinn aus Gewerbebetrieb, dieser wird gem. § 9 Nr. 2a GewStG aber in gleichem Umfang wieder gekürzt.

Die D-GmbH unterliegt mit den ihr zuzurechnenden 45 T€ (= 150 · 0,3) dem körperschaftsteuerlichen Schachtelprivileg. Die Einkünfte werden gem. § 20 Abs. 8 EStG umqualifiziert. Sie unterliegen aber gem. § 8b Abs. 1 und 5 KStG im Ergebnis nur im Umfang von 5 % der Besteuerung.

2.2.2.2 Übernehmendes Personenunternehmen

Die übernehmende Personengesellschaft hat die auf sie übergegangenen Wirtschaftsgüter in der steuerlichen Übernahmebilanz gem. § 4 Abs. 1 UmwStG mit den in der steuerlichen Schlussbilanz der übertragenden Kapitalgesellschaft enthaltenen Werten zu übernehmen (**Wertverknüpfung**). Insoweit besteht also Identität zwischen den Wertansätzen in der Übertragungsbilanz der Kapitalgesellschaft und denjenigen in der Übernahmebilanz der Personengesellschaft.

Nach § 4 Abs. 2 Satz 1 UmwStG tritt die übernehmende Personengesellschaft grundsätzlich in die steuerliche Rechtsstellung der übertragenden Kapitalgesellschaft ein. Allerdings können beim übertragenden Rechtsträger vorhandene verrechenbare Verluste, verbleibende Verlustvorträge und nicht abgezogene Verluste (im Folgenden kurz: verrechenbare Verluste) gem. § 4 Abs. 2 Satz 2 UmwStG nicht übernommen werden.

Der Eintritt in die steuerliche Rechtsstellung betrifft grundsätzlich auch die AfA.[76] Etwas anderes gilt, wenn die Wirtschaftsgüter in der Übertragungsbilanz durch die Kapitalgesellschaft mit über den Buchwerten liegenden Werten bewertet werden. Dann ist nach § 4 Abs. 3 UmwStG zwischen der AfA auf Gebäude (§ 7 Abs. 4, 5 EStG) und der AfA auf bewegliches Anlagevermögen zu unterscheiden. Bei Gebäuden hat das Personenunternehmen die AfA *nach der bisherigen Bemessungsgrundlage* zu berechnen (erhöht um den Unterschiedsbetrag zwischen dem Wert in der Übertragungsbilanz und dem Buchwert vor Aufstockung durch die übertragende Kapitalgesellschaft). Hierbei ist der AfA-Satz der Kapitalgesellschaft zu übernehmen.[77]

Bei beweglichem Anlagevermögen ist bei der Ermittlung der AfA-Bemessungsgrundlage hingegen *vom Buchwert der Wirtschaftsgüter in der Bilanz der Kapitalgesellschaft vor* Aufdeckung der stillen Reserven auszugehen. Dieser Wert ist wiederum um den Unterschiedsbetrag zwischen dem Wert in der Übertragungsbilanz der Kapitalgesellschaft und dem Buchwert der Wirtschaftsgüter der Kapitalgesellschaft vor Aufstockung zu erhöhen. Im Ergebnis besteht die AfA-Bemessungsgrundlage hier somit aus dem Wert, der sich aus der steuerlichen Schlussbilanz (**Übertragungsbilanz**) der Kapitalgesellschaft ergibt. Der AfA-Satz richtet sich in derartigen Fällen nach der Restnutzungsdauer des jeweiligen Wirtschaftsguts.[78]

Bei dem das Betriebsvermögen übernehmenden Personenunternehmen entsteht infolge der Übernahme ein **Übernahmeergebnis**, welches bei einem positiven Ergebnis als Übernahmegewinn und bei einem negativen Ergebnis als Übernahmeverlust bezeichnet wird. Übernahmeergebnis ist nach § 4 Abs. 4 UmwStG der Unterschiedsbetrag zwischen dem Wert, mit dem die übernommenen Wirtschaftsgüter aus der Übertragungsbilanz zu übernehmen sind und dem Buchwert der Anteile an der übertragenden Kapitalgesellschaft. Das Übernahmeergebnis ist *gesellschafterbezogen* zu ermitteln. Ausgenommen hiervon sind Zwerganteile im Privatvermögen.[79]

Nach § 4 Abs. 5 Satz 2 UmwStG ist das Übernahmeergebnis um die sich aus § 7 UmwStG ergebenden fiktiven Gewinnausschüttungen zu verringern. Hierdurch wird verhindert, dass die entsprechenden Beträge zweimal der Einkommensteuer unterliegen (einmal als Ausschüttungen i. S. d. § 20 Abs. 1 Nr. 1 EStG und einmal über die Erfassung des Übernahmegewinns als Einkünfte aus Gewerbebetrieb bei den Gesellschaftern des Personenunternehmens bzw. dem Einzelunternehmer). Infolge dieser Regelung dürfte i. d. R. zumindest dann kein Übernahmegewinn entstehen (sondern ein Übernahmeverlust), wenn die übertragende Kapitalgesellschaft in der Übertragungsbilanz die Buchwerte ansetzt.[80] Dies hängt aber letztlich maßgeblich von dem Buchwert bzw. den Anschaffungskosten der Anteile ab.[81]

---

[76] Vgl. *Rahier* (1999), S. 113 f; *van Lishaut* (2019), § 4 UmwStG, Tz. 66.

[77] Vgl. *Schlösser/Reichl/Rapp* (2017), § 11 UmwStG, Tz. 371 ff.

[78] Vgl. *Klingberg* (2020), § 4 UmwStG, Tz. 30; *Schmitt* (2018), § 4 UmwStG, Tz. 58 ff. A. A.: Tz. 04.10 UmwStE, wonach die Restnutzungsdauer neu zu schätzen ist.

[79] Vgl. *Brähler/Krenzin* (2020), S. 134 ff.

[80] Vgl. zu den Ausführungen und zu Beispielen hierzu *van Lishaut* (2019), § 4 UmwStG, Tz. 116; *Klingberg* (2020), § 4 UmwStG, Tz. 40.

[81] Vgl. *Brähler/Krenzin* (2020), S. 133 ff.

Die zur Ermittlung des Übernahmegewinns erforderlichen Buchwerte der Anteile an der Kapitalgesellschaft sind nur dann vorhanden, wenn die Anteile entweder im Betriebsvermögen der übernehmenden Personengesellschaft oder im Sonderbetriebsvermögen eines Gesellschafters gehalten werden. Halten die Gesellschafter ihre Anteile an der übertragenden Kapitalgesellschaft hingegen in ihrem Privatvermögen und sind sie i. S. d. § 17 EStG beteiligt, gelten die Anteile an der Kapitalgesellschaft gem. § 5 Abs. 2 Satz 1 UmwStG als zum Übertragungsstichtag mit ihren Anschaffungskosten in das Betriebsvermögen eingelegt. Es wird also zum Übertragungsstichtag eine Einlage der Anteile in das Betriebsvermögen der übernehmenden Personengesellschaft fingiert. Damit wird erreicht, dass Beteiligungen i. S. d. § 17 EStG wie Anteile behandelt werden, die sich im Betriebsvermögen befinden.

Eine hiermit vergleichbare Regelung für Anteile im Privatvermögen, die keine Beteiligungen i. S. d. § 17 EStG darstellen (also Zwerganteile im Privatvermögen), gibt es nicht. Die Zusammenhänge verdeutlicht das nachfolgende Beispiel.

Beispiel

Die Ü-GmbH aus dem vorherigen Beispiel führt gem. § 3 Abs. 2 UmwStG die Buchwerte fort. Nun soll das Übernahmeergebnis ermittelt werden. Dies hat aufgrund der unterschiedlichen Buchwerte bzw. Anschaffungskosten gesellschafterbezogen für die Gesellschafter B, C und D zu erfolgen. Der Anteil von A nimmt gem. § 4 Abs. 4 Satz 3 UmwStG nicht an der Ermittlung des Übernahmeergebnisses teil. A hat also nur seinen oben ermittelten Anteil am ausschüttbaren Gewinn zu versteuern.

Bei B (natürliche Person, Anteil im Privatvermögen) betrugen die Anschaffungskosten für seinen Anteil (39,5 %) 79 T€, bei C (natürliche Person, Anteil in einem Betriebsvermögen) und bei der D-GmbH, die beide je mit 30 % beteiligt sind, beträgt der Buchwert der Beteiligung jeweils 60 T€.

Der saldierte Wert der übertragenen positiven und negativen Wirtschaftsgüter der Ü-GmbH entspricht dem Eigenkapital, beträgt also 350 T€. Dieser Wert ist in Abhängigkeit von der Beteiligungshöhe auf B, C und D zu verteilen. Bei diesen sind dann die Buchwerte bzw. die Anschaffungskosten der Anteile und die Bezüge i. S. d. § 7 UmwStG abzuziehen.

B werden 138,25 T€ (= 350 · 39,5 %) des Werts der übertragenen Wirtschaftsgüter zugewiesen. Davon sind die Anschaffungskosten, mit denen die Anteile gem. § 5 Abs. 2 UmwStG als in das Betriebsvermögen eingelegt gelten, und seine Bezüge i. S. d. § 7 UmwStG abzuziehen. Sein Übernahmeergebnis beträgt folglich 0 € (= 138,25 - 79 - 59,25).

Auch bei C und der D-GmbH beträgt das Übernahmeergebnis 0 € (= 105 - 60 - 45). Hier greift bzgl. der Einlagefiktion allerdings nicht § 5 Abs. 2 UmwStG, sondern Absatz 3 dieser Norm.

Nach § 4 Abs. 7 Satz 2 UmwStG unterliegt der Übernahme*gewinn* bei dem Unternehmer bzw. den Mitunternehmern des übernehmenden Personenunternehmens der Einkommensteuer. Hierbei sind nach § 3 Nr. 40 EStG 40 % der Einkünfte steuerfrei (Teileinkünfteverfahren). Soweit ein Übernahmegewinn auf eine Körperschaft entfällt, bleibt er nach § 4 Abs. 7 Satz 1 UmwStG im Rahmen des § 8b KStG zu 95 % steuerfrei (unter Beachtung der Grenze des Absatzes 4).

Er unterliegt also bei der übernehmenden Körperschaft nur zu 5 % der Körperschaftsteuer.

Gemäß § 4 Abs. 6 UmwStG ist auch hinsichtlich der Behandlung eines Übernahme*verlustes* danach zu unterscheiden, auf wen dieser entfällt. Soweit er auf eine Kapitalgesellschaft als Mitunternehmerin einer Personengesellschaft entfällt, bleibt er nach § 4 Abs. 6 Satz 1 UmwStG grundsätzlich außer Ansatz (d. h. er geht mit der Umwandlung unter). Dieses Vorgehen ist systematisch korrekt, da Übernahmeergebnisse bei Kapitalgesellschaften eine Sonderform der Dividendenbesteuerung darstellen:[82] Einerseits werden Dividenden gem. § 8b KStG grundsätzlich freigestellt, andererseits dürfen Betriebsausgaben und Verluste nicht angesetzt werden. Entfällt der Übernahmeverlust auf eine natürliche Person als Gesellschafter der übertragenden Kapitalgesellschaft, ist der Übernahmeverlust zu 60 % zu berücksichtigen, höchstens jedoch i. H. v. 60 % der Bezüge i. S. d. § 7 UmwStG (§ 4 Abs. 6 Satz 1 UmwStG). Ein darüber hinausgehender Übernahmeverlust (verbleibender Übernahmeverlust) bleibt außer Ansatz, geht also unter. Die Zusammenhänge bei Übernahmeverlusten verdeutlicht das nachfolgende Beispiel.

Beispiel

Es gelten die Daten der beiden vorherigen Beispiele. Bei B betrugen die Anschaffungskosten für seinen Anteil nun aber nicht 79 T€, sondern 89 T€, bei C und der D-GmbH der Buchwert der Beteiligung nicht 60 T€, sondern jeweils 65 T€. Somit ergibt sich für B ein Übernahmeverlust i. H. v. -10 T€ (= 138,25 - 89 - 69,25). Bei C und D beträgt der Übernahmeverlust jeweils -5 T€ (= 105 - 65 - 45).

Bei B und C kommt § 4 Abs. 6 Satz 4 UmwStG zur Anwendung. Demnach ist der Übernahmeverlust jeweils nur mit zu 60 % zu berücksichtigen, beträgt also -6 T€ (= -10 · 60 %) bzw. -3 T€ (= -5 · 60 %). Hinweis: Die Begrenzung auf 60 % der Bezüge i. S. d. § 7 UmwStG greift in beiden Fällen nicht. Der Verlust reduziert bei beiden jeweils die Bezüge i. S. d. § 7 UmwStG.

Bei der D-GmbH bleibt der Übernahmeverlust gem. § 4 Abs. 6 Satz 1 UmwStG außer Ansatz.

An dieser Stelle empfiehlt sich ein erneuter Blick auf Abbildung 2.6 (S. 76), in der die wichtigsten ertragsteuerlichen Folgen der Umwandlung einer Kapitalgesellschaft in ein Personenunternehmen dargestellt sind.

2.2.3 Sonstige Steuerfolgen

Neben den ertragsteuerlichen sind bei der Übertragung des Vermögens einer Kapitalgesellschaft auf eine Personengesellschaft auch umsatz- und grunderwerbsteuerliche Folgen zu beachten.

Umsatzsteuerlich handelt es sich bei dem Übergang des Vermögens von einer Kapitalgesellschaft auf ein Personenunternehmen nach § 1 Abs. 1a UStG um einen nicht steuerbaren Umsatz.

Befindet sich bei einer Umwandlung Grundbesitz im Eigentum des übertragenden Unternehmens, unterliegt dieser gem. § 1 Abs. 1 Nr. 3 GrEStG grundsätzlich der *Grunderwerbsteuer*. Eine Ausnahme betrifft den Formwechsel: Da

[82] Vgl. *Brähler/Krenzin* (2020), S. 143.

es dabei nicht zu einem Rechtsträgerwechsel kommt, fällt die Steuer nicht an.[83] Wird im Rahmen der Übertragung des Betriebsvermögens auf die Personengesellschaft ein Betriebsgrundstück übertragen, ist dies also ein nach § 1 Abs. 1 Nr. 3 GrEStG steuerbarer Vorgang. Bewertungsmaßstab der Grunderwerbsteuer ist grundsätzlich der Wert der Gegenleistung (§ 8 Abs. 1 GrEStG). Im Fall der Umwandlung gem. § 3 UmwStG bemisst sich die Steuer gem. § 8 Abs. 2 Nr. 2 GrEStG jedoch nach dem Grundbesitzwert. Da der Übergang auf eine Gesamthand erfolgt (darunter versteht das Grunderwerbsteuergesetz neben den Personenhandelsgesellschaften auch die GbR und Erbengemeinschaften, nicht aber Kapitalgesellschaften[84]), sind die Befreiungen des § 5 GrEStG anwendbar; zu beachten ist dabei Absatz 3 der genannten Norm, der durch eine Frist von fünf Jahren missbräuchliche Inanspruchnahmen vermeiden soll. Das Besondere an dieser Norm ist dabei, dass § 5 GrEStG den Durchgriff auf die Gesellschafter von Personenhandelsgesellschaften erlaubt, obwohl diese grunderwerbsteuerlich als Rechtsträger angesehen werden. Neben § 5 GrEStG kann unter bestimmten dort genannten Voraussetzungen die für Umstrukturierungen im Konzern vorgesehene Steuervergünstigung des § 6a GrEStG angewendet werden (Konzernklausel). Da die Steuervergünstigungen der §§ 5 und 6a GrEStG gleichrangig nebeneinander bestehen, können sie parallel zur Anwendung gelangen.[85]

2.2.4 Buchwertfortführung vs. Aufstockung in der Übertragungsbilanz

2.2.4.1 Allgemeine Ableitung der Vorteilhaftigkeitsbedingung

Die übertragende Kapitalgesellschaft hat gem. § 3 UmwStG ein Wahlrecht, die zu übertragenden Wirtschaftsgüter in ihrer Übertragungsbilanz mit ihren bisherigen Buchwerten, mit ihren gemeinen Werten oder mit Zwischenwerten anzusetzen. Damit stellt sich im konkreten Fall die Frage, ob eine Aufstockung vorteilhaft ist oder nicht. Dieser Frage wird nachfolgend für den Fall nachgegangen, dass es sich bei den Gesellschaftern der Kapitalgesellschaft um natürliche Personen handelt, die eine Beteiligung i. S. d. § 17 EStG halten. Dazu ist nicht die Erhebung aller ertragsteuerlichen Folgen notwendig, sondern nur die der Aufstockung bzw. der Buchwertfortführung selbst, da die Besteuerung der Umwandlung im Übrigen identisch ist. Hinsichtlich der Steuerfolgen der Aufstockung bzw. der Buchwertfortführung selbst genügt die Berücksichtigung der Steuerfolgen einer Aufstockung, da bei der Buchwertfortführung von einer Steuerwirkung von 0 ausgegangen werden darf.

Werden im Rahmen einer Umwandlung nach § 3 UmwStG stille Reserven (R_{still}) aufgedeckt, entsteht i. H. d. stillen Reserven ein *Übertragungsgewinn*. Dieser unterliegt bei der übertragenden Gesellschaft sowohl der Gewerbe- als auch der

83 Vgl. BFH-Urteil vom 4.12.1996, II B 116/96, BStBl II 1997, S. 661.

84 Vgl. Oberste Finanzbehörden der Länder: Gleich lautende Erlasse zur Anwendung der §§ 5 und 6 GrEStG vom 12.11.2018, S 4514 – 12 – V A 6 (Aktenzeichen des NRW-Finanzministeriums), BStBl I 2018, S. 1334, Tz. 2.

85 Vgl. Oberste Finanzbehörden der Länder: Gleich lautende Erlasse zur Anwendung der §§ 5 und 6 GrEStG vom 12.11.2018, S 4514 – 12 – V A 6 (Aktenzeichen des NRW-Finanzministeriums), BStBl I 2018, S. 1334, Tz. 5.

Körperschaftsteuer. Er hat also die Wirkung von E i. S. v. Gleichung IV (S. 233) bzw. von Gleichung V. Dadurch entsteht eine Steuer auf den Übertragungsgewinn (S_{UetG}) i. H. v.:

$$S_{UetG} = R_{still} \cdot (s_k + m_{e_{kap}} \cdot h). \tag{38}$$

Das Ergänzen der Steuermesszahl m_e in dieser Gleichung um das Zusatzsymbol kap geschieht, da die gewerbesteuerliche Behandlung des Übertragungsgewinns bei der Kapitalgesellschaft von der Wirkung bei dem Personenunternehmen abweichen kann.

Durch die Aufdeckung stiller Reserven erhöht sich bei dem übernehmenden Personenunternehmen der Wert der in der Übernahmebilanz anzusetzenden Wirtschaftsgüter. Damit erhöht sich das Übernahmeergebnis um die aufgedeckten stillen Reserven. Steuerschulden, die bei der übertragenden Kapitalgesellschaft aufgrund eines Übertragungsgewinns entstanden sind, reduzieren das Übernahmeergebnis. Sie sind abziehbar, da sich das von der übertragenden Kapitalgesellschaft übertragbare Vermögen in dieser Höhe vermindert. Diese Steuerschulden entsprechen S_{UetG} in Gleichung 38. In dieser Höhe mindert sich das Übernahmeergebnis.

Per Saldo beträgt die Erhöhung des Übernahmeergebnisses also R_{still} - S_{UetG}. Diese unterliegt nach § 3 Nr. 40 EStG zu 60 % (allgemein ausgedrückt mit dem Faktor δ) der Einkommensteuer des Einzelunternehmers bzw. der Mitunternehmer des übernehmenden Personenunternehmens, und zwar mit dem sich aus § 32a EStG ergebenden Einkommensteuersatz $s_{e§32a}$. Der Gewerbesteuer unterliegt ein Übernahmegewinn gem. § 18 Abs. 2 UmwStG hingegen nicht. Aus den bisherigen Ausführungen ergibt sich eine Steuerbelastung des zusätzlichen Übernahmeergebnisses (S_{UenG}) i. H. v.:

$$S_{UenG} = \delta \cdot (R_{still} - S_{UetG}) \cdot s_{e§32a}. \tag{39}$$

Zu beachten ist, dass die Besteuerung des durch die Aufstockung entstehenden zusätzlichen Übernahmeergebnisses nicht in jedem Fall im Veranlagungszeitraum der Umwandlung erfolgt. Vielmehr kann sie auch zeitlich nachgelagert durchzuführen sein. Dies ist dann der Fall, wenn der durch die Aufstockung gem. § 3 UmwStG entstehende zusätzliche Übernahmegewinn lediglich einen Übernahmeverlust mindert und nicht einen Übernahmegewinn erhöht. Auf diese mögliche zeitliche Diskrepanz sei hier lediglich hingewiesen. Sie wird formelmäßig nicht weiter erfasst. Explizit erfasst wird nachfolgend also lediglich der Fall, dass das Übernahmeergebnis bereits ohne Aufstockung nach § 3 UmwStG im positiven Bereich liegt.

Durch Einsetzen des Werts für S_{UetG} aus Gleichung 38 in Gleichung 39 ergibt sich:

$$S_{UenG} = \delta \cdot \left(R_{still} - R_{still} \cdot (s_k + m_{e_{kap}} \cdot h)\right) \cdot s_{e§32a}. \tag{40}$$

Dies kann umgeformt werden zu:

$$S_{UenG} = \delta \cdot R_{still} \cdot (1 - s_k - m_{e_{kap}} \cdot h) \cdot s_{e§32a}. \tag{41}$$

Durch die Aufdeckung stiller Reserven bei der übertragenden Kapitalgesellschaft und die Übernahme der aufgestockten Werte in die Übernahmebilanz des übernehmenden Personenunternehmens entsteht bei diesem zusätzliches Aufwandspotential. Die Verrechnung dieses Potentials wird diese Wirkung nicht nur im Jahr der Umwandlung, sondern auch in den folgenden Jahren entfalten.

Nachfolgend wird der Teil, zu dem die insgesamt aufgedeckten stillen Reserven im Jahr t zu steuerlichem Aufwand werden, mit ϵ_t bezeichnet. Die Summe aller ϵ_t beträgt 1 (bei $t = 0, \ldots, n$). Die Steuerersparnis im Jahr t aufgrund des in diesem Jahr zu verrechnenden zusätzlichen Aufwands (S_{Aufw_t}) ergibt sich als das Produkt aus ϵ_t, den stillen Reserven R_{still} und dem anzuwendenden kombinierten Steuersatz des Jahres t. Der kombinierte Steuersatz ist derjenige, mit dem E i. S. v. Gleichung II (S. 233) verknüpft ist. Hierbei ist der Steuersatz $s_{e§32a}$ und der Hebesatz h mit t zu indizieren. Die Steuerersparnis im Jahr t (S_{Aufw_t}) beträgt demnach:

$$S_{Aufw_t} = \epsilon_t \cdot R_{still} \cdot \Big(s_{e§32a_t} + m_{e_{persu}} \cdot \big(h_t - \alpha \cdot (1 + s_{solz})\big)\Big). \tag{42}$$

Bezüglich α und h gilt bekanntlich $\alpha \leq h$ und (bezogen auf die Summe aller (Mit-)Unternehmer) $\alpha \leq 3{,}8$. Außerdem sei angemerkt, dass die Steuermesszahl m_e in Gleichung 42 mit dem Zusatzsymbol *persu* versehen wird, da die Steuermesszahl bei der Entlastung des Personenunternehmens von der bei der Belastung der Kapitalgesellschaft abweichen kann.

Gibt q_n^{-t} in der bekannten Weise den Nettodiskontierungsfaktor an, beträgt die auf den Zeitpunkt $t = 0$ abgezinste Gesamtsteuerersparnis aufgrund der zusätzlichen Aufwandsverrechnung:

$$\begin{aligned}&\sum_{t=0}^{n} S_{Aufw_t} \cdot q_n^{-t} = \\ &\qquad R_{still} \cdot \sum_{t=0}^{n} \epsilon_t \cdot \Big(s_{e§32a_t} + m_{e_{persu}} \cdot \big(h_t - \alpha \cdot (1 + s_{solz})\big)\Big) \cdot q_n^{-t}.\end{aligned} \tag{43}$$

Die abgezinste Gesamtsteuerwirkung einer Aufdeckung stiller Reserven nach § 3 UmwStG ($S_{§3umwstg}$) ergibt sich aus der Steuerbelastung aufgrund des Übertragungsgewinns gem. Gleichung 38 zuzüglich der Steuermehrbelastung aufgrund der Erhöhung des Übernahmegewinns gem. Gleichung 41 abzüglich der auf den Zeitpunkt $t = 0$ abgezinsten Steuerentlastung aufgrund des zusätzlichen steuerlichen Aufwands nach Gleichung 43. Sie beträgt:

$$\begin{aligned}S_{§3umwstg} &= R_{still} \cdot (s_k + m_{e_{kap}} \cdot h) \\ &\quad + \delta \cdot R_{still} \cdot (1 - s_k - m_{e_{kap}} \cdot h) \cdot s_{e§32a} \\ &\quad - R_{still} \cdot \sum_{t=0}^{n} \epsilon_t \cdot \Big(s_{e§32a_t} + m_{e_{persu}} \cdot \big(h_t - \alpha \cdot (1 + s_{solz})\big)\Big) \cdot q_n^{-t}.\end{aligned} \tag{44}$$

Die Aufdeckung stiller Reserven nach § 3 UmwStG ist dann lohnend, wenn $S_{§3umwstg}$ einen negativen Wert annimmt, d. h. wenn die abgezinsten Entlastungen aufgrund des erhöhten Aufwandspotentials größer sind als die zusätzlichen Belastungen aufgrund des Übertragungsgewinns und des zusätzlichen Übernahmegewinns. Es muss also gelten: $S_{§3umwstg} < 0$.

Dies berücksichtigend und nach einigen Umformungen ergibt sich aus Gleichung 44:

$$\begin{aligned} R_{still} \cdot \sum_{t=0}^{n} \epsilon_t \cdot \left(s_{e\S 32a_t} + m_{e_{persu}} \cdot \left(h_t - \alpha \cdot (1 + s_{solz}) \right) \right) \cdot q_n^{-t} \\ > R_{still} \cdot (s_k + m_{e_{kap}} \cdot h) \\ + \delta \cdot R_{still} \cdot (1 - s_k - m_{e_{kap}} \cdot h) \cdot s_{e\S 32a}. \end{aligned} \tag{45}$$

Wird schließlich noch Ungleichung 45 um R_{still} gekürzt, ergibt sich:

$$\begin{aligned} \sum_{t=0}^{n} \epsilon_t \cdot \left(s_{e\S 32a_t} + m_{e_{persu}} \cdot \left(h_t - \alpha \cdot (1 + s_{solz}) \right) \right) \cdot q_n^{-t} \\ > (s_k + m_{e_{kap}} \cdot h) \\ + \delta \cdot (1 - s_k - m_{e_{kap}} \cdot h) \cdot s_{e\S 32a}. \end{aligned} \tag{46}$$

Aus Gleichung 46 ist ersichtlich, dass eine Vielzahl von Faktoren Einfluss auf die Vorteilhaftigkeit einer Aufstockung nach § 3 UmwStG haben kann. Um dennoch eine Analyse zu ermöglichen, wird nachfolgend eine Fallunterscheidung vorgenommen.

2.2.4.2 Fallunterscheidung

Zunächst sei in Erinnerung gerufen, dass es im Rahmen der Umwandlung einer Kapitalgesellschaft in ein Personenunternehmen um die Beantwortung der Frage geht, ob die übertragende Kapitalgesellschaft in der Übertragungsbilanz Buchwerte, Zwischenwerte oder gemeine Werte ansetzen sollte. Maßgeblichen Einfluss auf die ertragsteuerliche Beurteilung haben das Übertragungs- und das Übernahmeergebnis. Dabei ist das Übertragungsergebnis wiederum wesentlich davon abhängig, ob bei der Kapitalgesellschaft verrechenbare Verluste vorhanden sind. Daraus ergeben sich die folgenden vier Fälle, die aufgrund gesetzlicher Regelungen unterschiedliche Steuerfolgen nach sich ziehen:

1. Es sind bei der Kapitalgesellschaft verrechenbare Verluste vorhanden und es verbleibt ein Übernahmeverlust (verrechenbare Verluste, verbleibender Übernahmeverlust).

2. Es sind verrechenbare Verluste vorhanden und es verbleibt ein Übernahmegewinn (verrechenbare Verluste, Übernahmegewinn).

3. Es sind keine verrechenbaren Verluste vorhanden und es verbleibt ein Übernahmeverlust (keine verrechenbare Verluste, Übernahmeverlust).

4. Es sind keine verrechenbaren Verluste vorhanden und es verbleibt ein Übernahmegewinn (keine verrechenbare Verluste, Übernahmegewinn).

Der Reihung der vier Fälle liegt folgende Überlegung zu Grunde: Die ertragsteuerlichen Wirkungen werden am ehesten bei verrechenbaren Verlusten und einem Übernahmeverlust für eine Aufstockung sprechen. Dies stellt also den günstigsten Fall da. Die anderen Fälle lassen eine geringere Vorteilhaftigkeit erwarten.

Bei der Analyse wird in den nächsten Gliederungspunkten die schnellstmöglichen Aufwandsverrechnung unterstellt, d. h. unmittelbar nach der Umwandlung. Dies ist zwar unrealistisch, gibt aber den größtmöglichen Entlastungseffekt an. Der Vorteil einer Aufstockung kann innerhalb des jeweiligen Falls also nicht größer sein.

Eine unmittelbare vollständige Aufwandsverrechnung im Zeitpunkt der Aufstockung bedeutet, dass der Zeitindex t in Ungleichung 46 den Wert 0, ϵ_t in derselben Gleichung den Wert 1 und q_n^{-t} ebenfalls den Wert 1 annimmt. Ungleichung 46 wird also zu:

$$\begin{aligned} &s_{e\S32a} + m_{e_{persu}} \cdot (h - \alpha \cdot (1 + s_{solz})) \\ &\quad > (s_k + m_{e_{kap}} \cdot h) + \delta \cdot (1 - s_k - m_{e_{kap}} \cdot h) \cdot s_{e\S32a}. \end{aligned} \tag{47}$$

Werden in Ungleichung 47 die gesetzlich fixierten Parameter ($m_{e_{kap}} = m_{e_{persu}} = 0{,}035$, $s_{koe} = 0{,}15$, $s_{solz} = 0{,}055$, $\delta = 0{,}6$) eingesetzt, ergibt sich:

$$\begin{aligned} &s_{e\S32a} + 0{,}035 \cdot (h - \alpha \cdot 1{,}055) \\ &\quad > (0{,}15825 + 0{,}035 \cdot h) + 0{,}6 \cdot (0{,}84175 - 0{,}035 \cdot h) \cdot s_{e\S32a}. \end{aligned} \tag{48}$$

Hierbei gilt: $\alpha \leq h$ (auch bezogen auf die Summe aller Mitunternehmer einer Mitunternehmerschaft).

2.2.4.3 Verrechenbare Verluste, verbleibender Übernahmeverlust

Im ersten Fall verfügt die übertragende Kapitalgesellschaft über verrechenbare Verluste und bei dem übernehmenden Personenunternehmen entsteht auch nach der Aufstockung nach § 3 UmwStG ein Übernahmeverlust.

Infolge des Übernahmeverlustes entsteht bei dem übernehmenden (Mit-)Unternehmer kein nach § 4 UmwStG zu erfassender Gewinn. In Ungleichung 47 kann dies dadurch berücksichtigt werden, dass dort $\delta = 0$ gesetzt wird.

Die verrechenbaren Verluste gehen nach § 4 Abs. 2 Satz 2 UmwStG nicht auf das übernehmende Personenunternehmen über. Werden in dieser Situation nach § 3 UmwStG in der Übertragungsbilanz stille Reserven aufgedeckt, werden die Verluste bei der übertragenden Kapitalgesellschaft hierdurch verringert. Soweit die Verluste reichen, entsteht bei der übertragenden Kapitalgesellschaft keine Körperschaftsteuer. Dies kann in Ungleichung 47 durch $s_k = 0$ berücksichtigt werden.

Hinsichtlich der Gewerbesteuer sind zwei Fälle zu unterscheiden. Im ersten Fall bestehen bei der übertragenden Kapitalgesellschaft auch gewerbesteuerlich verrechenbare Verluste in ausreichender Höhe. Dies kann durch $m_{e_{kap}} = 0$ berücksichtigt werden. Hingegen nimmt $m_{e_{persu}}$ unverändert den Wert 0,035 an. Durch Einsetzen der genannten Werte in Gleichung 47 ergibt sich:

$$s_{e\S32a} + 0{,}035 \cdot (h - \alpha \cdot 1{,}055) > 0. \tag{49}$$

Diese Ungleichung ist stets erfüllt. Insoweit also im Rahmen der Umwandlung ein noch nicht verbrauchter körperschaft- und gewerbesteuerlicher Verlustvortrag vorhanden ist und ein Übernahmeverlust verbleibt, kann die Aufdeckung stiller Reserven vorteilhaft sein. Ob eine Aufstockung tatsächlich vorteilhaft ist, kann abschließend aber nicht anhand von Ungleichung 49 auf der gegenüberliegenden Seite geklärt werden, sondern nur anhand von Ungleichung 46 (S. 87), d. h. mit Hilfe einer Ungleichung, die die Abzinsung der zeitverzögerten Aufwandsverrechnungen berücksichtigt.

Im zweiten Fall bestehen zwar körperschaftsteuerlich, nicht hingegen gewerbesteuerlich verrechenbare Verluste ($m_{e_{kap}} = 0{,}035$) (angesichts der vielen Hinzurechnungen in § 8 GewStG durchaus denkbar). Ungleichung 47 wird dann zu:

$$s_{e\S 32a} + 0{,}035 \cdot (h - \alpha \cdot 1{,}055) > 0{,}035 \cdot h. \tag{50}$$

Aus dieser Ungleichung ergeben sich kritische kombinierte Einkommensteuer-, Kirchensteuer- und Solidaritätszuschlagsätze ($s_{e\S 32a}$) von 11,08 % (bei $h = 300\,\%$), 14,03 % (bei $h = 400\,\%$) bzw. 14,03 (bei $h = 500\,\%$).[86] Damit dürfte eine Aufstockung in diesem Fall häufig vorteilhaft sein. Ob dies für den konkreten Einzelfall gilt, ist mit Hilfe von Ungleichung 46 zu ermitteln (da grundsätzlich der durch die Aufstockung verursachte Barwert der Steuerdifferenzen ermittelt werden muss).

Relativierend sei aber in Erinnerung gerufen, dass Ungleichung 48 auf einer unrealistischen Annahme beruht: Es liegt die Annahme zu Grunde, dass das durch eine Aufstockung erzeugte zusätzliche Aufwandspotential bereits im Veranlagungszeitraum der Umwandlung *in vollem Umfang* als steuerlicher Aufwand behandelt werden kann. Tatsächlich ist eine Geltendmachung des Aufwands aber nur im Laufe vieler Jahre oder sogar Jahrzehnte möglich. Der tatsächliche kritische Einkommensteuersatz wird somit i. d. R. wesentlich größer sein.

2.2.4.4 Verrechenbare Verluste, Übernahmegewinn

Bei der übertragenden Kapitalgesellschaft wird der Übertragungsgewinn mit dem noch nicht verbrauchten Verlustvortrag ausgeglichen. Es entsteht somit keine Körperschaftsteuer ($s_k = 0$).

Hinsichtlich der Gewerbesteuer sind wieder die zwei aus dem vorherigen Gliederungspunkt bekannten Fälle denkbar. Sind auch ausreichende gewerbesteuerliche Verluste vorhanden, gilt $m_{e_{kap}} = 0$. $m_{e_{persu}}$ nimmt hingegen den Wert 0,035 an. Werden im Übrigen die auch Ungleichung 48 zu Grunde liegenden Werte angesetzt ($s_{solz} = 0{,}055$, $\delta = 0{,}6$), ergibt sich aus Ungleichung 47 Folgendes:

$$s_{e\S 32a} + 0{,}035 \cdot (h - \alpha \cdot 1{,}055) > 0{,}6 \cdot s_{e\S 32a}. \tag{51}$$

[86] Bei dem Hebesatz $h = 300\,\%$ ist die Nebenbedingung $\alpha \leq h$ zu beachten. Diese führt bei $h = 300\,\%$ zu $\alpha = 3$.

Diese Ungleichung ist stets erfüllt. Das Ergebnis entspricht dem hinsichtlich der gewerbesteuerlichen Verluste vergleichbaren Fall aus dem vorherigen Gliederungspunkt. Auch hier kann die Vorteilhaftigkeit abschließend nur anhand von Ungleichung 46 bestimmt werden, d. h. mit Hilfe einer Ungleichung, die die Abzinsung zeitverzögerter Aufwandsverrechnungen berücksichtigt.

Der hinsichtlich der Gewerbesteuer zweite Fall zeichnet sich dadurch aus, dass bei der Gewerbesteuer – im Gegensatz zur Körperschaftsteuer – keine verrechenbaren Verluste vorhanden sind. Dieser Fall kann dadurch berücksichtigt werden, dass nur $s_k = 0$ gesetzt wird. Ungleichung 47 wird dann zu:

$$\begin{aligned} &s_{e\S32a} + 0{,}035 \cdot (h - \alpha \cdot 1{,}055) \\ &\quad > 0{,}035 \cdot h + 0{,}6 \cdot (1 - 0{,}035 \cdot h) \cdot s_{e\S32a}. \end{aligned} \tag{52}$$

Unter den Prämissen dieser Ungleichung ergeben sich kritische kombinierte Einkommensteuer-, Kirchensteuer- und Solidaritätszuschlagsätze von 23,93 % (bei h = 300 %), 28,99 % (bei h = 400 %) bzw. 27,79 % (bei h = 500 %).[87] Im Vergleich zu dem hinsichtlich der gewerbesteuerlichen Verluste vergleichbaren Fall aus dem vorherigen Gliederungspunkt sind die Sätze deutlich höher. Sie dürften gleichwohl i. d. R. überschritten werden, so dass eine Aufstockung vorteilhaft sein kann. Zu bedenken ist aber noch die Annahme bezüglich der sofortigen Wirkung des zusätzlichen Aufwandspotentials. Ob tatsächlich ein Vorteil vorliegt, muss also im Einzelfall unter Berücksichtigung der Abzinsungseffekte überprüft werden, also mit Hilfe von Ungleichung 46.

2.2.4.5 Keine verrechenbaren Verluste, Übernahmeverlust

Der dritte Fall ist dadurch gekennzeichnet, dass bei dem übernehmenden Personenunternehmen ein verbleibender Übernahmeverlust entsteht und die übertragende Kapitalgesellschaft nicht über verrechenbare Verluste verfügt. Solange durch die Aufstockung kein Übernahmegewinn entsteht, hat der (Mit-)Unternehmer also keinen Übernahmegewinn zu versteuern. In Ungleichung 47 kann dies dadurch ausgedrückt werden, dass $\delta = 0$ gesetzt wird. Im Übrigen können dort wieder die bereits bekannten Werte eingesetzt werden. Es ergibt sich:

$$s_{e\S32a} + 0{,}035 \cdot (h - \alpha \cdot 1{,}055) > 0{,}15825 + 0{,}035 \cdot h. \tag{53}$$

Unter den Prämissen dieser Ungleichung ergeben sich kritische kombinierte Einkommensteuer-, Kirchensteuer und Solidaritätszuschlagsätze von 26,90 % (bei h = 300 %), 29,86 % (bei h = 400 %) und von 29,86 % (bei h = 500 %).[88] Diese Ergebnisse entsprechen in etwa dem Fall aus dem letzten Gliederungspunkt, dass nur körperschaftsteuerliche, nicht aber gewerbesteuerlich verrechenbare Verluste vorhanden sind.

[87] Bei dem Hebesatz h = 300 % gilt $\alpha = 3$ (s. Fn. 86).

[88] Auch hier gilt bei dem Hebesatz h = 300 % $\alpha = 3$ (s. Fn. 86).

2.2.4.6 Keine verrechenbaren Verluste, Übernahmegewinn

Bei der Konstellation dieses Falls ergeben sich unter den Prämissen der Ungleichung 48 mindestens erforderliche kombinierte Einkommensteuer-, Kirchensteuer- und Solidaritätszuschlagsätze von 48,22 % (bei h = 300 %) bzw. 49,76 % (bei h = 500 %). Hierbei handelt es sich um die Steuersätze, mit denen die (Mit-)Unternehmer aufgrund des zusätzlichen Aufwandspotentials mindestens entlastet werden müssen, damit eine Aufstockung überhaupt vorteilhaft sein kann. Da der höchstmögliche kombinierte Steuersatz (bei s_{ei} = 45 %) rund 49,52 % beträgt, liegt der mindestens erforderliche Steuersatz bereits bei einem Gewerbesteuer-Hebesatz von 300 % knapp unterhalb dieses gesetzlich höchstmöglichen Steuersatzes.

Hinzu kommt in Ungleichung 48 die unrealistische Annahme, dass das durch eine Aufstockung erzeugte zusätzliche Aufwandspotential bereits im Veranlagungszeitraum der Umwandlung in vollem Umfang als steuerlicher Aufwand behandelt werden kann. Unter den Prämissen dieses Falls (es sind keine verrechenbaren Verluste vorhanden, es verbleibt ein Übernahmegewinn) ist eine Aufstockung somit auf keinen Fall vorteilhaft.

2.2.4.7 Zusammenfassung

Es zeigt sich, dass verrechenbare Verluste eine größere Bedeutung für die Vorteilhaftigkeit haben als ein verbleibender Übernahmeverlust. Gerade wenn bei der Kapitalgesellschaft körperschaftsteuerliche *und* gewerbesteuerliche Verluste verrechnet werden können, wird eine Aufstockung regelmäßig vorteilhaft sein.

Im Einzelnen lassen sich die Ergebnisse zur möglichen Inanspruchnahme des Aufstockungswahlrechts nach § 3 UmwStG wie folgt zusammenfassen:

1. Verbleibt ein Übernahmeverlust und liegen körperschaftsteuerlich verrechenbare Verluste vor (Fall 1), ist eine Aufstockung dann regelmäßig vorteilhaft, wenn auch gewerbesteuerlich solche Verluste gegeben sind. Auch sonst dürfte eine Aufstockung in vielen Fällen vorteilhaft sein. Bei sehr langen Zeiträumen der Aufwandsverrechnung der aufgedeckten stillen Reserven kann sich aber auch das entgegengesetzte Ergebnis einstellen.

2. Verbleibt bei körperschaftsteuerlichen verrechenbaren Verlusten ein Übernahme*gewinn* (Fall 2), ist eine Aufstockung nach § 3 UmwStG regelmäßig vorteilhaft, wenn auch gewerbesteuerlich verrechenbare Verluste vorliegen. Ist dies nicht der Fall, ist keine allgemeingültige Aussage möglich. Dann ist eine eingehendere Vorteilhaftigkeitsanalyse unter Berücksichtigung der Daten des Einzelfalls erforderlich.

3. Liegen keine verrechenbaren Verluste vor und es verbleibt ein Übernahmeverlust (Fall 3), ist ebenfalls keine allgemeingültige Aussage möglich.

4. Ohne verrechenbare Verluste und mit einem verbleibenden Übernahmegewinn (Fall 4), ist eine Aufstockung nach § 3 UmwStG auf keinen Fall vorteilhaft.

2.2.5 Umwandlung vs. Verzicht hierauf

2.2.5.1 Entscheidungssituation

Ist geklärt, ob im Fall einer Umwandlung die Buchwertfortführung oder eine bestimmte Form der Aufstockung die vorteilhaftere Maßnahme darstellt, können anschließend die Vor- und Nachteile des Umwandlungsvorgangs im Vergleich zur Unterlassung der Umwandlung ermittelt werden.

Soll die steuerliche Vorteilhaftigkeit der Umwandlung einer Kapitalgesellschaft in ein Personenunternehmen untersucht werden, sollte – ebenso wie bei den bisher behandelten Umwandlungsvorgängen – zunächst die konkrete Entscheidungssituation geklärt werden. Dabei helfen folgende vier Fragen:

1. Ist die Umwandlung der bisherigen Kapitalgesellschaft in ein Personenunternehmen aus nicht steuerlichen Gründen vorgegeben?
2. Ist bei der Kapitalgesellschaft ein nicht auf das Personenunternehmen übertragbarer Verlustvortrag vorhanden?
3. Entsteht ein Übernahmegewinn oder -verlust?
4. Befinden sich die Anteile an der Kapitalgesellschaft im Zeitpunkt der Umwandlung bereits im Betriebsvermögen der Personengesellschaft bzw. des Einzelunternehmers oder gelten sie zu diesem Zeitpunkt als in dieses Betriebsvermögen eingelegt?
5. Plant der Entscheidungsträger, seinen Anteil an der Kapital- bzw. Personengesellschaft zu einem späteren Zeitpunkt zu veräußern oder soll dieser im Rahmen der Erbfolge bzw. der vorweggenommenen Erbfolge auf den oder die Erben übergehen?

Bei der hier in Rede stehenden Umwandlung einer Kapitalgesellschaft in ein Personenunternehmen ist es problematisch, wenn die Umwandlung aus nicht steuerlichen Gründen vorgegeben ist (Frage 1). Der Grund liegt darin, dass hier aufgrund des Wegfalls einer Besteuerungsebene regelmäßig keine steuerneutrale Art der Umwandlung möglich ist. Vielmehr können im Einzelfall gravierende Steuerfolgen eintreten, die oft nur schwer zu durchschauen sind. Eine Entscheidung zur Umwandlung ohne Beachtung der Steuerfolgen erscheint hier deshalb nur in Ausnahmefällen vertretbar. Aber selbst in derartigen Ausnahmefällen dürfte es i. d. R. sinnvoll sein, die Steuerwirkungen genau zu analysieren. Im Einzelfall können sie nämlich so gravierend sein, dass ihre Berücksichtigung bei der Liquiditätsplanung unumgänglich ist.

Angemerkt sei, dass Fälle, in denen die Umwandlung einer Kapitalgesellschaft in ein Personenunternehmen aus nicht steuerlichen Gründen sinnvoll oder gar notwendig erscheint, selten vorkommen dürften. Insoweit besteht ein erheblicher Unterschied ggü. dem umgekehrten Vorgang der Umwandlung eines Personenunternehmens in eine Kapitalgesellschaft. Letzterer Vorgang wird insb. häufig dadurch notwendig, dass ein zunächst kleines Personenunternehmen im Laufe der Zeit stark gewachsen ist und bei dem Unternehmer bzw. den Mitunternehmern ein hohes Vermögen entstanden ist. Um dieses gegen eine unbeschränkte persönliche Haftung abzuschirmen, ist die Umwandlung des Unternehmens in eine Rechtsform sinnvoll, die dies ermöglicht. Hier bietet sich häufig die Umwandlung in eine GmbH an.

In allen Fällen, in denen die steuerliche Vorteilhaftigkeit der Umwandlung einer Kapitalgesellschaft in ein Personenunternehmen untersucht werden soll, ist die Frage nach dem Vorhandensein bzw. nach dem Nichtvorhandensein verrechenbarer Verluste von erheblicher Bedeutung (Frage 2). Sind solche Verluste vorhanden, ist die Aufstockung regelmäßig vorteilhaft, ansonsten ist eine Vorteilhaftigkeit nur möglich, wenn ein Übernahmeverlust (Frage 3) entsteht (s. Gliederungspunkt 2.2.4.7 (S. 91)). Dies muss aber im Einzelfall überprüft werden.

Die vierte der oben formulierten Fragen ist für die Steuerfolgen einer Umwandlung bei dem (Mit-)Unternehmer von Bedeutung, insb. für die fiktive Vollausschüttung und das Übernahmeergebnis. Diese können je nach betrachtetem Fall erheblich voneinander abweichen, wie in Gliederungspunkt 2.2.2.2 (S. 80) festgestellt wurde.

Schließlich kann die fünfte Frage für die langfristigen Steuerfolgen einer möglichen Umwandlung von Bedeutung sein. Je nachdem, ob der bisherige Gesellschafter bzw. Unternehmer am Ende seiner unternehmerischen Betätigung eine (vorweggenommene) Erbfolge oder einen Verkauf seines Unternehmens bzw. seines Anteils am Unternehmen plant, können diese voneinander abweichen.

2.2.5.2 Beispielhafte Durchführung des Vergleichs

Aus der Vielzahl möglicher Fälle, die sich aus der unterschiedlichen Beantwortung der hier gestellten vier Fragen ableiten lassen, wird nachfolgend beispielhaft auf einen Fall näher eingegangen, der sich wie folgt skizzieren lässt:

- In die Untersuchung, ob eine Umwandlung der bisherigen Kapitalgesellschaft in ein Personenunternehmen durchgeführt werden soll oder nicht, sollen die entstehenden Steuerfolgen einbezogen werden.
- Die übertragende Kapitalgesellschaft setzt das Betriebsvermögen in der Übertragungsbilanz mit den Buchwerten an (nach Prüfung und Verneinung der Vorteilhaftigkeit einer Aufstockung).
- Alle Gesellschafter der Kapitalgesellschaft waren vor Jahren deren Gründer. Die Anschaffungskosten der Anteile entsprachen dem bei Gründung festgelegten Nennkapital zuzüglich der Kapitalrücklagen. Dies ist seither unverändert.
- Die Kapitalgesellschaft verfügt über keinen steuerlichen Verlustvortrag.
- Die Gesellschafter der Kapitalgesellschaft wollen ihre Anteile an der Gesellschaft am Ende ihrer unternehmerischen Tätigkeit im Rahmen der (vorweggenommenen) Erbfolge auf ihre Erben übertragen.
- Die den Vorteilsvergleich durchführenden Gesellschafter der Kapitalgesellschaft halten ihre Anteile in ihrem Privatvermögen. Es handelt sich jeweils um eine Beteiligung i. S. d. § 17 EStG.

- Das zu versteuernde Einkommen eines jeden Gesellschafters befindet sich im Jahr der möglichen Umwandlung in der zweiten Proportionalzone.

Dieser Fall ist vermutlich einer der für die Praxis wichtigsten und häufigsten. Für den Fall der Fortführung der bisherigen Kapitalgesellschaft einerseits und deren Umwandlung in ein Personenunternehmen andererseits ergeben sich folgende Steuerwirkungen:

1. Da die Buchwerte fortgeführt werden sollen, entsteht im Fall der Umwandlung i. d. R. kein Übertragungsgewinn, aber auch kein -verlust. Insoweit ergibt sich kein Unterschied ggü. dem Fall der Fortführung der Kapitalgesellschaft.

2. Im Fall der Umwandlung müssen die bisherigen Gesellschafter der Kapitalgesellschaft und künftigen (Mit-)Unternehmer des Personenunternehmens gem. § 7 UmwStG den zum Übertragungsstichtag vorhandenen ausschüttbaren Gewinn der Kapitalgesellschaft als Einnahmen i. S. d. § 20 Abs. 1 Nr. 1 EStG versteuern. Diese sind aber gem. § 17 i. V. m. § 20 Abs. 8 EStG in Einkünfte aus Gewerbebetrieb umzuqualifizieren und unterliegen dem Teileinkünfteverfahren. Der anzuwendende Einkommensteuersatz beträgt 27 % (= 60 % · 45 %). Mit Gewerbesteuer werden die fiktiven Ausschüttungen nicht belastet.

3. Im Fall der Umwandlung ist nach § 4 Abs. 4 UmwStG gesellschafterbezogen das Übernahmeergebnis zu ermitteln, im Fall eines Verzichts auf die Umwandlung hingegen nicht. Das Übernahmeergebnis ergibt sich unter der hier formulierten Prämisse einer Fortführung der Buchwerte aus der Differenz der Summe der Buchwerte und dem Buchwert der Anteile an der Kapitalgesellschaft. Ein derartiger Buchwert ist im Zeitpunkt der Einbringung nicht vorhanden, da die Gesellschafter die Anteile in ihrem Privatvermögen gehalten haben. Es greift daher die Fiktion des § 5 Abs. 2 UmwStG: Die Anteile gelten zum Umwandlungsstichtag als mit ihren ursprünglichen Anschaffungskosten in das Betriebsvermögens des Personenunternehmens eingelegt. Annahmegemäß entsprechen diese dem gezeichneten Kapital und der Kapitalrücklage. Die Summe der Buchwerte zum Einbringungsstichtag ist um die Summe der seither angesammelten offen ausgewiesenen Reserven höher (diese entsprechen dem ausschüttbaren Gewinn). Stimmen Handels- und Steuerbilanz überein, entsprechen beide Summen zusammen der Summe aus Gewinnrücklagen, Gewinnvortrag und Jahresüberschuss.

4. Nach § 4 Abs. 5 Satz 2 UmwStG ist das vorläufige Übernahmeergebnis um die Bezüge i. S. d. § 7 UmwStG zu kürzen. Die Höhe dieser fiktiven Gewinne entspricht exakt dem ausschüttbaren Gewinn und damit angesichts der Prämissen dieses Falls dem Übernahmeergebnis. Das vorläufige Übernahmeergebnis ist demnach exakt um sich selbst zu kürzen. Der nach § 4 Abs. 5 Satz 2 UmwStG verbleibende steuerpflichtige Teil des Übernahmeergebnisses beträgt somit 0 €. Folglich kommt es auch im Fall der Umwandlung im Ergebnis nicht zu einer Besteuerung eines Übernahmegewinns. Damit ergeben sich auch insoweit keine abweichenden

Steuerwirkungen ggü. dem Fall einer unveränderten Fortführung der Kapitalgesellschaft.

5. Annahmegemäß endet die Gesellschafterstellung der bisherigen Gesellschafter durch (vorweggenommene) Erbfolge und nicht durch Verkauf. Damit sind die Folgen einer (vorweggenommenen) Erbfolge und nicht die einer Veräußerung der Anteile in den Vorteilsvergleich einzubeziehen. Diese dürften sich in den miteinander zu vergleichenden Fällen regelmäßig – wenn überhaupt – nur wenig voneinander unterscheiden. Sie können somit vernachlässigt werden.

6. Sind in dem Betriebsvermögen Grundstücke enthalten, fällt im Fall einer Umwandlung Grunderwerbsteuer an, im Fall einer Fortführung der bisherigen Kapitalgesellschaft hingegen nicht.

Weitere Steuerfolgen als in den Nummern 1 bis 6 aufgeführt, ergeben sich durch eine mögliche Umwandlung nicht. Von diesen führen lediglich die Nummern 2 und 6 zu nicht eindeutigen Steuerfolgen. Miteinander zu vergleichen sind:

- die Steuern gem. § 7 UmwStG auf die fiktiven Ausschüttungen und ggf. die Grunderwerbsteuer im Zeitpunkt der Umwandlung mit
- dem Barwert der Steuern auf die tatsächlichen Ausschüttungen zu einem späteren Zeitpunkt.

Die fiktiven und die tatsächlichen Ausschüttungen entsprechen dem zum Umwandlungszeitpunkt in der Kapitalgesellschaft vorhandenen ausschüttbaren Gewinn i. S. d. § 27 KStG. Damit ist die Umwandlung im Vergleich zur unveränderten Fortführung der Kapitalgesellschaft in dem hier betrachteten Fall steuerlich i. d. R. nachteilig (da im Fall der Umwandlung die Versteuerung sofort erfolgt, im Fall der Fortführung der Kapitalgesellschaft hingegen erst später). Eine Ausnahme kann sich dann ergeben, wenn der auf die fiktive Ausschüttung anzuwendende Steuersatz deutlich niedriger ist als der auf eine spätere tatsächliche Ausschüttung. Diese Situation kann sich ergeben, wenn:

- der Gesellschafter im Jahr der möglichen Umwandlung der Kapitalgesellschaft in der Summe Verluste aus anderen Einkunftsquellen erzielt oder
- der Gesetzgeber in Zukunft den anzuwendenden Steuersatz erhöht.

Im ersten Fall ist es für den Gesellschafter vorteilhaft, auf die fiktiven Ausschüttungen nicht den Abgeltungsteuersatz zur Anwendung kommen zu lassen, sondern einen Antrag auf Einbeziehung der fiktiven Ausschüttungen in die Veranlagung zu stellen.

2.3 Umwandlung einer Kapitalgesellschaft in eine andere Kapitalgesellschaft

2.3.1 Vorbemerkungen und gesellschaftsrechtliche Gestaltungsmöglichkeiten

Nun werden Umwandlungen einer Kapitalgesellschaft in eine andere Kapitalgesellschaft betrachtet. Rechtsformen der Kapitalgesellschaften sind die AG, die GmbH, die KGaA und die SE. Werden die KGaA und die SE vernachlässigt, kommen als Umwandlungsvorgänge einer Kapitalgesellschaft in eine andere Kapitalgesellschaft lediglich in Betracht:

- die Umwandlung einer GmbH in eine AG und
- die Umwandlung einer AG in eine GmbH.

Eine weitere Eingrenzung: Nicht betrachtet wird der Fall, dass mehrere Gesellschaften miteinander verschmolzen werden. Vielmehr wird lediglich *eine* GmbH in eine AG oder umgekehrt *eine* AG in eine GmbH verwandelt.

Ein Motiv für die Umwandlung einer GmbH in eine AG kann insb. das Bestreben sein, das Unternehmen an die Börse zu führen. Dies ist nur bei der AG möglich (und bei den hier ausgegrenzten Kapitalgesellschaften KGaA und SE), nicht hingegen bei der GmbH. Ein Grund für die Umwandlung einer AG in eine GmbH kann z. B. sein, dass die Aktien einer bisher börsennotierten AG vollständig von einem anderen Unternehmen übernommen worden sind und dieses Unternehmen sich solcher Pflichten entledigen will, die ausschließlich Aktiengesellschaften betreffen. Anzunehmen ist, dass die Gründe für einen Rechtsformwechsel von einer GmbH in eine AG oder umgekehrt in aller Regel im nicht steuerlichen Bereich liegen. Dies kann auch bereits daraus gefolgert werden, dass die Rechtsformen der GmbH und der AG bei allen Steuerarten gleich behandelt werden. Steuerliche Effekte können demnach allenfalls durch den Umwandlungsvorgang selbst erzeugt werden.

Gesellschaftsrechtlich kommen, wie bereits Abbildung 2.5 (S. 72) in den Zeilen 8 bis 11 verdeutlicht, als Umwandlungsarten in Betracht:

- der Formwechsel und
- die Verschmelzung.

Unter einer Verschmelzung ist bekanntlich die Übertragung des gesamten Vermögens eines Rechtsträgers auf einen anderen Rechtsträger im Wege der *Gesamtrechtsnachfolge* zu verstehen. Die Verschmelzung kann durch Aufnahme (§§ 4 bis 35 UmwG) oder durch Neugründung (§§ 36 bis 38 UmwG) erfolgen. Bei einer Verschmelzung geht die übertragende Kapitalgesellschaft unter *Auflösung ohne Abwicklung* unter. Im Gegenzug werden die Anteilseigner der übertragenden Kapitalgesellschaft durch Anteilstausch an der übernehmenden Kapitalgesellschaft beteiligt. Dabei hat eine Prüfung der Angemessenheit des Umtauschverhältnisses zu erfolgen (§ 12 Abs. 2 UmwG). Die Zusammenhänge verdeutlicht das nachfolgende Beispiel.

Beispiel

Die Alt-GmbH soll auf die Neu-AG verschmolzen werden. Für beide Unternehmen wurde eine Unternehmensbewertung durchgeführt. Demnach hat die Alt-GmbH einen Wert von 2.000 T€ und die Neu-AG von 1.000 T€. Das gezeichnete Kapital besteht jeweils aus 100 gleich großen Teilen.

Das Umtauschverhältnis ergibt sich durch Gegenüberstellung der beiden Unternehmenswerte. Es beträgt $\frac{2}{1}$ (= $\frac{2.000}{1.000}$). Demnach ist ein Anteil an der Überträgerin doppelt so viel wert wie ein Anteil an der Übernehmerin. Um eine angemessene Abfindung der Gesellschafter der Alt-GmbH zu erreichen, sind diesen für einen untergehenden rechnerischen Anteil an der Alt-GmbH zwei Anteile an der Neu-AG zu gewähren.

Bei der Verschmelzung lassen sich im Wesentlichen drei Varianten unterscheiden: Die Verschmelzung von Kapitalgesellschaften, zwischen denen keine Beteiligung besteht, die **Aufwärtsverschmelzung** (Up-Stream-Merger) und die **Abwärtsverschmelzung** (Down-Stream-Merger). Die Aufwärtsverschmelzung ist durch eine Beteiligung der Übernehmerin (dem Mutterunternehmen) an der Überträgerin gekennzeichnet. Bei der Abwärtsverschmelzung wird umgekehrt das Mutterunternehmen auf ein Tochterunternehmen verschmolzen. Eine Aufwärtsverschmelzung, bei der eine 100 %ige Beteiligung an dem Tochterunternehmen besteht, wird als Grundfall der Verschmelzung von Kapitalgesellschaften bezeichnet.[89]

Die hier im Fokus stehenden Fälle (GmbH in eine AG oder umgekehrt) können gesellschaftsrechtlich im Wege des *Formwechsels* deutlich einfacher und damit auch kostengünstiger geschehen als im Wege einer Verschmelzung. Ein denkbarer Grund dafür, dass ausnahmsweise doch die Verschmelzung vorteilhafter ist, kann steuerlicher Natur sein. Ob und ggf. unter welchen Voraussetzungen das der Fall sein kann, ist im Folgenden zu klären.

Auch im UmwStG ist die Umwandlung einer Kapitalgesellschaft in eine andere Kapitalgesellschaft als Formwechsel und in Form einer Verschmelzung möglich. Die Verschmelzung einer Kapitalgesellschaft auf eine andere ist in den §§ 11 bis 13 UmwStG (3. Teil) geregelt. Für den Formwechsel enthält das UmwStG hingegen keine eigene Norm. Dies lässt sich dadurch erklären, dass durch die hier in Rede stehende Umwandlung Vermögen zwischen Rechtsträgern übertragen wird, bei denen das Trennungsprinzip gilt.

2.3.2 Steuerfolgen

Da sich das Rechtssubjekt bei einem *Formwechsel* einer GmbH in eine AG bzw. einer AG in eine GmbH nicht ändert, bewirkt er nach den allgemeinen steuerlichen Regeln keine ertragsteuerlichen Folgen (insb. kommt es nicht zur Aufdeckung stiller Reserven und verrechenbare Verluste gehen nicht unter). Der Vorgang ist also *steuerneutral*. Dies ist auch das vom Gesetzgeber gewollte Ergebnis. Aus diesem Grunde enthält das Umwandlungssteuergesetz keine Spezialvorschriften für den Formwechsel einer Kapitalgesellschaft in eine andere Kapitalgesellschaft. Auch umsatz- und grunderwerbsteuerlich ergeben sich keine steuerbaren Vorgänge.

---

[89] Vgl. *Brähler/Krenzin* (2020), S. 182.

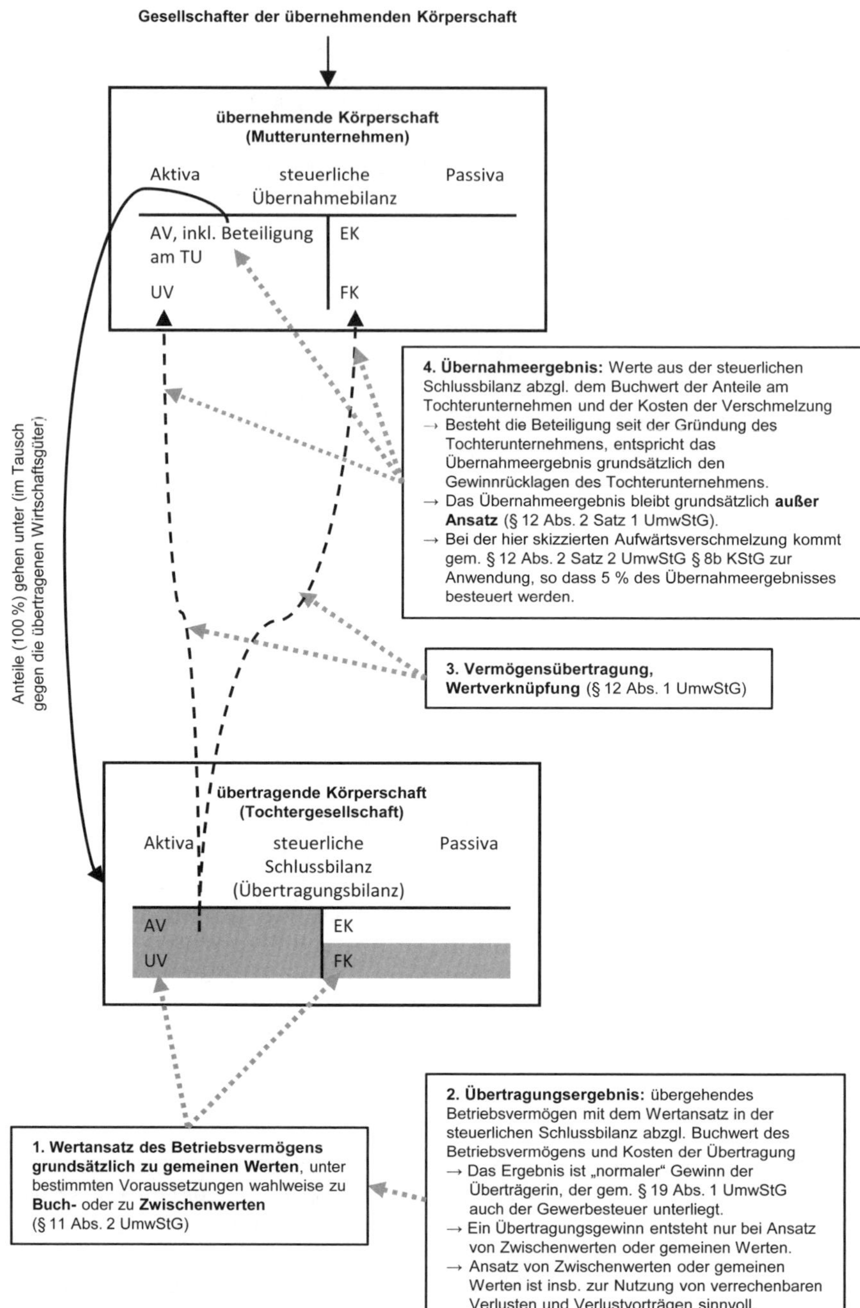

Abb. 2.7: Ertragsteuerliche Folgen der Umwandlung einer Kapitalgesellschaft in eine andere Kapitalgesellschaft im Wege einer Aufwärtsverschmelzung

Einen ersten Überblick über die wichtigsten ertragsteuerlichen Folgen der Umwandlung einer Kapitalgesellschaft in eine andere Kapitalgesellschaft im Wege der *Verschmelzung* gibt Abbildung 2.7 auf der gegenüberliegenden Seite für den Grundfall, d. h. für eine Aufwärtsverschmelzung.

Die Verschmelzung weist ertragsteuerlich große Ähnlichkeit mit der Verschmelzung einer Kapitalgesellschaft auf ein Personenunternehmen auf. Daher ist es nicht verwunderlich, dass die Normen des 3. Teils (die §§ 11 bis 13 UmwStG) im Wesentlichen auf den 2. Teil verweisen und nur davon abweichende Besonderheiten regeln. Der Vergleich von Abbildung 2.7 mit Abbildung 2.6 (S. 76) offenbart bereits die beiden großen ertragsteuerlichen Besonderheiten: Es erfolgt keine fiktive Vollausschüttung (§ 7 UmwStG kommt daher nicht zur Anwendung). Und die Gesellschafter der Überträgerin bleiben Anteilseigner einer Kapitalgesellschaft (werden also nicht Einzel- bzw. Mitunternehmer); hierfür gibt es mit § 13 UmwStG eine besondere Norm.

Nach § 11 Abs. 1 UmwStG hat die *übertragende* Kapitalgesellschaft die Wirtschaftsgüter in ihrer Schlussbilanz zum Übertragungsstichtag (der Übertragungsbilanz) grundsätzlich mit ihren gemeinen Werten anzusetzen. Durch die Aufdeckung der stillen Reserven entsteht bei ihr ein *Übertragungsgewinn*. Für ihn bestehen keine steuerlichen Begünstigungsvorschriften. Vielmehr gehört er – wie alle anderen Gewinnbestandteile auch – zum laufenden Gewinn der übertragenden Kapitalgesellschaft. Er unterliegt damit nach den allgemeinen Vorschriften sowohl der Gewerbe- als auch der Körperschaftsteuer.

Auf Antrag kann die übertragende Kapitalgesellschaft die Wirtschaftsgüter in ihrer Übertragungsbilanz gem. § 11 Abs. 2 UmwStG auch mit ihren *Buchwerten* oder zu *Zwischenwerten* ansetzen. Werden Zwischenwerte angesetzt, sind die in den einzelnen Wirtschaftsgütern enthaltenen stillen Reserven und stille Lasten mit einem einheitlichen Prozentsatz aufzudecken (Tz. 11.11 i. V. m. Tz. 03.25 UmwStE).

Die übertragende Kapitalgesellschaft hat also das bekannte *Wahlrecht*, die stillen Reserven aufzudecken und zu versteuern oder diese Konsequenzen zu vermeiden. Allerdings hat sie dieses Wahlrecht nach § 11 Abs. 2 UmwStG nur unter den dort genannten Voraussetzungen, notwendig ist insb. eine fortbestehende Steuerverstrickung. Das Wahlrecht kann nicht selektiv ausgeübt werden.

Die *übernehmende* Kapitalgesellschaft hat die sich aus der Übertragungsbilanz ergebenden Werte gem. § 12 Abs. 1 i. V. m. § 4 Abs. 1 UmwStG in ihre *Übernahmebilanz* zu übernehmen. In Höhe des Unterschiedsbetrags zwischen den Wertansätzen der übernommenen Wirtschaftsgüter und dem Buchwert der Anteile unmittelbar vor der Übernahme entsteht nach § 12 Abs. 2 Satz 1 UmwStG ein Übernahmegewinn. Ist der Unterschiedsbetrag negativ, entsteht ein Übernahmeverlust. Sowohl ein Übernahmegewinn als auch ein Übernahmeverlust bleiben nach § 12 Abs. 2 Satz 1 UmwStG bei der das Betriebsvermögen übernehmenden Kapitalgesellschaft außer Ansatz (Übernahmegewinne bleiben also steuerfrei, Übernahmeverluste können nicht ausgeglichen oder abgezogen werden).

Bei der übertragenden Gesellschaft vorhandene verrechenbare Verluste, verbleibende Verlustvorträge und nicht ausgeglichene negative Einkünfte (im Folgenden kurz: *verrechenbare Verluste*) können nicht auf die übernehmende Gesellschaft übertragen werden (§ 12 Abs. 3 2. Halbsatz i. V. m. § 4 Abs. 2 UmwStG). Solche Verluste gehen also unter.

Der Gesetzgeber fingiert in § 13 Abs. 1 UmwStG eine Veräußerung *der Anteile* an der untergehenden und einen entgeltlichen Erwerb der Anteile an der übernehmenden Kapitalgesellschaft. Sowohl die fingierte Veräußerung als auch der fingierte Erwerb haben grundsätzlich zu gemeinen Werten zu erfolgen. Dies gilt aber nur, soweit die Gesellschafter der Überträgerin für ihre untergehenden Anteile Anteile an der Übernehmerin erhalten und es sich um Anteile im Betriebsvermögen[90] oder um Anteile i. S. d. § 17 EStG handelt (Tz. 13.01 f UmwStE). Für alle übrigen Anteile findet bei Verschmelzung einer Körperschaft § 20 Abs. 4a Satz 1 und 2 EStG Anwendung. Damit geht grundsätzlich die Fortführung der Anschaffungskosten der Anteile an der Überträgerin einher.

Bei Anteilen im Betriebsvermögen und bei Anteilen i. S. d. § 17 EStG können die Gesellschafter die neuen Anteile nach § 13 Abs. 2 UmwStG abweichend von § 13 Abs. 1 UmwStG auch mit den Buchwerten der alten Anteile in ihrem eigenen Betriebsvermögen bewerten. Dieses Wahlrecht ist unabhängig von dem in § 11 Abs. 2 UmwStG; anders als dort dürfen hier keine Zwischenwerte angesetzt werden. Hierzu müssen die Gesellschafter einen entsprechenden Antrag stellen. Die Gesellschafter können also eine Realisation der in den Buchwerten der alten Anteile ruhenden stillen Reserven vermeiden. Dabei sind die Voraussetzungen des § 13 Abs. 2 UmwStG zu beachten, insb. die fortgesetzte Steuerverstrickung. Außerdem ist die in § 13 Abs. 2 Satz 2 UmwStG kodifizierte sog. Fußstapfentheorie zu beachten, wonach die Anteile an der übernehmenden Körperschaft steuerlich an die Stelle der Anteile an der übertragenden Körperschaft treten. Bedeutsam ist dies insb. für Anteile i. S. d. § 17 EStG, wenn die Beteiligung an der übernehmenden Kapitalgesellschaft weniger als 1 % ausmacht: Es bleiben gleichwohl Anteile i. S. d. § 17 EStG, die als verschmelzungsgeborene Anteile bezeichnet werden.

Verfügt die übernehmende Kapitalgesellschaft über Verluste, ist Folgendes zu beachten: Durch die Gewährung neuer Anteile bei einer Verschmelzung kann ein schädlicher Beteiligungserwerb gem. § 8c KStG verursacht werden, denn eine Verschmelzung auf eine Verlustgesellschaft, bei der die Gesellschafter der übertragenden Gesellschaft zu mehr als 25 % bzw. zu mehr als 50 % beteiligt sind, ist ein mit § 8c KStG vergleichbarer Sachverhalt. Dies wird regelmäßig bei Verschmelzungen auf Verlustgesellschaften der Fall sein, da diese keinen hohen Wert aufweisen und folglich die Gesellschafter mit einem hohen Anteil hieran beteiligt werden müssen. Der schädliche Beteiligungserwerb kann unter Umständen durch die Konzernklausel vermieden werden (§ 8c Abs. 1 Satz 4 KStG). Sollte das nicht möglich sein, können eventuell zumindest vorhandene stille Reserven mit den Verlusten verrechnet werden (§ 8c Abs. 1 Sätze 5 bis 8 KStG).

Umsatzsteuerlich wird die Verschmelzung einer Kapitalgesellschaft auf eine andere als Geschäftsveräußerung im Ganzen angesehen und stellt daher nach § 1 Abs. 1a UStG einen nicht steuerbaren Vorgang dar.

[90] Dies gilt nicht, soweit bei einer Aufwärtsverschmelzung die übernehmende Körperschaft an der übertragenden Körperschaft beteiligt ist (Tz. 13.01 UmwStE). Dann kommt § 12 Abs. 2 UmwStG zur Anwendung.

Geht im Rahmen einer Verschmelzung ein Grundstück von einer Kapitalgesellschaft auf eine andere über, liegt ein *grunderwerbsteuerbarer* Vorgang vor (§ 1 Abs. 1 Nr. 3 Satz 1 GrEStG). Bemessungsgrundlage ist der Grundbesitzwert (§ 8 Abs. 2 Nr. 2 GrEStG). Möglicherweise kann die Grunderwerbsteuer durch die Konzernklausel des § 6a GrEStG vermieden werden.

An dieser Stelle empfiehlt sich ein erneuter Blick auf Abbildung 2.7 (S. 98), in der die wichtigsten ertragsteuerlichen Folgen der Umwandlung einer Kapitalgesellschaft in eine Kapitalgesellschaft im Wege der Verschmelzung für den Grundfall, also für eine Aufwärtsverschmelzung, dargestellt sind.

2.3.3 Steuerplanerische Aspekte

2.3.3.1 Entscheidungssituation

In aller Regel dürfte der Grund für die Umwandlung einer GmbH in eine AG bzw. umgekehrt einer AG in eine GmbH nicht steuerlicher Art sein. Nur hiervon wird nachfolgend ausgegangen.

Steuerlich ergeben sich aus der Umwandlung einer Kapitalgesellschaft in eine andere dann überhaupt keine Folgen, wenn die Umwandlung mit Hilfe eines Formwechsels durchgeführt wird. Auch im Wege einer Verschmelzung kann eine Umwandlung weitgehend ertragsteuerneutral durchgeführt werden.

Bei einer Verschmelzung besteht im Gegensatz zu einem Formwechsel aber auch die Möglichkeit, die in dem Unternehmen ruhenden stillen Reserven teilweise oder vollständig aufzulösen. Sind in dem Betriebsvermögen der übertragenden Kapitalgesellschaft Grundstücke enthalten, entsteht Grunderwerbsteuer. Diese wird bei einem Formwechsel vermieden.

Aus den bisherigen Ausführungen ergibt sich, dass es im Rahmen der hier zu behandelnden Umwandlungsvorgänge einen steuerlichen Aktionsparameter gibt. Dieser besteht in der Aufdeckung bzw. der Nichtaufdeckung stiller Reserven. Sollen stille Reserven aufgedeckt werden, kann dies nur im Wege einer Verschmelzung geschehen. Es müssen dann ggf. folgende Nachteile in Kauf genommen werden, die in keinem unmittelbaren Zusammenhang mit der Aufstockung stehen:

- Kosten infolge der Gründung einer zusätzlichen Kapitalgesellschaft und
- zusätzliche Grunderwerbsteuer.

Damit stellt sich die Frage, ob es Fälle gibt, in denen die aus einer Aufstockung resultierenden ertragsteuerlichen Vorteile so hoch sind, dass sie die in Kauf zu nehmenden Nachteile überkompensieren. Dieser Frage wird im nächsten Gliederungspunkt nachgegangen.

2.3.3.2 Aufdeckung stiller Reserven

Werden in der Übertragungsbilanz stille Reserven (R_{still}) aufgedeckt, verursacht der entstehende Übertragungsgewinn grundsätzlich Gewerbe- und Körperschaftsteuer. Eine Steuerbegünstigung kommt nicht zur Anwendung. Damit hat der Übertragungsgewinn die Wirkung von E i. S. v. Gleichung IV (S. 233) bzw. Gleichung V. Die Steuerwirkung des Übertragungsgewinns (S_{UetG}) kann in gleicher Weise dargestellt werden, wie dies bereits in Gleichung 38 (S. 85) geschehen ist.

Die aufgedeckten stillen Reserven führen bei der übernehmenden Kapitalgesellschaft zu einer Erhöhung des Aufwandspotentials. Dies führt in der Summe – ceteris paribus – zu einer Steuerentlastung in gleicher Höhe, in der bei der übertragenden Kapitalgesellschaft infolge des Übertragungsgewinns eine Steuermehrbelastung entstanden ist (also i. H. v. S_{UetG}). Diese Steuerentlastung fällt allerdings zeitlich gestreckt an (oft über viele Jahre oder Jahrzehnte). Damit kann eine Aufdeckung stiller Reserven nach § 11 UmwStG grundsätzlich nicht vorteilhaft sein.

Eine Ausnahme ergibt sich, wenn die übertragende Gesellschaft über verrechenbare Verluste verfügt. Diese können nicht von der übernehmenden Kapitalgesellschaft nach § 12 Abs. 3 2. Halbsatz i. V. m. § 4 Abs. 2 UmwStG übernommen werden (sie gehen unter). Soweit dieser Verlustvortrag durch eine (Teil-)Aufstockung bei der übertragenden Kapitalgesellschaft beseitigt werden kann, entsteht bei dieser keine zusätzliche Steuerbelastung. Dafür entsteht bei der übernehmenden Kapitalgesellschaft Aufwandspotential, das in Zukunft genutzt werden kann. Damit ist eine derartig gezielte (Teil-)Aufstockung in aller Regel vorteilhaft (zumindest ist sie nicht nachteilig).

Zu beachten ist aber, dass durch eine Aufstockung zum Zweck der Nutzung verrechenbarer Verluste kein Vorteil ggü. einem Formwechsel erreichbar ist, da verrechenbare Verluste dabei nicht untergehen. Somit kann das im Fall einer Verschmelzung sich möglicherweise ergebende Problem, den drohenden Untergang von verrechenbaren Verlusten verhindern zu müssen, überhaupt nicht entstehen. Folglich ist in den Fällen, in denen die Umwandlung einer Kapitalgesellschaft in eine andere Kapitalgesellschaft sowohl im Wege eines Formwechsels als im Wege einer Verschmelzung möglich ist, aus steuerlicher Sicht der *Formwechsel* vorzuziehen.

2.4 Umwandlung eines Personenunternehmens in eine Kapitalgesellschaft

2.4.1 Überblick

Gesellschaftsrechtlich kann die Umwandlung einer *Personengesellschaft* in eine Kapitalgesellschaft:

- durch eine Verschmelzung nach den §§ 2 bis 76 UmwG oder
- durch einen Formwechsel nach den §§ 190 bis 225 UmwG

erfolgen (s. Abbildung 2.5 (S. 72), Zeilen 3 und 4).

Für die Umwandlung eines *Einzelunternehmens* in eine Kapitalgesellschaft steht eine Ausgliederung aus dem Vermögen eines Einzelkaufmanns nach den §§ 152 bis 160 UmwG zur Verfügung (s. Abbildung 2.5 (S. 72), Zeile 2).

Außer durch diese gesellschaftsrechtlichen Umwandlungsarten kann die Umwandlung eines Personenunternehmens in eine Kapitalgesellschaft auch in anderen Formen erfolgen. So kann die Umwandlung auch als Anwachsung erfolgen. Hierbei tritt die Kapitalgesellschaft in das Personenunternehmen ein, der bisherige (Mit-)Unternehmer scheidet anschließend aus dem Personenunternehmen aus. Das Vermögen des Personenunternehmens wächst dann der Kapitalgesellschaft an. Auch eine Veräußerung aller Wirtschaftsgüter des Personenunternehmens an die Kapitalgesellschaft ist möglich. Diese anderen Formen werden hier nicht weiter beachtet.

Die Ausgliederung aus dem Vermögen eines Einzelunternehmens und auch die Verschmelzung werden *steuerlich* als *Einbringung* behandelt (§§ 20 bis 23 UmwStG). Für den *Formwechsel* ergeben sich vordergründig keine Besonderheiten. Er wird auch steuerlich als solcher behandelt (§ 25 UmwStG). Dabei verweist die Vorschrift zum Formwechsel allerdings auf die der Einbringung. Somit läuft es steuerlich auf die Frage hinaus, ob ein Einbringungstatbestand i. S. d. § 20 UmwStG vorliegt. Dieser wird im Folgenden näher betrachtet.

Die Einbringung ist einer der Fälle, die nur im UmwStG geregelt sind. Aus zivilrechtlicher Perspektive fallen hierunter gem. § 1 Abs. 3 UmwStG eine ganze Reihe von Vermögensübertragungen, die eine Gesamtrechtsnachfolge vorsehen. Die Einbringung kann aber auch in Fällen der Einzelrechtsnachfolge zur Anwendung gelangen, insb. bei Sacheinlagen (Tz. 01.44 UmwStE).

Einkommensteuerlich ist die hier in Rede stehende Einbringung eines Personenunternehmens in eine Kapitalgesellschaft als ein *tauschähnlicher Veräußerungsvorgang* anzusehen, der grundsätzlich zu einem Veräußerungsgewinn i. S. d. § 16 EStG führt.[91] Dieser Grundsatz kann aber durch § 20 UmwStG durchbrochen werden. Der zentrale Unterschied zu den Rechtsfolgen des § 16 EStG besteht dabei darin, dass die Aufdeckung und die Besteuerung der stillen Reserven analog zur Verschmelzung ganz oder teilweise vermieden werden können, soweit die spätere Besteuerung gesichert ist. Dabei birgt § 20 UmwStG zwei spezifische Anforderungen:

1. Es muss sich um die Übertragung einer *Sachgesamtheit* in Form eines Betriebs, eines Teilbetriebs oder eines Mitunternehmeranteils handeln *und*

2. die Gegenleistung für die Vermögensübertragung muss in *neuen Anteilen* an der aufnehmenden Kapitalgesellschaft bestehen (die als **sperrfristbehaftete Anteile** (früher: einbringungsgeborene Anteile) bezeichnet werden).[92]

Die benannten Sachgesamtheiten finden sich auch in § 16 EStG. Die Begriffe Betrieb und Mitunternehmeranteil haben in § 20 UmwStG die gleiche Bedeutung wie in § 16 EStG. Bei dem Begriff **Teilbetrieb** ist hingegen nicht eindeutig, ob der Begriff in § 24 UmwStG dem nationalen Begriffsverständnis des § 16

91 Vgl. BFH-Urteil vom 23.1.1986, IV R 335/84, BStBl II 1986, S. 623.

92 Die Gegenleistung muss allerdings nicht ausschließlich in neuen Anteilen bestehen. Daneben dürfen auch sonstige Gegenleistungen gewährt werden (§ 20 Abs. 2 Satz 2 Nr. 4 UmwStG). Umstritten ist, ob es sich bei diesen Gegenleistungen um Wirtschaftsgüter handeln muss oder ob auch andere Gegenleistungen (z. B. eine stille Beteiligung) zulässig sind; vgl. hierzu bspw. *Nitzschke* (2020), § 20 UmwStG, Tz. 84e.

EStG entspricht (welches sich im Wesentlichen auf Rechtsprechung stützt[93]) oder dem etwas davon abweichenden europäischen Begriffsverständnis der Fusionsrichtlinie[94].[95] Die h. M. geht davon aus, dass der Begriff dann i. S. d. Fusionsrichtlinie auszulegen ist, wenn der zugehörige Sachverhalt von dieser erfasst wird, im Übrigen aber nach den bisherigen Grundsätzen der Rechtsprechung. Die Finanzverwaltung differenziert indes nicht, sondern stützt sich generell auf die Definition der Fusionsrichtlinie (Tz. 24.03 i. V. m. Tz. 20.06. und 15.02 UmwStE).[96]

Sind die in § 20 Abs. 1 UmwStG genannten Voraussetzungen erfüllt, können die in den §§ 20 bis 23 UmwStG genannten Wahlrechte und Steuerbegünstigungen in Anspruch genommen werden. Hierbei ist nicht erforderlich, dass die zivilrechtlichen Voraussetzungen einer Umwandlung vorliegen. Es genügt vielmehr allein die Erfüllung der steuerrechtlichen Normen, denen – wie bereits erwähnt – verschiedenartige zivilrechtliche Tatbestände zu Grunde liegen können.

Bei der Umwandlung eines Personenunternehmens in eine Kapitalgesellschaft kommt es *zum Wechsel vom Transparenz- zum Trennungsprinzip*: Dem Grunde nach ist die Umwandlung des Personenunternehmens eine Betriebsveräußerung, auf die § 16 EStG anzuwenden wäre. Die spätere Veräußerung der Anteile an der Kapitalgesellschaft erfolgt hingegen begünstigt (Abgeltungsteuer gem. § 32d EStG, Teileinkünfteverfahren gem. § 3 Nr. 40 EStG oder körperschaftsteuerliches Schachtelprivileg gem. § 8b KStG). Aus Sicht des Gesetzgebers besteht die Gefahr, dass durch die Einbringung die Besteuerung gem. § 16 EStG umgangen wird. Daher erfolgt der Übergang zur begünstigen Besteuerung der Anteilsveräußerung schrittweise über einen Zeitraum von sieben Jahren. Werden die sperrfristbehafteten Anteile währenddessen veräußert, kommt es mit linear abnehmender Intensität zur Anwendung von § 16 EStG (ohne Anwendung des Teileinkünfteverfahrens; auch die Begünstigung des § 16 Abs. 4 EStG darf gem. § 22 Abs. 1 Satz 1 letzter Halbsatz UmwStG nicht in Anspruch genommen werden). Erst danach zieht der Verkauf weitgehend die Steuerfolgen der Veräußerung eines „normalen" Anteils nach sich.

Mit den Ausführungen im vorherigen Absatz lässt sich die Notwendigkeit der Ausgestaltung der Gegenleistung für die Vermögensübertragung als neue Anteile an der übernehmenden Kapitalgesellschaft erklären: Die neuen Anteile begründen ein Beteiligungsverhältnis, welches die steuerliche Verhaftung etwaiger auf die Kapitalgesellschaft übergegangener stiller Reserven beim Einbringenden gewährleistet.

Die grundsätzliche Funktionsweise der Umwandlung eines Personenunternehmens in eine Kapitalgesellschaft im Wege der Einbringung sowie die grund-

[93] Vgl. BFH-Urteil vom 17.7.2008, I R 77/06, BStBl II 2009, S. 464 mit weiteren Nachweisen. Teilbetrieb ist demnach ein mit einer gewissen Selbstständigkeit ausgestatteter, organisch geschlossener Teil eines Gesamtbetriebs, der für sich betrachtet alle Merkmale eines Betriebs i. S. d. Einkommensteuergesetzes aufweist und für sich lebensfähig ist; eine völlig selbstständige Organisation mit eigener Buchführung ist nicht erforderlich. Vgl. hierzu auch R 16 Abs. 3 EStR.

[94] Vgl. Richtlinie des Rates 2009/133/EG vom 19.10.2009. Definiert wird der Begriff dort in Art. 2 Buchstabe j als die Gesamtheit der in einem Unternehmensteil einer Gesellschaft vorhandenen aktiven und passiven Wirtschaftsgüter, die in organisatorischer Hinsicht einen selbständigen Betrieb, d. h. eine aus eigenen Mitteln funktionsfähige Einheit, darstellen.

[95] Vgl. zu den begrifflichen Gemeinsamkeiten und Unterschieden bspw. *Weier* (2008); *Graw* (2013).

[96] Vgl. bspw. *Menner* (2019), § 20, Tz. 97; *Schmitt* (2018), § 24 UmwStG, Tz. 61 ff.

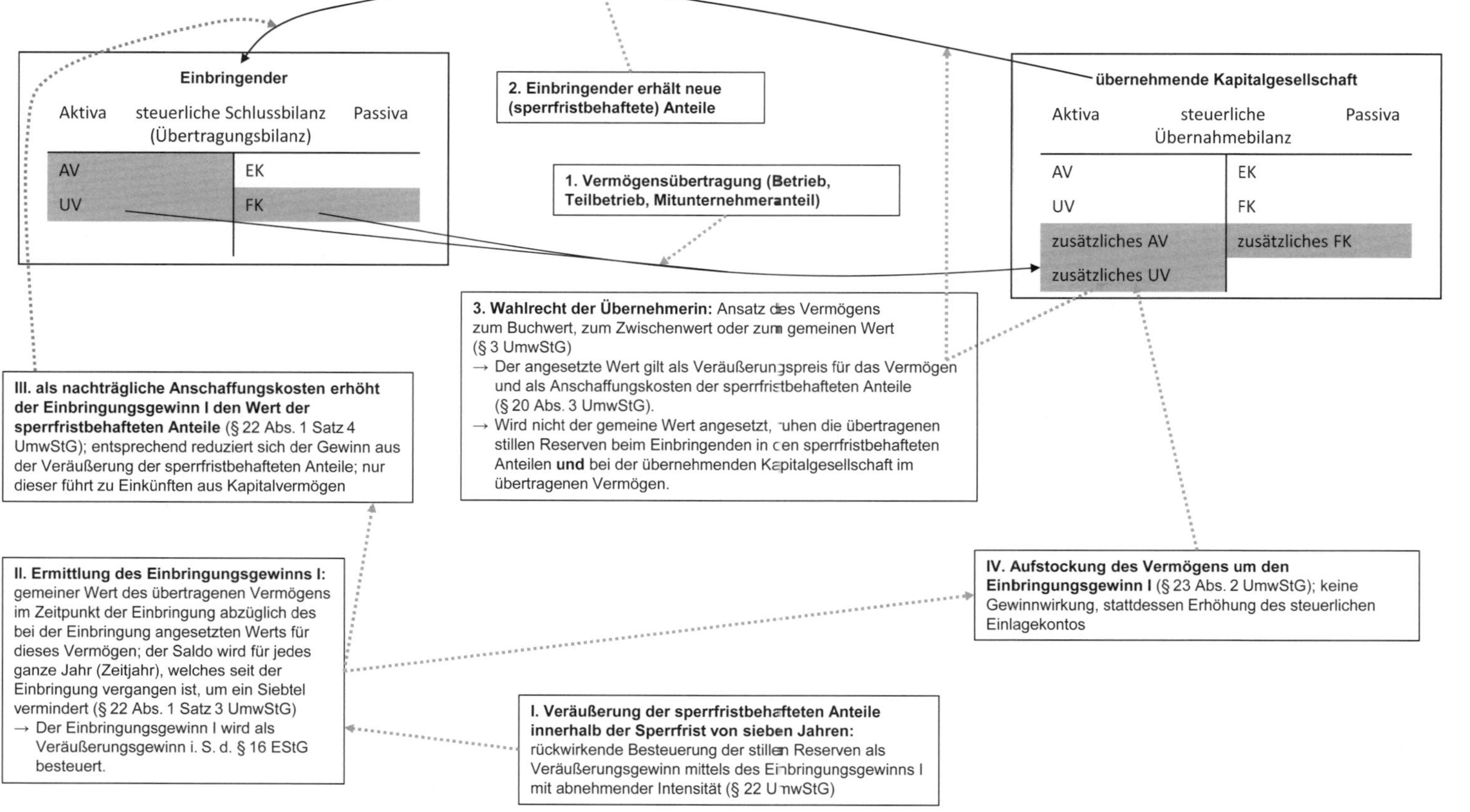

Abb. 2.8: Ertragsteuerliche Folgen der Umwandlung eines Personenunternehmens in eine Kapitalgesellschaft im Wege der Einbringung

sätzlichen ertragsteuerlichen Folgen sind in Abbildung 2.8 auf der vorherigen Seite veranschaulicht. In dieser betreffen die arabischen Nummern die ertragsteuerlichen Folgen im Zusammenhang mit der Einbringung und die römischen Nummern die ertragsteuerlichen Folgen einer späteren Veräußerung der Anteile innerhalb der Sperrfrist.

2.4.2 Ertragsteuerliche Folgen

2.4.2.1 Folgen im Zusammenhang mit der Einbringung

Gemäß § 20 Abs. 2 Satz 1 UmwStG hat die Kapitalgesellschaft das eingebrachte Betriebsvermögen grundsätzlich mit seinem *gemeinen Wert* anzusetzen. Dies würde zur Aufdeckung von eventuell vorhandenen stillen Reserven führen. Die Kapitalgesellschaft (nicht das einbringende Personenunternehmen) kann das übernommene Betriebsvermögen nach § 20 Abs. 2 Satz 2 UmwStG auf Antrag aber auch mit seinem *Buchwert* ansetzen (Buchwertfortführung). Auch ein *Zwischenwert* ist möglich. Dann sind die in den einzelnen Wirtschaftsgütern enthaltenen stillen Reserven und stillen Lasten mit einem einheitlichen Prozentsatz aufzudecken (Tz. 20.18 i. V. m. Tz. 03.25 UmwStE). Außerdem muss die Kapitalgesellschaft für alle übernommenen Wirtschaftsgüter einheitlich verfahren. Sie darf also nicht bei einzelnen Wirtschaftsgütern eine Aufstockung vornehmen, bei anderen hingegen die Buchwerte beibehalten. Beispielsweise könnte der Steuerpflichtige auf den Gedanken kommen, lediglich die Werte des Umlaufvermögens und des abnutzbaren beweglichen Anlagevermögens mit kurzer Restnutzungsdauer aufzustocken, die möglicherweise beträchtlichen stillen Reserven in den Betriebsgrundstücken und im Geschäfts- oder Firmenwert aber nicht aufzudecken. Bezüglich des *Geschäfts- oder Firmenwerts* ist dies allerdings umstritten.[97]

Eine Bewertung *unterhalb des gemeinen Werts* darf nur unter bestimmten, in § 20 Abs. 2 Satz 2 UmwStG genannten Voraussetzungen erfolgen. Insbesondere ist die *zukünftige Steuerverstrickung* der stillen Reserven nötig. Wird neben den neuen Anteilen auch eine andere Gegenleistung gewährt, ist die entsprechende Beschränkung in Nummer 4 der genannten Norm zu beachten.

Gemeiner Wert ist der Wert i. S. d. § 9 BewG.[98] *Buchwert* ist der Wert, der sich aus der Schlussbilanz des einzubringenden Betriebs zum Zeitpunkt der Einbringung ergibt. Zu seiner Ermittlung sind die allgemeinen Vorschriften über die steuerliche Gewinnermittlung anzuwenden (§ 1 Abs. 5 Nr. 4 UmwStG).

Setzt die übernehmende Kapitalgesellschaft das eingebrachte Betriebsvermögen mit seinen bisherigen *Buchwerten* an, tritt sie nach § 23 Abs. 1 i. V. m. den §§ 4 Abs. 2 Satz 3, 12 Abs. 3 1. Halbsatz UmwStG in die steuerliche Rechtsstellung des bisherigen Einzelunternehmers bzw. der Mitunternehmerschaft ein (*Fußstapfentheorie*). Die Kapitalgesellschaft ist somit vollständig an die bilanzielle Behandlung eines jeden Wirtschaftsguts durch ihren Rechtsvorgänger gebunden. Beispielsweise gilt dies im Fall der Abschreibungen hinsichtlich der anzuwendenden Methode, hinsichtlich der Bemessungsgrundlage (= Anschaffungs- oder Herstellungskosten des Rechtsvorgängers) und hinsichtlich der Nutzungsdauer.

97 Vgl. hierzu mit weiteren Nachweisen *Nitzschke* (2020), § 20 UmwStG, Tz. 87.

98 Siehe hierzu ausführlich *Schneeloch/Meyering/Patek*, Band 2 (2017a), Gliederungspunkt 2.3.2.3.2.

Nach § 23 Abs. 1 UmwStG tritt die übernehmende Kapitalgesellschaft nicht nur bei der Fortführung der Buchwerte in die Rechtsstellung des Personenunternehmens ein, sondern auch dann, wenn die Kapitalgesellschaft das eingebrachte Betriebsvermögen mit *Zwischenwerten* ansetzt. Da die Kapitalgesellschaft dann aber höhere Wertansätze als die bisherigen Buchwerte wählt, erhöht sich das steuerliche Abschreibungsvolumen. Aus diesem Grund bestimmt § 23 Abs. 3 UmwStG, dass die Abschreibungen gem. § 7 Abs. 1, 4, 5 und 6 EStG:

> „[...] nach den Anschaffungs- oder Herstellungskosten des Einbringenden, vermehrt um den Unterschiedsbetrag zwischen dem Buchwert der einzelnen Wirtschaftsgüter und dem Wert, mit dem die Kapitalgesellschaft die Wirtschaftsgüter ansetzt, zu bemessen [...]" sind.

Beim Ansatz von Zwischenwerten sind die Abschreibungs*methoden* somit durch frühere Entscheidungen des Personenunternehmens festgelegt, die *Bemessungsgrundlagen* werden hingegen je nach Wahl der Zwischenwerte neu bestimmt. Im Übrigen ist zu beachten, dass § 23 Abs. 3 UmwStG zwar auf § 12 Abs. 3 1. Halbsatz UmwStG verweist, nicht aber auf § 4 Abs. 2 Satz 3 UmwStG. Dies hat zur Folge, dass Zeiten, in denen ein Wirtschaftsgut zum Betriebsvermögen des Einbringenden gehörte, nicht auf die übernehmende Kapitalgesellschaft übergehen. Dies ist bspw. für die Inanspruchnahme von § 6b EStG von Bedeutung, da eine Voraussetzung dafür ist, dass das betreffende Wirtschaftsgut mindestens sechs Jahre zum Betriebsvermögen gehört hat.

Setzt die übernehmende Kapitalgesellschaft das eingebrachte Betriebsvermögen mit dessen *gemeinem Wert* an, ist hinsichtlich der Einbringung des Betriebsvermögens zwischen der Einzel- und dem der Gesamtrechtsnachfolge zu unterscheiden (§ 23 Abs. 4 UmwStG). Erfolgt die Einbringung im Wege der *Einzelrechtsnachfolge*, gelten die eingebrachten Wirtschaftsgüter zum Zeitpunkt der Einbringung als angeschafft. Damit tritt die Kapitalgesellschaft nicht in die Rechtsstellung des übertragenden Personenunternehmens ein. Vielmehr gilt sie als entgeltliche Erwerberin der Wirtschaftsgüter und verfügt damit über alle Wahlrechte und Ermessensspielräume, die auch jedem anderen entgeltlichen Erwerber zustehen. Erfolgt die Einbringung hingegen im Wege der *Gesamtrechtsnachfolge* nach den Vorschriften des Umwandlungsgesetzes, ist § 23 Abs. 3 UmwStG entsprechend anzuwenden (§ 23 Abs. 4 2. Halbsatz UmwStG). Die Folgen entsprechen somit denen beim Ansatz von Zwischenwerten.

Der *Veräußerungspreis* für das übertragende Vermögen wird folgendermaßen in § 20 Abs. 3 UmwStG definiert:

> „Der Wert, mit dem die Kapitalgesellschaft das eingebrachte Betriebsvermögen ansetzt, gilt für den Einbringenden als Veräußerungspreis [...]".

Der so definierte Veräußerungspreis ergibt nach Abzug des Buchwerts des Betriebsvermögens (und eventuell anfallender Einbringungskosten) beim Einbringenden den *Veräußerungsgewinn*. Setzt die übernehmende Kapitalgesellschaft die übernommenen Wirtschaftsgüter mit ihren *gemeinen Werten* an, sind gem. § 20 Abs. 4 UmwStG die §§ 16 Abs. 4 und 34 Abs. 1 EStG anwendbar. Hat der Einbringende in den genannten Fällen zum Zeitpunkt der Einbringung das 55. Lebensjahr vollendet, kann er beantragen, dass auf den Einbringungsgewinn anstelle der Fünftelregelung des § 34 Abs. 1 EStG der begünstigte Steuersatz des § 34 Abs. 3 EStG angewendet wird. Das gilt selbstverständlich nur dann, wenn auch die übrigen Voraussetzungen des § 34 Abs. 3 EStG erfüllt sind.

Von Bedeutung ist, dass die Begünstigungsvorschriften der §§ 16 Abs. 4 und 34 EStG auch insoweit anwendbar sind, als der Einbringende an der Kapitalgesellschaft beteiligt ist. Eine Versagung der Steuervergünstigungen bei „Einbringung an sich selbst" findet also nicht statt (insoweit besteht ein Unterschied zu Einbringungstatbeständen gem. § 24 UmwStG; s. Gliederungspunkt 2.5.1 (S. 118)).

Sowohl § 16 Abs. 4 EStG als auch § 34 Abs. 3 EStG können *nur einmal im Leben* in Anspruch genommen werden. Dies ergibt sich aus § 16 Abs. 4 Satz 2 EStG bzw. aus § 34 Abs. 3 Satz 4 EStG. Eine derartige Einschränkung gibt es bei Anwendung des § 34 Abs. 1 EStG nicht. Doch führt diese Vorschrift dann nicht zu Steuervorteilen, wenn sich das nicht begünstigte zu versteuernde Einkommen (verbleibendes zu versteuerndes Einkommen gem. § 34 Abs. 1 EStG) des Steuerpflichtigen bereits im Proportionalbereich bewegt.[99]

Ein sich nach § 20 Abs. 3 UmwStG ergebender Veräußerungsgewinn unterliegt *nicht der Gewerbesteuer*, da die Einbringung als Beendigung des Gewerbebetriebs angesehen wird, der Gewinn also erst nach Beendigung des Gewerbebetriebs entsteht. Gewerbesteuerpflichtige Vorgänge setzen aber einen noch fortbestehenden Gewerbebetrieb voraus. Hierbei ist ohne Bedeutung, ob die stillen Reserven nur z. T. (beim Ansatz von Zwischenwerten) oder vollständig (beim Ansatz der gemeinen Werte) aufgedeckt worden sind.

2.4.2.2 Folgen bei der späteren Veräußerung der Anteile

Der Wert, mit dem die Kapitalgesellschaft das eingebrachte Betriebsvermögen ansetzt, gilt für den Einbringenden gem. § 20 Abs. 3 UmwStG nicht nur als Veräußerungspreis, sondern auch *als Anschaffungskosten für die neuen Gesellschaftsanteile*. Von Bedeutung ist dies bei einer späteren Veräußerung der sperrfristbehafteten Anteile an der Kapitalgesellschaft für die Ermittlung des Veräußerungserlöses. Durch diese Fiktion wird gewährleistet, dass die Besteuerung in dem Umfang erfolgt, wie sie erfolgt wäre, wenn nicht erst eine Einbringung und dann eine Veräußerung der neuen Anteile stattgefunden hätten, sondern direkt die Veräußerung des Betriebsvermögens. Dies verdeutlicht das folgende Beispiel.

Beispiel

U bringt ihren Betrieb zum Buchwert von 50 T€ in die K-GmbH ein; der gemeine Wert beträgt 100 T€. Der Ansatz der 50 T€ determiniert bei U den Veräußerungspreis und die Anschaffungskosten der neuen Anteile, die sie im Gegenzug für die Einbringung erhält. Zehn Jahre später veräußert sie die Anteile.

---

99 Siehe hierzu *Schneeloch/Meyering/Patek*, Band 4 (2020), Teil I, Gliederungspunkt 3.2.6.

Für die Ermittlung des Veräußerungsgewinns sind die fiktiven Anschaffungskosten maßgeblich. Er beträgt also 50 T€ (= 100 - 50). Dies entspricht dem Gewinn, den U erzielt hätte, wenn das Betriebsvermögen statt über den „Umweg" über die Einbringung direkt verkauft worden wäre.

Bekanntlich erfolgt die Veräußerung der Anteile an einer Kapitalgesellschaft begünstigt (Abgeltungsteuer, Teileinkünfteverfahren oder körperschaftsteuerliches Schachtelprivileg). Im Hinblick auf etwaige im übertragenen Vermögen vorhandene stille Reserven ist dies vorteilhafter als der direkte Verkauf, denn auf den wäre stattdessen § 16 EStG anzuwenden. Somit wäre es bei einer beabsichtigten Veräußerung naheliegend, *statt einer Veräußerung* eine Einbringung zum Buchwert vorzunehmen und die neuen Anteile zu veräußern. Dem tritt der Gesetzgeber mit § 22 Abs. 1 UmwStG und dem darin enthaltenen Konzept der sperrfristbehafteten Anteile entgegen: Werden die sperrfristbehafteten Anteile während eines Zeitraums von sieben Jahren veräußert, werden beim Übergang des Vermögens des Personenunternehmens auf die Kapitalgesellschaft *nicht aufgedeckte stille Reserven* beim Einbringenden versteuert (dabei nimmt der Umfang im Zeitablauf ab). Das Besondere dabei ist, dass die Besteuerung *rückwirkend* im Wirtschaftsjahr der Einbringung erfolgt. Dies verdeutlicht das folgende Beispiel.

Beispiel

O bringt im Jahr 1 zu Buchwerten einen Teilbetrieb in die K-GmbH ein. Hierfür erhält er neue Anteile an der GmbH. Nicht ganz drei Jahre später veräußert er die sperrfristbehafteten Anteile.

Bei der Einbringung handelte es sich um eine Einlage i. S. d. § 20 Abs. 2 UmwStG. Da die Veräußerung innerhalb von sieben Jahren nach der Einbringung erfolgte, sind die Tatbestandsvoraussetzungen des § 22 Abs. 1 Satz 1 UmwStG erfüllt. Die Veräußerung wirkt sich dabei nicht auf das Jahr der Veräußerung, sondern rückwirkend auf das Jahr der Einbringung aus.

Um die rückwirkende Besteuerung zu erreichen, ist der Einkommensteuerbescheid des Einbringenden für den Veranlagungszeitraum der Einbringung zu ändern. Die Änderung dieses Bescheids hat das Finanzamt auf § 175 Abs. 1 Satz 1 Nr. 2 AO zu stützen (*rückwirkendes Ereignis*). Der Gewinn, der durch die nachträgliche Aufdeckung stiller Reserven entsteht, wird in § 22 Abs. 1 Satz 1 UmwStG als *Einbringungsgewinn I* bezeichnet. Es handelt sich um einen Veräußerungsgewinn i. S. d. § 16 EStG, auf den aber kraft ausdrücklicher gesetzlicher Regelung weder § 16 Abs. 4 EStG (Freibetrag) noch § 34 EStG (begünstigter Steuersatz, Fünftelregelung) angewendet werden darf.

Der **Einbringungsgewinn I** ergibt sich nach § 22 Abs. 1 Satz 3 UmwStG aus dem Betrag, um den der gemeine Wert des eingebrachten Betriebsvermögens *im Einbringungszeitpunkt* den Wertansatz bei der übernehmenden Kapitalgesellschaft nach Abzug etwaiger Einbringungskosten überstiegen hat.[100] Dieser

[100] Neben dem Einbringungsgewinn I kennt das UmwStG auch einen *Einbringungsgewinn II*. Dieser ist in § 22 Abs. 2 UmwStG definiert. Er bezieht sich auf Fälle, in denen sich in dem vom

Betrag ist für jedes seit dem Einbringungszeitpunkt abgelaufene Zeitjahr jeweils *um ein Siebtel zu mindern.*

Ohne weitere Regelung käme es durch das Konstrukt des Einbringungsgewinns I *zu einer Doppelbesteuerung*: Der Gewinn aus der Veräußerung der sperrfristbehafteten Anteile gehört nach § 20 Abs. 2 EStG zu den Einkünften aus Kapitalvermögen. Er ergibt sich dabei durch Gegenüberstellung des Veräußerungspreises und der Anschaffungskosten der Anteile. Die Anschaffungskosten der sperrfristbehafteten Anteile entsprechen gem. § 20 Abs. 3 UmwStG dem Wert, *mit dem die Kapitalgesellschaft das eingebrachte Betriebsvermögen angesetzt hat*. Die fiktive Aufdeckung stiller Reserven wird im Fall der Buchwertfortführung also nicht berücksichtigt. Um diese Doppelbesteuerung zu vermeiden, fingiert § 22 Abs. 1 Satz 4 UmwStG den Einbringungsgewinn I als *nachträgliche Anschaffungskosten* der sperrfristbehafteten Anteile. Hierdurch reduziert sich der Veräußerungsgewinn des Einbringenden (für die Veräußerung seiner Anteile) entsprechend.

Die Fiktion der nachträglichen Anschaffungskosten führt in Kombination mit der Verminderung des Einbringungsgewinns I für jedes abgelaufene Zeitjahr dazu, dass Gewinne aus der Veräußerung von sperrfristbehafteten Anteilen sukzessive *in immer größerem Umfang* nicht als Veräußerungsgewinn i. S. d. § 16 EStG besteuert werden. Dies verdeutlicht das folgende Beispiel.

Beispiel

Der Teilbetrieb des O aus dem vorherigen Beispiel hatte im Zeitpunkt der Einbringung einen Buchwert von 10 T€ und einen gemeinen Wert von 50 T€. Die sperrfristbehafteten Anteile veräußert er für 80 T€.

Ohne die Regelung zur Besteuerung des Einbringungsgewinns I würde O einen Veräußerungsgewinn i. H. v. 70 T€ (= 80 - 10) erzielen, der dem (begünstigenden) Teileinkünfteverfahren unterliegt.[101] Stattdessen ist zunächst der Einbringungsgewinn I zu bestimmen. Da seit der Einbringung nicht mehr als zwei Zeitjahre verstrichen sind, beträgt dieser 28,57 T€ (= $(50 - 10) \cdot \frac{7-2}{7}$) und ist als Veräußerungsgewinn i. S. d. § 16 EStG zu besteuern. Entsprechend reduziert sich der Gewinn aus der Anteilsveräußerung. Er beträgt 41,43 T€ (= 80 - 10 - 28,57). Nur dieser Betrag unterliegt dem Teileinkünfteverfahren.

Es besteht eine weitere Gefahr der Doppelbesteuerung: Wird das übertragene Vermögen von der übernehmenden Kapitalgesellschaft mit Zwischen- oder Buchwerten erfasst, würden die übertragenen stillen Reserven bei der Veräußerung dieses Vermögens durch die Kapitalgesellschaft nochmals besteuert. Um das zu vermeiden, darf die übernehmende Kapitalgesellschaft das eingebrachte Vermögen *um den Einbringungsgewinn I aufstocken* (§ 22 Abs. 2 UmwStG). Hierdurch wird der laufende Gewinn nicht tangiert. Stattdessen wird das steuerliche Einlagekonto entsprechend erhöht.

Personenunternehmen in die Kapitalgesellschaft eingebrachten Betriebsvermögen Anteile an einer anderen Kapitalgesellschaft befinden und diese Anteile von der Kapitalgesellschaft im Einbringungszeitpunkt mit einem unter dem gemeinen Wert liegenden Wert bewertet werden. Derartige Fälle werden hier nicht betrachtet.

[101] Ist der Einbringende eine natürliche Person und wurde nicht der gemeine Wert des Betriebsvermögens angesetzt, handelt es sich i. d. R. um Anteile i. S. v. § 17 EStG (gem. Absatz 6 dieser Norm).

Nach der Sperrfrist von sieben Jahren verliert der Einbringungsgewinn I seine Bedeutung. Die Veräußerung der Anteile erfolgt dann nach den allgemeinen Grundsätzen für die Versteuerung der Veräußerung von Anteilen an einer Kapitalgesellschaft. Werden die Anteile im Privatvermögen gehalten, ist § 17 Abs. 6 EStG zu beachten, wonach die Veräußerung regelmäßig zu Einkünften aus Gewerbebetrieb führt.

2.4.2.3 Zusammenfassung

Die wichtigsten ertragsteuerlichen Folgen einer Einbringung des Betriebsvermögens eines Personenunternehmens in eine Kapitalgesellschaft und einer späteren Veräußerung der sperrfristbehafteten Anteile lassen sich wie folgt zusammenfassen:

1. Die das Betriebsvermögen übernehmende Kapitalgesellschaft besitzt ein Wahlrecht, dieses zum gemeinen Wert, zum bisherigen Buchwert oder zu beliebigen Zwischenwerten anzusetzen. Dieses Wahlrecht betrifft die Aufdeckung der stillen Reserven.

2. Bewertet die Kapitalgesellschaft das Betriebsvermögen zu einem über dem Buchwert liegenden Wert, entsteht bei dem Einbringenden ein Gewinn, der als ein Veräußerungsgewinn i. S. d. § 16 EStG behandelt wird. Auf diesen sind die Begünstigungsvorschriften der §§ 16 Abs. 4 und 34 EStG nur anwendbar, wenn der Einbringende das Betriebsvermögen mit dem gemeinen Wert ansetzt.

3. Bewertet die Kapitalgesellschaft das Betriebsvermögen mit einem unterhalb des gemeinen Werts liegenden Wert (Buch- oder Zwischenwert), entstehen sperrfristbehaftete Anteile. Der Wert, mit dem die Kapitalgesellschaft das eingebrachte Betriebsvermögen ansetzt, stellt deren Anschaffungskosten dar.

4. Werden sperrfristbehaftete Anteile innerhalb der Sperrfrist von sieben Jahren veräußert, entsteht beim Einbringenden rückwirkend im Einbringungszeitpunkt ein Einbringungsgewinn I. Dessen Höhe ergibt sich aus der Differenz zwischen dem gemeinen Wert des eingebrachten Betriebsvermögens im Einbringungszeitpunkt und dem Wert, mit dem die übernehmende Kapitalgesellschaft das Betriebsvermögen zu diesem Zeitpunkt angesetzt hat (abzüglich der Kosten der Einbringung). Er vermindert sich für jedes seit dem Einbringungszeitpunkt abgelaufene Zeitjahr um ein Siebtel. Dieser Einbringungsgewinn I ist Veräußerungsgewinn i. S. v. § 16 EStG. Die Begünstigung durch dessen Absatz 4 und durch § 34 EStG bleiben aber verwehrt.

5. Der Einbringungsgewinn I erhöht als nachträgliche Anschaffungskosten die Anschaffungskosten der sperrfristbehafteten Anteile. Der Gewinn aus der Veräußerung dieser Anteile fällt entsprechend geringer aus.

6. Die übernehmende Kapitalgesellschaft kann das übernommene Vermögen auf Antrag um den Einbringungsgewinn I aufstocken (§ 22 Abs. 2 UmwStG). Dies wirkt sich nicht auf den Gewinn aus. Die Erhöhung wird stattdessen dem steuerlichen Einlagekonto zugerechnet.

An dieser Stelle sei ein erneuter Blick auf Abbildung 2.8 (S. 105) empfohlen, die die grundsätzliche Funktionsweise der Umwandlung eines Personenunternehmens in eine Kapitalgesellschaft im Wege der Einbringung sowie die grundsätzlichen ertragsteuerlichen Folgen veranschaulicht.

2.4.3 Sonstige steuerliche Folgen einer Einbringung

Umsatzsteuerlich handelt es sich bei der Einbringung des Betriebs oder eines Teilbetriebs in eine Kapitalgesellschaft nach der ausdrücklichen Vorschrift des § 1 Abs. 1a UStG um einen nicht steuerbaren Vorgang. Diese Nichtsteuerbarkeit hat keinen Ausschluss vom Vorsteuerabzug nach § 15 Abs. 2 UStG zur Folge. Die Einbringung eines *Mitunternehmeranteils* ist nicht steuerbar, wenn der Einbringende kein Unternehmer i. S. v. § 2 Abs. 1 UStG ist. Dies dürfte regelmäßig der Fall sein. Ansonsten ist diese Einbringung zwar steuerbar, aber gem. § 4 Nr. 8 Buchstabe f UStG steuerfrei.

Werden bei Umwandlung eines Personenunternehmens in eine Kapitalgesellschaft von der Überträgerin Grundstücke übertragen, entsteht grundsätzlich *Grunderwerbsteuer* (§ 1 Abs. 1 Nr. 3 GrEStG), die sich nach dem Grundbesitzwert bemisst (§ 8 Abs. 2 Nr. 2 GrEStG). Erfolgt die ertragsteuerliche Einbringung gesellschaftsrechtlich als Formwechsel i. S. d. 190 UmwG, kommt es nicht zum Wechsel des Rechtsträgers an dem Grundstück und es fällt dann keine Grunderwerbsteuer an. Anwendbar ist möglicherweise die Konzernklausel des § 6a GrEStG. Außerdem ist die Begünstigung des § 6 GrEStG anwendbar, da der Übergang von einer Gesamthand erfolgt; zu beachten ist dabei Absatz 4 der genannten Norm, der missbräuchliche Inanspruchnahmen vermeiden soll. Die Besonderheit von § 6 GrEStG liegt dabei darin, dass der Durchgriff auf die Gesellschafter von Personenhandelsgesellschaften erlaubt wird, obwohl diese grunderwerbsteuerlich als Rechtsträger angesehen werden. Die Steuervergünstigungen der §§ 6 und 6a GrEStG bestehen gleichrangig nebeneinander, sie können daher parallel zur Anwendung gelangen.[102]

2.4.4 Vorteilhaftigkeitsüberlegungen im Zusammenhang mit der Buchwertfortführung

2.4.4.1 Entscheidungssituation und Fallunterscheidung

Auch bei der Untersuchung der steuerlichen Vorteilhaftigkeit der Umwandlung eines Personenunternehmens in eine Kapitalgesellschaft sollte zunächst die konkrete Entscheidungssituation geklärt werden. Die zentralen Fragen lauten:

1. Ist die Umwandlung des Personenunternehmens in eine Kapitalgesellschaft aus nicht steuerlichen Gründen vorgegeben?

[102] Vgl. Oberste Finanzbehörden der Länder: Gleich lautende Erlasse zur Anwendung der §§ 5 und 6 GrEStG vom 12.11.2018, S 4514 – 12 – V A 6 (Aktenzeichen des NRW-Finanzministeriums), BStBl I 2018, S. 1334, Tz. 5.

2. Hat der Einbringende im Zeitpunkt der (möglichen) Umwandlung das 55. Lebensjahr bereits vollendet bzw. ist er im sozialversicherungsrechtlichen Sinne dauernd berufsunfähig und hat er die §§ 16 Abs. 4, 34 Abs. 3 EStG nicht bereits früher in Anspruch genommen?
3. Plant der Einbringende für den Fall einer Umwandlung, seinen Anteil an der Kapitalgesellschaft zu einem späteren Zeitpunkt zu veräußern oder soll dieser im Rahmen der Erbfolge bzw. der vorweggenommenen Erbfolge auf den oder die Erben übergehen?

Die erste Frage entscheidet darüber, ob überhaupt ein steuerlicher Partialvergleich zwischen der Fortführung des Personenunternehmens und dessen Umwandlung in eine Personengesellschaft durchgeführt zu werden braucht. Sollte die Umwandlung aus nicht steuerlichen Gründen vorgegeben sein, kann darauf verzichtet werden, ansonsten ist er erforderlich. Erforderlichenfalls ist das Ergebnis in den Entscheidungsprozess einzubeziehen. Somit ergeben sich je nach Beantwortung der ersten Frage ein oder zwei Problembereiche:

- Nur ein Problembereich ergibt sich, wenn das bisherige Personenunternehmen *unabhängig von den Steuerfolgen* in eine Kapitalgesellschaft umgewandelt werden soll. In diesem Fall ist lediglich zu klären, ob die in dem bisherigen Personenunternehmen entstandenen stillen Reserven im Zuge der Umwandlung (teilweise) aufgedeckt werden sollen oder nicht.
- Ein zweiter Problembereich ergibt sich, wenn die Frage, ob umgewandelt werden soll oder nicht, noch nicht beantwortet ist und bei ihrer Beantwortung Steuerwirkungen berücksichtigt werden sollen. In diesem Fall müssen auch die *Steuerwirkungen der alternativen Rechtsformen* ermittelt und miteinander verglichen werden. Dazu ist für die in Frage kommenden Rechtsformen auch die *steueroptimale Gestaltung* zu bestimmen. Dazu kann auf die Ausführungen in Kapitel 1 zurückgegriffen werden.

Nachfolgend wird nur auf den erstgenannten Problembereich eingegangen.

Die Aufdeckung stiller Reserven im Rahmen der Einbringung eines Personenunternehmens in eine Kapitalgesellschaft *kann nur dann vorteilhafter sein* als ein Verzicht hierauf, wenn der Barwert der Steuerbelastungen im Fall der Aufstockung geringer ist als der Barwert der Steuerbelastungen im Fall einer Nichtaufstockung. In diesem Zusammenhang ist die weitere steuerliche Behandlung der stillen Reserven im Fall ihrer Nichtaufstockung im Einbringungszeitpunkt von herausragender Bedeutung. Diese ist entscheidend davon abhängig, ob der Gesellschafter:

- die sperrfristbehafteten Anteile auf Dauer behalten will und diese spätestens mit seinem Tode im Rahmen der (vorweggenommenen) Erbfolge auf seine Erben übergehen sollen oder
- sie zu einem späteren Zeitpunkt veräußern will.

Im Fall einer späteren Veräußerungsabsicht ist es weiter von Bedeutung, ob die Veräußerung *innerhalb* des in § 22 Abs. 1 UmwStG definierten Siebenjahreszeitraums erfolgen soll oder erst später. Es sind also drei Fälle zu unterscheiden, die wie folgt gekennzeichnet werden können:

1. Der künftige Gesellschafter der Kapitalgesellschaft will die sperrfristbehafteten Anteile auf Dauer in seinem Eigentum bzw. in dem seiner Erben behalten. Eine Veräußerung dieser Anteile zu irgendeinem Zeitpunkt ist also nicht beabsichtigt (Gliederungspunkt 2.4.4.2).

2. Der Einbringende beabsichtigt, die Anteile *nach Ablauf* des in § 22 Abs. 1 UmwStG definierten Siebenjahreszeitraums zu veräußern (Gliederungspunkt 2.4.4.3).

3. Der Einbringende beabsichtigt, die Anteile *innerhalb* des in § 22 Abs. 1 UmwStG definierten Siebenjahreszeitraums zu veräußern (Gliederungspunkt 2.4.4.4).

2.4.4.2 Keine spätere Veräußerung der sperrfristbehafteten Anteile

Werden die stillen Reserven im Rahmen der Einbringung nicht aufgedeckt, unterliegen sie im Jahr der Einbringung nicht der Ertragsbesteuerung. *Mögliche andere Steuerfolgen* einer Einbringung (bspw. die Entstehung von Grunderwerbsteuer) sind unabhängig davon, ob die stillen Reserven aufgedeckt werden oder nicht. Sie sind also hinsichtlich des hier behandelten Problems nicht entscheidungsrelevant.

Werden die stillen Reserven im Rahmen der Einbringung hingegen vollständig aufgedeckt, sind sie zeitgleich bei dem Einbringenden *der Einkommensteuer* zu unterwerfen. Anzuwenden ist dabei aufgrund der vollständigen Aufdeckung der stillen Reserven:

- entweder einer der beiden Steuersätze des § 34 EStG[103] (§ 34 Abs. 1 oder § 34 Abs. 3 EStG) oder
- der Steuersatz des § 32a EStG (falls die Voraussetzungen des § 34 EStG nicht erfüllt sind oder falls § 34 Abs. 1 EStG ins Leere läuft).

Der *anzuwendende Einkommensteuersatz* kann demnach je nach Lage des Einzelfalls *sehr unterschiedlich* sein. Er kann alle beliebigen Werte von 0 % bis zum gesetzlichen Spitzensteuersatz in der zweiten Proportionalzone annehmen. Außerdem sind die Zuschlagsteuern in die Überlegungen einzubeziehen. Der Steuersatz kann also beliebige Werte zwischen 0 % und rund 49,52 %[104] annehmen. In diesem Zusammenhang sei klargestellt, dass der Belastungssteuersatz bei Anwendung des § 34 Abs. 3 EStG bis zu rund 27,7 % (= 49,52 % · 56 %) betragen kann (sofern die außerordentlichen Einkünfte den in § 34 Abs. 3 Satz 1 EStG genannten Betrag von 5 Mio. € nicht überschreiten). Dies ist dann der Fall, wenn sich das zu versteuernde Einkommen des (Mit-)Unternehmers in der zweiten Proportionalzone bewegt und Kirchensteuer anfällt. Kommt es nicht zur Anwendung des § 34 Abs. 3 EStG, kann der Belastungssteuersatz hingegen beliebige Werte zwischen 0 % und rund 49,52 % annehmen.

Durch die Aufdeckung der stillen Reserven entsteht bei der das Betriebsvermögen übernehmenden Kapitalgesellschaft *zusätzliches Aufwandspotential*. Hierdurch kommt es in der Folgezeit bei dieser zu Entlastungen bei der Gewerbe-

[103] Grundsätzlich ist auch § 16 Abs. 4 EStG anwendbar. Von diesem wird hier aber abstrahiert.

[104] Dieser Wert wurde mit Hilfe von Gleichung 64 (S. 234) ermittelt: $\frac{0{,}45 \cdot (1+0{,}09+0{,}055)}{1+0{,}45 \cdot 0{,}09} = 0{,}4952$.

und der Körperschaftsteuer sowie beim Solidaritätszuschlag. Diese entsprechen dem mit *E* i. S. v. Gleichung IV (S. 233) bzw. Gleichung V verknüpften kombinierten Gewerbesteuer-, Körperschaftsteuer- und Solidaritätszuschlagssatz. Der Steuersatz hängt u. a. von der Höhe des Gewerbesteuer-Hebesatzes ab. Bei einem Gewerbesteuer-Hebesatz von 300 % (500 %) beträgt er bspw. 26,33 % (33,33 %). Je nach Zusammensetzung des Aufwandspotentials kann sich die Entlastung über einen unterschiedlich langen Zeitraum hinziehen und im Einzelfall viele Jahrzehnte umfassen. Sie kann aber auch innerhalb weniger Jahre erfolgen.

Soll untersucht werden, ob eine Aufdeckung stiller Reserven vorteilhaft ist, ist die durch diese Aufdeckung entstehende Steuerbelastung mit dem Barwert der durch sie entstehenden Steuerentlastungen zu vergleichen. Ist die bei Einbringung entstehende Steuerbelastung größer als der Barwert der späteren Steuerentlastungen, ist es vorteilhaft, die stillen Reserven nicht aufzudecken. Ist der Barwert der künftigen Entlastung hingegen größer, ist es vorteilhaft, die stillen Reserven aufzudecken.

Es ist zu vermuten, dass eine Aufdeckung stiller Reserven in den meisten Fällen nicht vorteilhaft ist: Schließlich ist der *Entlastungs*steuersatz mit üblichen Werten zwischen rund 26 % und 33 % vielfach nicht oder nur unwesentlich höher als der *Belastungs*steuersatz. Die Belastung *tritt aber sofort ein*, während sich die Entlastung über viele Jahre oder sogar Jahrzehnte hinziehen kann.

2.4.4.3 Veräußerung der Anteile nach Ablauf von sieben Jahren

In der zweiten in Gliederungspunkt 2.4.4.1 definierten Fallgruppe entstehen *bei der Aufdeckung* der stillen Reserven im Einbringungszeitpunkt (1. Alternative) die gleichen Steuerfolgen wie im vorherigen Gliederungspunkt: Die aufgedeckten stillen Reserven führen nach § 20 Abs. 4 UmwStG *zu einem Veräußerungsgewinn*, auf den die §§ 16 Abs. 4, 34 EStG nur dann angewendet werden können, wenn die übernehmende Kapitalgesellschaft das übernommene Betriebsvermögen mit seinen gemeinen Werten ansetzt (sie die stillen Reserven also vollständig aufdeckt). Je nach Lage des Einzelfalls kann der anzuwendende Steuersatz auch hier beliebige Werte von 0 % bis rund 49,52 % annehmen.

Bei Aufdeckung der stillen Reserven entsteht bei der das Betriebsvermögen übernehmenden Kapitalgesellschaft auch in dieser zweiten Fallgruppe *zusätzliches Aufwandspotential* i. H. d. aufgedeckten stillen Reserven. Dieses führt in gleicher Weise wie im vorherigen Gliederungspunkt zu Entlastungen bei der Gewerbe- und der Körperschaftsteuer. Der Entlastungssteuersatz beträgt auch hier üblicherweise 26 % bis 33 %. Auch hier kann der Entlastungszeitraum unterschiedlich lang sein.

Werden die stillen Reserven nicht aufgedeckt (2. Alternative), werden sie nicht gesondert erfasst. Nach der Sperrfrist von sieben Jahren verliert der Einbringungsgewinn I seine Bedeutung. Es gelten stattdessen die allgemeinen Grundsätze für die Versteuerung der Veräußerung von Anteilen an einer Kapitalgesellschaft. Für den Fall, dass die Anteile im Privatvermögen gehalten werden, ist § 17 Abs. 6 EStG zu beachten, wonach die Einkünfte in solche aus Gewerbebetrieb umqualifiziert werden (§ 20 Abs. 8 i. V. m § 17 Abs. 6 EStG) und das *Teileinkünfteverfahren* zur Anwendung kommt. Der Steuersatz kann dann beliebige Werte von 0 % bis rund 29,71 % (= 49,52 % · 60 %) annehmen.

Soll ein Vorteilsvergleich zwischen den beiden Alternativen (Aufdeckung oder Nichtaufdeckung der stillen Reserven) durchgeführt werden, müssen deren auf den Einbringungszeitpunkt abgezinste Steuerwirkungen miteinander verglichen werden. Damit die Nichtaufdeckung der stillen Reserven im Einbringungszeitpunkt vorteilhafter ist als deren Aufdeckung, muss folgende Bedingung erfüllt sein: Die Steuern auf die stillen Reserven im Einbringungszeitpunkt abzüglich des Barwerts der Steuerentlastungen infolge der Aufstockung im Einbringungszeitpunkt muss *größer* sein als der Barwert der Steuern aus der Veräußerung der Anteile.

Diese Bedingung dürfte regelmäßig dann erfüllt sein, wenn sich die Steuerentlastungen aufgrund des zusätzlichen Aufwandspotentials über einen langen Zeitraum hinziehen und die geplante Veräußerung der Anteile gleichzeitig erst nach längerer Zeit erfolgen soll. Ein Steuerbarwertvergleich ist dann entbehrlich. Erfolgt die Steuerentlastung hingegen vollständig oder zumindest weitgehend innerhalb eines kurzen Zeitraums und soll die Veräußerung der Anteile kurze Zeit nach Ablauf des Siebenjahreszeitraums stattfinden, kann zur Beurteilung der Vorteilhaftigkeit bzw. Unvorteilhaftigkeit der Aufdeckung der stillen Reserven im Einbringungszeitpunkt die Durchführung eines Steuerbarwertvergleichs erforderlich werden.

2.4.4.4 Veräußerung der Anteile innerhalb von sieben Jahren

In der dritten in Gliederungspunkt 2.4.4.1 definierten Fallgruppe entstehen im Fall einer Aufstockung im Einbringungszeitpunkt (1. Alternative) die gleichen Steuerfolgen wie in den beiden letzten Gliederungspunkten dargestellt. Die aufgedeckten stillen Reserven führen also nach § 20 Abs. 4 UmwStG zu einem Veräußerungsgewinn. Auf diesen können die §§ 16 Abs. 4, 34 EStG angewendet werden, wenn die übernehmende Kapitalgesellschaft das übernommene Betriebsvermögen mit seinem gemeinen Wert ansetzt. Je nach Lage des Einzelfalls kann der anzuwendende Steuersatz auch hier beliebige Werte von 0 % bis zu 49,52 % annehmen. Infolge der Aufdeckung der stillen Reserven entsteht bei der Kapitalgesellschaft auch in dieser Fallgruppe zusätzliches Aufwandspotential i. H. d. aufgedeckten stillen Reserven. Hinsichtlich der daraus resultierenden Steuerentlastungswirkungen kann auf die entsprechenden Ausführungen in den letzten beiden Gliederungspunkten verwiesen werden.

Deckt die das Betriebsvermögen übernehmende Kapitalgesellschaft die stillen Reserven im Einbringungszeitpunkt nicht auf (2. Alternative), kommt es erst bei der späteren Veräußerung der sperrfristbehafteten Anteile innerhalb der Frist zu deren Besteuerung. Bezüglich des Veräußerungsgewinns ist zwischen den folgenden zwei Teilen zu unterscheiden:

1. Der Einbringungsgewinn I (die stillen Reserven) und
2. der übrige Veräußerungsgewinn.

Den erstgenannten Teil des Veräußerungsgewinns, den Einbringungsgewinn I, ereilt weitgehend die gleiche Steuerwirkung, die sich ergeben hätte, wenn dieser Teil im Einbringungszeitpunkt aufgedeckt worden wäre. Allerdings können die Begünstigungen der §§ 16 Abs. 4, 34 EStG nicht angewendet werden.

Außerdem liegt der Zahlungszeitpunkt der Steuerwirkungen später. Zum Ausgleich muss der Einbringende im Rahmen des § 233a AO Zinsen an das Finanzamt zahlen (die nach § 12 Nr. 3 EStG nicht als Betriebsausgaben abzugsfähig sind). Diesen zusätzlichen Steuer- und Zinsbelastungen stehen Steuerentlastungen ggü., die sich daraus ergeben, dass dieser Teil des Veräußerungsgewinns (der Einbringungsgewinn I) nach § 23 Abs. 2 UmwStG bei der Kapitalgesellschaft zu zusätzlichem Aufwandspotential führt. Hinsichtlich der hieraus entstehenden Steuerentlastungen gelten die entsprechenden Ausführungen in den beiden letzten Gliederungspunkten.

Andere Wirkungen ergeben sich für den zweiten Teil, den übrigen Veräußerungsgewinn. Dieser bemisst sich nach dem Veräußerungspreis, von dem der Buchwert der Anteile im Zeitpunkt der Einbringung und die nachträglichen Anschaffungskosten i. H. d. Einbringungsgewinns I abgezogen werden. Er unterliegt den allgemeinen Grundsätzen für die Besteuerung der Veräußerung von Anteilen an einer Kapitalgesellschaft (unter Beachtung von § 17 Abs. 6 EStG bei Anteilen im Privatvermögen).

Miteinander zu vergleichen ist in dieser dritten Fallgruppe also Folgendes:

- Die Folgen einer vollständigen Aufdeckung der stillen Reserven bezogen auf den Einbringungszeitpunkt:
  - die Einkommensteuer auf die aufgedeckten stillen Reserven, ggf. nach Abzug eines Freibetrags nach § 16 Abs. 4 EStG, bei Anwendung des sich aus § 34 Abs. 1 oder 3 EStG ergebenden Steuersatzes,
  - der Barwert der sich infolge der Aufdeckung der stillen Reserven bei der Kapitalgesellschaft ergebenden Steuerentlastungen mit einem Entlastungssteuersatz, der sich aus dem Gewerbe- und Körperschaftsteuersatz ergibt, und
  - der Barwert der Steuerzahlungen des Einbringenden für den übrigen Veräußerungsgewinn.
- Die Folgen einer Buchwertfortführung bezogen auf den Einbringungszeitpunkt:
  - der Barwert der auf den Einbringungsgewinn I entfallenden Einkommensteuer des Einbringenden im Einbringungsjahr (bei Anwendung des Einkommensteuersatzes gem. § 32a EStG), erhöht um den Barwert der sich aus § 233a AO ergebenden Zinswirkungen,
  - der Barwert der bei der Kapitalgesellschaft als Folge der Aufstockung um den Einbringungsgewinn I resultierenden Steuerentlastungen (Gewerbe- und Körperschaftsteuer) und
  - der Barwert der Steuerzahlungen des Einbringenden für den übrigen Veräußerungsgewinn.

Die bisherigen Ausführungen legen den Schluss nahe, dass eine allgemeingültige Aussage zur Vorteilhaftigkeit einer Aufdeckung bzw. Nichtaufdeckung der stillen Reserven im Einbringungszeitpunkt in der hier behandelten dritten Fallgruppe nicht möglich ist. Es gibt innerhalb dieser Fallgruppe aber Unterfälle, in denen ohne konkreten Barwertvergleich eine eindeutige Aussage oder zumindest eine Tendenzaussage möglich ist. Diese Aussagen können wie folgt formuliert werden:

1. Ist die Summe der stillen Reserven im Einbringungszeitpunkt nicht größer als der Freibetrag nach § 16 Abs. 4 EStG, ist eine Vollaufstockung vorteilhafter als eine Buchwertfortführung.
2. Ist der auf den Veräußerungsgewinn i. S. d. § 20 Abs. 4 UmwStG i. V. m. § 34 EStG anzuwendende ermäßigte Steuersatz sehr niedrig, ist eine vollständige Aufdeckung der stillen Reserven im Rahmen der Einbringung i. d. R. vorteilhafter als eine Buchwertfortführung oder eine Teilaufstockung.
3. Eine Buchwertfortführung ist häufig dann vorteilhafter als eine sofortige Aufdeckung der stillen Reserven, wenn das durch die Aufdeckung gewonnene Aufwandspotential größtenteils erst mit erheblicher zeitlicher Verzögerung aufwandswirksam wird.

2.5 Umwandlung eines Einzelunternehmens in eine Personengesellschaft

2.5.1 Einordnung und steuerliche Folgen

Gesellschaftsrechtlich kann die Umwandlung eines Einzelunternehmens in eine Personengesellschaft gem. § 152 UmwG durch die Ausgliederung des von einem Einzelkaufmann betriebenen Unternehmens und die anschließende Aufnahme dieses Unternehmens durch eine Personengesellschaft erfolgen (s. Abbildung 2.5 (S. 72), Zeile 1). Es handelt sich dabei um eine Vermögensübertragung im Wege der *Gesamtrechtsnachfolge*. Die aufnehmende Personengesellschaft kann im Zeitpunkt der Ausgliederung bereits bestehen (**Ausgliederung zur Aufnahme**), sie kann aber auch im Rahmen der Umwandlung neu gegründet werden (**Ausgliederung zur Neugründung**). Im ersten Fall sind die speziellen Vorschriften der §§ 153 bis 157 UmwG, im zweiten die der §§ 158 bis 160 i. V. m. den §§ 153 bis 157 UmwG relevant.

Die Umwandlung eines Einzelunternehmens in eine Personengesellschaft kann aber z. B. auch in der Weise durchgeführt werden, dass die Wirtschaftsgüter des Einzelunternehmens an die Personengesellschaft veräußert werden (*Einzelrechtsnachfolge*). Gleichzeitig wird der bisherige Einzelunternehmer Mitgesellschafter der Personengesellschaft und leistet zum Erwerb der Gesellschaftsrechte eine Bareinlage.

Die Ausgliederung des Unternehmens aus dem Vermögen eines Einzelkaufmanns und dessen Übertragung auf eine Personengesellschaft erfüllt *ertragsteuerlich* den Tatbestand der *Einbringung* von Betriebsvermögen in eine Personengesellschaft i. S. d. § 24 UmwStG. Für die ertragsteuerlichen Folgen gelten die §§ 20, 22 und 23 UmwStG entsprechend (Tz. 24.03 UmwStE).

Analog zu § 20 UmwStG ist auch hier eine wesentliche Voraussetzung, dass eine *Sachgesamtheit* in Form eines Teilbetriebs, eines Betriebs oder eines Mitunternehmeranteils eingebracht wird.[105] Die zweite zentrale Anforderung ist, dass der Einbringende als Gegenleistung für die Einbringung *Gesellschaftsrechte erwirbt*.[106] In Folge der Einbringung wird also ein Beteiligungsverhältnis begründet oder ausgeweitet. Da es sich um die Einbringung in eine Personengesellschaft handelt, geht es also darum, *Mitunternehmer* zu werden oder die bisherige Mitunternehmerstellung zu erweitern.

Wie die Einbringung in eine Kapitalgesellschaft ist auch die Einbringung in eine Personengesellschaft *ein tauschähnlicher Veräußerungsvorgang*. Sind die Voraussetzungen von § 24 UmwStG erfüllt, geht diese Norm § 16 EStG vor.

Durch die Umwandlung eines Einzelunternehmens in eine Personengesellschaft wird Vermögen zwischen Rechtsträgern übertragen, bei denen das Transparenzprinzip gilt. Der Einbringende erhält im Gegensatz zur Einbringung in eine Kapitalgesellschaft keine Anteile an einer Kapitalgesellschaft, *deren Veräußerung begünstigt besteuert würde*. Vielmehr ist der Einbringende *vor* der Einbringung direkt an den Wirtschaftsgütern beteiligt, die seinen Betrieb, Teilbetrieb bzw. seinen Mitunternehmeranteil ausmachen und *nach* der Einbringung wird er durch die Gewährung bzw. Ausweitung eines Mitunternehmeranteils direkt an allen Wirtschaftsgütern der übernehmenden Personengesellschaft beteiligt. Veräußert der Einbringende später seinen Mitunternehmeranteil, führt dies zu einem Veräußerungsgewinn i. S. d. § 16 Abs. 1 Satz 1 Nr. 2 EStG. Dies zieht die gleichen Steuerfolgen nach sich, die sich bei unmittelbarer Veräußerung gem. § 16 Abs. 1 Satz 1 Nr. 1 EStG ergeben hätten. Daher kommt das Konzept der sperrfristbehafteten Anteile bei der Einbringung in eine Personengesellschaft nicht zur Anwendung.

Neben der hier in Rede stehenden Umwandlung eines Einzelunternehmens in eine Personengesellschaft gibt es noch zwei weitere sehr wichtige Anwendungsfälle von § 24 UmwStG: Dies sind die *Aufnahme eines neuen Gesellschafters* in ein bestehendes Einzelunternehmen und der *Eintritt eines weiteren Gesellschafters* in eine bereits bestehende Personengesellschaft. Dies verdeutlicht Abbildung 2.9 auf der nächsten Seite. Das Besondere ist dabei, dass ertragsteuerlich in beiden Fällen von der *Gründung einer neuen Personengesellschaft* ausgegangen wird, in welche der Einzelunternehmer bzw. die Gesellschafter der vorhandenen Personengesellschaft ihr jeweiliges Unternehmen bzw. ihren Mitunternehmeranteil einbringen. Dies stellt einen Einbringungsvorgang i. S. d. § 24 UmwStG dar.[107]

Nach § 24 Abs. 2 Satz 1 UmwStG hat *die Personengesellschaft* (nicht der Einbringende) das eingebrachte Betriebsvermögen grundsätzlich *zum gemeinen Wert* anzusetzen; dies hat in ihrer steuerlichen Übernahmebilanz einschließlich der Ergänzungsbilanzen ihrer Gesellschafter zu erfolgen. Hingewiesen sei schon an dieser Stelle auf die Bedeutung *der Ergänzungsbilanzen der Gesellschafter*, die insb. im nächsten Gliederungspunkt erläutert wird.

[105] Umstritten ist, ob die Einbringung einer Beteiligung an einer Kapitalgesellschaft im Umfang von 100 % als Teilbetrieb anzusehen ist. Der BFH hat sich dagegen ausgesprochen; vgl. BFH-Urteil vom 17.7.2008, I R 77/06, BStBl II 2009, S. 464. Die Finanzverwaltung wendet dieses Urteil aber nicht an; vgl. BMF-Schreiben vom 20.5.2009, IV C 6 - S 2134/07/10005, BStBl I 2009, S. 671; s. auch Tz. 24.02 UmwStE.

[106] Wie bei der Umwandlung eines Personenunternehmens in eine Kapitalgesellschaft (s. Fn. 92), muss die Gegenleistung auch hier nicht ausschließlich in neuen Anteilen bestehen (§ 24 Abs. 2 Satz 2 Nr. 2 UmwStG).

[107] Vgl. hierzu *Dötsch/Patt/Pung/Möhlenbrock* (2012), Tz. 24 mit weiteren Nachweisen.

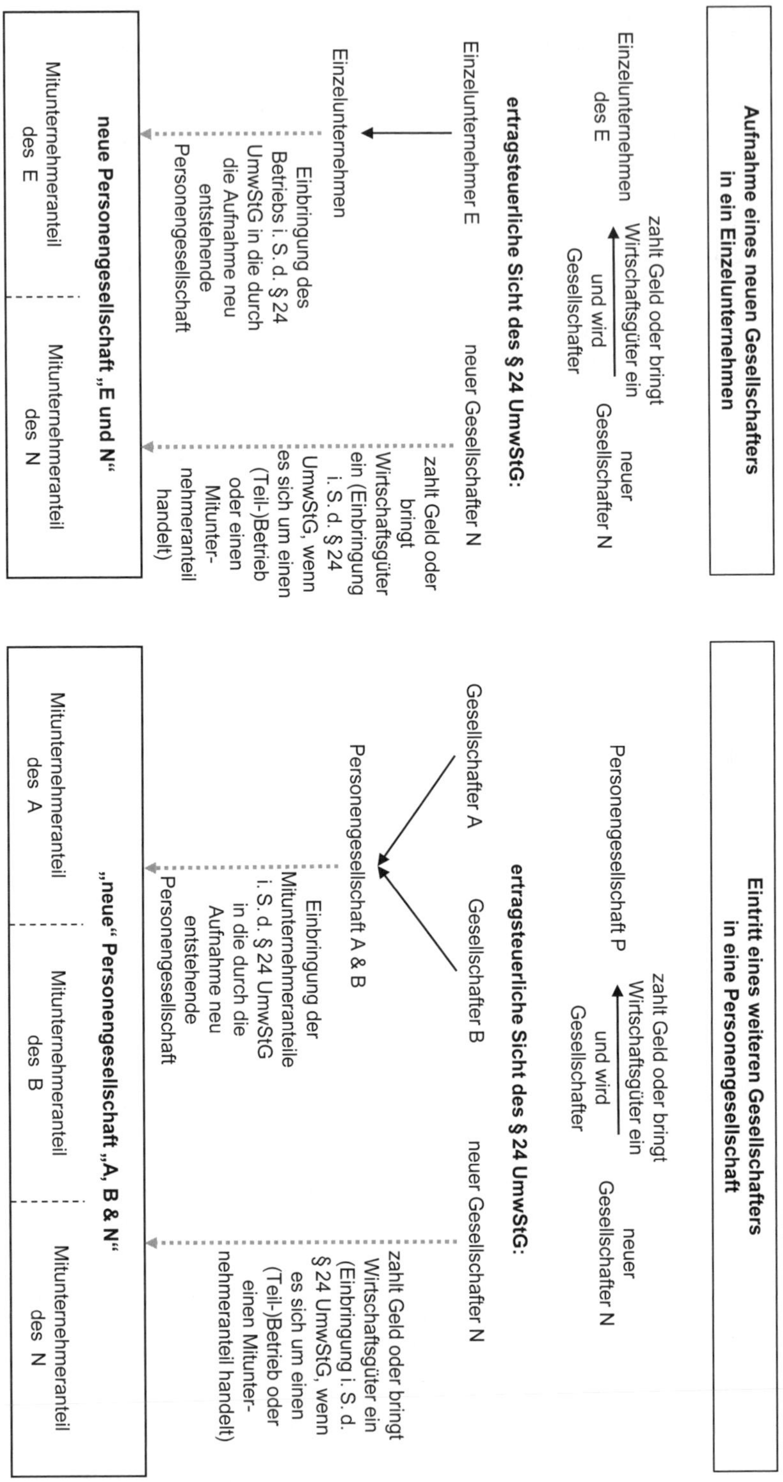

Aufnahme eines neuen Gesellschafters in ein Einzelunternehmen

Einzelunternehmen des E ← zahlt Geld oder bringt Wirtschaftsgüter ein und wird Gesellschafter ← neuer Gesellschafter N

ertragsteuerliche Sicht des § 24 UmwStG:

Einzelunternehmer E → Einzelunternehmen

Einzelunternehmen: Einbringung des Betriebs i. S. d. § 24 UmwStG in die durch die Aufnahme neu entstehende Personengesellschaft

neuer Gesellschafter N: zahlt Geld oder bringt Wirtschaftsgüter ein (Einbringung i. S. d. § 24 UmwStG, wenn es sich um einen (Teil-)Betrieb oder einen Mitunternehmeranteil handelt)

neue Personengesellschaft „E und N"

Mitunternehmeranteil des E	Mitunternehmeranteil des N

Eintritt eines weiteren Gesellschafters in eine Personengesellschaft

Personengesellschaft P ← zahlt Geld oder bringt Wirtschaftsgüter ein und wird Gesellschafter ← neuer Gesellschafter N

ertragsteuerliche Sicht des § 24 UmwStG:

Gesellschafter A, Gesellschafter B → Personengesellschaft A & B

Personengesellschaft A & B: Einbringung der Mitunternehmeranteile i. S. d. § 24 UmwStG in die durch die Aufnahme neu entstehende Personengesellschaft

neuer Gesellschafter N: zahlt Geld oder bringt Wirtschaftsgüter ein (Einbringung i. S. d. § 24 UmwStG, wenn es sich um einen (Teil-)Betrieb oder einen Mitunternehmeranteil handelt)

„neue" Personengesellschaft „A, B & N"

Mitunternehmeranteil des A	Mitunternehmeranteil des B	Mitunternehmeranteil des N

Abb. 2.9: Aufnahme eines neuen Gesellschafters in ein Einzelunternehmen oder eine Personengesellschaft gegen Leistung in das Betriebsvermögen

Nach Satz 2 der soeben genannten Norm darf die Personengesellschaft das übernommene Betriebsvermögen auf Antrag aber auch mit seinem bisherigen *Buchwert* ansetzen und auch der Ansatz von Zwischenwerten ist zulässig. In ihrer Übernahmebilanz hat sie bei der Bewertung des Betriebsvermögens also das bereits aus den vorherigen Ausführungen bekannte *Wahlrecht*. Wird ein Zwischenwert angesetzt, sind die in den einzelnen Wirtschaftsgütern enthaltenen stillen Reserven und stille Lasten mit einem *einheitlichen Prozentsatz* aufzudecken (Tz. 24.13 i. V. m. Tz. 03.25 UmwStE).

Eine Bewertung *unterhalb des gemeinen Werts* darf durch die Personengesellschaft gem. § 24 Abs. 2 Satz 2 UmwStG allerdings nur unter bestimmten Voraussetzungen erfolgen. Insbesondere ist die zukünftige Steuerverstrickung der stillen Reserven nötig und bei anderen Gegenleistungen (neben den neuen Anteilen) ist die entsprechende Beschränkung in Nummer 2 der genannten Norm zu beachten.

Für die Frage, ob der Einbringende als Folge der Umwandlung einen *Einbringungsgewinn* zu versteuern hat, sind gem. § 24 Abs. 3 UmwStG die Wertansätze in der Eröffnungsbilanz und den Ergänzungsbilanzen der Gesellschafter maßgebend:

> „Der Wert, mit dem das eingebrachte Betriebsvermögen in der Bilanz der Personengesellschaft einschließlich der Ergänzungsbilanzen für ihre Gesellschafter angesetzt wird, gilt für den Einbringenden als Veräußerungspreis."

Der Unterschiedsbetrag zwischen diesem Veräußerungspreis und dem Buchwert in der Schlussbilanz des Einzelunternehmens ergibt den *Einbringungsgewinn* (ggf. unter Berücksichtigung von Einbringungskosten). Werden die bisherigen Wertansätze beibehalten, entsteht folglich kein Einbringungsgewinn.

Wird das gesamte Betriebsvermögen in der Gesamthandsbilanz der Gesellschaft und den Ergänzungsbilanzen der Gesellschafter insgesamt mit seinem gemeinen Wert angesetzt, kann es beim Einbringenden gem. § 24 Abs. 3 Satz 2 UmwStG zur Anwendung der Vorschriften über die *Begünstigung eines Veräußerungsgewinns* nach den §§ 16 Abs. 4, 34 EStG kommen.[108] Dafür ist die Aufdeckung *aller* stillen Reserven nötig, also einschließlich derjenigen in bisher nach § 5 Abs. 2 EStG nicht aktivierten Wirtschaftsgütern (wie selbst geschaffene Patente und Lizenzen des Anlagevermögens) und einschließlich eines selbst geschaffenen Geschäfts- oder Firmenwerts.

Hinsichtlich § 34 EStG ist bekanntermaßen zwischen dem Fall zu unterscheiden, dass nur die Voraussetzung des Absatzes 1 dieser Vorschrift (Fünftelregelung) oder zusätzlich auch diejenigen des Absatzes 3 (ermäßigter Steuersatz) erfüllt sind. Bezüglich der Voraussetzungen der §§ 16 Abs. 4, 34 Abs. 3 EStG sei auf Gliederungspunkt 2.4.2.1 (S. 106) verwiesen. Die Anwendung des § 34 Abs. 1 EStG setzt voraus, dass es sich um außerordentliche Einkünfte i. S. d. § 34 Abs. 2 EStG handelt. Dies ist bei der *Vollaufstockung* im Rahmen des § 24 UmwStG der Fall. Wird die Begünstigung des § 34 Abs. 3 EStG in Anspruch genommen, ist die gleichzeitige Inanspruchnahme des § 34 Abs. 1 EStG ausgeschlossen. Bei Vorliegen der Voraussetzungen des § 34 Abs. 3 EStG hat der

[108] Vgl. hierzu *Schneeloch/Meyering/Patek,* Band 1 (2016), Gliederungspunkte 2.3.1.4 und 2.5.1.5.

Steuerpflichtige also *ein Wahlrecht* zur Anwendung der Fünftelregelung oder des ermäßigten Steuersatzes.

Sind auf der einbringenden und auf der aufnehmenden Seite dieselben Personen Unternehmer oder Mitunternehmer, wird durch § 24 Abs. 3 Satz 3 UmwStG i. V. m. § 16 Abs. 2 Satz 3 EStG *insoweit* ein laufender Gewinn fingiert („*Einbringung an sich selbst*"). Soweit also der Einbringende mittels seiner durch die Einbringung erworbene Beteiligung an dem von ihm eingebrachten Unternehmen beteiligt bleibt, gilt ein etwaiger Einbringungsgewinn als laufender Gewinn (und nicht als Veräußerungs- oder Aufgabegewinn) und die Begünstigungen der §§ 16 Abs. 4, 34 EStG kommen nicht in Betracht (Tz. 24.17 UmwStE). Hierdurch sollen sog. Aufstockungsmodelle verhindert werden.[109] Schwierig und umstritten ist in diesem Zusammenhang die Bestimmung *des Umfangs*, in dem es sich um eine Einbringung an sich selbst handelt.[110] Die Thematik verdeutlicht das folgende Beispiel, welches an Tz. 24.16 UmwStE angelehnt ist und der h. M. folgt.[111]

Beispiel

An einer OHG sind vier natürliche Personen zu gleichen Teilen beteiligt. Gegen Bareinlage in das Betriebsvermögen soll ein fünfter Gesellschafter aufgenommen werden. Anschließend sollen wieder alle Gesellschafter zu gleichen Teilen beteiligt sein. Es ergibt sich ein Einbringungsgewinn von 400 T€.

Der Einbringungsgewinn ist den vier Alt-Gesellschaftern zuzurechnen (100 T€ je Alt-Gesellschafter). Fraglich ist, in welchem Umfang es sich hierbei um einen nicht begünstigten laufenden Gewinn oder durch die §§ 16 Abs. 4, 34 EStG begünstigten Gewinn handelt. Jeder der Alt-Gesellschafter reduziert seine Beteiligung von 25 % auf 20 %, behält also seine Beteiligung im Umfang von vier Fünfteln ($= \frac{20}{25}$). Die Veräußerung an sich selbst hat demnach einen Umfang von 80 T€ ($= \frac{4}{5} \cdot 100$). Der Einbringungsgewinn wird in diesem Umfang als laufender, nicht begünstigter Gewinn behandelt. Der verbleibende Teil des Einbringungsgewinns von 20 T€($= \frac{5}{25} \cdot 100$) profitiert gem. § 24 Abs. 3 Satz 3 UmwStG von den Begünstigungen der §§ 16 Abs. 4, 34 EStG.

Wie bereits ausgeführt, kann die Umwandlung eines Einzelunternehmens in eine Personengesellschaft auch in der Weise erfolgen, dass die Wirtschaftsgüter des Einzelunternehmens an die Personengesellschaft verkauft werden (*Einzelrechtsnachfolge*). Ein begünstigter Veräußerungsgewinn i. S. d. §§ 16 Abs. 4, 34 EStG kann bei dieser Gestaltungsform nur entstehen, wenn *alle* Wirtschaftsgüter zu zwischen fremden Personen üblichen Preisen veräußert werden (**Drittvergleich**).[112] Diese Preise entsprechen den gemeinen Werten der Wirtschaftsgüter. Das einkommensteuerliche Ergebnis ist dann das Gleiche wie bei einer Ausgliederung des Unternehmens aus dem Vermögen des Einzelkaufmanns und dessen anschließender Aufnahme in eine Personengesellschaft nach § 152 UmwG. Die Vorgehensweise ist aufgrund der Einzelrechtsnachfolge aber deutlich aufwändiger.

Die Umwandlung eines Einzelunternehmens in eine Personengesellschaft im Wege der Einbringung ist dem Grunde nach bekanntlich eine *Betriebsveräuße-*

[109] Vgl. hierzu *Dötsch/Patt/Pung/Möhlenbrock* (2012), Tz. 147.
[110] Vgl. hierzu bspw. *Bär/Merkle* (2019), § 24, Tz. 176 ff.
[111] Vgl. zu weiteren Beispielen *Dötsch/Patt/Pung/Möhlenbrock* (2012), Tz. 149.
[112] Vgl. *Fuhrmann* (2020), § 24 UmwStG, Tz. 262.

rung i. S. d. § 16 Abs. 1 Satz 1 EStG.[113] Daher gehört der Einbringungsgewinn *nicht zum Gewerbeertrag* (unabhängig davon, ob durch den Ansatz von Zwischenwerten oder von gemeinen Werten entstanden).[114] Umstritten ist, ob der Einbringungsgewinn auch gewerbesteuerlich als laufender Gewinn anzusehen ist, soweit Personenidentität zwischen Veräußerer und Erwerber besteht (§ 24 Abs. 3 Satz 3 UmwStG i. V. m. § 16 Abs. 2 Satz 3 EStG). Im Schrifttum herrscht die Meinung vor, dass der fiktive laufende Gewinn auch gewerbesteuerlich Veräußerungsgewinn sei (also keine Gewerbesteuerpflicht).[115] Der BFH, das BMF und der Gesetzgeber vertreten aber die Ansicht, dass die Fiktion auch gewerbesteuerlich zu beachten ist und daher insoweit der Gewerbesteuer unterliegender laufender Gewinn vorliegt.[116]

Hinsichtlich der *Umsatzsteuer* sei auf die entsprechenden Ausführungen bezüglich der Umwandlung eines Personenunternehmens in eine Kapitalgesellschaft verwiesen (s. Gliederungspunkt 2.4.3 (S. 112)).

Wird bei der Umwandlung eines Einzelunternehmens in eine Personengesellschaft ein Grundstück übertragen, entsteht grundsätzlich *Grunderwerbsteuer* (§ 1 Abs. 1 Nr. 3 GrEStG). Diese bemisst sich nach dem Grundbesitzwert (§ 8 Abs. 2 Nr. 2 GrEStG). Anwendbar ist möglicherweise die Konzernklausel (§ 6a GrEStG). Außerdem sind die Begünstigungen der §§ 5 und 6 GrEStG anwendbar, da der Übergang von einer Gesamthand auf eine Gesamthand erfolgt; zu beachten sind dabei § 5 Abs. 3 und § 6 Abs. 3 Satz 2, Abs. 4 GrEStG, die missbräuchliche Inanspruchnahmen vermeiden sollen. Die Steuervergünstigungen der §§ 5, 6 und § 6a GrEStG bestehen gleichrangig nebeneinander und können daher parallel zur Anwendung gelangen.[117]

2.5.2 Bilanzielle Darstellung

Im vorherigen Gliederungspunkt wurde bereits darauf hingewiesen, dass sich der Wertansatz bei der Personengesellschaft auf die Gesamthandsbilanz *und* die Ergänzungsbilanzen der Gesellschafter bezieht. Durch den Einbezug der Ergänzungsbilanzen lässt sich die Aufdeckung der stillen Reserven nahezu beliebig darstellen. Dies wird anhand folgenden Beispiels veranschaulicht, welches anschließend als Ausgangsfall für zwei weitere Varianten dient.

Beispiel

Einzelunternehmer P nimmt zum 31.12. des Jahres 1 A als Gesellschafter in sein Unternehmen auf. Die Schlussbilanz des P hat folgendes Aussehen:

---

[113] Vgl. *Dötsch/Patt/Pung/Möhlenbrock* (2012), § 24, Tz. 152; *Klingebiel/Patt/Rasche/Krause* (2016), S. 644.

[114] Vgl. R 7.1 Abs. 3 Satz 1 Nr. 1 GewStR.

[115] So bspw. *Dötsch/Patt/Pung/Möhlenbrock* (2012), § 24, Tz. 153; *Bär/Merkle* (2019), § 24, Tz. 183; *Klingebiel/Patt/Rasche/Krause* (2016), S. 645. A. A. bspw.: *Fuhrmann* (2020), § 24, Tz. 1323.

[116] Vgl. BR-Drucksache 612/93 vom 3.9.1993, S. 82; BFH-Urteil vom 15.6.2004, VIII R 7/01, BStBl II 2004, S. 754; Tz. 24.17 UmwStE.

[117] Vgl. Oberste Finanzbehörden der Länder: Gleich lautende Erlasse zur Anwendung der §§ 5 und 6 GrEStG vom 12.11.2018, S 4514 – 12 – V A 6 (Aktenzeichen des NRW-Finanzministeriums), BStBl I 2018, S. 1334, Tz. 5.

Aktiva	Schlussbilanz des P per 31.12. des Jahres 1 (in T€)		Passiva
Anlagevermögen	50	Eigenkapital	100
Umlaufvermögen	50		
	100		100

Die am 31.12. des Jahres 1 in dem Anlage- und Umlaufvermögen vorhandenen stillen Reserven schätzt P je auf 100 T€. Sie sollen im Rahmen der Einbringung nicht aufgedeckt werden. A verpflichtet sich, 300 T€ bar in die Gesellschaft einzuzahlen. Es ergibt sich folgende Eröffnungsbilanz der OHG zum 1.1. des Jahres 2:

Aktiva	Eröffnungsbilanz per 1.1. des Jahres 2 (in T€)		Passiva
Anlagevermögen	50	Eigenkapital P	100
Umlaufvermögen	50	Eigenkapital A	300
Zahlungsmittelbestand	300		
	400		400

P erzielt einen Einbringungsgewinn i. H. v. 0 € (= 100 - (50 + 50)). Er resultiert aus dem Abzug von Anlage- und Umlaufvermögen vom Eigenkapital.

Bei einem solchen Vorgehen spiegeln die Kapitalkonten jedoch regelmäßig *nicht das gewünschte Beteiligungsverhältnis wider*. Dies kann durch den Ausgleich der Kapitalkonten erreicht werden, wie das folgende Beispiel veranschaulicht (welches auf dem vorherigen Ausgangsfall basiert). Betont sei, dass diese Ergänzungsbilanzen ausschließlich steuerlich Bedeutung haben (nicht handelsbilanziell).

Beispiel

Es gelten die Daten des vorherigen Beispiels. Es wird ein Ausgleich der Kapitalkonten durchgeführt, da A und P nach der Aufnahme von A vereinbarungsgemäß zu gleichen Teilen beteiligt sein sollen. Daraus ergibt sich folgende Eröffnungsbilanz der OHG:

Aktiva	Eröffnungsbilanz per 1.1. des Jahres 2 (in T€)		Passiva
Anlagevermögen	50	Eigenkapital P	200
Umlaufvermögen	50	Eigenkapital A	200
Zahlungsmittelbestand	300		
	400		400

Bei diesem Vorgehen würde der von A geleistete Betrag aber nicht in vollem Umfang auf seinem Kapitalkonto ausgewiesen. Um das zu erreichen, hat A eine positive Ergänzungsbilanz zu erstellen:

Aktiva	Positive Ergänzungsbilanz A per 1.1. des Jahres 2 (in T€)		Passiva
Anlage- und Umlaufvermögen	100	Mehrkapital A	100
	100		100

Mit dieser Ergänzungsbilanz wird zum Ausdruck gebracht, dass A mit seinem Kaufpreis auch einen Anteil an den eingebrachten stillen Reserven erworben hat. Allerdings würde P so einen Einbringungsgewinn i. H. v. 100 T€ (= 200 - (50 + 50)) erzielen. Das lässt sich durch eine negative Ergänzungsbilanz für P verhindern, da gem. § 24 Abs. 3 Satz 1 UmwStG das Betriebsvermögen in der Gesamthandsbilanz und in den Ergänzungsbilanzen der Gesellschafter zusammengerechnet wird:

Aktiva	Negative Ergänzungsbilanz P per 1.1. des Jahres 2 (in T€)		Passiva
Minderkapital P	100	Anlage- und Umlaufvermögen	100
	100		100

Aufgrund des negativen Anlage- und Umlaufvermögens beträgt der Einbringungsgewinn des P nun 0 T€ (= 200 - (50 + 50) - 100). Das eingebrachte Vermögen wird insgesamt, also unter Einbezug der Ergänzungsbilanzen, mit 100 € (= 50 + 50 + 100 - 100) angesetzt, d. h. zum Buchwert.

Ergänzungsbilanzen lassen es alternativ auch zu, dass in der Gesamthandsbilanz die stillen Reserven aufgedeckt werden, *der bisherige Gesellschafter* eines Einzelunternehmens aber gleichwohl *keinen Einbringungsgewinn* erzielt. Dies verdeutlicht das folgende Beispiel (welches sich wieder auf den Ausgangsfall stützt). Es ist der sicher häufigste Fall, da nur so ein Gleichlauf zwischen der Handelsbilanz, in der zwingend die Zeitwerte (= gemeine Werte) anzusetzen sind, und der Gesamthandsbilanz möglich ist.

Beispiel

Es gelten die Daten des vorvorletzten Beispiels. In der Gesamthandsbilanz werden die stillen Reserven aufgedeckt:

Aktiva	Eröffnungsbilanz per 1.1. des Jahres 2 (in T€)		Passiva
Anlagevermögen	150	Eigenkapital P	300
Umlaufvermögen	150	Eigenkapital A	300
Zahlungsmittelbestand	300		
	600		600

Nun spiegeln die Kapitalkonten das Beteiligungsverhältnis richtig wider. Möchte P einen Einbringungsgewinn vermeiden, lässt sich dies durch eine negative Ergänzungsbilanz erreichen:

Aktiva	Negative Ergänzungsbilanz P per 1.1. des Jahres 2 (in T€)		Passiva
Minderkapital P	200	Anlage- und Umlaufvermögen	200
	200		200

Insgesamt würde das eingebrachte Vermögen auch in diesem Fall mit einem Wert von 100 € (= 150 + 150 - 200) angesetzt, also zu Buchwerten. Es entsteht folglich kein Einbringungsgewinn.

2.5.3 Vorteilhaftigkeitsüberlegungen

2.5.3.1 Entscheidungssituation

Hinsichtlich der zentralen Fragen zur Klärung der Entscheidungssituation kann auf Gliederungspunkt 2.4.4.1 (S. 112) verwiesen werden. Die dortigen Fragen haben hier die gleiche Bedeutung. Auch hier ergeben sich je nach Beantwortung der ersten Frage (bestehen nicht steuerliche Gründe) ein oder zwei Problembereiche. Und wie dort wird nachfolgend nur auf den erstgenannten Problembereich eingegangen.

Ob der bisherige Einzelunternehmer im Zeitpunkt der möglichen Umwandlung das 55. Lebensjahr vollendet hat bzw. ob er im sozialversicherungsrechtlichen Sinne dauernd berufsunfähig ist (Frage 2),[118] spielt eine herausragende Rolle bei der Entscheidung darüber, ob im Fall einer Umwandlung stille Reserven aufgedeckt werden sollen oder nicht: Nur bei Bejahung dieser Frage können die Begünstigungen der §§ 16 Abs. 4, 34 Abs. 3 EStG in Anspruch genommen werden. Ohne die Inanspruchnahme kann die Aufdeckung stiller Reserven in Gewinnsituationen *nicht vorteilhaft sein*. Anders gewendet: Kann keine der beiden Begünstigungen in Anspruch genommen werden, stehen den Nachteilen einer Aufstockung i. d. R. keine oder nur geringe Vorteile ggü. Die Analyse der Aufdeckung stiller Reserven und deren Folgewirkungen erübrigt sich dann. Ausnahmen können sich nur ergeben, wenn der Einzelunternehmer ohne Aufdeckung der stillen Reserven ein sehr geringes zu versteuerndes Einkommen hat (das gilt insb., wenn sich dieses im negativen Bereich bewegt). Nur dann nämlich führt die Fünftelregelung des § 34 Abs. 1 EStG (die von den obigen Voraussetzungen unabhängig ist) zu größeren Wirkungen.[119]

Erwägt der bisherige Einzelunternehmer und künftige Gesellschafter der Personengesellschaft, seinen Anteil an der Gesellschaft zu einem späteren Zeitpunkt zu veräußern (Frage 3), muss er beachten, dass er nur einmal in den Genuss der Begünstigungen der §§ 16 Abs. 4, 34 Abs. 3 EStG kommen kann. Er muss dann abwägen, ob eine Inanspruchnahme dieser Vorschriften *jetzt oder bei der späteren Veräußerung* vorteilhafter ist. Eine derartige Abwägung ist nur nötig, wenn der Unternehmer bei Untersuchung der zweiten Frage nicht zu dem Ergebnis gekommen ist, dass eine Buchwertfortführung vorteilhafter ist als eine Aufstockung.

Im Folgenden wird in Gliederungspunkt 2.5.3.2 zunächst der Frage nachgegangen, ob und ggf. unter welchen Bedingungen eine (Teil-)Aufstockung stiller Reserven vorteilhaft ist. Dem folgen Überlegungen zur Einbeziehung möglicher späterer Umwandlungszeitpunkte in den Vorteilsvergleich (Gliederungspunkt 2.5.3.3).

2.5.3.2 Buchwertfortführung vs. Aufdeckung stiller Reserven

Wird ein Einzelunternehmen in eine Personengesellschaft eingebracht, können die bisherigen Buchwerte fortgeführt (Buchwertfortführung) werden, es kön-

[118] Im Folgenden wird nur noch die Vollendung des 55. Lebensjahres genannt. Erfasst werden soll hierdurch aber auch der Fall des Eintritts einer dauernden Berufsunfähigkeit im sozialversicherungsrechtlichen Sinne.

[119] Vgl. hierzu *Schneeloch/Meyering/Patek,* Band 1 (2016), Gliederungspunkt 2.5.1.5.

nen aber auch die bisher entstandenen stillen Reserven vollständig (Vollaufstockung) oder nur teilweise aufgedeckt werden (Teilaufstockung).

Durch die Aufdeckung stiller Reserven in der Übernahmebilanz der übernehmenden Personengesellschaft entsteht bei dieser *zusätzliches Aufwandspotential.* Dieses kann insb. in einer Erhöhung der Wertansätze der Wirtschaftsgüter des abnutzbaren Anlagevermögens sowie der Vorräte bestehen (insb. der unfertigen und fertigen Erzeugnisse sowie der Waren). Soweit stille Reserven in nicht abnutzbaren Wirtschaftsgütern des Anlagevermögens aufgedeckt werden (insb. im Grund und Boden), entsteht zwar kein zusätzliches Aufwandspotential, doch verringert sich der Gewinn, der bei einer späteren Veräußerung des Wirtschaftsguts entsteht. Dies geschieht spätestens bei einer späteren Liquidation der übernehmenden Personengesellschaft. Bezogen auf die Totalperiode ist die Wirkung der Aufdeckung stiller Reserven auf den Gewinn des übernehmenden Personenunternehmens unabhängig davon, ob die Aufdeckung zu einer Erhöhung des Aufwandspotentials oder zu einer Verringerung des Gewinns bei einer späteren Veräußerung führt. Nachfolgend wird daher aus Gründen der sprachlichen Vereinfachung eine Aufdeckung stiller Reserven auch dann als Erhöhung des Aufwandspotentials bezeichnet, wenn tatsächlich nicht das Aufwandspotential erhöht, sondern der Gewinn bei einer späteren Veräußerung oder Liquidation gemindert wird.

Die Verwandlung von zusätzlichem Aufwandspotential in tatsächlichen Aufwand kann sich über viele Jahre oder sogar Jahrzehnte hinziehen. Eine Aufstockung kann deshalb allenfalls dann vorteilhaft sein, wenn die Steuerbelastung der aufgedeckten stillen Reserven *mit einem wesentlich geringeren kombinierten Einkommen- und Gewerbesteuersatz* erfolgt als die spätere Steuerentlastung infolge der zusätzlichen Aufwendungen. Nur dann kann der Barwert der künftigen Steuerentlastungen geringer sein als die zusätzliche Steuerbelastung im Zeitpunkt der Einbringung. Dies ist i. d. R. nur dann gegeben, wenn *die Begünstigungen der §§ 16 Abs. 4, 34 Abs. 3 EStG* in Anspruch genommen werden können, was bekanntlich nur bei einer Vollaufstockung möglich ist (in Einzelfällen reicht auch die Inanspruchnahme einer der beiden Vorschriften). Damit scheiden alle diejenigen Fälle i. d. R. von vornherein aus einer näheren Prüfung der Vorteilhaftigkeit einer Aufstockung aus, in denen der Einbringende das 55. Lebensjahr noch nicht vollendet hat. Außerdem scheiden die Fälle aus, in denen der Einbringende die Begünstigungen der §§ 16 Abs. 4, 34 Abs. 3 EStG bereits bei einer anderen Gelegenheit in Anspruch genommen hat (da die Begünstigungen nur einmal im Leben in Anspruch genommen werden können). In diesen Fällen kann grundsätzlich ohne nähere Überprüfung davon ausgegangen werden, dass die Buchwertfortführung vorteilhafter ist als eine Aufstockung. Ausgenommen sind lediglich die bereits erwähnten Fälle mit sehr niedrigem zu versteuernden Einkommen, insb. Verlustfälle. In diesen lohnt die Überprüfung der Vorteilhaftigkeit einer Aufstockung.

Hat der Steuerpflichtige zum vorgesehenen Einbringungszeitpunkt das 55. Lebensjahr zwar noch nicht vollendet, geschieht dies aber in Kürze, kann es sinnvoll sein, über *eine Verschiebung des Einbringungszeitpunkts* bis zum Eintritt dieses Ereignisses nachzudenken.

Zu beachten ist, dass die Vergünstigungen der §§ 16 Abs. 4, 34 EStG stets nur insoweit zur Anwendung kommen können, als der Einbringungsgewinn als Veräußerungsgewinn i. S. d. § 16 EStG gilt (also nicht als laufender Gewinn). Dies ist nach § 16 Abs. 2 Satz 3 EStG insoweit nicht der Fall, als der Einbringende an der Personengesellschaft als Mitunternehmer beteiligt ist („*Einbringung an sich selbst*"). Damit ist in vielen Fällen der größte Teil des Einbringungsgewinns nicht als steuerbegünstigter Veräußerungsgewinn, sondern *als nicht begünstigter laufender Gewinn* zu behandeln. Auch in derartigen Fällen kann regelmäßig ohne nähere Überprüfung davon ausgegangen werden, dass eine Aufstockung nicht vorteilhafter ist als eine Buchwertfortführung. Damit bleiben insgesamt nur wenige Fälle, in denen eine nähere Überprüfung der Vorteilhaftigkeit einer Aufstockung sinnvoll erscheint.

Soll die Vorteilhaftigkeit einer Aufstockung geprüft werden, kann regelmäßig davon ausgegangen werden, dass entweder *die Fortführung der bisherigen Buchwerte* oder aber die *volle Aufdeckung* der stillen Reserven (Vollaufstockung) die steueroptimale Maßnahme darstellt. Hingegen können Teilaufstockungen in aller Regel von vornherein aus der Untersuchung ausgeschlossen werden, da dabei weder die Vorteile einer Buchwertfortführung, noch diejenigen einer Vollaufstockung zur Anwendung kommen (weder kann eine Besteuerung im Einbringungszeitpunkt vermieden werden, noch kommt der Steuerpflichtige in den Genuss der Begünstigungen der §§ 16 Abs. 4, 34 EStG). Der Vorteilsvergleich zwischen der Buchwertfortführung und der Vollaufstockung ist mit Hilfe eines Steuerbarwertvergleichs durchzuführen. Hierbei reicht es aus, den Barwert der Steuerdifferenzen der Aufstockung zu bilden. Ist dieser positiv, ist die Aufstockung nachteilig, ist er negativ, ist sie vorteilhaft.

Erweist sich die Vollaufstockung im Einzelfall als vorteilhaft, ist abschließend zu prüfen, ob *die spätere Inanspruchnahme der §§ 16 Abs. 4, 34 Abs. 3 EStG* im Rahmen der Beendigung der eigenen unternehmerischen Betätigung nicht noch vorteilhafter wäre. Diese Frage stellt sich aber nur, wenn die Beendigung durch einen Verkauf des Anteils an der Personengesellschaft erfolgen soll (also nicht durch eine Übertragung auf ein Kind oder einen anderen Angehörigen im Rahmen der (vorweggenommenen) Erbfolge). Für den Vergleich der Vorteilhaftigkeit einer Inanspruchnahme der §§ 16 Abs. 4, 34 EStG im Zeitpunkt der Einbringung oder im Zeitpunkt der späteren Anteilsveräußerung ist ebenfalls ein Steuerbarwertvergleich erforderlich.

2.5.3.3 Einbeziehung möglicher späterer Umwandlungszeitpunkte

Hat sich hingegen bei alleiniger Betrachtung des erstmöglichen Umwandlungsstichtags als möglichem Umwandlungszeitpunkt die Umwandlung als die vorteilhaftere Maßnahme erwiesen, sind grundsätzlich auch *alle anderen innerhalb des Planungszeitraums möglichen Umwandlungsstichtage* in den Vergleich einzubeziehen. Hierbei kann aber sofort eine Beschränkung auf einige wenige Stichtage vorgenommen werden. In aller Regel dürfte es zumindest ausreichen, lediglich Bilanzstichtage zu berücksichtigen (schon aufgrund der Kosten, die mit einer ansonsten notwendigen Bilanzerstellung einhergehen). Aber auch eine noch wesentlich stärkere Einschränkung der potentiellen Umwandlungsstichtage ist i. d. R. vertretbar. So kann eine Beschränkung auf derartige Stichtage erfolgen, zu denen *wesentliche Veränderungen* eintreten. Prüfenswert sind insb. Stichtage, zu denen höhere tarifbegünstigte Einbringungsgewinne oder zusätzliche Bewertungswahlrechte erheblichen Ausmaßes entstehen. Hierbei sollte nur bei begründetem Verdacht auf vorteilhaftere Gestaltungsmöglichkeiten eine intensivere Prüfung erfolgen (insb. durch Steuerbarwertvergleiche).

Konnte ein in der Zukunft liegender vorteilhafterer Umwandlungszeitpunkt ermittelt werden, kann die Untersuchung abgebrochen werden. Dann ist es am vorteilhaftesten, das Einzelunternehmen vorerst beizubehalten. Rechtzeitig vor diesem späteren Zeitpunkt sollte dann eine erneute Prüfung durchgeführt werden. Ist hingegen die Umwandlung zum erstmöglichen Umwandlungsstichtag die vorteilhafteste Maßnahme, sollte aus Sicht einer steuerlichen Partialplanung zu diesem Stichtag umgewandelt werden.

2.6 Aufgaben

3. Immobilienmakler M einigt sich im Herbst des Jahres 1 mit seinen beiden Kindern S und T darüber, dass diese ab dem 1.1. des Jahres 2 im Unternehmen mitarbeiten sollen. Sohn S hat im letzten Sommer eine Banklehre abgeschlossen, Tochter T wird voraussichtlich in Kürze ein Architekturstudium beenden. Ungeklärt ist noch, ob die Kinder als Angestellte in das bisherige Einzelunternehmen oder als Kommanditisten in eine dann neu zu gründende KG eintreten sollen.

   Werden die Kinder Angestellte, sollen sie während der Jahre 2 und 3 ein Jahresgehalt von jeweils 60 T€ und ab dem Jahr 4 ein Jahresgehalt von 75 T€ erhalten. Gehälter in dieser Höhe hält der Steuerberater S des M für ggü. dem Finanzamt noch vertretbar.

   Wird eine KG gegründet, sollen die Kinder mit je 24 % am Gewinn und an den stillen Reserven beteiligt werden. Es ist beabsichtigt, dass die KG dann feste und variable Kapitalkonten führt. Diese sollen als Kapitalkonten I und II bezeichnet werden. Das Kapitalkonto I des M soll 104 T€, das des S und der T jeweils 48 T€ betragen. Auch als Kommanditisten sollen S und T Arbeitsverträge erhalten. Ihre Gehälter sollen ebenfalls zunächst je 60 T€ und ab dem Jahr 4 jeweils 75 T€ betragen. M soll in diesem Fall ein Gehalt von 90 T€ erhalten. Der Gewinn nach Abzug der Gehälter soll im Verhältnis der festen Kapitalkonten zueinander aufgeteilt werden. Die Umwandlung des Unternehmens in eine KG soll zum 31.12. des Jahres 1 erfolgen. Im Rahmen der Umwandlung will M seinen Kindern die Beteiligungen an dem Unternehmen schenkungsweise überlassen. Der Wert des Betriebsvermögens i. S. d. § 12 Abs. 5 ErbStG beträgt zum 31.12. des Jahres 1 voraussichtlich 600 T€. Diesen Wert ermittelte S mit Hilfe des vereinfachten Ertragswertverfahrens i. S. d. §§ 199 bis 203 BewG.

   M betreibt sein Unternehmen in einem im November des Jahres 1 angeschafften Bürogebäude. Den eigenbetrieblich genutzten Teil dieses Gebäudes hat er als notwendiges Betriebsvermögen aktiviert (R 4.2 und H 4.2 EStR entsprechend). Die Bilanz des M zum 31.12. des Jahres 1 wird voraussichtlich folgendes Aussehen haben (in stark vereinfachter Form):

Aktiva	Bilanz per 31.12. des Jahres 1 (in T€)			Passiva
Grund und Boden	500	Eigenkapital am 1.1.	50	
Gebäude	1.000	Entnahme	-100	
Sonstige Aktiva	100	Einlagen	+450	
		Gewinn	+300	700
		Schulden		900
	1.600			1.600

Zum 31.12. des Jahres 1 werden stille Reserven voraussichtlich nur bei dem originären Geschäftswert bestehen (i. H. v. 250 T€).

Am 29.12. des Jahres 1 wird M sein 55. Lebensjahr vollenden. Er beabsichtigt, bis zur Vollendung seines 70. Lebensjahres aktiv im Unternehmen tätig zu sein. Danach will er lediglich mit 52 % als Mehrheitsgesellschafter beteiligt sein. Im Fall seines Todes soll seine Ehefrau diese Beteiligung erben, seine Kinder sollen dann mit jeweils 24 % beteiligt werden (falls dies bis dahin nicht bereits geschehen sein sollte).

Anhand von Prognoserechnungen des M ermittelt S, dass der Wert des Betriebsvermögens des Einzelunternehmens bzw. der KG zum 29.12. des Jahres 16 (d. h. zum 70. Geburtstag des M) i. S. d. § 12 Abs. 5 ErbStG maximal 900 T€ betragen wird (auch hier mit Hilfe des vereinfachten Ertragswertverfahrens i. S. d. §§ 199 bis 203 BewG ermittelt). Das übrige Vermögen der Eheleute M dürfte zu diesem Zeitpunkt voraussichtlich mehr als 3 Mio. € betragen.

Für das Jahr 1 und die folgenden Jahre rechnet M mit steuerlichen Gewinnen aus der Maklerfirma von jeweils 300 T€. Gehälter an M selbst und seine Kinder sind hierbei noch nicht berücksichtigt. Auch nicht berücksichtigt sind andere mögliche Gestaltungsmaßnahmen, die sich aus dem geschilderten Sachverhalt ergeben können. Der Gewerbeertrag dürfte regelmäßig den steuerlichen Gewinnen entsprechen. Der Gewerbesteuer-Hebesatz wird voraussichtlich stets 400 % betragen.

Das zu versteuernde Einkommen der Eheleute M dürfte regelmäßig um rund 10 T€ niedriger liegen als die (anteiligen) Gewinne des M aus der Maklerfirma betragen. Bei S und T kann davon ausgegangen werden, dass die Einkommen um jeweils 5 T€ unter ihren anteiligen Gewinnen und Bezügen liegen. Die Eheleute M wählen beide die Zusammenveranlagung. S und T sind ledig. Sowohl die Eheleute M als auch ihre Kinder sind konfessionslos. S und T haben bisher keine Schenkungen von ihren Eltern erhalten; weitere Schenkungen als die sich aus dem Sachverhalt ergebenden sind zur Zeit nicht konkret geplant, werden aber durchaus erwogen. Diese sollen dann das übrige Vermögen der Eheleute M betreffen. Der Wohnsitz aller Beteiligten befindet sich in Deutschland.

Prüfen Sie, ob es steuerlich vorteilhafter ist, wenn die Kinder lediglich als Angestellte oder darüber hinaus auch als Kommanditisten in das Unternehmen eintreten! Sollten innerhalb der alternativen Rechtsformen Gestaltungsmaßnahmen möglich sein, sind diese in die Betrachtung einzubeziehen. Sollte eine Umwandlung des Einzelunternehmens in Betracht kommen, möchte M eine Einzelrechtsnachfolge vermeiden. Die Verzinsung von Supplementinvestitionen wird auf 6 % pro Jahr netto geschätzt.

4. Einzelunternehmerin F möchte in die Bestand-OHG eintreten. Dazu soll das Einzelunternehmen der F in die OHG eingebracht werden. Gesellschafter der OHG sind K und L. Nach dem Eintritt sollen alle Gesellschafter zu gleichen Teilen beteiligt sein. Erörtern Sie die ertragsteuerlichen Konsequenzen dieser Einbringung für F, K und L!

5. Zum 31.12. des Jahres 1 bringt V sein bisheriges Einzelunternehmen in eine mit seinen volljährigen Kindern K1 und K2 neu gegründete KG ein. V wird Komplementär, die Kinder werden Kommanditisten. Die stark vereinfachte Schlussbilanz des bisherigen Einzelunternehmens hat zum 31.12. des Jahres 1 folgendes Aussehen:

Aktiva	Schlussbilanz des V per 31.12. des Jahres 1 (in T€)		Passiva
Anlagevermögen	200	Eigenkapital	400
Umlaufvermögen	200		
	400		400

Die am 31.12. des Jahres 1 im Anlage- und Umlaufvermögen vorhandenen stillen Reserven schätzt V auf 150 T€ bzw. 50 T€, den Geschäfts- oder Firmenwert auf 200 T€.

K1 und K2 verpflichten sich, aus eigenem Vermögen bis zum 10.1. des Jahres 2 je 100 T€ bar in die Gesellschaft einzuzahlen. Sie sollen hierfür jeweils mit 10 % am Festkapital und am Gewinn der KG beteiligt werden. Auch ihr Anteil an künftig entstehenden stillen Reserven soll jeweils 10 % betragen.

a) Die stillen Reserven sollen im Rahmen der Einbringung in vollem Umfang aufgedeckt werden. V will in der Eröffnungsbilanz einen Kapitalanteil von 800 T€ (= 400 + 150 + 50 + 200) ausweisen. Erstellen Sie die steuerliche Eröffnungsbilanz der KG zum 1.1. des Jahres 2!

b) V will die stillen Reserven *nicht* aufdecken. Dennoch sollen K1 und K2 jeweils nur zu 10 % am Festkapital, am Gewinn und an den stillen Reserven beteiligt sein. Das Kommanditkapital des K1 und des K2 soll also jeweils nur mit 50 T€ ausgewiesen werden, obwohl die neuen Gesellschafter jeweils 100 T€ Einlage zu leisten haben. Erstellen Sie die steuerliche Eröffnungsbilanz der KG!

c) K1 und K2 verpflichten sich nun je zur Zahlung von 80 T€ an V. Dafür erhalten sie einen 10 %igen Anteil am bilanziellen Betriebsvermögen (40 T€). Eine Einlage in die KG leisten sie hingegen nicht. K1 und K2 erwerben also von V einen Anteil an dessen Unternehmen. Ihre Anschaffungskosten betragen jeweils 80 T€. Erstellen Sie die steuerliche Eröffnungsbilanz der KG!

6. Der in Deutschland lebende, verheiratete, 55 Jahre alte A beabsichtigt, sein bisheriges Einzelunternehmen zum 31.12. des Jahres 1 in eine neu zu gründende Einmann-GmbH einzubringen. Stille Reserven sind im Unternehmen lediglich in den Vorräten und im originären Geschäfts- oder Firmenwert enthalten.[120] Die in den Vorräten enthaltenen stillen Reserven schätzt A auf

[120] Diese vereinfachende Annahme dürfte selten der Realität entsprechen. Hier geht es aber darum, die Systematik eines Vorteilsvergleichs zwischen den unterschiedlichen Gestaltungsmöglichkeiten herauszuarbeiten. Daher ist sie vertretbar.

70 T€, die im originären Geschäfts- oder Firmenwert auf 60 T€. A geht davon aus, dass alle am 31.12. des Jahres 1 vorhandenen Vorräte im Laufe des Jahres 2 veräußert werden. Die Eheleute A sind beide konfessionslos. Sie beabsichtigen, während der nächsten Jahre stets die Zusammenveranlagung zu wählen. A hat in der Vergangenheit noch niemals einen Antrag nach § 16 Abs. 4 EStG oder nach § 34 Abs. 3 EStG gestellt. Einen weiteren Betrieb, Teilbetrieb oder Mitunternehmeranteil, bei dessen späterer Veräußerung er einen derartigen Antrag stellen könnte, besitzt A nicht. Ohne Berücksichtigung möglicher Steuerfolgen aus dem hier zu untersuchenden Sachverhalt werden die Eheleute A im Jahr 1 voraussichtlich ein zu versteuerndes Einkommen von 120 T€ erzielen.

A nimmt an, dass sich unterschiedliche Steuerzahlungen auf die Höhe der kurzfristigen Verbindlichkeiten des Betriebs auswirken werden. Den Nettozinssatz dieser Verbindlichkeiten, d. h. den Zinssatz nach Steuern, schätzt er für die nächsten 15 Jahre auf 4 % pro Jahr. Er nimmt des Weiteren an, dass die GmbH während dieser Zeit stets hohe zu versteuernde Einkommen haben wird. A beabsichtigt, die GmbH-Anteile auf Dauer zu behalten. Schließlich nimmt A an, dass der Gewerbesteuerhebesatz während der nächsten 15 Jahre stets 400 % betragen wird.

Prüfen Sie, ob die GmbH in ihrer Eröffnungsbilanz die Buchwerte des bisherigen Einzelunternehmens fortführen oder ob sie eine teilweise oder vollständige Aufstockung der stillen Reserven vornehmen sollte!

7. S bringt zum 1.1. des Jahres 1 einen Betrieb in die T-GmbH ein. Der Buchwert des Betriebsvermögens des Betriebs beträgt 100 T€, der gemeine Wert 400 T€. Die GmbH setzt den Betrieb mit Buchwerten an und gewährt S als Gegenleistung für die Einbringung neue Anteile, die dieser im Privatvermögen hält. Am 7.4. des Jahres 4 veräußert S die Anteile an der GmbH für 500 T€. Erörtern Sie die steuerlichen Konsequenzen der Veräußerung!

8. Die Gesellschafter der Hagen-OHG entscheiden einstimmig, die OHG in eine Kapitalgesellschaft umzuwandeln. Die Kapitalgesellschaft soll im Handelsregister unter dem Namen Hagen-AG geführt werden und in Deutschland unbeschränkt steuerpflichtig sein.

   Die Hagen-OHG soll vollumfänglich in die Hagen-AG eingebracht werden. Die Gesellschafter der Hagen-OHG sollen nach der Umwandlung neue Gesellschaftsanteile der Hagen-AG erhalten.

   Zum Zeitpunkt der Umwandlung (1.1. des Jahres 2) beträgt der gemeine Wert des Betriebsvermögens der Hagen-OHG 6 Mio. €. Der Buchwert beträgt laut Schlussbilanz zum 31.12. des Jahres 1 4 Mio. €. Die stillen Reserven sind gleichmäßig auf alle Wirtschaftsgüter verteilt. Zu dem Betriebsvermögen der Hagen-OHG gehört eine Maschine, die am 1.7. des Jahres 0 für 100.000 € angeschafft wurde und linear abgeschrieben wird. Die Nutzungsdauer der Maschine beträgt 10 Jahre.

   Erörtern Sie zunächst, zu welchen Werten die Hagen-AG das übernommene Betriebsvermögen der Hagen-OHG grundsätzlich ansetzen kann! Gehen Sie dabei auch auf die ertragsteuerlichen Folgen ein, insb. für Abschreibungen!

   Gehen Sie dann davon aus, dass die Hagen-AG das Betriebsvermögen der Hagen-OHG zu einem Wert von 5 Mio. € übernimmt. Berechnen Sie zum

31.12. des Jahres 2 den Bilanzwert der am 1.7. des Jahres 0 angeschafften Maschine!

9. Die unbeschränkt steuerpflichtige B-GmbH mit Sitz in Deutschland soll zum 31.12. des Jahres 1 auf die bereits bestehende unbeschränkt steuerpflichtige B-OHG (ebenfalls mit Sitz in Deutschland) verschmolzen werden. An der B-GmbH sind seit drei Jahren die unbeschränkt steuerpflichtigen Gesellschafter X zu 70 % und Y zu 30 % beteiligt (beide sind unverheiratet, nicht Mitglied einer Religionsgemeinschaft und haben ihren Wohnsitz in Deutschland). Die Gesellschafter halten ihre Beteiligungen an der B-GmbH jeweils im Betriebsvermögen der B-OHG. Sie sollen an der B-OHG nach der Verschmelzung zu jeweils 70 % (Gesellschafter X) bzw. 30 % (Gesellschafter Y) beteiligt sein.

   Die B-GmbH stellt zum 31.12. des Jahres 1 folgende steuerliche Schlussbilanz auf:

Aktiva	Schlussbilanz B-GmbH zum 31.12. des Jahres 1 (in T€)		Passiva
Anlagevermögen	1.000	Eigenkapital	600
Umlaufvermögen	500	Fremdkapital	900
	1.500		1.500

   Dazu liegen folgende weitere Informationen vor:

   - Das Eigenkapital setzt sich u. a. aus dem Nennkapital von 100.000 €, dem steuerlichen Einlagekonto des X von 75.000 € und dem steuerlichen Einlagekonto des Y von 25.000 € zusammen. Daneben enthält es den im Wirtschaftsjahr 1 erzielten Gewinn von 50.000 € und nicht ausgeschüttete Gewinne aus früheren Jahren i. H. v. 350.000 €.
   - Im Anlagevermögen sind stille Reserven von 200.000 € enthalten, im Umlaufvermögen von 50.000 €.

   Im Wirtschaftsjahr 1 erzielt Gesellschafter X Einkünfte aus nichtselbständiger Arbeit von 75.000 € und Gesellschafter Y von 45.000 €. Der relevante Gewerbesteuer-Hebesatz für sämtliche an der Verschmelzung beteiligten natürlichen und juristischen Personen beträgt 400 %.

   Ermitteln Sie die Steuerbelastung der B-GmbH und ihrer Gesellschafter, wenn die Umwandlung a) zu Buchwerten und b) zu gemeinen Werten erfolgt!

10. Der in Deutschland lebende Z ist alleiniger Gesellschafter der in Deutschland unbeschränkt steuerpflichtigen Z-GmbH. Er möchte sein Unternehmen als Einzelunternehmen fortführen. Dazu soll die GmbH auf ein neues Einzelunternehmen verschmolzen werden. Z hat die GmbH vor vielen Jahren gegründet und ist seither an ihr beteiligt. Die damaligen Anschaffungskosten der Anteile entsprachen dem bei Gründung festgelegten Nennkapital.

    Seine Beteiligung hält Z im Privatvermögen. Die Anschaffungskosten der Beteiligung betragen im Einbringungszeitpunkt 200 T€. Z ist unverheiratet und nicht Mitglied einer Religionsgemeinschaft.

    Die Z-GmbH stellt zum 31.12. des Jahres 1 folgende steuerliche Schlussbilanz auf (in stark vereinfachter Form)

Aktiva	Schlussbilanz Z-GmbH zum 31.12. des Jahres 1 (in T€)		Passiva
Anlagevermögen	1.000	Stammkapital	100
Umlaufvermögen	500	Kapitalrücklage	100
		Gewinnrücklage	400
		Fremdkapital	900
	1.500		1.500

Das Eigenkapital setzt sich u. a. aus dem Nennkapital von 100 T€ und dem steuerlichen Einlagekonto des Z i. H. v. 100 T€ zusammen. Im Anlagevermögen sind stille Reserven von 200 T€ enthalten, im Umlaufvermögen von 50.000 €.

Z möchte die Verschmelzung möglichst ohne eine steuerliche Wirkung durchführen. Erörtern Sie die Steuerfolgen bei der GmbH und bei Z, wenn die Umwandlung zu Buchwerten erfolgt!

11. Die unbeschränkt steuerpflichtige Neu-GmbH ist zu 100 % an der unbeschränkt steuerpflichtigen Alt-GmbH beteiligt (beide mit Sitz in Deutschland). Zum 31.12. des Jahres 1 soll die Alt-GmbH auf die Neu-GmbH verschmolzen werden. Eine Gegenleistung hierfür ist nicht vorgesehen.

    Die Steuerbilanz der Alt-GmbH weist unmittelbar vor der Verschmelzung folgendes Aussehen auf (in stark vereinfachter Form):

Aktiva	Bilanz Alt-GmbH zum 31.12. des Jahres 1 (in T€)		Passiva
Anlagevermögen	400	Stammkapital	100
		Fremdkapital	300
	400		400

Das Anlagevermögen der Alt-GmbH besteht ausschließlich aus abnutzbaren Wirtschaftsgütern, die eine Restnutzungsdauer von fünf Jahren aufweisen. In diesem Anlagevermögen sind stille Reserven i. H. v. 150.000 € enthalten. Außerdem besitzt die Alt-GmbH einen steuerlichen Verlustvortrag i. H. v. 100.000 €. Ohne Berücksichtigung der Verschmelzung erzielt die Alt-GmbH im Wirtschaftsjahr 1 einen steuerlichen Gewinn i. H. v. 0 €.

Die Steuerbilanz der Neu-GmbH weist unmittelbar vor der Verschmelzung folgendes Aussehen auf (ebenfalls in stark vereinfachter Form)::

Aktiva	Bilanz Neu-GmbH zum 31.12. des Jahres 1 (in T€)		Passiva
Beteiligung an der Alt-GmbH	100	Stammkapital	500
Sonstige Aktiva	700	Gewinnvortrag	200
		Fremdkapital	100
	800		800

Ohne Berücksichtigung der Verschmelzung erzielt die Neu-GmbH im Wirtschaftsjahr 1 einen steuerlichen Gewinn i. H. v. 200.000 €. Es kann unterstellt werden, dass die Neu-GmbH diesen steuerlichen Gewinn jeweils auch in den kommenden Jahren unverändert erzielen wird (ohne Berücksichtigung möglicher steuerlicher Folgen aus der Verschmelzung).

Der für beide Gesellschaften in allen Jahren maßgebliche Gewerbesteuer-Hebesatz beträgt 400 %. Die Verzinsung von Supplementinvestitionen wird auf 5 % pro Jahr netto geschätzt.

Ermitteln Sie die Steuerbelastung der Alt-GmbH und der Neu-GmbH für die Wirtschaftsjahre 1 bis 6, wenn bei der Verschmelzung a) die Buchwerte oder b) die gemeinen Werte angesetzt werden!

3 Sonderformen

3.1 Überblick

In Gliederungspunkt 1.1 wurde deutlich, dass das Gesellschaftsrecht eine große Zahl an Rechtsformen zur Verfügung stellt. Es wurde dort und im Anschluss aber auch deutlich, dass es unter den zur Wahl stehenden Rechtsformen *die* eine Rechtsform nicht gibt. Vielmehr ist eine Entscheidung zwischen den unterschiedlichen Vor- und Nachteilen der verschiedenen Rechtsformen notwendig (bspw. Haftungsbeschränkung, geringere Steuerbelastung oder größere Freiheitsgrade bei der Binnenorganisation). Um die daraus resultierenden Begrenzungen auf nur einzelne Vorteile zu vermeiden, wird immer wieder versucht, Sonderformen zu etablieren.[121] Dies geschieht bspw. durch die Kombination der vorhandenen Rechtsformen. Hierfür ist die GmbH & Co. KG das beste Beispiel. Darüber hinaus wird auch versucht, den durch die gesetzlich angebotenen Rechtsformen vorgegebenen Rahmen durch Gestaltungen auszudehnen. Hierfür ist die Betriebsaufspaltung ein gutes Beispiel.

Nachfolgend werden die GmbH & Co. KG und die Betriebsaufspaltung als die zwei wichtigsten Sonderformen jeweils kurz dargestellt und es werden ihre Besonderheiten analysiert, insb. in steuerlicher Hinsicht.

3.2 GmbH & Co. KG

3.2.1 Einführung

Die GmbH & Co. KG ist eine Kommanditgesellschaft, deren Komplementär eine GmbH (Komplementär-GmbH) ist. Neben der Komplementär-GmbH können auch eine oder mehrere natürliche Personen die Stellung von Komplementären einnehmen. Dies ist aber unüblich. Der Normalfall ist vielmehr der, dass der einzige Komplementär der GmbH & Co. KG eine GmbH ist und außerdem eine oder mehrere natürliche oder juristische Personen die Stellung von Kommanditisten innehaben.

Hinsichtlich der rechtlichen Konstruktion kann insb. zwischen einer Einmann-GmbH & Co. KG, einer personengleichen GmbH & Co. KG und einer nicht personengleichen GmbH & Co. KG unterschieden werden. Bei einer Einmann-GmbH & Co. KG ist der einzige Gesellschafter der GmbH zugleich einziger Kommanditist der KG (s. Abbildung 3.1 auf der nächsten Seite). Die personengleiche GmbH & Co. KG ist dadurch gekennzeichnet, dass die Gesellschafter der GmbH zugleich Kommanditisten der KG sind (s. Abbildung 3.2).

[121] Vgl. zu den Gründen bspw. *Heinhold u.a.* (2015), S. 113 ff.
[122] In Anlehnung an *Wöhe* (1990), S. 218.
[123] In Anlehnung an *Wöhe* (1990), S. 217.

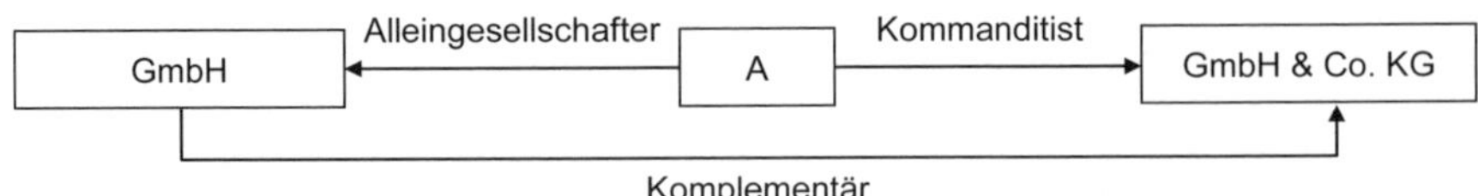

Abb. 3.1: Einmann-GmbH & Co. KG[122]

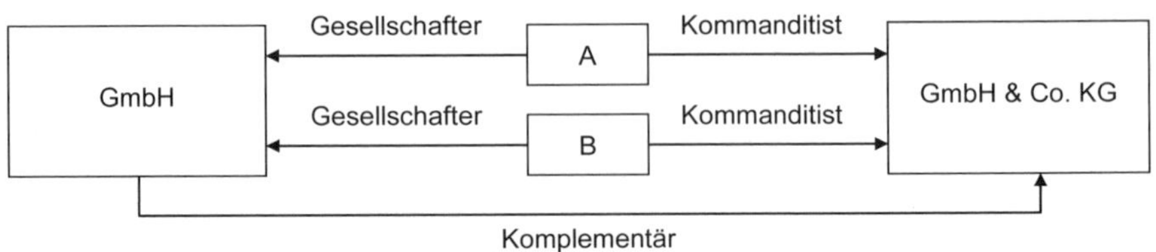

Abb. 3.2: Personengleiche GmbH & Co. KG[123]

Im Gegensatz dazu kann es bei der nicht personengleichen GmbH & Co. KG neben der GmbH noch weitere Komplementäre geben. Die Gesellschafter der GmbH sind somit nicht notwendigerweise mit den Kommanditisten der KG identisch (s. Abbildung 3.3).

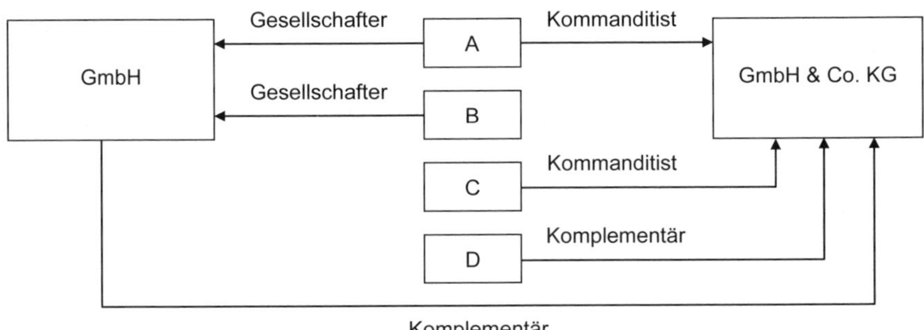

Abb. 3.3: Nicht personengleiche GmbH & Co. KG[124]

Eine Sonderform der GmbH & Co. KG ist die sog. Einheits-GmbH & Co. KG. Bei dieser werden die Anteile an der Komplementär-GmbH nicht von den Kommanditisten, sondern von der KG selbst gehalten (s. Abbildung 3.4).

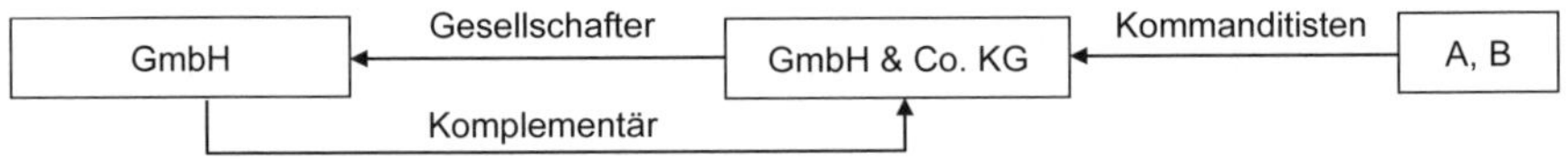

Abb. 3.4: Einheits-GmbH & Co. KG

Die GmbH & Co. KG ist eine weit verbreitete Rechtsform. Bei der Rechtsformwahl ist sie die typische dritte Alternative neben einer Kapitalgesellschaft in Form einer GmbH einerseits und einer Personengesellschaft andererseits. Das

[124] In Anlehnung an *Wöhe* (1990), S. 218.

Motiv für ihre Gründung besteht häufig in der Hoffnung auf eine Kombination haftungsrechtlicher und steuerlicher Vorteile: Angestrebt wird die Kombination der haftungsmäßigen Vorteile einer GmbH (bei Beibehaltung der gesellschafts- und steuerrechtlichen Flexibilität) und der steuerrechtlichen Vorteile eines Personenunternehmens. Hinzu kommen teilweise das Ziel der Fremdorganschaft, d. h. die von den Gesellschaftern losgelöste organschaftliche Vertretung der Gesellschaft durch Außenstehende (Geschäftsführer, Vorstände), welche einer Personengesellschaft fremd ist, sowie die höhere Flexibilität einer KG im Vergleich zu einer GmbH.

Durch die Gründung einer GmbH & Co. KG lässt sich die Haftung in der Tat in ähnlicher Weise wie bei einer GmbH begrenzen, da ebenso wie bei der GmbH keine einzige natürliche Person mit ihrem ganzen Vermögen (also auch mit ihrem Privatvermögen) für die Betriebsschulden einzustehen braucht: Die Komplementär-GmbH haftet nicht mit dem Vermögen der hinter ihr stehenden Gesellschafter, sondern nur mit ihrem Gesellschaftsvermögen; die Kommanditisten haften nach § 171 Abs. 1 HGB nur bis zur Höhe ihrer Einlage. Zu beachten ist, dass die Haftung tatsächlich aber häufig wesentlich weiter geht, da Banken zu einer Kreditvergabe an eine GmbH & Co. KG oft nur dann bereit sind, wenn die Kommanditisten oder einzelne Kommanditisten eine selbstschuldnerische Bürgschaft abgeben. Dann haften diese Gesellschafter letztlich doch – wenn auch nur ggü. der Bank – mit ihrem Privatvermögen. Ein haftungsmäßiger Nachteil ggü. der GmbH besteht hierdurch aber nicht, da Banken eine solche Bürgschaft häufig auch von den Gesellschaftern einer GmbH verlangen. Darüber hinaus ist zu berücksichtigen, dass die Haftungsbegrenzung einen gewichtigen Nachteil mit sich bringen kann: Haftungsbeschränkte Personengesellschaften haben die besonderen handelsrechtlichen Regelungen für Kapitalgesellschaften anzuwenden, womit insb. Publizitätspflichten einhergehen.

Im Folgenden wird die Vorteilhaftigkeit der GmbH & Co. KG untersucht. Zuvor werden aber die dafür nötigen steuerlichen und bilanziellen Grundlagen dargestellt.

3.2.2 Ertragsteuern

3.2.2.1 Grundsätzliches

Eine GmbH & Co. KG ist gesellschaftsrechtlich eine *Kommanditgesellschaft*. Die Gesellschafter der KG, die Komplementäre und die Kommanditisten, haben ihre Gewinnanteile der Einkommen- bzw. der Körperschaftsteuer zu unterwerfen.

Die *Gewerblichkeit* der Tätigkeit einer GmbH & Co. KG ergibt sich nicht schon aus ihrer Rechtsform (hierin liegt ein Unterschied zu den Kapitalgesellschaften, bei denen gem. § 8 Abs. 2 KStG alle Einkünfte als Einkünfte aus Gewerbebetrieb zu behandeln sind). Entscheidend ist vielmehr, ob die GmbH & Co. KG eine gewerbliche Tätigkeit ausübt. Dies ist anhand der bekannten Merkmale des § 15 Abs. 2 EStG zu prüfen, d. h. notwendig ist die Selbstständigkeit und die Nachhaltigkeit der Tätigkeit, eine Beteiligung am allgemeinen wirtschaftlichen Verkehr und Gewinnerzielungsabsicht.

Aufgrund der **Infektionsvorschrift** (auch: Abfärbevorschrift) des § 15 Abs. 3 Nr. 1 EStG genügt es für eine Gewerblichkeit, wenn die Art der Betätigung *nur teilweise* gewerblich ist. Die **Geprägevorschrift** des § 15 Abs. 3 Nr. 2 EStG kann darüber hinaus selbst dann zu einer Gewerblichkeit führen, wenn die Betätigung *nicht mal teilweise* gewerblich ist: Die mit Einkünfteerzielungsabsicht unternommene Tätigkeit einer Personengesellschaft, die nicht schon eine Tätigkeit i. S. d § 15 Abs. 1 Nr. 1 EStG ist (bspw. eine vermögensverwaltende oder eine land- und forstwirtschaftliche Tätigkeit), gilt als Gewerbebetrieb, wenn „ausschließlich eine oder mehrere Kapitalgesellschaften persönlich haftende Gesellschafter sind und nur diese oder Personen, die nicht Gesellschafter sind, zur Geschäftsführung befugt sind (gewerblich geprägte Personengesellschaft)." Die Voraussetzungen der **gewerblich geprägten Personengesellschaft** können gerade bei einer GmbH & Co. KG erfüllt sein, wie das folgende Beispiel verdeutlicht. Dies kann nicht verwundern, da die Einführung der Vorschrift ausdrücklich die GmbH & Co. KG adressierte.[125]

Beispiel

A ist alleiniger Gesellschafter der A-GmbH. Diese gründet gemeinsam mit B die A-GmbH & Co. KG (KG), die im Handelsregister eingetragen wird: Die A-GmbH wird Komplementärin der KG, B erhält die Stellung eines Kommanditisten; alleiniger Geschäftsführer der KG wird die Komplementär-GmbH. Die KG vermietet ausschließlich eigene Wohnungen. Nach ihrem Gesellschaftsvertrag ist sie Großhändler für Orientteppiche. Sie übt diese Tätigkeit aber nicht aus, hat sie noch niemals ausgeübt und beabsichtigt, dies auch in Zukunft nicht zu tun.

Zivilrechtlich handelt es sich bei der A-GmbH & Co. KG gem. § 161 Abs. 2 i. V. m. § 105 Abs. 2 HGB um eine KG, obwohl die Gesellschaft kein Gewerbe betreibt und damit nicht unter § 1 HGB fällt. Steuerlich übt die Gesellschaft keine gewerbliche, sondern eine vermögensverwaltende Tätigkeit aus. Nach den allgemeinen einkommensteuerlichen Vorschriften hätte sie somit Einkünfte aus Vermietung und Verpachtung und nicht aus Gewerbebetrieb zu versteuern. Nach § 15 Abs. 3 Nr. 2 EStG gelten ihre Einkünfte aber als gewerblich. Die Voraussetzungen dieser Vorschrift sind erfüllt, da der alleinige persönlich haftende Gesellschafter der KG eine GmbH ist, und nur diese zur Geschäftsführung der KG befugt ist.

Die Geprägevorschrift des § 15 Abs. 3 Nr. 2 EStG enthält recht enge Tatbestandsvoraussetzungen. Dies eröffnet Gestaltungsspielräume, wenn *die gewerbliche Prägung vermieden werden soll*. Wird bspw. neben der Komplementär-GmbH auch ein Kommanditist zum Geschäftsführer der KG bestellt, sind die Voraussetzungen des § 15 Abs. 3 Nr. 2 EStG nicht erfüllt. Die GmbH gibt dann der KG nicht ihr Gepräge, es handelt sich daher nicht um eine gewerblich geprägte Personengesellschaft.[126] Die Bestellung eines Kommanditisten zum Geschäftsführer der GmbH & Co. KG kann durch eine entsprechende Vereinbarung im Gesellschaftsvertrag erfolgen. Dies verdeutlicht das folgende Beispiel.

---

[125] Vgl. zur Entwicklung der Geprägevorschrift bspw. *Hallerbach* (2016), Tz. 811 ff; *Binz/Sorg* (2018), § 16, Tz. 32 ff.

[126] Vgl. hierzu bspw. *Bode* (2020), § 15 EStG, Tz. 278; *Wacker* (2020), § 15 EStG, Tz. 230.

Beispiel

Es gelten die Ausgangsdaten aus dem vorherigen Beispiel. Zusätzlich zum Geschäftsführer der A-GmbH wird die Befugnis zur Geschäftsführung der A-GmbH & Co. KG nach dem Gesellschaftsvertrag allerdings auch dem Kommanditisten B erteilt.

Dadurch, dass B zur Geschäftsführung befugt ist, sind die Voraussetzungen des § 15 Abs. 3 Nr. 2 EStG nicht erfüllt. Die Art der Einkünfte, die die KG erzielt, ist deshalb nach den allgemeinen Grundsätzen zu bestimmen. Da die KG – entgegen dem Gesellschaftsvertrag – ausschließlich vermögensverwaltend tätig wird, erzielt sie keine Einkünfte aus Gewerbebetrieb, sondern aus Vermietung und Verpachtung. Sie unterliegt damit auch nicht der Gewerbesteuer.

Eine GmbH & Co. KG übt somit eine gewerbliche Tätigkeit aus:

1. wenn die Gesellschaft einen Gewerbebetrieb i. S. d. § 15 Abs. 1 Satz 1 Nr. 1 i. V. m. Abs. 2 EStG unterhält,
2. wenn die Gesellschaft auch eine Tätigkeit i. S. d. § 15 Abs. 1 Satz 1 Nr. 1 EStG ausübt (§ 15 Abs. 3 Nr. 1 EStG) *oder*
3. wenn es sich um eine gewerblich geprägte Personengesellschaft i. S. d. § 15 Abs. 3 Nr. 2 EStG handelt.

Ob es sich um eine gewerbliche Tätigkeit handelt, ist bekanntlich für die Gewerbesteuer von Bedeutung, da Einkünfte aus Gewerbebetrieb i. S. d. § 15 EStG zu einem Gewinn aus Gewerbebetrieb i. S. d. § 7 GewStG führen. Die Gesellschaft unterliegt dann mit ihrem Gewinn der Gewerbesteuer.

Damit gewerbliche Einkünfte i. S. d. § 15 Abs. 1 Satz 1 Nr. 2 EStG vorliegen, ist neben einer gewerblichen Tätigkeit notwendig, dass der Gesellschafter als *Mitunternehmer* anzusehen ist. Ob dies der Fall ist, muss anhand der Merkmale *Unternehmerinitiative* und *Unternehmerrisiko* geprüft werden. Nicht jeder Gesellschafter einer GmbH & Co. KG ist also automatisch Mitunternehmer, aber Mitunternehmer kann nur sein, wer Gesellschafter ist.

Die *Komplementär-GmbH* verfügt über die Geschäftsführungsbefugnis und haftet unbeschränkt. Daher sind die beiden Kriterien Unternehmerinitiative und Unternehmerrisiko bei ihr erfüllt. Eine Komplementär-GmbH ist auch dann Mitunternehmer, wenn sie nicht am Gesellschaftskapital beteiligt ist, sondern nur eine Haftungsprämie erhält.

Die *Kommanditisten* sind regelmäßig dann Mitunternehmer, wenn sie die Rechte innehaben, die ihnen handelsrechtlich zustehen. Ein Kommanditist ist sogar dann Mitunternehmer, wenn er vereinbarungsgemäß keine Kontrollrechte hat und bei einem Ausscheiden durch Kündigung nur das Buchkapital ausgezahlt wird (sog. Buchwertklausel): Das Mitunternehmerrisiko ist zu bejahen, da der Kommanditist am Gewinn und Verlust teilnimmt und bei Auflösung der Gesellschaft an den stillen Reserven und dem Geschäftswert beteiligt ist; die Mitunternehmerinitiative ist auch gegeben, auch wenn der Kommanditist keine Kontrollrechte hat, da er in der Gesellschafterversammlung stimmberechtigt ist und ihm das Widerspruchsrecht nach § 164 HGB zusteht. Wenn er aber bspw. kein Stimmrecht auf der Gesellschafterversammlung hat und das

Widerspruchsrecht des § 164 HGB abbedungen ist, liegt die nötige Unternehmerinitiative nicht vor.

Übt die GmbH & Co. KG eine gewerbliche Tätigkeit aus und sind die Gesellschafter als Mitunternehmer anzusehen, handelt es sich steuerrechtlich um eine *Mitunternehmerschaft* i. S. d. § 15 Abs. 1 Satz 1 Nr. 2 EStG. Ihr steuerlicher Gewinn ist nach den §§ 179 und 180 AO gesondert und einheitlich festzustellen und auf die Gesellschafter aufzuteilen. Eine weitere wichtige Folge dieser steuerrechtlichen Einordnung ist, dass sich die Einkünfte der einzelnen Mitunternehmer neben dem *Gewinnanteil* (1. Halbsatz von § 15 Abs. 1 Satz 1 Nr. 2 EStG) auch aus bestimmten *Sondervergütungen* (2. Halbsatz) zusammensetzt.[127] Ist ein Gesellschafter *nicht als Mitunternehmer anzusehen*, führt der Gewinnanteil bei ihm zu Einkünften aus Kapitalvermögen oder aus Vermietung und Verpachtung. Dies kann grundsätzlich nur bei den Kommanditisten der Fall sein.

Ist die Tätigkeit *keine gewerbliche*, aber den beiden anderen Gewinneinkunftsarten zuzuordnen, also land- und forstwirtschaftlich oder selbständig, handelt es sich gleichwohl um eine Mitunternehmerschaft i. S. d. § 15 Abs. 1 Satz 1 Nr. 2 EStG (§ 13 Abs. 7 bzw. § 18 Abs. 4 Satz 2 EStG; dies gilt selbstverständlich nur, wenn die Gesellschafter als Mitunternehmer anzusehen sind). Es ist auch denkbar, dass eine GmbH & Co. KG keine Gewinn-, sondern *Überschusseinkünfte* erzielt. Infrage kommen hier Einkünfte aus Kapitalvermögen und aus Vermietung und Verpachtung. Dies ist bspw. bei einer vermögensverwaltenden GmbH & Co. KG der Fall. Ist ein Gesellschafter *nicht als Mitunternehmer anzusehen*, führt der Gewinnanteil bei ihm zu Einkünften aus Kapitalvermögen oder aus Vermietung und Verpachtung.

Nachfolgend wird unterstellt, dass die Gesellschafter der GmbH & Co. KG gewerbliche Einkünfte erzielen und dass sie als Mitunternehmer anzusehen sind.

3.2.2.2 Besteuerung der Komplementär-GmbH

Die Komplementär-GmbH ist eine Körperschaft i. S. d. § 1 Abs. 1 Nr. 1 KStG. Sie hat nach den allgemeinen Regeln des Einkommensteuergesetzes und des Körperschaftsteuergesetzes ihren eigenen steuerlichen Gewinn und ihr eigenes zu versteuerndes Einkommen zu ermitteln. *Ihr steuerlicher Gewinn* setzt sich aus ihrem Gewinnanteil an der KG und aus dem im eigenen Betrieb erwirtschafteten Ergebnis zusammen. Bei einer reinen Komplementär-GmbH, d. h. einer GmbH, deren alleiniger Zweck die Geschäftsführung der KG ist, erzielt die GmbH kein Ergebnis aus einer eigenen gewerblichen Betätigung. Ihr steuerlicher Gewinn besteht dann ausschließlich aus ihrem nach steuerrechtlichen Grundsätzen ermittelten Gewinnanteil an der Mitunternehmerschaft. Dieser bezieht auch die Sonderbetriebseinnahmen und -ausgaben mit ein. Dies verdeutlicht das folgende Beispiel.

Beispiel

A und B sind zu je 50 % am Stammkapital der X-GmbH beteiligt. Die X-GmbH gründet gemeinsam mit den natürlichen Personen C und D die X-GmbH & Co. KG. C und D haben in der KG die Stellung von Kommanditisten. Geschäftsführer der GmbH ist

[127] Vgl. hierzu *Schneeloch/Meyering/Patek*, Band 2 (2017a), Gliederungspunkte 4.5.1 und 4.5.2.

E. Dieser nimmt für die GmbH die Geschäftsführertätigkeit bei der KG wahr. Er erhält von der GmbH ein Jahresgehalt von 300 T€. Der GmbH wird dieser Betrag als Auslagenersatz von der KG erstattet. Alle übrigen Aufwendungen werden der GmbH ebenfalls von der KG erstattet und die GmbH erhält eine Haftungsprämie (insgesamt 10 T€). Eine eigene gewerbliche Tätigkeit entfaltet die GmbH nicht. Der sich aus dem Gesellschaftsvertrag der KG ergebende Gewinnanteil der GmbH an der KG i. H. v. 50 T€ ist steuerlich nicht zu beanstanden.

Handelsrechtlich ist das Gehalt des E als Personalaufwand der GmbH zu behandeln. Die übrigen Aufwendungen von 10 T€ stellen sonstige betriebliche Aufwendungen der GmbH dar. Der von der KG erstattete Betrag gehört bei der GmbH zu deren sonstigen betrieblichen Erträgen. Steuerlich handelt es sich bei dem Auslagenersatz um Sondervergütungen der KG an die GmbH: Das Gehalt und die sonstigen betrieblichen Aufwendungen stellen Sonderbetriebsausgaben der GmbH dar.[128] Der steuerliche Gewinnanteil der GmbH an der Mitunternehmerschaft setzt sich aus dem Gewinn gem. Gewinnverteilungsschlüssel (50 T€) zuzüglich der Sondervergütungen von 310 T€ und abzüglich der Sonderbetriebsausgaben von ebenfalls 310 T€ zusammen. Er beträgt somit 50 T€.

Die Gewinnanteile aus der Mitunternehmerschaft sind Bestandteile des Gewinns aus Gewerbebetrieb der GmbH i. S. d. § 7 GewStG. Diese Gewinnanteile werden bei der Ermittlung des Gewerbeertrags der GmbH aber nach § 9 Nr. 2 GewStG *gekürzt*. Auf diese Weise wird eine doppelte Besteuerung desselben Gewinns (bei der KG und bei der GmbH) vermieden.

Soweit die Komplementär-GmbH *an ihren Geschäftsführer* ein Gehalt für dessen Tätigkeit im eigenen gewerblichen Bereich der GmbH zahlt, ist das Gehalt keine Sonderbetriebsausgabe im Rahmen der Gewinnermittlung der Mitunternehmerschaft, sondern Betriebsausgabe bei der Ermittlung des steuerlichen Gewinns der GmbH. Dies verdeutlicht das folgende Beispiel.

Beispiel

Es gelten die Ausgangsdaten aus dem vorherigen Beispiel. Nun ist die GmbH aber keine reine Komplementär-GmbH, sondern hat zusätzlich den Vertrieb der von der KG fertiggestellten Erzeugnisse übernommen. Geschäftsführer E schätzt, dass von seiner Tätigkeit rund 2/3 auf die Geschäftsleitung der KG und rund 1/3 auf die der GmbH entfallen. Sein Gehalt von 300 T€ bezieht er – wie im vorherigen Beispiel – von der GmbH. Abweichend von diesem Beispiel erstattet die KG der GmbH nicht das volle Gehalt des G, sondern lediglich 2/3 des Betrags, d. h. 200 T€.

Der auf die eigene gewerbliche Tätigkeit der GmbH entfallende Gewinn ist nicht im Rahmen der Gewinnermittlung für die Mitunternehmerschaft, sondern selbstständig zu ermitteln. Hierbei ist auch 1/3 des Gehalts, d. h. ein Betrag von 100 T€, als Betriebsausgabe der GmbH abzugsfähig.

Schüttet die Komplementär-GmbH Gewinne an ihre Gesellschafter *aus*, gelten grundsätzlich die allgemeinen Vorschriften. Eine Besonderheit ergibt sich lediglich in den Fällen, in denen es sich bei den Gesellschaftern der Komplementär-GmbH zugleich um Kommanditisten der KG handelt. Die Befassung mit diesen Besonderheiten erfolgt aber erst in Gliederungspunkt 3.2.2.4 (S. 145).

[128] Vgl. BFH-Urteil vom 6.5.1965, IV 135/64 U, BStBl III 1965, S. 503; vgl. auch *Wacker* (2020), § 15 EStG, Tz. 717.

3.2.2.3 Anteile der Kommanditisten an der Komplementär-GmbH

Als Sonderbetriebsvermögen II werden die Wirtschaftsgüter bezeichnet, die der Beteiligung des Gesellschafters an der Personengesellschaft dienen. Nach der Rechtsprechung des BFH gehören zum notwendigen Sonderbetriebsvermögen II der Kommanditisten Anteile, *die Kommanditisten an der Komplementär-GmbH besitzen*.[129] Dies verdeutlicht das folgende Beispiel.

Beispiel

A und B gründen eine GmbH. Gemeinsam mit der GmbH gründen sie eine GmbH & Co. KG und werden deren alleinige Kommanditisten. Das Stammkapital der GmbH beträgt 50 T€. Auf dieses werden 25 T€ eingezahlt. Die Komplementär-GmbH beteiligt sich mit 1 T€ an der KG, A und B mit je 100 T€. Es ergeben sich folgende Eröffnungsbilanzen:

Aktiva	Eröffnungsbilanz der GmbH (in T€)		Passiva
Bank	25	Gezeichnetes Kapital	50
		Ausstehende Einlagen	-25
	50		50

Aktiva	Eröffnungsbilanz der GmbH & Co. KG (in T€)		Passiva
Bank	201	Komplementärkapital	1
		Kommanditkapital	
		A: 100	
		B: 100	200
	201		201

Aktiva	Sonderbilanz des A bzw. des B (in T€)		Passiva
Beteiligung	25	Eigenkapital	12,5
		Verbindlichkeiten ggü. GmbH	12,5
	25		25

Die Eröffnungsbilanzen der GmbH und der GmbH & Co. KG sind sowohl Handels- als auch Steuerbilanzen. Die Sonderbilanzen des A und des B sind hingegen reine Steuerbilanzen (sie sind handelsrechtlich unzulässig).

Die Behandlung des GmbH-Anteils eines Kommanditisten als Sonderbetriebsvermögen II hat zur Folge, dass sämtliche Erträge, die mit dieser Beteiligung im Zusammenhang stehen, als Sonderbetriebseinnahmen des Kommanditisten zu behandeln sind. Entsprechend handelt es sich bei den Aufwendungen, die mit der Beteiligung in Zusammenhang stehen, um Sonderbetriebsausgaben des Kommanditisten. Dies verdeutlicht das folgende Beispiel.

[129] Vgl. BFH-Urteil vom 14.8.1975, IV R 30/71, BStBl II 1976, S. 88; BFH-Urteil vom 11.12.1990, VIII R 14/87, BStBl II 1991, S. 510; *Wacker* (2020), § 15 EStG, Tz. 714.

Beispiel

G ist alleiniger Gesellschafter der Y-GmbH. Gemeinsam mit dieser ist er Gesellschafter der X-GmbH & Co. KG. Komplementär und einziger Geschäftsführer dieser KG ist die X-GmbH, einziger Kommanditist ist G. Aufgrund eines Arbeitsvertrags erhält G von der GmbH im Jahr 1 ein Gehalt von 200 T€, außerdem erhält er aufgrund eines Gesellschafterdarlehens 5 T€ Zinsen. G vermietet der GmbH einen zu seinem Privatvermögen gehörenden Pkw. Im Jahr 1 erhält er hierfür von der GmbH ein Entgelt von 12 T€; seine mit diesem Pkw im Zusammenhang stehenden Aufwendungen betragen 10 T€. Im Juni des Jahres 1 nimmt die GmbH im Vorgriff auf das Ergebnis des Jahres 1 eine Vorabausschüttung i. H. v. 40 T€ vor.

Gehalt, Zinsen und Mietaufwendungen stellen bei der Y-GmbH abzugsfähige Betriebsausgaben dar. Wäre G nicht gleichzeitig Gesellschafter der GmbH und Kommanditist der KG, würden die korrespondierenden Einnahmen bei ihm zu den Einkünften aus nichtselbständiger Arbeit bzw. Kapitalvermögen bzw. zu den sonstigen Einkünften i. S. d. § 22 Nr. 3 EStG gehören. Da G Gesellschafter beider Gesellschaften ist, sind diese Einnahmen aber Sonderbetriebseinnahmen aus der Mitunternehmerschaft (und gehören somit zu den Einkünften aus Gewerbebetrieb i. S. d. § 15 EStG). Für das Jahr 1 belaufen sich diese Sonderbetriebseinnahmen auf 217 T€ (= 200 + 5 + 12). Diesen stehen Sonderbetriebsausgaben i. H. v. 10 T€ ggü.

Auch die Vorabausschüttung i. H. v. 40 T€ auf das Ergebnis des Jahres 1 stellt bei G im Rahmen seiner Mitunternehmerschaft an der KG eine Sonderbetriebseinnahme dar. Diese ist gem. § 3 Nr. 40 EStG aber nur zu 60 % zu versteuern.

3.2.2.4 Angemessene Gewinnverteilung

Beherrschen dieselben Personen sowohl die Komplementär-GmbH als auch die KG, erhebt sich die Frage, ob die Gewinnverteilung innerhalb der Mitunternehmerschaft (also innerhalb der KG) angemessen ist. Diese Frage ist von Bedeutung, da sich die Besteuerung einer KG und einer GmbH bekanntlich grundsätzlich unterscheiden.

Der Gewinnanteil der GmbH ist dann *angemessen*, wenn die GmbH auf Dauer Folgendes erhält:

- einen Ersatz ihrer Auslagen,
- eine Vergütung für ihren Kapitaleinsatz *und*
- eine Vergütung für das von ihr übernommene Haftungsrisiko.

Die entsprechenden Beträge können einzeln ermittelt, sie können aber auch global im Gewinnverteilungsschlüssel berücksichtigt werden.

Im Gegensatz zu den Kommanditisten braucht sich die Komplementär-GmbH nicht mit einer Vermögenseinlage an der KG zu beteiligen.[130] Ist die GmbH nicht kapitalmäßig an der KG beteiligt, kann auch keine Vergütung für einen Kapitaleinsatz vereinbart werden. Das Fehlen einer derartigen Vereinbarung beeinträchtigt dann auch nicht die Angemessenheit der Gewinnverteilung.

[130] Vgl. hierzu bspw. *Fehrenbacher/Tavakoli* (2014), S. 62 f; *Zimmermann/Hottmann/Kiebele/Schaeberle/Scheel* (2017), S. 1247 ff.

Das von der GmbH übernommene Haftungsrisiko wird dann angemessen vergütet, wenn das Entgelt hierfür in etwa einer banküblichen Avalprovision entspricht. Die Höhe einer Avalprovision ist vom Risiko des Einzelfalls abhängig.[131] Sie beträgt in etwa zwischen 1 % und 3 % des Haftungsrisikos.

Ist die Gewinnverteilung *unangemessen*, lassen sich folgende zwei Fälle unterscheiden:

1. der Gewinnanteil der GmbH ist unangemessen *hoch* und
2. der Gewinnanteil der GmbH ist unangemessen *niedrig*.

Im ersten Fall ist nach der Rechtsprechung des BFH *eine verdeckte Einlage der Gesellschafter* der GmbH in ihre GmbH anzunehmen.[132] Die Gewinnverteilung ist steuerlich um die unangemessenen Beträge zu korrigieren. Dieser Fall wird aber nicht näher betrachtet.

Im zweiten Fall ist i. H. d. Betrags, um den der Gewinnanteil zu niedrig ist, *eine verdeckte Gewinnausschüttung* (vGA) der GmbH an ihre Gesellschafter anzunehmen. Diese hat – spätestens nach ihrer Aufdeckung – Gewinnkorrekturen zur Folge. Nach deren Aufdeckung ist der Gewinnanteil und damit auch das zu versteuernde Einkommen der Komplementär-GmbH um den Betrag der vGA zu erhöhen. Um den gleichen Betrag verringern sich in der Summe die Gewinnanteile der Kommanditisten am Gewinn der KG. Außerdem gelten die verdeckten Gewinnausschüttungen den Gesellschaftern der GmbH (zur Erinnerung: diese sind hier zugleich Kommanditisten der KG) als zugeflossen. Ohne Berücksichtigung von § 3 Nr. 40 EStG würde sich die Höhe ihrer (steuerpflichtigen) Einkünfte per Saldo nicht ändern. Nach § 3 Nr. 40 EStG sind aber lediglich 60 % der Gewinnausschüttungen zu versteuern. Dies gilt auch für verdeckte Gewinnausschüttungen. Die Art der Einkünfte der Kommanditisten ändert sich nicht, da die verdeckten Gewinnausschüttungen den GmbH-Gesellschaftern im Rahmen ihrer Mitunternehmerschaft an der KG als Sonderbetriebseinnahmen zuzurechnen sind.[133]

Insgesamt ergeben sich somit folgende Wirkungen einer Aufdeckung der unangemessen niedrigen Gewinnbeteiligung der GmbH:

1. Eine unveränderte Höhe des Gewinns der Gesellschaft selbst (der KG),
2. eine Erhöhung des Gewinnanteils der GmbH am Gewinn der KG und
3. eine Verringerung der Einkünfte der Kommanditisten um 40 % der vGA.

Folglich erhöhen sich die insgesamt zu versteuernden Einkünfte und damit auch die Summe der zu versteuernden Einkommen um 60 % der vGA. Die Summe der zu versteuernden Einkommen ist zugleich um diesen Betrag höher als diejenige, die sich bei einer angemessenen Gestaltung von Anfang an ergeben hätte. Die aufgezeigten Zusammenhänge verdeutlicht das folgende Beispiel.

[131] Vgl. *Bode* (2020), § 15 EStG, Tz. 291.
[132] Vgl. BFH-Urteil vom 23.8.1990, IV R 71/89, BStBl II 1991, S. 172.
[133] Vgl. BFH-Urteil vom 6.8.1985, VIII R 280/81, BStBl II 1986, S. 17; vgl. auch *Bode* (2020), § 15 EStG, Tz. 291.

Beispiel

A und B sind Gesellschafter der X-GmbH. Sie sind außerdem Kommanditisten der X-GmbH & Co. KG. Der Gewinn der KG des Jahres 1 beträgt 1 Mio. €. Hieran sind die Gesellschafter A und B zu je 45 %, die X-GmbH ist zu 10 % beteiligt. Diese Gewinnverteilung wird im Rahmen einer Betriebsprüfung beanstandet. Der Prüfer meint, dass die GmbH mindestens 20 % des Gewinns hätte erhalten müssen.

Setzt sich der Betriebsprüfer mit seiner Rechtsansicht durch, ergibt sich nach der Betriebsprüfung die folgende Gewinnverteilung (in T€):

		GmbH	A	B	Summe
	tatsächliche Gewinnverteilung	100	450	450	1.000
±	Änderung durch Betriebsprüfung	+100	-50	-50	0
=	angemessene Gewinnverteilung der KG	200	400	400	1.000
+	vGA der GmbH	–	+50	+50	+100
./.	steuerfrei nach § 3 Nr. 40 EStG	–	-20	-20	-40
=	steuerpflichtige Einkünfte	200	430	430	1.060

Unterliegen die zusätzlichen Einkünfte der Gesellschafter A und B bei diesen je einem Differenzeinkommensteuersatz von 42 %, hat die Aufdeckung der verdeckten Gewinnausschüttungen folgende steuerliche Auswirkungen (ohne Berücksichtigung des Solidaritätszuschlags und der Kirchensteuer):

zusätzliche Körperschaftsteuer der GmbH (15 % · 100.000 =)	15.000 €
± Änderung der Einkommensteuer ((-50.000 + 30.000) · 2 · 42 % =)	-16.800 €
= Minderbelastung durch Aufdeckung der vGA	-1.800 €

Die Aufdeckung der verdeckten Gewinnausschüttung führt also per Saldo zu einer Erhöhung der Summe der zu versteuernden Einkommen aller beteiligten Personen um insgesamt 60 T€. Die Gesamtsteuerbelastung aller beteiligten Personen verringert sich bei dem unterstellten Differenzeinkommensteuersatz von 42 % um 1.800 € (= 15.000 - 16.800).[134]

Klargestellt sei, dass aufgrund der Aufdeckung der vGA *keine Veränderung der Gewerbesteuerbelastung* eintritt. Zwar erhöht sich der Gewinn aus Gewerbebetrieb der Komplementär-GmbH. In gleicher Höhe erfolgt aber nach § 9 Nr. 2 GewStG eine Kürzung. Daher bleibt der Gewerbeertrag unverändert. Die auf die Kommanditisten entfallenden Gewinnanteile ändern sich nicht. Zwar tritt eine Minderung ihrer Anteile am Gewinn der KG ein, diese wird jedoch durch Sonderbetriebseinnahmen (vGA) in gleicher Höhe kompensiert.

3.2.2.5 Beteiligung der GmbH an der KG

Im Gegensatz zu den Kommanditisten muss sich die Komplementär-GmbH nicht zwingend kapitalmäßig an der KG der GmbH & Co. KG beteiligen. Vielmehr reicht es aus, wenn sie die Funktion einer vollhaftenden Gesellschafterin

[134] Aus Vereinfachungsgründen bleibt unberücksichtigt, dass es durch § 35 EStG nur zu einer Anrechnung der pauschalen Gewerbe- auf die Einkommensteuer kommt, nicht aber zu einer Einkommensteuer-Erstattung. Mindert sich die Einkommensteuer der Gesellschafter bezogen auf die gewerblichen Einkünfte (bei unverändert hoher Gewerbesteuer), sinkt damit auch die anrechenbare pauschale Gewerbesteuer (Ermäßigungshöchstbetragsregelung).

übernimmt. Beteiligt sie sich hingegen kapitalmäßig an der KG, ergeben sich handels- und insb. steuerbilanzielle Probleme.

Handelsbilanziell bedeutsam ist, dass die in einem Betriebsvermögen liegende Mitgliedschaft an einer Personengesellschaft – und damit auch die von einer Komplementär-GmbH gehaltene Mitgliedschaft an der KG – zu den Beteiligungen i. S. d. § 271 Abs. 1 Satz 1 HGB zählen.[135] Auf die Beteiligungsquote kommt es dabei nicht an. Voraussetzung ist, dass die Beteiligung zum Anlagevermögen gehört. Zu bewerten ist die Beteiligung grundsätzlich mit ihren Anschaffungskosten. Für abweichende Wertansätze gelten die allgemeinen Regeln des § 253 HGB.

Steuerlich ist die Beteiligung an einer Personengesellschaft kein Wirtschaftsgut i. S. d. §§ 5 und 6 EStG (im Gegensatz zu der Beteiligung an einer Kapitalgesellschaft).[136] Dennoch kann die Beteiligung in der Steuerbilanz des Gesellschafters (hier: der Komplementär-GmbH) ausgewiesen werden. Sie ist aber nicht wie ein Wirtschaftsgut selbstständig zu bewerten.[137] Vielmehr ist sie i. H. d. Summe der ideellen Anteile an den einzelnen Wirtschaftsgütern der KG anzusetzen.[138] Dieser Wert kann nach der **Spiegelbildmethode** ermittelt werden.[139] Die Methode wird so bezeichnet, weil mit ihr erreicht wird, dass das Beteiligungskonto in der Steuerbilanz der Komplementär-GmbH den Stand des Kapitalkontos gem. steuerlicher Gesamtbilanz der KG widerspiegelt. Das folgende Beispiel erläutert die Zusammenhänge.

Beispiel

Die handels- und steuerrechtliche Eröffnungsbilanz der X-GmbH zum 1.1. des Jahres 1 hat folgendes Aussehen:

Handels- bzw. Steuerbilanz der X-GmbH per 1.1. des Jahres 1 (in T€)

Aktiva		Passiva	
Sachanlagen	500	Gezeichnetes Kapital	100
Umlaufvermögen	900	Gewinnrücklagen	1.300
	1.400		1.400

Die handels- und steuerrechtliche Eröffnungsbilanz der A & B KG hat zum 1.1. des Jahres 1 folgendes Aussehen:

Handels- bzw. Steuerbilanz der A & B KG per 1.1. des Jahres 1 (in T€)

Aktiva		Passiva	
Sachanlagen	100	Komplementärkapital	250
Umlaufvermögen	400	Kommanditkapital	250
	500		500

An der KG sind A und B zu je 50 % beteiligt (A als Komplementär und B als Kommanditist). Zum 2.1. des Jahres 1 erwirbt die X-GmbH vom Gesellschafter A für 600 T€ dessen

[135] Vgl. *IDW* (2014), Tz. 2.

[136] Vgl. insb. BFH-Beschluss vom 25.2.1991, GrS 7/89, BStBl II 1991, S. 691; vgl. bspw. auch *Wacker* (2020), § 15 EStG, Tz. 690.

[137] Vgl. BFH-Urteil vom 30.4.2003, I R 102/01, BStBl II 2004, S. 804.

[138] Vgl. *Wacker* (2020), § 15 EStG, Tz. 690.

[139] Vgl. hierzu bspw. *Mayer* (2003), S. 2034 ff; *Fromm* (2005), S. 425; *Ley* (2004), S. 1498 f; OFD Koblenz, Kurzinformation der Steuergruppe St 3 vom 28.2.2007, S 2243 A - St 31 3, DStR 2007, S. 992; *Wacker* (2020), § 15 EStG, Tz. 690.

Komplementäranteil. Aus der KG wird also zu diesem Zeitpunkt eine GmbH & Co. KG. Zum 31.12. des Jahres 1 hat die Handelsbilanz dieser GmbH & Co. KG folgendes Aussehen:

Handelsbilanz der GmbH & Co. KG per 31.12. des Jahres 1 (in T€)

Aktiva		Passiva	
Sachanlagen	200	Komplementärkapital	300
Umlaufvermögen	400	Kommanditkapital	300
	600		600

Die GuV der GmbH & Co. KG weist für das Jahr 1 einen Gewinn (Jahresüberschuss) i. H. v. 100 T€ aus. Hiervon entfallen auf die X-GmbH 50 T€ (= 50 % · 100).

Die handelsrechtliche Schlussbilanz der X-GmbH zum 31.12. des Jahres 1 hat folgendes Aussehen:

Handelsrechtliche Schlussbilanz der X-GmbH per 31.12. des Jahres 1 (in T€)

Aktiva		Passiva	
Sachanlagen	600	Gezeichnetes Kapital	100
Beteiligung an A & B KG	600	Gewinnrücklagen	1.300
Umlaufvermögen	400	Jahresüberschuss	200
	1.600		1.600

Die Gesellschafter der GmbH & Co. KG haben beschlossen, den Gewinn des Jahres 1 einzubehalten. Der Gewinnanteil an der GmbH & Co. KG ist in dem Jahresüberschuss der X-GmbH von 200 T€ daher nicht erfasst.

Mit den hier dargestellten Bilanzen sind alle handelsrechtlich erforderlichen Bilanzen für das Jahr 1 wiedergegeben. Die nachfolgenden zusätzlichen Bilanzen in diesem Beispiel haben rein steuerlichen Charakter.

In der steuerlichen Terminologie erwirbt die X-GmbH zum 2.1. des Jahres 1 für 600 T€ einen Mitunternehmeranteil mit einem bilanziell ausgewiesenen Betriebsvermögen von 250 T€. Mit dem Erwerb werden also anteilige stille Reserven von 350 T€ (= 600 - 250) aufgedeckt. Hiervon entfallen annahmegemäß auf Sachanlagen 100 T€, auf das Umlaufvermögen 100 T€ und auf den anteiligen Firmenwert 150 T€. Diese aufgedeckten stillen Reserven sind in einer steuerlichen Ergänzungsbilanz zur Bilanz der GmbH & Co. KG zum 2.1. des Jahres 1 zu erfassen:

Steuerliche Ergänzungsbilanz der GmbH zur Bilanz der KG per 2.1. des Jahres 1 (in T€)

Aktiva		Passiva	
Firmenwert	150	Eigenkapital	350
Sachanlagen	100		
Umlaufvermögen	100		
	350		350

Das Anlagevermögen habe zum 1.1. des Jahres 1 eine Restnutzungsdauer von 5 Jahren, das Umlaufvermögen werde im Jahr 1 veräußert. Aus diesen Angaben ergibt sich für das Jahr 1 folgende Ergänzungs-GuV:

Steuerliche Ergänzungs-GuV der GmbH zur GuV der KG für das Jahr 1 (in T€)

Aufwand		Ertrag	
AfA Firmenwert	10	Verlust	130
AfA Sachanlagen	20		
Umlaufvermögen	100		
	130		130

Zum 31.12. des Jahres 1 hat die steuerliche Ergänzungsbilanz folgendes Aussehen:

Steuerliche Ergänzungsbilanz der GmbH
zur Bilanz der KG per 31.12. des Jahres 1 (in T€)

Aktiva			Passiva
Firmenwert	140	Eigenkapital	220
Sachanlagen	80		
Umlaufvermögen	0		
	220		220

Eine fiktive gesonderte und einheitliche Gewinnfeststellung der KG für das Jahr ergibt Folgendes:

Gesellschafter	Sondervergütungen (Ergänzungsbilanz)	Handelsbilanz	Summe
X-GmbH	-130 T€	50 T€	-80 T€
B	–	50 T€	50 T€
Summe	-130 T€	100 T€	-30 T€

Der noch zu ermittelnde steuerliche Gewinn der X-GmbH für das Jahr 1 lässt sich auf rein additivem Weg ermitteln. An dieser Stelle kann die bilanzielle Darstellung daher beendet werden. Es ergibt sich für das Jahr 1 folgender steuerlicher Gewinn der X-GmbH:

Jahresüberschuss gem. Handelsbilanz	200 T€
./. Verlustanteil an der A & B KG gem. fiktiver Feststellung	-80 T€
= steuerlicher Gewinn der X-GmbH	120 T€

Soll der steuerliche Gewinn der X-GmbH für das Jahr 1 nicht auf additivem Weg, sondern mit Hilfe von Bilanzen und Gewinn- und Verlustrechnungen ermittelt werden, bietet sich die Anwendung der Spiegelbildmethode an. Für die X-GmbH müssen dann zum 2.1. des Jahres 1, d. h. zum Tag des Beteiligungserwerbs, und zum 31.12. des Jahres 1 besondere Steuerbilanzen erstellt werden. Außerdem ist für das Jahr 1 eine besondere steuerliche Gewinn- und Verlustrechnung aufzustellen.

Bei der Spiegelbildmethode wird aus technischen Gründen ein Posten „Beteiligung" ausgewiesen. Dieser spiegelt aber lediglich in zusammengefasster Form die Summe der ideellen Anteile der X-GmbH an den aktiven und passiven Wirtschaftsgütern der A & B KG wider. Für die Bilanzen zum 2.1. des Jahres 1 und zum 31.12. des Jahres 1 ergibt sich Folgendes (in T€):

		2.1.	31.12.
	Komplementärkapital der X-GmbH an der GmbH & Co. KG gem. Handelsbilanz der KG	250	300
+	Kapitalanteil der X-GmbH gem. steuerlicher Ergänzungsbilanz der GmbH & Co. KG	350	220
=	Kapitalanteil der X-GmbH an der GmbH & Co. KG (= steuerlicher Beteiligungswert)	600	520

Nun können die nachfolgend aufgeführten Steuerbilanzen sowie die Gewinn- und Verlustrechnung der X-GmbH erstellt werden (bei den Bilanzen wurden die Sachanlagen und das Umlaufvermögen der Einfachheit halber jeweils aus der Handelsbilanz übernommen). Die Bilanz per 2.1. des Jahres 1 entspricht der Handelsbilanz zum 2.1. des Jahres 1. Hierbei handelt es sich lediglich um eine fiktive Bilanz, da die X-GmbH zum 2.1. des Jahres 1 keine Bilanz erstellen muss und üblicherweise auch keine erstellen wird.

Aktiva	Steuerbilanz der X-GmbH per 2.1. des Jahres 1 (in T€)		Passiva
Sachanlagen	500	Gezeichnetes Kapital	100
Beteiligung an KG	600	Gewinnrücklagen	1.300
Umlaufvermögen	300		
	1.400		1.400

Aktiva	Steuerbilanz der X-GmbH per 31.12. des Jahres 1 (in T€)			Passiva
Sachanlagen	600	Gezeichnetes Kapital		100
Beteiligung an KG	520	Gewinnrücklagen		1.300
Umlaufvermögen	400	Steuerlicher Gewinn		
		Jahresüberschuss	200	
		Steuerlicher Gewinnanteil an KG	-80	120
	1.520			1.520

Aufwand	Steuerliche GuV der X-GmbH für das Jahr 1 (in T€)		Ertrag
Verlustanteil an der A & B KG gem. fiktiver Feststellung	80	Jahresüberschuss gem. Handelsbilanz	200
Steuerlicher Gewinn	120		
	200		200

3.2.3 Erbschaft- und Schenkungsteuer

Bei der Übertragung von Todes wegen ist zwischen einem Komplementär- und einem Kommanditistenanteil zu unterscheiden. Ersterer ist grundsätzlich nicht vererblich (§ 131 Abs. 3 Satz 1 Nr. 1 i. V. m. 161 Abs. 2 HGB), letzterer hingegen schon (§ 177 HGB). In beiden Fällen handelt es sich aber um dispositives Recht.

Bewertungsrechtlich liegen bei einer GmbH & Co. KG zwei gewerbliche Betriebe vor: Zum einen der Betrieb der Komplementär-GmbH und zum anderen derjenige der KG selbst, d. h. derjenige der Mitunternehmerschaft. Entsprechend muss im Fall eines steuerpflichtigen Erwerbs i. S. d. § 10 ErbStG sowohl für den Anteil an der Komplementär-GmbH als auch für den an der KG ein Wert nach § 12 ErbStG ermittelt werden.

Für die Bewertung von Unternehmen für erbschaft- und schenkungsteuerliche Zwecke gelten regelmäßig die gleichen Bewertungsmethoden. Diese wurden bereits in Gliederungspunkt 1.3.4.2.2 (S. 29) erörtert.

3.2.4 Umsatzsteuer

Umsatzsteuerlich ist bei einer GmbH & Co. KG nur die KG *Unternehmer* i. S. d. § 2 Abs. 1 UStG, da sie am Markt zur Erzielung von Einnahmen auftritt und so wirtschaftlich tätig wird. Ihre Umsätze sind somit steuerbar und grundsätzlich steuerpflichtig.

Auch *die Gesellschafter* der GmbH & Co. KG, also die Kommanditisten und die Komplementär-GmbH, können umsatzsteuerliche Unternehmer sein. Dazu müssen sie unternehmerisch tätig werden. Dies ist beim bloßen Halten einer Beteiligung nicht der Fall.[140] Bei der Komplementär-GmbH resultiert die notwendige unternehmerische Betätigung aus dem Führen der Geschäfte der KG.[141] Die GmbH hat diese Umsätze zu versteuern; die KG kann die ihr von der GmbH in Rechnung gestellte Umsatzsteuer im Rahmen des § 15 UStG als Vorsteuer abziehen.

Eine umsatzsteuerliche *Organschaft* kommt bei einer GmbH & Co. KG nur ausnahmsweise in Betracht. Voraussetzung hierfür ist gem. § 2 Abs. 2 Nr. 2 UStG, dass als Organ eine juristische Person nach dem Gesamtbild der tatsächlichen Verhältnisse finanziell, wirtschaftlich und organisatorisch in das Unternehmen des Organträgers eingegliedert ist. Eine Komplementär-GmbH kann *grundsätzlich nicht* als Organgesellschaft in das Unternehmen dieser KG eingegliedert sein,[142] selbst dann nicht, wenn die Kommanditisten sämtliche Gesellschaftsanteile der GmbH halten. Nur wenn *die KG* mehrheitlich an der Komplementär-GmbH beteiligt ist, kann die GmbH als Organgesellschaft in die KG eingegliedert sein, da die KG dann sicherstellen kann, dass ihr Wille auch in der GmbH durchgesetzt wird.[143] Somit ist eine umsatzsteuerliche Organschaft insb. bei einer Einheits-GmbH & Co. KG möglich. Eine Organschaft hat zur Folge, dass Umsätze zwischen der GmbH und der KG nicht steuerbar sind.

3.2.5 Einflussfaktoren auf die Vorteilhaftigkeit

3.2.5.1 Vergleichsfälle und Einflussfaktoren

Wie bereits beim Vergleich der Personenunternehmen mit den Kapitalgesellschaften, werden auch die Vergleiche der GmbH & Co. KG mit anderen Rechtsformen in den folgenden Gliederungspunkten auf steuerliche Partialvergleiche beschränkt. Verglichen werden die GmbH & Co. KG mit den aus Gliederungspunkt 1.3 (S. 9) bekannten Personenunternehmen und Kapitalgesellschaften.[144]

Auf diese Einflussfaktoren wird nachfolgend in knapper Form eingegangen:

- Gewinne,
- Verluste,
- Leistungsvergütungen und
- die Beendigung der unternehmerischen Betätigung.

Im Zusammenhang mit der Beendigung der unternehmerischen Betätigung erfolgt eine Beschränkung auf die Unterfälle Erbfolge und vorweggenommene Erbfolge.

[140] Vgl. EuGH-Urteil vom 20.6.1991, C-60/90, Polysar Investments Netherlands.
[141] Vgl. BFH-Urteil vom 6.6.2002, V R 43/01, BStBl II 2003, S. 36.
[142] Vgl. Abschn. 2.8 Abs. 2 Satz 6 UStAE unter Verweis auf BFH-Urteil vom 14.12.1978, V R 85/74, BStBl II 1979, S. 288.
[143] Vgl. Abschn. 2.8 Abs. 2 Satz 8 UStAE.
[144] Vgl. hierzu bereits grundlegend *Schneeloch* (2006), S. 188-198.

3.2.5.2 Gewinn

3.2.5.2.1 Einführung

Im Folgenden wird zwischen steuerpflichtigen und steuerfreien Gewinnen und innerhalb dieser Gruppen zwischen quasi dauerhaft einbehaltenen und ausgeschütteten Gewinnen unterschieden. Außerdem wird kurz die Gewinnbeeinflussung durch die unterschiedlichen Möglichkeiten der Abzugsfähigkeit von Schuldzinsen betrachtet.

3.2.5.2.2 Steuerpflichtige, quasi dauerhaft einbehaltene Gewinne

Klarstellend sei vorab daran erinnert, dass Gewinne nicht dauerhaft, sondern *nur quasi dauerhaft* thesauriert werden können. Als quasi dauerhaft thesauriert wird ein Gewinn hier dann bezeichnet, wenn der Barwert der durch die spätere Ausschüttung hervorgerufenen Steuerzahlung gegen Null tendiert.

Bei den von einer GmbH & Co. KG thesaurierten Gewinnen ist zu unterscheiden zwischen den Gewinnteilen, die bei der Komplementär-GmbH und denen, die bei der KG thesauriert werden. Die von einer *Komplementär-GmbH* thesaurierten Gewinnbestandteile führen zu den gleichen Steuerfolgen wie gleich hohe Gewinne, die von einer einfachen GmbH thesauriert werden. Ebenso bewirken die *bei der KG* einer GmbH & Co. KG thesaurierten Gewinne die gleichen Steuerfolgen wie gleich hohe Gewinne einer einfachen KG. Wird der Gesamtgewinn aber innerhalb einer GmbH & Co. KG auf die Komplementär-GmbH einerseits und auf die KG andererseits verteilt, entspricht die Steuerbelastung dieses Gesamtgewinns weder der einer einfachen KG, noch der einer einfachen GmbH.

Durch die Verteilung des Gesamtgewinns auf zwei Unternehmensteile kann es in Ausnahmefällen gelingen, die Ertragsteuerbelastung unter diejenige der beiden Vergleichsunternehmen zu senken. Größere Unterschiede hinsichtlich der Steuerbelastung thesaurierter Gewinne eines Personenunternehmens einerseits und einer Kapitalgesellschaft andererseits bestehen nur hinsichtlich der Gewinnbestandteile, die im Fall des Personenunternehmens bei dessen (Mit-)Unternehmern *einem der beiden Spitzensteuersätze* (42 % bzw. 45 %) unterliegen (s. Gliederungspunkt 1.3.2.2 (S. 10)). Ein derartiger Gewinnbestandteil wird bei einem Personenunternehmen erheblich höher belastet als bei einer Kapitalgesellschaft. Dies gilt in besonderem Maße, wenn der Gewinnbestandteil bei dem (Mit-)Unternehmer nach § 32a EStG versteuert wird, in geringerem Maße aber auch, wenn der (Mit-)Unternehmer einen Antrag auf Besteuerung nach § 34a Abs. 1 EStG stellt. Geringe Vorteile bei der Gewinnbesteuerung ergeben sich hingegen im unteren Einkommensbereich.

Ein Vorteil der GmbH & Co. KG ggü. dem Personenunternehmen und der Kapitalgesellschaft dürfte in aller Regel aber bereits daran scheitern, dass aus nicht steuerlichen Gründen kaum jemals eine Verteilung des Gesamtgewinns dergestalt sinnvoll ist, dass der Gewinn schwerpunktmäßig in der Komplementär-GmbH erzielt wird. Schließlich soll diese typischerweise lediglich die Funktion einer vollhaftenden Gesellschafterin übernehmen sowie die Geschäfte führen. Die betriebliche Leistungserstellung soll hingegen regelmäßig in der

KG der GmbH & Co. KG erfolgen. Damit sind einer Gewinnerzielung in der Komplementär-GmbH meist enge Grenzen gesetzt.

Aus den bisherigen Ausführungen ergibt sich, dass es nur in Ausnahmefällen gelingen kann, die dauerhaft zu thesaurierenden Gewinne innerhalb der GmbH & Co. KG so auf die beiden Unternehmensteile zu verteilen, dass hierdurch sowohl ein Vorteil ggü. einem einfachen Personenunternehmen als auch ggü. einer GmbH entsteht. Regelmäßig dürfte die Steuerbelastung vielmehr zwischen der eines einfachen Personenunternehmens und der entsprechenden einer einfachen GmbH liegen.

3.2.5.2.3 Entnommene und ausgeschüttete Gewinne

Die von den Kommanditisten einer GmbH & Co. KG entnommenen Gewinne werden steuerlich genauso behandelt wie die aus einer einfachen KG entnommenen Gewinne. Deren Behandlung ist außerdem nicht anders als die der in der KG thesaurierten Gewinne.

Werden die Steuerfolgen einer Gewinnentnahme durch den Kommanditisten einer GmbH & Co. KG und die Ausschüttung einer einfachen GmbH miteinander verglichen, kann weitgehend auf die Ausführungen in Gliederungspunkt 1.3 (S. 9) zurückgegriffen werden. Danach hängt der Barwert der Steuerbelastungsdifferenz bei dem Vergleich eines einfachen Personenunternehmens mit einer Kapitalgesellschaft in hohem Maße von der Höhe des Einkommensteuersatzes, von dem Zeitraum der zwischenzeitlichen Thesaurierung sowie von dem Nettokalkulationszinssatz ab.

Bei einem *geringen Einkommensteuersatz* des (Mit-)Unternehmers entsteht ein geringer Vorteil des Personenunternehmens. Auch bei der Wahl einer GmbH & Co. KG kann im Vergleich zur GmbH ein Vorteil erreicht werden. Im Vergleich zu einem einfachen Personenunternehmen ist ein Vorteil hingegen kaum erzielbar.

Bei einem *hohen Einkommensteuersatz* kann im Vergleich zu einer Kapitalgesellschaft sowohl ein geringer Vorteil als auch ein Nachteil des Personenunternehmens entstehen (s. Gliederungspunkt 1.3.2.3 (S. 18)). Ein *Nachteil* (der je nach Konstellation des Einzelfalls sehr hoch sein kann) entsteht, wenn die Ausschüttung nicht sofort, sondern erst mit einer mehrjährigen Verzögerung erfolgt. Dieser Nachteil steigt mit zunehmendem Zeitraum der zwischenzeitlichen Thesaurierung und steigendem Nettokalkulationszinssatz. Der mögliche Nachteil des einfachen Personenunternehmens im Vergleich zu einer Kapitalgesellschaft bei Anwendung eines hohen Einkommensteuersatzes ist durch Umwandlung des Unternehmens in eine GmbH & Co. KG kaum vermeidbar, er kann allenfalls leicht abgeschwächt werden. Dies liegt daran, dass bei einer GmbH & Co. KG die betrieblichen Leistungen üblicherweise in der KG und nicht in der Komplementär-GmbH erbracht werden. Damit entstehen auch die Gewinne, die durch Entnahme bzw. Ausschüttung an die (Mit-)Unternehmer bzw. Gesellschafter gelangen, weitgehend in der KG und nicht in der Komplementär-GmbH.

Ausgeschüttete Gewinne der Komplementär-GmbH dürften in der Praxis i. d. R. nur eine untergeordnete Rolle spielen, da die wirtschaftliche Betätigung der GmbH

& Co. KG in aller Regel in der KG und nicht in der Komplementär-GmbH erfolgt. Für Ausschüttungen der Komplementär-GmbH bleibt unter diesen Umständen i. d. R. kein oder nur ein geringer Spielraum. Kommt es doch zu einer Ausschüttung, wird diese im Ergebnis in gleicher Weise behandelt wie die einer einfachen GmbH. In beiden Fällen entsteht bei der GmbH (unabhängig von der Ausschüttung) sowohl Gewerbe- als auch Körperschaftsteuer.

Die Ausschüttungen unterliegen in beiden Fällen *der Einkommen- bzw. Körperschaftsteuer der Gesellschafter*. Hierbei ist im Fall der Ausschüttung einer einfachen GmbH i. d. R. der Abgeltungsteuersatz anzuwenden. Im Fall der Ausschüttung einer Komplementär-GmbH ist hingegen zu differenzieren: Erfolgt die Ausschüttung an einen Gesellschafter, der nicht zugleich Kommanditist ist, ist i. d. R. ebenfalls der Abgeltungsteuersatz anzuwenden. Ist der Gesellschafter der Komplementär-GmbH hingegen zugleich Kommanditist der KG, kommt auf die Ausschüttung i. d. R. das Teileinkünfteverfahren zur Anwendung. In der Regel dürfte der auf die Ausschüttung bezogene effektive Steuersatz dann aber in der Nähe des Abgeltungsteuersatzes liegen. Bei einem nominalen Steuersatz von 42 % beträgt er bspw. 25,2 % (= 60 % · 42 %) und 27 % (= 60 % · 45 %) bei einem nominalen Steuersatz von 45 %.

Gewerbesteuer entsteht bei den Gesellschaftern in den beiden Vergleichsfällen i. d. R. nicht. Im Fall der einfachen GmbH gilt dies bereits, weil sich die GmbH-Anteile meistens *nicht in einem Betriebsvermögen* befinden. Ist dies ausnahmsweise doch der Fall, kommt es vielfach zur Kürzung des Gewerbeertrags um die empfangene Ausschüttung nach § 9 Nr. 2a GewStG. Diese Kürzung kommt i. d. R. auch im Fall der Ausschüttung einer Komplementär-GmbH an die Kommanditisten der GmbH & Co. KG zur Anwendung. Ausnahmsweise entsteht bei einem Gesellschafter dann Gewerbesteuer auf die Ausschüttung, wenn der GmbH-Anteil bei diesem zu einem Betriebsvermögen gehört und § 9 Nr. 2a GewStG wegen einer unter 15 % liegenden Beteiligung nicht zur Anwendung kommt. Diese Voraussetzungen dürften, wenn sie denn ausnahmsweise zutreffen, sowohl im Fall des Kommanditisten einer GmbH & Co. KG als auch in dem des Gesellschafters der Vergleichs-GmbH vorliegen. Regelmäßig kann also davon ausgegangen werden, dass die Belastung der Ausschüttung einer GmbH & Co. KG bei deren Gesellschaftern der Belastung der Gesellschafter der Vergleichs-GmbH *entspricht oder zumindest annähernd entspricht*.

Aus den bisherigen Ausführungen folgt, dass durch eine Kombination von Entnahmen aus der KG und von Ausschüttungen der Komplementär-GmbH einer GmbH & Co. KG i. d. R. *kein großer Steuergestaltungsspielraum besteht*. Die Steuerbelastung der entnommenen bzw. ausgeschütteten Gewinnbestandteile im Fall einer GmbH & Co. KG wird regelmäßig zwischen derjenigen eines einfachen Personenunternehmens und derjenigen einer GmbH liegen. Sie wird dabei deutlich näher an derjenigen des Personenunternehmens als an der der GmbH liegen.

3.2.5.2.4 Steuerfreie Gewinne

Solange steuerfreie Gewinne thesauriert werden, sind sie bei allen Rechtsformen *tatsächlich steuerfrei*. Werden sie von einer *Kapitalgesellschaft* erzielt und zu irgendeinem späteren Zeitpunkt ausgeschüttet, geht die Steuerfreiheit mit der

Ausschüttung verloren. Die Ausschüttung unterliegt dann – wie alle anderen Ausschüttungen einer Kapitalgesellschaft auch – bei den Gesellschaftern der Einkommen- bzw. Körperschaftsteuer. Aus einem Personenunternehmen entnommene steuerfreie Gewinne haben hingegen keine vergleichbare Wirkung.

Diese unterschiedliche Behandlung steuerfreier Gewinne im Fall ihrer Ausschüttung bzw. Entnahme ist auf Ausschüttungen bzw. Entnahmen aus den beiden Teilen einer GmbH & Co. KG übertragbar. Demnach sind *von der Komplementär-GmbH* vereinnahmte steuerfreie Gewinne im Fall ihrer Ausschüttung von den Gesellschaftern dieser GmbH der Einkommen- bzw. Körperschaftsteuer zu unterwerfen. Sind die Gesellschafter der GmbH zugleich Kommanditisten der KG, kommt das Teileinkünfteverfahren zur Anwendung, andernfalls unterliegen die Ausschüttungen i. d. R. der Abgeltungsteuer. Bewegt sich das zu versteuernde Einkommen des Ausschüttungsempfängers in der ersten Proportionalzone, ist der im Fall des Teileinkünfteverfahrens anzuwendende Einkommensteuersatz mit 25,2 % (= 60 % · 42 %) fast identisch mit dem Abgeltungsteuersatz von 25 %. Liegt das zu versteuernde Einkommen in der zweiten Proportionalzone, ist der die Ausschüttung belastende Einkommensteuersatz bei Anwendung des Teileinkünfteverfahrens mit 27 % (= 60 % · 45 %) leicht höher als der Abgeltungsteuersatz. Steuerfreie Gewinne, die *die KG* einer GmbH & Co. KG erzielt hat, bleiben auch im Fall ihrer Entnahme steuerfrei.

Je nachdem, welcher der beiden Unternehmensteile einer GmbH & Co. KG die steuerfreien Gewinne erzielt, ziehen diese also die gleichen Steuerfolgen nach sich, wie entweder die von einer einfachen GmbH oder aber die von einem einfachen Personenunternehmen erzielten Gewinne. Je nach Gestaltung des Sachverhalts kann die GmbH & Co. KG also hinsichtlich steuerfreier Gewinne genauso nachteilig wie eine Kapitalgesellschaft oder ebenso vorteilhaft wie ein Personenunternehmen sein. Soll die Steuerfreiheit steuerfreier Gewinne auf Dauer erhalten bleiben, müssen diese somit von der KG der GmbH & Co. KG erzielt werden. Da die entsprechenden Einkünfte regelmäßig sachgerecht von der KG erzielt werden, lässt sich die Steuerfreiheit im Fall der GmbH & Co. KG auch bei einer Entnahme erhalten.

3.2.5.2.5 Ausschüttungsgestaltung

Personenbezogene Kapitalgesellschaften und ihre Gesellschafter können *den Zeitpunkt einer Gewinnausschüttung* in den Dienst der betrieblichen Steuerplanung stellen. Hierbei können sie anstreben, Ausschüttungen in solche Jahre zu verlagern, in denen ein oder mehrere Gesellschafter ohne diese Ausschüttungen *ein nur geringes oder sogar ein negatives zu versteuerndes Einkommen* erzielen. Es wurde gezeigt, dass durch eine Politik einer *zeitlichen Ausschüttungsverlagerung* in Einzelfällen hohe steuerliche Vorteile erzielt werden können (s. Gliederungspunkt 1.3.2.3 (S. 18)). Einfache Personenunternehmen verfügen hingegen nicht über derartige Möglichkeiten der Steuergestaltung.

Hinsichtlich der Möglichkeit zur Ausschüttungsgestaltung ist die KG einer GmbH & Co. KG einem einfachen Personenunternehmen, die Komplementär-GmbH hingegen einer einfachen Kapitalgesellschaft gleichgestellt. Somit kann *die Komplementär-GmbH* mit steuerlicher Wirkung eine Politik der zeitlichen Ausschüttungsgestaltung betreiben, *die KG* der GmbH & Co. KG hingegen nicht. Zu beachten ist aber, dass die Möglichkeiten einer zeitlichen Ausschüttungsgestaltung im Fall einer Komplementär-GmbH *häufig geringer* sein dürften als im Vergleichsfall einer einfachen GmbH. Dies liegt daran, dass der Gesamtgewinn des Unternehmens im Fall einer einfachen GmbH nur in dieser GmbH anfällt. Im Fall einer Komplementär-GmbH fällt in dieser hingegen regelmäßig nur ein kleiner Teil an (der größte Teil hingegen in der KG).

Insgesamt lässt sich hinsichtlich der Möglichkeiten einer zeitlichen Ausschüttungsgestaltung erkennen, dass die einfache GmbH am vorteilhaftesten ist, das einfache Personenunternehmen hingegen am nachteiligsten. Die GmbH & Co. KG dürfte regelmäßig zwischen diesen einfachen Unternehmensformen liegen.

3.2.5.2.6 Auswirkungen des Schuldzinsenabzugs auf die Höhe des steuerpflichtigen Gewinns

Hinsichtlich *des Schuldzinsenabzugs* wurde bereits in Gliederungspunkt 1.3.3.4 (S. 28) die tendenzielle Vorteilhaftigkeit von Kapitalgesellschaften herausgearbeitet. Während der Schuldzinsenabzug bei Personenunternehmen durch § 4 Abs. 4a EStG beschränkt ist, gilt diese Beschränkung nicht für Kapitalgesellschaften. Allerdings kann mit Hilfe entsprechender Gestaltungsmaßnahmen eine Vermeidung oder zumindest eine Verringerung der für das Unternehmen nachteiligen Folgen des § 4 Abs. 4a EStG erreicht werden. Dies dürfte aber regelmäßig nur mit einem erheblichen Planungs- und Beratungsaufwand möglich sein.

Übertragen auf die beiden Unternehmensteile der GmbH & Co. KG bedeutet dies: Schuldzinsen *der Komplementär-GmbH* sind voll abzugsfähig, Schuldzinsen *der KG* hingegen nur unter den Einschränkungen des § 4 Abs. 4a EStG. Hieraus folgt, dass die einfache Kapitalgesellschaft die vorteilhafteste und das einfache Personenunternehmen hinsichtlich des Schuldzinsenabzugs die nachteiligste Rechtsform ist. Die GmbH & Co. KG kann zwischen diesen beiden eingestuft werden. Da die KG regelmäßig der größere und wirtschaftlich wichtigere Teil der GmbH & Co. KG sein wird, befindet sich die GmbH & Co. KG insgesamt näher am Personenunternehmen als an der Kapitalgesellschaft.

Bestimmte Zinsaufwendungen unterliegen den sich aus den §§ 4h EStG und 8a KStG ergebenden Abzugsbeschränkungen (*Zinsschranke*).[145] Wie schon in Gliederungspunkt 1.3.3.4 (S. 28) ausgeführt wurde, kommt sie aufgrund diverser Ausnahmetatbestände nur in seltenen Fällen zur Anwendung. Zudem entsprechen sich die Wirkungen der Zinsschranke bei Personenunternehmen und Kapitalgesellschaften in weiten Teilen. Die dort konstatierte geringe Bedeutung gilt ebenso für die GmbH & Co. KG.

3.2.5.3 Leistungsvergütung

3.2.5.3.1 Einführung

Bereits in Gliederungspunkt 1.4.2 (S. 42) wurden kurz die unterschiedlichen Steuerwirkungen von Leistungsvergütungen an die Gesellschafter einer Kapi-

[145] Siehe hierzu *Schneeloch/Meyering/Patek,* Band 1 (2016), Gliederungspunkt 3.3.3.3.

talgesellschaft einerseits und an die Gesellschafter einer Personengesellschaft andererseits thematisiert (s. auch Gliederungspunkt 1.4.3 (S. 54)). Die Unterschiede beruhen letztlich darauf, dass Leistungsvergütungen an Gesellschafter einer Kapitalgesellschaft *zu den abzugsfähigen Betriebsausgaben* gehören, bei Gesellschaftern einer Personengesellschaft aber *Sondervergütungen* i. S. d. § 15 Abs. 1 Satz 1 Nr. 2 EStG darstellen.

Die Behandlung von Sondervergütungen an die Gesellschafter einer einfachen Personengesellschaft entspricht der von Vergütungen an die Gesellschafter *der KG* einer GmbH & Co. KG.

Hinsichtlich der Leistungsvergütungen *der Komplementär-GmbH* einer GmbH & Co. KG an ihre Gesellschafter ist hingegen zwischen folgenden beiden Fällen zu unterscheiden:

1. Der Leistungsempfänger ist *nur Gesellschafter der Komplementär-GmbH* nicht hingegen Gesellschafter der KG (Nur-GmbH-Gesellschafter).
2. Der Leistungsempfänger ist sowohl Gesellschafter der Komplementär-GmbH als *auch Gesellschafter (Kommanditist) der KG* (Sowohl-als-auch-Gesellschafter).

Nachfolgend werden zunächst Leistungsvergütungen an Nur-GmbH-Gesellschafter und anschließend Leistungsvergütungen an Sowohl-als-auch-Gesellschafter erörtert.

3.2.5.3.2 Nur-GmbH-Gesellschafter

Ist der Empfänger einer Leistungsvergütung nur Gesellschafter der Komplementär-GmbH (Nur-GmbH-Gesellschafter) finden die allgemeinen Grundsätze Anwendung, die auch in den Fällen gelten, in denen es sich bei der GmbH nicht um eine Komplementär-GmbH, sondern *um eine einfache GmbH handelt*. Damit sind auch die Ergebnisse übertragbar, die hinsichtlich der Vorteilhaftigkeit der Vereinbarung von Leistungsvergütungen in Gliederungspunkt 1.4.4 (S. 56) ermittelt wurden. Diese lassen sich wie folgt zusammenfassen:

1. Gehaltszahlungen an die Gesellschafter einer Kapitalgesellschaft sind regelmäßig vorteilhafter als alternative Ausschüttungen. Ausnahmen ergeben sich nur, wenn das zu versteuernde Einkommen mit dem oberen Spitzensteuersatz von 45 % besteuert wird und zugleich der Gewerbesteuer-Hebesatz geringer als 400 % ist.
2. Pensionszusagen an einen Gesellschafter-Geschäftsführer führen i. d. R. per Saldo zu steuerlichen Vorteilen. Diese sind teilweise sogar erheblich.
3. Mit Hilfe von Gesellschafterdarlehen an Stelle einer Eigenkapitalzufuhr lassen sich i. d. R. steuerliche Vorteile erzielen.
4. Steuerliche Vorteile lassen sich auch mit Hilfe von Miet- und Pachtverträgen zwischen einer Kapitalgesellschaft und ihren Gesellschaftern erzielen.

Als Folge der *steuerrechtlichen Gleichbehandlung* der Leistungsvergütungen einer einfachen GmbH einerseits und einer *Komplementär-GmbH* andererseits ergeben sich durch derartige Vereinbarungen grundsätzlich keine Belastungsunterschiede. Zu beachten ist aber, dass der maximale Umfang derartiger Vereinbarungen in Fällen der Komplementär-GmbH häufig kleiner ist als in denen einer einfachen GmbH. Dies gilt insb. hinsichtlich der Vereinbarung von Gesellschafterdarlehen und von Miet- und Pachtverhältnissen. Vielfach benötigt nämlich im Fall einer GmbH & Co. KG nicht die Komplementär-GmbH ein Darlehen, *sondern die KG*. Im Fall der einfachen Vergleichs-GmbH ist diese hingegen Darlehensnehmerin des Gesellschafterdarlehens. Im Fall einer GmbH & Co. KG kann die Situation eintreten, dass ein Miet- oder Pachtverhältnis nur mit der KG, nicht hingegen mit der Komplementär-GmbH sinnvoll ist. Damit bleibt festzuhalten, dass der Umfang der steuerlich wirksamen Gestaltungsmaßnahmen bei der GmbH & Co. KG tendenziell geringer ist als im Fall einer vergleichbaren einfachen GmbH.

Bei einem Vergleich der Steuerwirkungen von Leistungsvergütungen im Fall einer GmbH & Co. KG einerseits und im Fall eines vergleichbaren *einfachen Personenunternehmens* andererseits lassen sich die in Gliederungspunkt 1.4.4 (S. 56) erarbeiteten Ergebnisse übertragen. Dies gilt allerdings nur unter der Voraussetzung, dass die Leistungsvergütungen im Fall der GmbH & Co. KG von der GmbH und nicht von der KG erbracht werden. Ist diese Voraussetzung erfüllt, ergibt sich Folgendes:

1. Gehälter an die Gesellschafter der Komplementär-GmbH werden regelmäßig geringer belastet als Gehälter an die Gesellschafter einer vergleichbaren einfachen Personengesellschaft.

2. Durch eine Pensionszusage an den Gesellschafter-Geschäftsführer einer Komplementär-GmbH lassen sich (teilweise erhebliche) steuerliche Vorteile erzielen, die durch eine entsprechende Zusage an den Gesellschafter-Geschäftsführer einer vergleichbaren einfachen Personengesellschaft nicht erreichbar sind.

3. Die Gewährung eines Darlehens durch den Gesellschafter einer Komplementär-GmbH an diese GmbH ist i. d. R. steuerlich vorteilhafter als die Gewährung eines entsprechenden Darlehens durch den Gesellschafter einer einfachen Personengesellschaft an diese Gesellschaft. Der Vorteil kann unter Umständen sehr hoch sein.

4. Hinsichtlich der Vermietung oder Verpachtung eines Gesellschafters an „seine" Gesellschaft ist eine GmbH steuerlich regelmäßig vorteilhafter als ein Personenunternehmen. Dies gilt auch in den Fällen, in denen es sich bei der GmbH um eine Komplementär-GmbH handelt.

Die erste und die zweite Gestaltungsmaßnahme sind bei einer GmbH & Co. KG i. d. R. ohne große Probleme realisierbar, die dritte und die vierte Gestaltungsmaßnahme hingegen allenfalls in eng begrenztem Umfang. Der Grund liegt darin, dass das Darlehen bzw. das zu nutzende Wirtschaftsgut regelmäßig *von der KG* und nicht von der Komplementär-GmbH benötigt wird.

3.2.5.3.3 Sowohl-als-auch-Gesellschafter

Wenn der Empfänger einer Leistungsvergütung sowohl Gesellschafter der Komplementär-GmbH als auch Gesellschafter (Kommanditist) der KG ist (Sowohl-als-auch-Gesellschafter), gilt eine wichtige Besonderheit. Bei diesen Gesellschaftern sind nicht nur die Leistungsvergütungen, die sie von der KG erhalten, sondern auch diejenigen, *die sie von der GmbH beziehen*, als Sondervergütungen i. S. d. § 15 Abs. 1 Satz 1 Nr. 2 EStG zu behandeln. Damit sind sie bezüglich der Behandlung von Leistungsvergütungen in vollem Umfang den Gesellschaftern einer einfachen Personengesellschaft gleichgestellt. Hinsichtlich der Steuerwirkungen dieser Vergütungen besteht also keinerlei Unterschied zwischen der GmbH & Co. KG und einer vergleichbaren einfachen Personengesellschaft.

Bei dem Vergleich der Leistungsvergütungen an die genannten Gesellschafter mit entsprechenden Vergütungen an die Gesellschafter einer einfachen GmbH ergeben sich die gleichen Wirkungen wie bei dem Vergleich derartiger Vergütungen im Fall einer einfachen Personengesellschaft. Hier lassen sich die Ergebnisse des in Gliederungspunkt 1.4.4 (S. 56) durchgeführten Vergleichs unmittelbar übertragen. Tendenziell führt die einfache Kapitalgesellschaft zu einer geringeren Steuerbelastung als die GmbH & Co. KG.

3.2.5.4 Erbfolge und vorweggenommene Erbfolge

3.2.5.4.1 Einführung

Grundsätzlich können die Steuerfolgen der Erbfolge bzw. der vorweggenommenen Erbfolge einen Einfluss auf die Vorteilhaftigkeit der einzelnen Rechtsformen zueinander haben. Unterschiede können sich sowohl bei der Erbschaft- und Schenkungsteuer als auch bei den Ertragsteuern ergeben. Nachfolgend erfolgt zunächst eine Befassung mit der Erbschaft- und Schenkungsteuer und anschließend mit möglichen ertragsteuerlichen Folgen.

3.2.5.4.2 Erbschaft- und schenkungsteuerlicher Vergleich

Wie bereits in Gliederungspunkt 1.3.4.2 (S. 29) herausgearbeitet wurde, sind gravierende rechtsformabhängige Unterschiede bei der Erbschaft- und Schenkungsteuer nur in seltenen Fällen zu erwarten. Die zur Begründung dieser These herausgearbeiteten Argumente lassen sich wie folgt zusammenfassen:

- In den meisten Fällen dürfte infolge der Begünstigung des Betriebsvermögens durch § 13a ErbStG i. V. m. den Freibeträgen des ErbStG und den geringen Steuersätzen der Steuerklasse I keine oder allenfalls eine geringe Erbschaft- und Schenkungsteuer entstehen. Dies gilt rechtsformunabhängig.
- Die Methoden zur Bewertung des Betriebsvermögens eines Personenunternehmens bzw. der Anteile an einer Kapitalgesellschaft sind gleich. Damit ist zu erwarten, dass die Ergebnisse der Wertermittlung im Einzelfall nicht oder nur unwesentlich voneinander abweichen.

Diese Gründe sind zwar für einen Vergleich der einfachen Personenunternehmen und der einfachen Kapitalgesellschaften miteinander formuliert worden. Sie gelten aber *auch unter Einbezug einer kombinierten Rechtsform* die – wie die GmbH & Co. KG – aus einer Personen- und einer Kapitalgesellschaft zusammengesetzt ist.

Bei der GmbH & Co. KG liegen rechtlich *zwei Bewertungsobjekte* vor, nämlich die KG und deren Komplementär-GmbH. Die Werte beider Gesellschaften sind getrennt zu ermitteln. Hierbei kommen die gleichen Bewertungsmethoden zur Anwendung. Letztlich kommt es hierbei regelmäßig zur Ermittlung von Ertragswerten. Werden die Erträge und Aufwendungen der beiden Unternehmensteile einer GmbH & Co. KG konsolidiert, dürften diese i. d. R. denjenigen eines rechtlichen einheitlichen Unternehmens entsprechen. Es ist deshalb nicht zu erwarten, dass die Summe der Ertragswerte der beiden Unternehmensteile einer GmbH & Co. KG erheblich von dem Ertragswert abweicht, der sich ergäbe, wenn das Unternehmen in der Rechtsform eines einfachen Personenunternehmens oder einer einfachen Kapitalgesellschaft geführt würde.

Zusammenfassend kann davon ausgegangen werden, dass die Erbschaft- und Schenkungsteuer auch unter Einbezug der GmbH & Co. KG *keinen oder nur einen geringen Einfluss* auf die Vorteilhaftigkeit der Rechtsformen zueinander hat. Ausnahmen können sich selbstverständlich in Einzelfällen bei hohen Vermögen ergeben.

3.2.5.4.3 Ertragsteuerliche Folgen

Ebenso wie in den Vergleichsfällen verursacht eine Erbfolge bzw. vorweggenommene Erbfolge auch beim Übergang von Anteilen an einer GmbH & Co. KG *grundsätzlich keine ertragsteuerlichen Folgen*. Der Erwerb liegt auch hier nicht in der Einkommens-, sondern in der Vermögenssphäre des Beschenkten bzw. des Erben. Als Folge von Gestaltungsmaßnahmen der Beteiligten gibt es von diesem Grundsatz Ausnahmen. Diese betreffen vorweggenommene Erbfolgen und Erbauseinandersetzungen. In beiden Fällen geht es darum, stille Reserven steuerbegünstigt aufzudecken und hierdurch Aufwandspotential zu schaffen.

Im Rahmen einer vorweggenommenen Erbfolge können Gestaltungsmaßnahmen erfolgen mit Hilfe von:

- Abstandszahlungen an den bisherigen Eigentümer und
- Gleichstellungszahlungen an Dritte, insb. an Angehörige.

Hierbei ergeben sich unterschiedliche Steuerfolgen, je nachdem, ob derartige Zahlungen im Rahmen einer Übertragung von Anteilen an der KG der GmbH & Co. KG oder aber von Anteilen an der Komplementär-GmbH erfolgen.

Im ersten Fall, den *Abstandszahlungen* gelten die gleichen Besteuerungsgrundsätze wie bei einem einfachen Personenunternehmen (es werden stille Reserven steuerbegünstigt aufgedeckt und es wird Aufwandspotential geschaffen), im zweiten diejenigen, die bei einer einfachen Kapitalgesellschaft zur Anwendung kommen (es werden zwar stille Reserven aufgedeckt, Aufwandspotential entsteht aber nicht). Siehe hierzu Gliederungspunkt 1.3.4.2.3 (S. 31).

Auch im Rahmen einer *Erbauseinandersetzung* kann das Ziel verfolgt werden, stille Reserven steuerbegünstigt aufzudecken und gleichzeitig Aufwandspotential zu schaffen. Personenunternehmen erweisen sich dabei ggü. Kapitalgesellschaften tendenziell als vorteilhafter.[146] Auch hier gelten wiederum für die KG der GmbH & Co. KG die gleichen Grundsätze wie für einfache Personenunternehmen und für die Komplementär-GmbH die gleichen wie für einfache Kapitalgesellschaften.

Insgesamt kann davon ausgegangen werden, dass hinsichtlich möglicher Gestaltungsmaßnahmen im Zusammenhang mit einer vorweggenommenen Erbfolge bzw. einer Erbauseinandersetzung im Fall einer GmbH & Co. KG *ähnlich viel Flexibilität* herrscht wie bei einem einfachen Personenunternehmen und damit mehr als bei einer einfachen Kapitalgesellschaft. Damit ist insoweit die GmbH & Co. KG ähnlich vorteilhaft wie ein einfaches Personenunternehmen. Beide sind vorteilhafter als eine einfache Kapitalgesellschaft.

3.2.5.5 Zusammenfassung

Die voranstehenden Ausführungen lassen hinsichtlich der steuerlichen Vorteilhaftigkeit der GmbH & Co. KG im Vergleich zu einem einfachen Personenunternehmen einerseits und zu einer einfachen GmbH andererseits kein allgemeingültiges Ergebnis erkennen. Eine allgemeingültige Reihung der miteinander verglichenen Rechtsformen hinsichtlich ihrer steuerlichen Vorteilhaftigkeit ist nicht möglich. Mit Hilfe einer sorgfältigen Steuerplanung dürfte es aber in Einzelfällen möglich sein, die GmbH & Co. KG im Vergleich zu alternativen Rechtsformen als eine in steuerlicher Hinsicht vorteilhaftere Rechtsform auszugestalten.

3.3 Betriebsaufspaltung

3.3.1 Einführung

Unter einer Betriebsaufspaltung wird die Aufspaltung eines bisher einheitlichen Unternehmens in zwei oder mehrere rechtlich selbstständige Betriebe verstanden. Dabei weisen die Gestaltungsformen der Betriebsaufspaltung eine große Vielfalt auf.[147] Dies dürfte vor allen Dingen daran liegen, dass es sich nicht um ein gesetzlich normiertes Konstrukt handelt, sondern um eines, welches auf Rechtsprechung des RFH, des BFH und des BVerfG beruht.[148] Es handelt sich also um *Richterrecht*. Die Verwaltungsauffassung ist im Wesentlichen in H 15.7 Abs. 4 bis 8 EStR wiedergegeben.

Am weitesten verbreitet ist die Aufspaltung eines Personenunternehmens (eines Einzelunternehmens oder einer Personengesellschaft) in ein **Besitzpersonenunternehmen** einerseits und in eine **Betriebskapitalgesellschaft** andererseits. Das Besitzpersonenunternehmen kann ein Einzelunternehmen, eine BGB-Gesellschaft (§§ 705 bis 740 BGB) oder eine Personenhandelsgesellschaft (OHG,

[146] Siehe hierzu im Einzelnen bspw. *Schneeloch* (2006), S. 315 f.

[147] Vgl. zu den vielfältigen Formen der Betriebsaufspaltung bspw. *Söffing/Micker* (2019), Tz. 44 ff.

[148] Vgl. RFH-Urteil vom 26.10.1938, VI 501/38, RStBl 1939, S. 282; RFH-Urteil vom 1.7.1942, VI 96/42, RStBl 1942, S. 1081; BVerfG-Beschluss vom 14.1.1969, 1 BvR 136/62, BStBl II 1969, S. 389; BFH-Beschluss vom 8.11.1971, GrS 2/71, BStBl II 1972, S. 63.

KG) sein (Kaufmannseigenschaft ist nicht erforderlich). Nach ständiger Rechtsprechung des BFH kommt auch eine Kapitalgesellschaft als Besitzunternehmen in Frage.[149] Die Betriebskapitalgesellschaft hat meistens die Rechtsform einer GmbH. Nachfolgend wird deshalb auch häufig von einer Betriebs-GmbH gesprochen.

Im Rahmen der Aufspaltung eines Unternehmens in ein Besitz- und ein Betriebsunternehmen behält das Besitzunternehmen regelmäßig *das Anlagevermögen* (gelegentlich auch nur das eine besonders wichtige Betriebsgrundstück). Auf das Betriebsunternehmen wird hingegen das Umlaufvermögen übertragen (eventuell auch ein Teil des Anlagevermögens). Aufgabe des Besitzunternehmens ist es, sein Vermögen an das Betriebsunternehmen zu vermieten oder zu verpachten. Die Betriebsgesellschaft übernimmt hingegen *den eigentlichen Betrieb*, d. h. sie übernimmt alle oder zumindest einige wichtige betriebliche Funktionen. Im produzierenden Gewerbe übernimmt sie vor allem die Produktion. Diese Zusammenhänge verdeutlicht das folgende Beispiel.

Beispiel

Die X-KG betreibt seit Jahrzehnten auf einem ihr gehörenden Grundstück eine chemische Fabrik. An der KG sind die Gesellschafter A, B und C zu je einem Drittel beteiligt. Da ihnen die Produktionsrisiken, insb. die Risiken einer Gefährdungshaftung zu groß geworden sind, beschließen sie die Gründung der Y-GmbH. An dieser wollen sie sich ebenfalls zu jeweils einem Drittel beteiligen. Die Y-GmbH soll das Umlaufvermögen der X-KG übernehmen und deren bisherigen Betrieb fortführen. Lediglich das Anlagevermögen, insb. das Betriebsgrundstück, soll bei der X-KG verbleiben und von dieser an die Y-GmbH vermietet bzw. verpachtet werden. Durch die Aufspaltung des Unternehmens hoffen die Gesellschafter, dass das Anlagevermögen, insb. das Betriebsgrundstück, selbst bei Eintritt eines schweren Produktionsunfalls und einer sich daraus ggf. nicht durch eine Versicherung gedeckten Haftung von einem Zugriff durch die Schadensersatzberechtigten verschont bleibt.

Es liegt der typische Fall einer Betriebsaufspaltung in eine Besitz-KG einerseits und in eine Betriebs-GmbH andererseits vor. Das Motiv für diese Betriebsaufspaltung ist – soweit ersichtlich – vorrangig nicht steuerlicher Art.

Die bisher beschriebene Form der Aufspaltung eines einheitlichen Unternehmens wird als **echte Betriebsaufspaltung** bezeichnet. Daneben gibt es weitere Formen, insb. die **unechte Betriebsaufspaltung**, hinter der sich eine ausdehnende Anwendung der Betriebsaufspaltung verbirgt.[150] Demnach müssen das Besitz- und das Betriebsunternehmen nicht durch die Betriebsaufspaltung entstanden sein. Stattdessen reicht es aus, dass die Merkmale der sachlichen und personellen Verflechtung auf andere Weise begründet wurden. Es ist also möglich, dass das Besitzunternehmen und das Betriebsunternehmen entweder *von Anfang an* als rechtlich selbständige Unternehmen bestehen. Auch kann das Besitzunternehmen *erst nach der Gründung* des Betriebsunternehmens entstehen.

Eine unechte Betriebsaufspaltung kann auch dadurch zustande kommen, dass der Allein- oder Mehrheitsgesellschafter einer GmbH nach deren Gründung

149 Vgl. BFH-Urteil vom 16.9.1994, III R 45/92, BStBl II 1995, S. 75; BFH-Urteil vom 20.5.2010, III R 28/08, BFH/NV 2010, S. 1946.

150 Die Anwendung der Rechtsfolgen der Betriebsaufspaltung auf die unechte Betriebsaufspaltung hat der BFH im Jahr 1959 angestoßen; vgl. BFH-Urteil vom 3.11.1959, I 217/58, BStBl III 1960, S. 50.

ein Grundstück erwirbt und dies der GmbH fortan miet- oder pachtweise überlässt. Diese Variante verdeutlicht das folgende Beispiel.

Beispiel

A hat vor Jahren die Z-GmbH gegründet und ist seither deren Alleingesellschafter. Die Z-GmbH betreibt in einem gemieteten Gebäude eine Gesenkschmiede. Das Gebäude ist für die expandierende Produktion der Z-GmbH inzwischen zu klein geworden. A erwirbt deshalb ein Grundstück und lässt auf diesem ein Fabrikgebäude errichten. Das Fabrikgebäude wird für Zwecke der Z-GmbH besonders hergerichtet, insb. wird es gegen Erschütterungen abgesichert, wie sie bei dem Betrieb einer Gesenkschmiede üblich sind. Nach der Fertigstellung vermietet A das Fabrikgebäude sowie das unmittelbar daran angrenzende unbebaute Grundstück an die Z-GmbH.

Es handelt sich um den typischen Fall einer unechten Betriebsaufspaltung. A betreibt das Besitzunternehmen. Dieses besteht in dem mit einem Fabrikgebäude bebauten Grundstück. Die Z-GmbH betreibt die Betriebskapitalgesellschaft.

Nicht jede Vermietung oder Verpachtung von Wirtschaftsgütern durch ein Personenunternehmen oder durch die Gesellschafter eines Personenunternehmens an eine Kapitalgesellschaft führen zu einer Betriebsaufspaltung. Vielmehr müssen folgende *Voraussetzungen* erfüllt sein:

1. Die vermieteten oder verpachteten Wirtschaftsgüter müssen zu den wesentlichen Betriebsgrundlagen gehören (**sachliche Verflechtung**) *und*

2. die das Besitzunternehmen tatsächlich beherrschende Person bzw. Personengruppe muss ihren geschäftlichen Betätigungswillen auch in der Betriebsgesellschaft durchzusetzen können (**personelle Verflechtung**).

Sind beide Voraussetzungen erfüllt, werden die Einkünfte beim Vermieter bzw. Verpächter, die eigentlich als Einkünfte aus Vermietung und Verpachtung anzusehen wären, *in Einkünfte aus Gewerbebetrieb umqualifiziert*.[151] Dies hat zur Folge, dass das Besitzunternehmen als ein Gewerbebetrieb i. S. d. § 2 GewStG angesehen wird. Das gilt selbst dann, wenn dieses „Unternehmen" lediglich aus einem an die Betriebskapitalgesellschaft vermieteten Grundstück besteht. Daher wird die Betriebsaufspaltung auch als gewerbliche Betriebsaufspaltung bezeichnet. Dies muss nicht unbedingt ein Nachteil sein: Würde der Vermieter bzw. Verpächter tatsächlich Einkünfte aus Vermietung und Verpachtung erzielen, bräuchte er zwar keine Gewerbesteuer zu zahlen, müsste aber im Zeitpunkt der Abspaltung die in den behaltenen Wirtschaftsgütern ruhenden *stillen Reserven aufdecken* (da diese keinen Gewerbebetrieb mehr darstellen und daher als entnommen gelten). Dies gilt aber nur für die echte Betriebsaufspaltung, nicht hingegen für die unechte, bei der überhaupt keine stillen Reserven aufgedeckt werden.

Betriebsaufspaltungen sind ein beliebtes Mittel der Unternehmenspolitik. Ihre Bedeutung lässt sich bspw. daran erkennen, dass sie zwischenzeitlich ihren Eingang in § 13b Abs. 4 Nr. 1 Buchstabe a ErbStG gefunden hat. Die *Gründe*

---

[151] Einkünfte aus Gewerbebetrieb setzen beim Besitzunternehmen – wie auch sonst – die nach § 15 Abs. 2 EStG erforderliche Gewinnerzielungsabsicht voraus; vgl. BFH-Urteil vom 12.4.2018, IV R 5/15, BFHE 261, S. 157.

für eine Betriebsaufspaltung können sowohl steuerlicher als auch nicht steuerlicher Art sein. Als Gründe nicht steuerlicher Art werden im Wesentlichen genannt:[152]

- Die Begrenzung der Haftung in einem Ausmaß, das ohne Aufspaltung des Betriebs nicht erreichbar wäre.
- Die Möglichkeit, das Unternehmen schrittweise auf die nachfolgende Generation zu übertragen.
- Die Möglichkeit zur Geschäftsführung durch nicht zum Gesellschafterkreis gehörende Personen (Fremdgeschäftsführung), ohne dass diese Geschäftsführer über die Hauptbestandteile des dem Betrieb dienenden Vermögens verfügen könnten.
- Eine im Vergleich zu einer Personengesellschaft gesteigerte Fungibilität hinsichtlich der Veräußerung von Anteilen und der Aufnahme neuer Gesellschafter.

Diese Motive nicht steuerlicher Art werden nachfolgend nicht berücksichtigt. Stattdessen werden *lediglich die steuerlichen Aspekte* erarbeitet. Es sei jedoch nachdrücklich darauf hingewiesen, dass Entscheidungen über Betriebsaufspaltungen auf keinen Fall ohne Berücksichtigung der nicht steuerlichen Aspekte getroffen werden sollten. Werden lediglich steuerliche Gesichtspunkte beachtet, kann dies zu einer Fehlentscheidung führen.

In den nächsten Gliederungspunkten wird zunächst näher auf die Voraussetzungen einer Betriebsaufspaltung eingegangen, d. h. auf die sachliche und die personelle Verflechtung. Anschließend werden die Steuerfolgen einer Betriebsaufspaltung und die einer Beendigung untersucht. Danach folgen Gestaltungsüberlegungen für die Neuplanung von Betriebsaufspaltungen. Dem schließen sich Überlegungen für den Fall eines Fortfalls der Voraussetzungen einer Betriebsaufspaltung an. Den Abschluss bildet eine Gesamtwürdigung der Betriebsaufspaltung als Mittel der betrieblichen Steuerplanung. Im Mittelpunkt wird dabei die echte Betriebsaufspaltung stehen.

3.3.2 Voraussetzungen einer Betriebsaufspaltung

3.3.2.1 Sachliche Verflechtung

Eine Betriebsaufspaltung setzt voraus, dass infolge der miet- oder pachtweisen Überlassung *wesentlicher Betriebsgrundlagen* zwischen dem Besitz- und dem Betriebsunternehmen eine enge sachliche Verflechtung besteht.[153] Hierbei reicht es aus, wenn das überlassene Wirtschaftsgut bei dem Betriebsunternehmen nur eine von mehreren wesentlichen Betriebsgrundlagen darstellt. Ohne Bedeutung ist, ob die Nutzungsüberlassung eine schuldrechtliche oder eine dingliche Grundlage hat.[154]

---

[152] Vgl. *Brandmüller* (1997), S. 45 ff; *Schneeloch* (2006), S. 21; *Kaminski/Strunk* (2012), S. 163 f; *Grobshäuser/Maier/Kies* (2017), S. 662 f.

[153] Vgl. BFH-Beschluss vom 8.11.1971, GrS 2/71, BStBl II 1972, S. 63. Vgl. außerdem, auch zu den folgenden Ausführungen, *Schneeloch* (1991), S. 761-765, 804-810.

[154] Vgl. BFH-Urteil vom 19.3.2002, VIII R 57/99, BStBl II 2002, S. 662.

Eine **wesentliche Betriebsgrundlage** ist durch ihre besondere wirtschaftliche Bedeutung gekennzeichnet. Hierunter versteht der BFH, dass sie nach dem Gesamtbild der Verhältnisse zur Erreichung des Betriebszwecks erforderlich und für die Betriebsführung von besonderer Wichtigkeit ist.[155] Die Überlassung der wesentlichen Betriebsgrundlage fungiert *als unternehmerisches Beherrschungsinstrument*, mit dessen Hilfe die Unternehmenspolitik beider Unternehmen koordiniert werden kann.[156] Bei der wesentlichen Betriebsgrundlage kann es sich um einen ganzen Betrieb, um einen Teilbetrieb oder um einzelne oder mehrere Wirtschaftsgüter des Anlagevermögens handeln.[157]

Eine wesentliche Betriebsgrundlage für die Betriebsgesellschaft können auch Wirtschaftsgüter darstellen, die zwar vom Besitzunternehmen an die Betriebsgesellschaft überlassen werden, aber *nicht Eigentum des Besitzunternehmens* sind (also Wirtschaftsgüter, die das Besitzunternehmen selbst von Dritten gemietet oder gepachtet hat).

Als wesentliche Betriebsgrundlagen kommen *vor allem Grundstücke* in Betracht. Hierbei kann es sich sowohl um bebaute als auch um unbebaute Grundstücke handeln. Zwar wird durch die Rechtsprechung *nicht bei jedem* miet- oder pachtweise an die Betriebsgesellschaft überlassenen Grundstück angenommen, dass es sich um eine wesentliche Betriebsgrundlage handelt. Bildet ein Grundstück aber *die räumliche und die funktionale Grundlage* für die Geschäftstätigkeit des Betriebsunternehmens und ermöglicht es diesem, den Geschäftsbetrieb aufzunehmen und auszuüben, wird es als wesentliche Betriebsgrundlage angesehen.[158] Hierin wird zurecht eine Überdehnung des Merkmals der wesentlichen Betriebsgrundlage durch die Rechtsprechung gesehen.[159]

Nur wenn die Bedeutung des Grundstücks *gering* ist, stellt das Grundstück keine wesentliche Betriebsgrundlage dar. Folglich ist durch die Vermietung oder Verpachtung des Grundstücks dann keine sachliche Verflechtung gegeben. Ohne Bedeutung ist hingegen, wenn das Betriebsunternehmen jederzeit am Markt ein für seine Belange gleichwertiges Objekt kaufen oder mieten könnte, das Grundstück also nicht einzigartig ist.[160]

Auch *andere Wirtschaftsgüter* als Grundstücke können eine wesentliche Betriebsgrundlage der Betriebsgesellschaft bilden (H 15.7 Abs. 5 EStR). Es gelten die gleichen Voraussetzungen wie für Grundstücke. Bei den Wirtschaftsgütern, die eine wesentliche Betriebsgrundlage bilden, kann es sich sowohl um materielle als auch um immaterielle Wirtschaftsgüter des Anlagevermögens handeln. Hinsichtlich der materiellen Wirtschaftsgüter kommen neben Grundstücken vor allem Maschinen und maschinelle Anlagen sowie ganze Betriebseinrichtungen in Betracht. Bei Maschinen und Betriebseinrichtungen muss es sich nicht zwingend um Sonderanfertigungen handeln, damit die Voraussetzungen einer Betriebsaufspaltung erfüllt sind. Auch Serienfabrikate können danach eine wesentliche Betriebsgrundlage darstellen. Voraussetzung ist, dass

[155] Vgl. BFH-Beschluss vom 3.4.2001, IV B 111/00, BFH/NV 2001, S. 1252.

[156] Vgl. BFH-Urteil vom 12.11.1985, VIII R 342/82, BStBl II 1986, S. 299; BFH-Urteil vom 21.8.1996, X R 25/93, BStBl II 1997, S. 44.

[157] Vgl. BFH-Urteil vom 24.6.1969, I 201/64, BStBl II 1970, S. 17; BFH-Urteil vom 5.2.1981, IV R 165-166/77, BStBl II 1981, S. 376.

[158] Vgl. BFH-Urteil vom 19.3.2002, VIII R 57/99, BStBl II 2002, S. 662; BFH-Urteil vom 29.7.2015, IV R 16/13, BFH/NV 2016, S. 19.

[159] Vgl. bspw. *Söffing/Micker* (2019), Tz. 126 ff.

[160] Vgl. BFH-Urteil vom 19.3.2009, IV R 78/06, BStBl II 2009, S. 803.

diese Wirtschaftsgüter wirtschaftliches Gewicht besitzen oder nicht jederzeit ersetzbar sind.

3.3.2.2 Personelle Verflechtung

Damit eine personelle Verflechtung vorliegt, muss die das Besitzunternehmen tatsächlich beherrschende Person bzw. Personengruppe in der Lage sein, ihren geschäftlichen Betätigungswillen *auch in dem Betriebsunternehmen durchzusetzen.*[161] Dies ist völlig zweifelsfrei in den Fällen, in denen an beiden Unternehmen **Beteiligungsidentität** besteht, d. h. am Besitz- und am Betriebsunternehmen sind dieselben Personen im gleichen Verhältnis beteiligt. Aber es reicht i. d. R. aus, dass die Person bzw. die Personengruppe in beiden Unternehmen die Mehrheit der Stimmrechte besitzt.[162] Für eine personelle Verflechtung genügt im Übrigen schon eine nur mittelbare Beteiligung.[163]

Eine **Personengruppe** liegt nach einer im Schrifttum weit verbreiteten Ansicht dann *nicht* vor, wenn die Beteiligungsverhältnisse der an ihr beteiligten Personen deutlich voneinander abweichen.[164] Der BFH hat das Vorliegen einer Betriebsaufspaltung hingegen auch bei deutlich voneinander abweichenden Beteiligungsverhältnisse bejaht.[165]

Die *Anteile von Ehegatten* sind zur Beurteilung der Frage, ob eine personelle Verflechtung vorliegt, regelmäßig nicht zusammenzurechnen.[166] Daher ist auch in Fällen des **Wiesbadener Modells** regelmäßig keine personelle Verflechtung zwischen den beteiligten Ehegatten anzunehmen.[167] Dieses Modell ist dadurch gekennzeichnet, dass zwar je ein Ehegatte das Besitz- bzw. das Betriebsunternehmen beherrscht, dass die Ehegatten aber an keinem der beiden Unternehmen gemeinsam beteiligt sind.

Eine Zusammenrechnung von Ehegattenanteilen ist ausnahmsweise dann gerechtfertigt, wenn zusätzlich zur ehelichen Lebensgemeinschaft *besondere Beweisanzeichen* vorliegen, die für die Annahme einer personellen Verflechtung durch gleichgerichtete wirtschaftliche Interessen sprechen. Dafür kommen aber nur außerhalb der Ehe liegende Umstände in Betracht, die auch ohne die Ehe auf gleichgerichtete Interessen hätten schließen lassen.

3.3.3 Steuerfolgen einer Betriebsaufspaltung

In den Fällen der Aufspaltung eines einheitlichen Personenunternehmens können sowohl einmalige Steuerfolgen des Aufspaltungsvorgangs und deren Folgewirkungen als auch laufende Steuerfolgen entstehen. Außerdem können bei

[161] Vgl. BFH-Beschluss vom 8.11.1971, GrS 2/71, BStBl II 1972, S. 63. Vgl. außerdem, auch zu den folgenden Ausführungen, *Schneeloch* (1991), S. 761-765, 804-810.

[162] Vgl. BFH-Urteil vom 2.8.1972, IV 87/65, BStBl II 1972, S. 796; BFH-Urteil vom 18.2.1986, VIII R 125/85, BStBl II 1986, S. 611. Vgl. ausführlich zu den Anforderungen BFH-Urteil vom 16.5.2013, IV R 54/11, BFH/NV 2013, S. 1557.

[163] Vgl. BFH-Urteil vom 29.11.2007, IV R 82/05, BStBl II 2008, S. 471.

[164] Vgl. BFH-Urteil vom 12.10.1988, X R 5/86, BStBl II 1989, S. 152; *Wehrheim* (1989), S. 31 f; *Wacker* (2020), § 15 EStG, Tz. 821.

[165] Vgl. BFH-Urteil vom 24.2.2000, IV R 62/98, BStBl II 2000, S. 417; BFH-Urteil vom 29.8.2001, VIII R 34/00, BFH/NV 2002, S. 185. Vgl. auch *Söffing/Micker* (2019), Tz. 403 ff.

[166] Vgl. BVerfG-Beschluss vom 12.3.1985, 1 BvR 571/81, BStBl II 1985, S. 475.

[167] Vgl. BFH-Urteil vom 30.7.1985, VIII R 263/81, BStBl II 1986, S. 359; BFH-Urteil vom 12.10.1988, X R 5/86, BStBl II 1989, S. 152.

einer späteren Beendigung der Betriebsaufspaltung steuerliche Wirkungen auftreten.

Bei einer Betriebsaufspaltung besteht steuerrechtliche Identität zwischen dem früheren einheitlichen Unternehmen und dem Besitzpersonenunternehmen. Daher handelt es sich bei dem Besitzpersonenunternehmen um *ein gewerbliches Unternehmen*, d. h. um einen Gewerbebetrieb i. S. d. GewStG. Zu dessen Betriebsvermögen gehören die an die Betriebskapitalgesellschaft vermieteten oder verpachteten Wirtschaftsgüter. Die von den Gesellschaftern gehaltenen *Anteile an der GmbH* stellen bei diesen *Sonderbetriebsvermögen* dar.[168] Handelt es sich um eine **Einmannbetriebsaufspaltung**, gehören die GmbH-Anteile steuerlich zum Betriebsvermögen des Besitzpersonenunternehmens.[169] Unter einer Einmannbetriebsaufspaltung wird eine Betriebsaufspaltung verstanden, bei der das Besitzpersonenunternehmen die Rechtsform eines Einzelunternehmens hat und der Einzelunternehmer zugleich alleiniger Gesellschafter der Betriebs-GmbH ist.

Die Gewerblichkeit des Besitzunternehmens hat ferner zur Folge, dass im Zeitpunkt der Aufspaltung *keine Aufdeckung* der in den künftig zu vermietenden bzw. zu verpachtenden Wirtschaftsgütern steckenden *stillen Reserven* stattfindet. Deren Besteuerung wird grundsätzlich auf das Ende der Betriebsaufspaltung hinausgeschoben (eine wahlweise Besteuerung zu Beginn der Betriebsaufspaltung kommt nicht in Betracht).

Hinsichtlich der bei einer Betriebsaufspaltung auf die Betriebskapitalgesellschaft übertragenen Wirtschaftsgüter stellt sich die Frage, wie mit diesen zuzurechnenden *stillen Reserven* zu verfahren ist. Dabei ist danach zu unterscheiden, ob es sich bei dem bisherigen Unternehmen um ein Einzelunternehmen oder um eine Mitunternehmerschaft handelt: Bei einem *Einzelunternehmen* besteht gem. § 6 Abs. 5 Satz 3 EStG das *Gebot zur Fortführung der Buchwerte* (also keine Aufdeckung der stillen Reserven), bei einer *Mitunternehmerschaft* müssen die stillen Reserven hingegen aufgedeckt werden (§ 6 Abs. 4 EStG). In dieser unterschiedlichen Behandlung wird eine Reformbedürftigkeit gesehen.[170]

Angemerkt sei, dass der Zwang zur Aufdeckung stiller Reserven bei einer Mitunternehmerschaft bspw. in den Fällen entfällt, in denen die übertragenen Wirtschaftsgüter *einen Betrieb bzw. einen Teilbetrieb* darstellen. In diesen Fällen sind nach § 6 Abs. 3 EStG die Buchwerte der übertragenen Wirtschaftsgüter fortzuführen. Einen Betrieb können die übertragenen Wirtschaftsgüter eigentlich nicht darstellen, schließlich wird der Betrieb aufgespalten. Auch um einen Teilbetrieb dürfte es sich nur in den seltensten Fällen handeln, da das Besitzunternehmen regelmäßig das Anlagevermögen behält.

Die *Beendigung der gewerblichen Betätigung* führt i. d. R. entweder zu einem Veräußerungs- oder aber zu einem Aufgabegewinn i. S. d. § 16 Abs. 1 bzw. Abs. 3 EStG. Somit sind die §§ 16 Abs. 4, 34 EStG anwendbar (wenn die speziellen Voraussetzungen dieser Begünstigungen erfüllt sind).

[168] Genau genommen gehören die Anteile zum Sonderbetriebsvermögen II; vgl. FG Niedersachsen vom 19.11.2015, 5 K 286/12, EFG 2016, S. 138.
[169] Vgl. BFH-Urteil vom 12.2.1992, XI R 18/90, BStBl II 1992, S. 723.
[170] Vgl. *Söffing/Micker* (2019), Tz. 1243.

3.3.4 Neuplanung einer Betriebsaufspaltung

3.3.4.1 Entscheidungssituation

Wird eine Betriebsaufspaltung erwogen, sollte zunächst die Entscheidungssituation geklärt werden. Hierzu ist die Beantwortung folgender Fragen hilfreich:

- Welche Gestaltungsmöglichkeiten gibt es im Rahmen der Betriebsaufspaltung und wie können diese optimal genutzt werden?
- Ist die Betriebsaufspaltung aus nicht steuerlichen Gründen zwingend geboten oder kommt auch die Beibehaltung des bisherigen Personenunternehmens oder dessen Umwandlung in eine andere Rechtsform in Betracht?

Diese Fragen stehen im Zentrum der folgenden Gliederungspunkte.[171] Soweit Vorteilhaftigkeitsüberlegungen durchzuführen sind, erfolgt dabei eine Beschränkung auf steuerliche Aspekte.

3.3.4.2 Gestaltungsmaßnahmen

Ist eine Betriebsaufspaltung geplant, sollte zunächst geprüft werden, *ob und ggf. welche Gestaltungsmöglichkeiten* existieren und wie diese optimal genutzt werden können. Hierbei ist zwischen Gestaltungsmöglichkeiten *im Rahmen des Aufspaltungsvorgangs* und solchen bei *der nachfolgenden laufenden Besteuerung* zu unterscheiden.

Gestaltungsmöglichkeiten im Rahmen *des Aufspaltungsvorgangs* gibt es im Fall einer Betriebsaufspaltung nur wenige, denn das Besitzpersonenunternehmen hat zwingend die bisherigen Buchwerte fortzuführen und die Steuerfolgen bezüglich der auf die Betriebskapitalgesellschaft übergehenden Wirtschaftsgüter sind klar geregelt: Bei einem bisherigen Einzelunternehmen sind die Buchwerte fortzuführen, bei einer Mitunternehmerschaft müssen die stillen Reserven aufgedeckt werden. *Wahlrechte* bestehen insoweit nicht.[172] Lediglich in den Fällen, in denen nicht nur Wirtschaftsgüter des Umlaufvermögens, sondern auch Wirtschaftsgüter des abnutzbaren Anlagevermögens auf die Betriebs-GmbH übertragen werden, bestehen in beschränktem Maße *Wahlrechte und Ermessensspielräume* hinsichtlich der Bemessung der AfA. Hier dürfte regelmäßig deren Ausnutzung im Sinne einer Politik der maximalen Aufwandsvorverlagerung bzw. der maximalen Einkommensnachverlagerung vorteilhaft sein.[173]

Bei der *laufenden Besteuerung* handelt es sich – abgesehen von den soeben angesprochenen Wahlrechten und Ermessensspielräumen bei der Ermittlung der AfA – um die gleichen Gestaltungsmöglichkeiten, die auch bei einfachen Kapitalgesellschaften bestehen, also die verschiedenen Arten der Leistungsvergütung und die Möglichkeiten der Ausschüttungsgestaltung. Zu beachten ist

[171] Vgl. hierzu bereits grundlegend *Schneeloch* (2006), S. 210-230.

[172] Könnte der Umfang der übertragenen Wirtschaftsgüter so ausgestaltet werden, dass sie einen Teilbetrieb darstellen, wäre ausnahmsweise § 6 Abs. 3 EStG anwendbar. Siehe dazu Gliederungspunkt 3.3.3 (S. 167).

[173] Vgl. *Schneeloch/Meyering/Patek*, Band 4 (2020), Teil II, Gliederungspunkt 3.

lediglich, dass die Leistungsvergütungen zwischen der Betriebs-GmbH und den Gesellschaftern vereinbart werden müssen, wenn sie steuerliche Wirkungen zeitigen sollen. Gleiches gilt hinsichtlich der Ausschüttungsgestaltungen. Auch diese können nur dann die gewünschten Steuerwirkungen hervorrufen, wenn sie zwischen der Betriebskapitalgesellschaft und ihren Gesellschaftern stattfinden.

Hinsichtlich der Steuerwirkungen der Leistungsvergütungen und der Ausschüttungsgestaltungen sei auf die entsprechenden Ausführungen zu den einfachen Kapitalgesellschaften verwiesen (s. Gliederungspunkt 1.4.2 (S. 42)). Zu beachten ist dabei Folgendes: Obwohl die GmbH-Anteile bei einer Betriebsaufspaltung zum Betriebsvermögen bzw. zum Sonderbetriebsvermögen des Gesellschafters gehören, stellt ein Gehalt, das dieser Gesellschafter von der Betriebs-GmbH erhält, bei dieser eine abzugsfähige Betriebsausgabe dar. Bei dem Gesellschafter gehört das Gehalt zu den Einnahmen aus nichtselbständiger oder selbständiger Arbeit.[174] Insoweit besteht ein grundlegender Unterschied zur GmbH & Co. KG, bei der Gehaltszahlungen an einen ihrer Gesellschafter, der zugleich Kommanditist der KG ist, Sondervergütungen darstellen (s. Gliederungspunkt 3.2.5.3 (S. 157)). Ein vergleichbarer Unterschied besteht hinsichtlich der Zinsen für ein Gesellschafterdarlehen im Fall einer Betriebsaufspaltung einerseits und einer GmbH & Co. KG andererseits.

3.3.4.3 Vorteilsvergleich mit anderen Rechtsformen

3.3.4.3.1 Überblick

Vor der Aufspaltung eines Unternehmens sollte immer auch geprüft werden, ob *die Beibehaltung* der bisherigen Rechtsform oder *die Umwandlung* in eine andere Rechtsform möglicherweise die bessere Maßnahme darstellt. Dieser Frage wird in knapper Form nachgegangen. Hierbei wird die Analyse wiederum auf die steuerlichen Teilaspekte der Frage beschränkt.

Im Folgenden wird wieder von dem Fall ausgegangen, dass das Unternehmen bisher in Form eines Personenunternehmens geführt wurde. Mögliche Vergleichsfälle mit der Betriebsaufspaltung sind dann:

- die Fortführung des Unternehmens in Form eines Personenunternehmens (s. Gliederungspunkt 3.3.4.3.2),
- die Umwandlung des bisherigen Personenunternehmens in eine Kapitalgesellschaft (s. Gliederungspunkt 3.3.4.3.3) und
- die Umwandlung des bisherigen Personenunternehmens in eine GmbH & Co. KG (s. Gliederungspunkt 3.3.4.3.4).

3.3.4.3.2 Fortführung als Personenunternehmen

Für den Vergleich muss *der Begriff des Vergleichs-Personenunternehmens* im Einzelfall präzisiert werden. Insbesondere ist zu klären, ob das bisherige Perso-

---

[174] Vgl. BFH-Urteil vom 9.7.1970, IV R 16/69, BStBl II 1970, S. 722; *Wacker* (2020), § 15 EStG, Tz. 873.

nenunternehmen in unveränderter Form mit der Betriebsaufspaltung verglichen werden oder ob das Personenunternehmen eine andere Form erhalten soll. Dies verdeutlicht das folgende Beispiel.

Beispiel

V hat sein Unternehmen bisher in der Rechtsform eines Einzelunternehmens geführt. Ab dem kommenden Jahr sollen sowohl sein Sohn S als auch seine Tochter T in dem Unternehmen leitende Funktionen übernehmen. S und T machen ihren Eintritt in das Unternehmen davon abhängig, dass sie an diesem als Gesellschafter beteiligt werden.

Infolge einer Vorgabe nicht steuerlicher Art kann hier das bisherige Personenunternehmen nicht unverändert fortgeführt werden. Vielmehr kommt als einfaches Personenunternehmen nur eine Personenhandelsgesellschaft (OHG, KG) in Betracht. Steuerlich handelt es sich um eine Mitunternehmerschaft. Nur diese kann sinnvollerweise mit der hier in Betracht kommenden Form der Betriebsaufspaltung verglichen werden.

Bereits diese kurzen Ausführungen lassen erkennen, dass der Vergleich eines Personenunternehmens mit einer Betriebsaufspaltung *eine sehr große Zahl möglicher Unterfälle* beinhaltet. Es ist deshalb auch nicht zu erwarten, dass sich für alle diese Unterfälle das einfache Personenunternehmen oder die Betriebsaufspaltung als die steuerlich vorteilhaftere Rechtsform erweist.

Hinsichtlich der Vorteilhaftigkeit liegt die Vermutung nahe, dass die Betriebsaufspaltung steuerlich häufig *vorteilhafter* sein wird als das einfache Personenunternehmen. Für diese Vermutung spricht, dass sich in den meisten Fällen einer Betriebsaufspaltung Vorteile eines Personenunternehmens mit Vorteilen einer Kapitalgesellschaft *kombinieren lassen*, ohne dass die Nachteile der jeweils anderen Rechtsform in Kauf genommen werden müssten.

Im Vergleich zur Fortführung des Einzelunternehmens lassen sich in vielen Fällen Vorteile durch *Gehaltsvereinbarungen* zwischen der Betriebskapitalgesellschaft und ihren Gesellschaftern erzielen, insb. bei niedrigen Einkommensteuersätzen und hohen Gewerbesteuer-Hebesätzen (s. Gliederungspunkt 1.4.4.2 (S. 57)). Vorteile lassen sich vielfach auch durch den Abschluss von Darlehenssowie von Miet- und Pachtverträgen zwischen der Kapitalgesellschaft und ihren Gesellschaftern erzielen (s. Gliederungspunkte 1.4.4.3 (S. 61)) und 1.4.4.4 (S. 64)). Allerdings sind bei Miet- und Pachtverträgen die möglichen gewerbesteuerlichen Hinzurechnungen gem. § 8 Nr. 1 GewStG zu beachten.

Vorteile lassen sich häufig auch *durch Pensionszusagen* an mitarbeitende Gesellschafter erzielen, insb. an Gesellschafter-Geschäftsführer. Diese Vorteile entsprechen denjenigen, die sich bei einem Vergleich eines einfachen Personenunternehmens mit einer GmbH ergeben.

Weitere Vorteile der Betriebsaufspaltung im Vergleich zur Fortführung des Personenunternehmens lassen sich in Einzelfällen dadurch erzielen, dass Gewinnausschüttungen der Betriebs-GmbH *in Jahre mit negativen oder niedrigen Einkommen der Gesellschafter* geleistet werden (s. Gliederungspunkt 1.4.2.4 (S. 50)).

Den bisher aufgeführten Vorteilen der Betriebsaufspaltung im Vergleich zur Fortführung des Personenunternehmens können Nachteile insb. dadurch gegenüberstehen, dass im Rahmen der Aufspaltung *stille Reserven* aufgedeckt werden müssen.

Soweit stille Reserven in Wirtschaftsgütern enthalten sind, *die bei dem Besitzunternehmen* verbleiben und an die Betriebsgesellschaft lediglich vermietet oder verpachtet werden (s. Gliederungspunkt 3.3.3 (S. 167)), werden diese nicht aufgedeckt. Diese stillen Reserven werden in den Vergleichsfällen erst *zu einem späteren Zeitpunkt aufgedeckt* (bei Beendigung der gewerblichen Betätigung). Dies ist bei einer Beendigung durch Betriebsveräußerung oder Betriebsaufgabe in den beiden Vergleichsfällen derselbe Zeitpunkt. Die Höhe der dann aufzudeckenden stillen Reserven ist im Fall der Betriebsaufspaltung i. d. R. genauso groß wie im Fall der unveränderten Fortführung des Personenunternehmens.

Die Übertragung der übrigen Wirtschaftsgüter auf die Betriebskapitalgesellschaft führt hingegen zu einer zwangsweisen Gewinnrealisierung, wenn es sich bei dem bisherigen Personenunternehmen um *eine Mitunternehmerschaft* handelt (sofern die übertragenen Wirtschaftsgüter nicht ausnahmsweise einen Betrieb oder Teilbetrieb darstellen). Doch dürften die möglicherweise aufzudeckenden stillen Reserven in vielen Fällen gering sein, da die Wirtschaftsgüter mit den hohen stillen Reserven i. d. R. bei dem (Besitz-)Personenunternehmen verbleiben.

Zusammenfassend lässt der Vergleich einer Betriebsaufspaltung mit der unveränderten Fortführung des bisherigen Personenunternehmens keine klare Aussage zu. Vielmehr ist im Einzelfall eine genaue Analyse notwendig.

3.3.4.3.3 Umwandlung in eine Kapitalgesellschaft

Bei dem folgenden steuerlichen Partialvergleich der Betriebsaufspaltung mit der Führung des Unternehmens in der Rechtsform einer Kapitalgesellschaft werden die Steuerfolgen eines möglichen Aufspaltungsvorgangs ebenso ausgeklammert wie diejenigen einer möglichen Umwandlung des Personenunternehmens in eine Kapitalgesellschaft. Auch ohne diese Folgen kann der hier beabsichtigte Vorteilsvergleich aber bereits vollständig das im Einzelfall zu lösende Problem abbilden. Das ist stets der Fall, wenn die Gründung einer unechten Betriebsaufspaltung mit der Gründung einer Kapitalgesellschaft verglichen werden soll. Hingegen müssen bei dem Vergleich einer echten Betriebsaufspaltung mit der Umwandlung eines bestehenden Personenunternehmens in eine GmbH die bereits erwähnten Steuerfolgen des Aufspaltungsvorgangs bzw. der Umwandlung berücksichtigt werden.

Im Rahmen einer Betriebsaufspaltung bestehen grundsätzlich die gleichen Gestaltungsmöglichkeiten *wie bei einer einfachen Kapitalgesellschaft*. Zu nennen sind in diesem Zusammenhang in erster Linie Gestaltungsmöglichkeiten durch den Abschluss *schuldrechtlicher Verträge* zwischen der Betriebskapitalgesellschaft und ihren Gesellschaftern, wie Arbeitsverträge, Pensionszusagen und Darlehensverträge. Die steuerlichen Wirkungen dieser Verträge sind die gleichen wie bei einer einfachen Kapitalgesellschaft. Zwischen Betriebsaufspaltung und Kapitalgesellschaft entstehen insoweit weder Vor- noch Nachteile.

Mit Hilfe der Betriebsaufspaltung lassen sich ggü. der einfachen Kapitalgesellschaft aber die folgenden steuerlichen Vorteile erreichen:

1. Die Gewerbesteuer ist bei der Betriebsaufspaltung geringer als bei einer Kapitalgesellschaft. Das liegt daran, dass bei einer Betriebsaufspaltung

auf den auf das Besitzpersonenunternehmen entfallenden Teil des Gesamtgewinns der Freibetrag des § 11 GewStG zur Anwendung kommt und eine Anrechnung von Gewerbesteuer nach § 35 EStG erfolgt.

2. Bei einer Betriebsaufspaltung können Investitionszulagen steuerfrei entnommen werden.

3. Steuerfreie ausländische Einkünfte können bei der Betriebsaufspaltung steuerfrei entnommen werden (s. Gliederungspunkt 1.3.3.1 (S. 24)). Voraussetzung ist lediglich, dass die steuerfreien Einkünfte vom Besitzpersonenunternehmen und nicht von der Betriebskapitalgesellschaft bezogen werden. Gelten steuerfreie ausländische Einkünfte hingegen als von einer Kapitalgesellschaft ausgeschüttet, kommt es bei der Gesellschaft zu einer Versteuerung der Ausschüttung nach § 20 Abs. 1 Nr. 1 EStG.[175]

Zusammenfassend lässt sich feststellen, dass die Betriebsaufspaltung in steuerlicher Hinsicht i. d. R. vorteilhafter ist als eine alternative einfache Kapitalgesellschaft. Ins Gewicht fallende Nachteile sind hingegen nicht zu erkennen.

3.3.4.3.4 Umwandlung in eine GmbH & Co. KG

Bei einem steuerlichen Partialvergleich zwischen der Aufspaltung des bisherigen Personenunternehmens in ein Besitzpersonenunternehmen und eine Betriebskapitalgesellschaft einerseits und einer Umwandlung dieses Unternehmens in eine GmbH & Co. KG andererseits dürfte sich die Betriebsaufspaltung vielfach als vorteilhafter erweisen. Hauptgründe für diese These sind:

- Gehaltszahlungen einer Betriebskapitalgesellschaft an ihre Gesellschafter-Geschäftsführer sind bei dieser abzugsfähige Betriebsausgabe. Entsprechende Zahlungen einer Komplementär-GmbH stellen hingegen Sondervergütungen des Sowohl-als-auch-Gesellschafters der GmbH & Co. KG dar. Steuerliche Vorteile mit Hilfe von Gehaltszahlungen an einen Gesellschafter (s. Gliederungspunkt 1.4.4.2 (S. 57)) lassen sich demnach bei der Betriebsaufspaltung erzielen, bei einer GmbH & Co. KG hingegen nicht.

- Zuführungen zu einer Pensionsrückstellung für den Gesellschafter-Geschäftsführer einer Betriebs-GmbH stellen bei dieser abzugsfähige Betriebsausgaben dar. Solche Zuführungen an den Sowohl-als-auch-Gesellschafter einer GmbH & Co. KG sind hingegen als Gewinnbestandteile zu behandeln. Im ersten Fall lassen sich demnach steuerliche Vorteile erzielen, im zweiten Fall hingegen nicht.

Diesen Vorteilen der Betriebsaufspaltung im Vergleich zur Umwandlung des Unternehmens in eine GmbH & Co. KG können durch die zwangsweise Aufdeckung stiller Reserven in Einzelfällen Nachteile entgegenstehen. Dies setzt aber Folgendes voraus:

1. Bei der Betriebsaufspaltung müssen überhaupt stille Reserven aufgedeckt werden.

[175] Vgl. bspw. *Jacobs/Scheffler* (1996), S. 169.

2. Die Aufdeckung der stillen Reserven ist nachteiliger als die Nichtaufdeckung.

3. Das bisherige Personenunternehmen war eine Mitunternehmerschaft.

Bei einer solchen *Betriebsaufspaltung* sind die bei dem (Besitz-)Personenunternehmen verbleibenden Wirtschaftsgüter mit ihren bisherigen Buchwerten fortzuführen. Eine Aufdeckung der in diesen Wirtschaftsgütern steckenden stillen Reserven findet also nicht statt. Aufzudecken sind aber die stillen Reserven, die in den auf die Betriebs-GmbH übergehenden Wirtschaftsgütern enthalten sind (sofern die übertragenen Wirtschaftsgüter nicht ausnahmsweise einen Betrieb oder Teilbetrieb darstellen). Dabei handelt es sich i. d. R. um Wirtschaftsgüter des Vorratsvermögens, um geringwertige Wirtschaftsgüter und eventuell auch um bewegliches Anlagevermögen mit kurzen (Rest-)Nutzungsdauern und die aufzudeckenden stillen Reserven sind i. d. R. gering. Selbst wenn dies im Einzelfall nicht zutrifft, sind durch die vorzunehmende Aufstockung nur geringe Nachteile zu erwarten, da die infolge der Aufstockung entstehenden Erträge meist innerhalb kurzer Zeit durch entsprechende Aufwendungen kompensiert werden. Der Barwert der insgesamt entstehenden Steuermehr- und -minderzahlungen dürfte daher i. d. R. geringfügig negativ sein.

Sind die Voraussetzungen der Betriebsaufspaltung *nicht erfüllt*, sind die stillen Reserven in jedem Fall aufzudecken. Dies gilt auch für die in den auf das Besitzpersonenunternehmen übergehenden Wirtschaftsgütern enthaltenen stillen Reserven. Diese Aufdeckung ist aber nach § 34 EStG steuerbegünstigt (eventuell auch nach § 16 Abs. 4 EStG). Das führt dazu, dass es innerhalb dieser Fallgruppe nicht nur Fälle gibt, in denen die Aufdeckung der stillen Reserven nachteilig ist, sondern auch Fälle, in denen sie vorteilhaft ist.

Klargestellt sei, dass ein Vorteilsvergleich zwischen einer GmbH & Co. KG und der Aufspaltung eines Betriebs nur dann sinnvoll ist, wenn *nicht außersteuerliche Gründe* zwingend für eine der beiden Maßnahmen sprechen. Ein derartiger Grund kann z. B. darin bestehen, dass es ein hochrangiges unternehmenspolitisches Ziel ist, ein wertvolles Grundstück vor dem Zugriff der Gläubiger zu bewahren. Dies kann nur mit Hilfe einer Betriebsaufspaltung, nicht hingegen mit der Gründung einer GmbH & Co. KG gelingen: Im Fall einer Betriebsaufspaltung bleibt das Grundstück zivilrechtlich außerhalb des betrieblichen Bereichs (und ist von einer möglichen Insolvenz des Unternehmens grundsätzlich nicht betroffen), bei Gründung einer GmbH & Co. KG hingegen nicht.

3.3.5 Fortfall der Voraussetzungen und Gesamtwürdigung

Es ist denkbar, dass die Voraussetzungen für eine Betriebsaufspaltung nachträglich fortgefallen sind. Dies kann seine Ursache nicht nur *in einer Veränderung im Unternehmen* haben (bspw. die sachliche Verflechtung entfällt oder das Besitzunternehmen wird veräußert). Da sich die Rechtsprechung hinsichtlich der Voraussetzungen einer Betriebsaufspaltung während der vergangenen Jahrzehnte immer wieder gewandelt hat, sind derartige *Wandlungen der Rechtsprechung* auch für die Zukunft nicht auszuschließen. Selbst eine völlige Abkehr der Rechtsprechung von der Betriebsaufspaltung und eine Verneinung der hierzu in Jahrzehnten herausgearbeiteten Steuerfolgen kann nicht mit Sicherheit ausgeschlossen werden.

Neben dem Fortfall der Voraussetzungen ist es auch denkbar, dass die Voraussetzungen einer Betriebsaufspaltung *nie vorgelegen haben*.

Sowohl der Fortfall der Voraussetzungen als auch der Fall, dass die Voraussetzungen nie vorgelegen haben, können zu erheblichen Nachbelastungen führen. Dies kann nach abgeschlossener Planung der Betriebsaufspaltung *durch eine verbindliche Auskunft* (§ 89 Abs. 2 AO) vermieden werden.

Zusammenfassend lässt sich feststellen, dass die Betriebsaufspaltung ein geeignetes Mittel der betrieblichen Steuerplanung darstellt. Oft bestehen Gestaltungsmöglichkeiten. Die Vor- und Nachteile einer Betriebsaufspaltung sollten aber in jedem Einzelfall äußerst sorgfältig geprüft werden. Hierbei sollten auch Probleme nicht steuerlicher Art einen breiten Raum einnehmen.

3.4 Aufgaben

12. Im Jahr 1989 hat der am 27.6.1962 geborene V in Düsseldorf eine Präzisionswerkstatt für optische Geräte gegründet. Das Unternehmen hat sich seither außerordentlich gut entwickelt. V führt es seit seiner Gründung in der Rechtsform eines Einzelunternehmens. Seit dem Sommer des Jahres 2017 ist Tochter T als Angestellte im kaufmännischen Bereich des Unternehmens beschäftigt. Vorher hat sie eine Lehre als Industriekauffrau und ein Studium der Betriebswirtschaftslehre abgeschlossen. Sohn S ist nach Abschluss eines Studiums der Elektrotechnik im Sommer des Jahres 2017 als technischer Angestellter in das Unternehmen eingetreten.

    Seit seiner Gründung war das Unternehmen bisher stets in gemieteten Räumen untergebracht. Da die zuletzt angemieteten Räume inzwischen zu klein geworden sind, erwägt V, im Jahr 2021 in Düsseldorf oder dessen näherer Umgebung ein Grundstück zu erwerben, auf dem er Produktionsstätten und ein Verwaltungsgebäude errichten kann. Er rechnet mit Investitionskosten von insgesamt 15 Mio. €, die er zum größten Teil aus seinem inzwischen rund 30 Mio. € betragenden Vermögen zahlen will. Mit der Fertigstellung der Gebäude rechnet V im Jahr 2023.

    V, S und T sind sich einig, dass die Stellung von S und T im Unternehmen spätestens mit dem Umzug des Betriebs in die neuen Räume deutlich angehoben werden soll. S und T sollen dann Gesellschafter und – zusätzlich zu ihrem Vater – Geschäftsführer werden. Allerdings will V noch für 10 bis 15 Jahre die Verfügungsgewalt über das wichtigste Produktionsvermögen behalten. Hierbei hält er es für ausreichend, dass er bei Abstimmungen, die dieses Vermögen berühren könnten, über die Mehrheit der Stimmrechte verfügt. Hinsichtlich des in Düsseldorf oder seiner Umgebung zu erwerbenden Grundstücks will er Alleineigentümer sein.

    Zusätzlich zu der Investition in Düsseldorf beabsichtigt V, in Leipzig ein Zweigwerk zu errichten. Er kann dort ein Grundstück mit einer für sein Unternehmen gut geeigneten Produktionshalle erwerben. V hat nichts dagegen einzuwenden, wenn dieses Grundstück nicht von ihm, sondern von seinen Kindern oder von einer Gesellschaft, an der er und seine Kinder gemeinsam beteiligt sind, erworben wird. Der Kaufpreis des Grundstücks einschließlich der Produktionshalle soll 2 Mio. € betragen. Nach dem Erwerb des Grundstücks sollen Investitionen i. H. v. rund 3 Mio. € erfolgen.

V, S und T sind sich einig, dass niemand von ihnen nach der Umstrukturierung des Unternehmens persönlich für künftige Verbindlichkeiten des Unternehmens haften soll. Damit seine Kinder im Rahmen der Umstrukturierung kapitalmäßig an dem Unternehmen beteiligt werden können, plant S, jedem seiner beiden Kinder einen Betrag von 1 Mio. € zu schenken. Die Schenkung kann in Geld, Sachwerten oder Beteiligungen erfolgen.

V ist verwitwet. Nach seinem Tod werden S und T seine einzigen Erben sein. V wird während des gesamten Planungszeitraums voraussichtlich in der zweiten Proportionalzone befindliche zu versteuernde Einkommen beziehen. Das zu versteuernde Einkommen seiner Kinder wird sich voraussichtlich in der ersten Proportionalzone bewegen. Dies soll bereits durch die Höhe der Geschäftsführergehälter gewährleistet sein. Avisiert ist für jeden der künftigen Gesellschafter ein Jahresgehalt von 150 T€. Alle Beteiligten nehmen an, dass die Gehälter für ihre Lebensführung ausreichen werden, Ausschüttungen werden also nicht erforderlich sein. V geht davon aus, dass der Gewerbesteuer-Hebesatz während des gesamten Planungszeitraums an beiden Produktionsstandorten 450 % betragen wird. V, S und T sind konfessionslos.

Untersuchen Sie, welche Maßnahmen V und seine beiden Kinder in Anbetracht des geschilderten Sachverhalts treffen sollten! Erläutern Sie auch, ob und ggf. welche Fragen anhand dieses Sachverhalts noch nicht abschließend beantwortet werden können. Gehen Sie hierbei auch auf die Frage ein, ob und ggf. welche Vorteilsvergleiche quantitativer Art noch durchzuführen sind. Das Schwergewicht Ihrer Ausführungen sollte auf steuerplanerischen Aspekten liegen. Aspekte nicht steuerlicher Art sollten zumindest dann behandelt werden, wenn dies erforderlich ist.

13. Der unbeschränkt steuerpflichtige K (ledig und konfessionslos) mit Wohnsitz in Deutschland betreibt ein inländisches Einzelunternehmen. Im vergangenen Jahr erzielte sein Unternehmen einen Gewinn aus Gewerbebetrieb von 300.000 €, der auch für die kommenden Jahre erwartet werden kann. Der relevante Gewerbesteuer-Hebesatz beträgt 450 %.

    K überlegt, eine Betriebsaufspaltung vorzunehmen. In diesem Fall würde eine neu zu gründende GmbH als Betriebsunternehmen fungieren, deren Geschäftsführer K wäre. Dieser würde sich ein (angemessenes) Geschäftsführergehalt von 75.000 € zahlen. Das Einzelunternehmen würde als Besitzunternehmen fungieren und die wesentlichen Betriebsgrundlagen gegen ein jährliches Entgelt von 50.000 € an die GmbH verpachten.

    Ermitteln Sie, ob eine Betriebsaufspaltung vorteilhaft ist! Unterstellen Sie dabei, dass der Gewinn des Vorjahres in den folgenden Jahren in gleicher Höhe erzielt wird.

4 Qualifizierte Beteiligungen/ Unternehmenszusammenschlüsse

4.1 Überblick

Aus Sicht der Unternehmensleitung können Unternehmenszusammenschlüsse eine interessante Option sein, insb. bei Expansionen. Unter einem **Unternehmenszusammenschluss** wird hier eine Konzentration, also der Zusammenschluss von rechtlich selbstständigen Unternehmen verstanden, häufig handelt es sich gleichzeitig um einen Konzern. Dabei sind die Unternehmen über Beteiligungen miteinander verbunden. Dieses Konstrukt wird auch als Unternehmensgruppe bezeichnet.

Qualifizierte Beteiligungen lassen sich in folgende zwei Gruppen einteilen:

1. Schachtelbeteiligungen und
2. Beteiligungen, die die Herstellung einer Organschaft ermöglichen.

Schachtelbeteiligungen sind Beteiligungen *an einer nicht steuerbefreiten inländischen Kapitalgesellschaft*, die eine jeweils gesetzlich bestimmte Mindestbeteiligungshöhe aufweisen (bspw. 10 %). Gesetzlich verwendet wird der Begriff allerdings nicht. Schachtelbeteiligungen können sowohl im nationalen als auch im grenzüberschreitenden Bereich bestehen.

Hinter dem Begriff der **Organschaft** verbirgt sich das Zusammenfassen von rechtlich selbständigen Unternehmen *zu einer Besteuerungseinheit*. Eine Organschaft ist ertragsteuerlich (körperschaftsteuerlich und gewerbesteuerlich), umsatzsteuerlich sowie grunderwerbsteuerlich möglich. Sie kann derzeit lediglich im rein nationalen Bereich hergestellt werden.

Nachfolgend werden zunächst die Voraussetzungen und die steuerlichen Folgen im Zusammenhang mit der Herstellung einer Schachtelbeteiligung untersucht. Danach werden die entsprechenden Fragen im Zusammenhang mit der Herstellung einer Organschaft thematisiert. Unterschieden wird dabei zwischen der ertragsteuerlichen und der umsatzsteuerlichen Organschaft.

4.2 Beteiligungsertragsbefreiungen (Schachtelprivilegien)

Ertragsteuerlich besteht bei der Beteiligung an einer nicht steuerbefreiten inländischen Kapitalgesellschaft aufgrund des *Trennungsprinzips* die *Gefahr von*

Doppel- und Mehrfachbelastungen von Gewinnen:[176] In einer Unternehmensgruppe sollen die Gewinne der rechtlich selbstständigen Einheiten letztlich der obersten Einheit der Gruppe zufließen. Dazu sind entsprechende Auszahlungen, Ausschüttungen oder Gewinnabführungen nötig. Diese könnten beim empfangenden Unternehmen *erneut besteuert* werden. Eine steuerliche Vorkehrung zur Vermeidung derartiger Doppel- oder Mehrfachbelastungen von Gewinnausschüttungen innerhalb einer Unternehmensgruppe sind die **Schachtelprivilegien** (auch: -vergünstigungen). Diese ermöglichen national und grenzüberschreitend Schachtelbeteiligungen und Schachtelkonzerne ohne die Gefahr der Doppel- oder Mehrfachbelastung. Allerdings ist eine *qualifizierte Beteiligung* notwendig, d. h. eine Beteiligung, die eine im Gesetz genannte Mindestbeteiligungshöhe übersteigt.

Neben der Gefahr von Doppel- und Mehrfachbelastungen stellt sich gerade bei einem Konzern die Frage, ob Arbeit, insb. in Form von *Steuererklärungen* für jedes einzelne Unternehmen, vermieden werden kann. Das lässt sich nicht durch Schachtelbeteiligungen erreichen, wohl aber durch eine Organschaft.

Das *Körperschaftsteuergesetz* enthält in § 8b Abs. 1 KStG eine **Beteiligungsertragsbefreiung** (Schachtelprivileg; auch: -vergünstigung): Durch sie werden bei einer empfangenden Kapitalgesellschaft grundsätzlich alle Gewinnausschüttungen *von anderen Kapitalgesellschaften* steuerbefreit; allerdings muss die Beteiligung zu Beginn des Kalenderjahres einen Umfang von mindestens 10 % haben (§ 8b Abs. 4 KStG).

Aufgrund des Mindestumfangs der Beteiligung wird nicht in allen Fällen eine doppelte oder mehrfache Besteuerung derselben Erträge mit deutscher Körperschaftsteuer verhindert. Zudem gelten gem. § 8b Abs. 5 KStG 5 % der Ausschüttungen bei der die Ausschüttungen empfangenden Gesellschaft als nicht abziehbare Ausgaben. Im Ergebnis bewirkt dies eine Versteuerung von 5 % der Ausschüttungen bei der die Ausschüttungen empfangenden Gesellschaft.

Im *Gewerbesteuergesetz* wird bei der Beteiligungsertragsbefreiung zwischen einer solchen im nationalen und einer im internationalen Bereich unterschieden. Die Beteiligungsertragsbefreiung *im nationalen Bereich* ist in § 9 Nr. 2a GewStG geregelt, die für den internationalen Bereich in § 9 Nr. 8 GewStG. Im Folgenden wird lediglich die Befreiung im nationalen Bereich gem. § 9 Nr. 2a GewStG näher erläutert.

Eine *Schachtelbeteiligung* gem. § 9 Nr. 2a GewStG setzt eine mindestens 15 %ige Beteiligung am Grund- oder Stammkapital einer *nicht steuerbefreiten inländischen Kapitalgesellschaft* voraus. Auch Beteiligungen an bestimmten anderen inländischen Körperschaften sind begünstigt. Nachfolgend werden vereinfachend nur Kapitalgesellschaften betrachtet. Die Schachtelbeteiligung muss nach § 9 Nr. 2a GewStG zu Beginn des Erhebungszeitraums bestehen. Begünstigter kann jeder inländische gewerbliche Betrieb sein. Die Beteiligung muss nicht zwingend unmittelbar sein, kann also auch über Beteiligungen an anderen Gesellschaften bestehen (mittelbare Beteiligung, bspw. über Tochter- oder Enkelgesellschaften).

[176] Bei der Beteiligung an einer vergleichbaren Personengesellschaft besteht diese Gefahr aufgrund des *Transparenzprinzips* nicht. Gewerbesteuerlich wird der Gefahr durch §§ 8 Nr. 8, 9 Nr. 2 GewStG begegnet.

Die grundsätzliche Wirkung des § 9 Nr. 2a GewStG besteht darin, dass Gewinnausschüttungen der Gesellschaft, an der die Schachtelbeteiligung besteht (Tochtergesellschaft), bei dem Gewerbebetrieb, der die Beteiligung hält (Mutterunternehmen), *nicht im Gewerbeertrag erfasst werden.* Die tatsächliche Wirkung hängt davon ab, ob das Mutterunternehmen eine Kapitalgesellschaft oder ein Personenunternehmen ist. Ist der Empfänger ein *Kapitalgesellschaft*, entfaltet § 9 Nr. 2a GewStG keine Wirkung, da körperschaftsteuerlich der oben angesprochene § 8b KStG zur Anwendung gelangt (diese Norm gilt aufgrund von § 7 Satz 1 GewStG auch für die Gewerbesteuer). Somit können in diesem Fall 95 % der Gewinne aus Anteilen an einer Kapitalgesellschaft steuerfrei vereinnahmt werden.

Handelt es sich beim Empfänger um ein *Personenunternehmen*, kommt einkommensteuerlich das Teileinkünfteverfahren gem. § 3 Nr. 40 EStG zur Anwendung, d. h. 40 % des Gewinns sind steuerfrei. Gewerbesteuerlich dürfen die übrigen 60 % aufgrund von § 9 Nr. 2a GewStG gekürzt werden. Ist der Empfänger der Ausschüttung einer Kapitalgesellschaft ein Personenunternehmen, ist dieser Gewinn somit gewerbesteuerlich zu 100 % steuerfrei.

Keine Befreiung gewährt § 9 Nr. 2a GewStG in den Fällen, in denen *eine Beteiligung an einer Personengesellschaft* besteht. Dies ist auch nicht erforderlich, da hier die Beteiligungserträge bereits nach § 9 Nr. 2 GewStG außer Ansatz bleiben, ohne dass eine qualifizierte Beteiligung vorliegen muss. § 9 Nr. 2 GewStG hat also eine ähnliche Wirkung wie diese Befreiung, ohne dass aber eine Mindestbeteiligung vorliegen muss.

Es kann sich die Frage stellen, ob es wirtschaftlich vorteilhaft ist, eine unter 10 % liegende Beteiligung an einer Kapitalgesellschaft *auf 10 % aufzustocken*, um in den Genuss der körperschaftsteuerlichen Befreiung zu gelangen (bzw. im Hinblick auf die Gewerbesteuer eine unter 15 % liegende Beteiligung auf 15 %). Bei deren Beantwortung dürfte es häufig eine zulässige (vereinfachende) Annahme sein, dass dabei nur die aus der Beteiligung zu erwartenden Beteiligungserträge berücksichtigt werden (also nicht andere Gesichtspunkte, wie etwa günstige Bedingungen für Lieferungen und Bezüge). Darüber hinaus ist es nicht sinnvoll, nur auf die Rendite der zu erwerbenden Anteile abzustellen. Vielmehr sollte auch die Veränderung der Nettoerträge der alten Anteile in das Kalkül einbezogen werden. Dies verdeutlicht das folgende Beispiel.

Beispiel

Die X-GmbH besitzt seit Jahren nominal 140 T€ Aktien der B-AG. Dies entspricht einer Beteiligungsquote von 14 % des Aktienkapitals von 1 Mio. €. Zum 31.12. des Jahres 1 bietet der Aktionär A der X-GmbH weitere 2 %, d. h. nominal 20 T€, der Aktien der B-AG zum Kurs von 600 % an. Hierbei handelt es sich um den gesamten Aktienbesitz des A an der B-AG. Auf Anfrage teilt A der X-GmbH mit, dass er nur zum Verkauf seines *ganzen* Aktienbesitzes, nicht hingegen nur von Teilen an diesem bereit sei.

Entscheidungsrelevant für die Beantwortung der Frage, ob die X-GmbH auf das Angebot des A eingehen sollte, ist nicht nur die Dividende auf die zusätzlichen Aktien, sondern vielmehr auch die Erhöhung der Nettodividende auf die alten Aktien, die infolge der Beteiligungsertragsbefreiung eintreten wird.

4.3 Organschaft

4.3.1 Einführung

Das Rechtsinstitut der Organschaft gibt es bei der Körperschaft-, bei der Gewerbe- und bei der Umsatzsteuer. Die körperschaft- und die gewerbesteuerliche Organschaft werden nachfolgend unter dem Begriff der **ertragsteuerlichen Organschaft** zusammengefasst.

Jede Organschaft besteht aus einem beherrschenden Unternehmen, dem **Organträger**, und mindestens einem vom Organträger beherrschten Unternehmen, der **Organgesellschaft** (auch Organ genannt).[177] Dabei muss die Beherrschung die Qualität einer **Eingliederung** haben. Für eine *ertragsteuerliche* Organschaft ist eine finanzielle Eingliederung ausreichend, für eine *umsatzsteuerliche* Organschaft müssen zusätzlich eine wirtschaftliche und eine organisatorische Eingliederung bestehen.

Zum Wirksamwerden einer ertragsteuerlichen Organschaft muss ein *Gewinnabführungsvertrag* (GAV) abgeschlossen werden, zum Wirksamwerden einer umsatzsteuerlichen Organschaft ist der Abschluss eines derartigen Vertrags hingegen entbehrlich.

Nachfolgend werden zunächst die ertragsteuerliche und darauf folgend die umsatzsteuerliche Organschaft beleuchtet. Dann werden die Aktionsparameter im Zusammenhang mit einer Organschaft herausgearbeitet und schließlich einige Vorteilhaftigkeitsüberlegungen angestellt.

4.3.2 Ertragsteuerliche Organschaft

4.3.2.1 Voraussetzungen

4.3.2.1.1 Finanzielle Eingliederung

Voraussetzung der ertragsteuerlichen Organschaft ist gem. § 14 Abs. 1 Satz 1 Nr. 1 KStG die finanzielle Eingliederung der Organgesellschaft in den Organträger. Finanzielle Eingliederung bedeutet, dass der Organträger *die Mehrheit der Stimmrechte an dem Organ* besitzen muss. In der Regel ist die Mehrheit der Stimmrechte mit einer Mehrheitsbeteiligung identisch. Im Einzelfall kann aber auch eine Minderheitsbeteiligung zu einer Mehrheit der Stimmrechte führen. Dies verdeutlicht das folgende Beispiel.

Beispiel

Die X-GmbH hält 60 % der Stammaktien der Y-AG. Die restlichen 40 % der Stammaktien befinden sich ebenso wie alle stimmrechtslosen Vorzugsaktien in Streubesitz. Die Stammaktien repräsentieren ein Grundkapital von 100 Mio. €, die Vorzugsaktien ein Grundkapital von 50 Mio. €.

An dem gesamten Kapital der Y-AG von 150 Mio. € (= 100 + 50) ist die X-GmbH lediglich zu 40 % ($=\frac{100 \cdot 60\,\%}{150}$) beteiligt. Sie hält also lediglich eine Minderheitsbeteiligung.

[177] Vgl. im Detail zu den Teilnehmern einer nationalen Organschaft *Richter* (2003), S. 7 ff.

Dennoch verfügt sie über 60 % aller Stimmrechte und damit über die Mehrheit. Damit ist die Voraussetzung einer finanziellen Eingliederung der Y-AG in die X-GmbH erfüllt.

Die Beteiligung des Organträgers an dem Organ kann *unmittelbarer*, sie kann aber auch *mittelbarer Art* sein. Mittelbare Beteiligung bedeutet, dass der Organträger an dem Organ nicht direkt (unmittelbar), sondern lediglich über eine andere Gesellschaft beteiligt ist. Mittelbare Beteiligungen sind nach § 14 Abs. 1 Satz 1 Nr. 1 Satz 2 KStG zu berücksichtigen, wenn die Beteiligung an jeder vermittelnden Gesellschaft die Mehrheit der Stimmrechte gewährt. Die Zusammenhänge verdeutlicht das folgende Beispiel.

Beispiel

Eine aus mehreren natürlichen Personen bestehende Gesellschaft bürgerlichen Rechts (GbR) ist zu jeweils 80 % an der A-GmbH und an der B-AG beteiligt. Sie ist außerdem zu 40 % an der C-AG beteiligt. Weitere 40 % an der C-AG hält die A-GmbH. Die B-AG hält 60 % der Anteile an der D-GmbH.

Die GbR hält an der A-GmbH und an der B-AG jeweils eine Mehrheitsbeteiligung. Beide Gesellschaften sind somit finanziell eingegliedert.

An der C-AG besitzt die GbR unmittelbar 40 % und mittelbar über die A-GmbH weitere 40 % der Stimmrechte. Damit ist auch die C-AG finanziell in die GbR eingegliedert.

Hinsichtlich der D-GmbH besteht über die B-AG eine mittelbare Mehrheitsbeteiligung. Damit besteht hinsichtlich der D-GmbH ebenfalls eine finanzielle Eingliederung.

4.3.2.1.2 Organträger

Organträger kann grundsätzlich *jedes gewerbliche Unternehmen* i. S. d. § 14 Abs. 1 Satz 1 Nr. 2 KStG sein. Somit kommen als Organträger in Frage:

- eine natürliche Person,
- eine nicht steuerbefreite Körperschaft i. S. d. § 1 KStG und
- eine Personengesellschaft i. S. d. § 15 Abs. 1 Satz 1 Nr. 2 EStG.

Gewerbliches Unternehmen ist jedes Unternehmen, das einen Gewerbebetrieb i. S. d. § 2 GewStG unterhält. Kapitalgesellschaften erfüllen diese Voraussetzung stets (§ 2 Abs. 2 GewStG), Personenunternehmen hingegen nur, wenn sie tatsächlich i. S. d. § 15 Abs. 2 EStG gewerblich tätig werden. Soll ein Personenunternehmen als Organträger fungieren, darf es also nicht nur rein vermögensverwaltend tätig sein.

Organträger können die genannten Körperschaften und Personengesellschaften nicht nur dann sein, wenn sich deren Sitz oder Geschäftsleitung *im Inland* befindet. Entscheidend für den notwendigen Inlandsbezug ist vielmehr, dass der Organträger über *eine inländische Betriebsstätte* i. S. d. § 12 AO verfügt und dass die Beteiligung an der Organgesellschaft während der gesamten Dauer der Organschaft dieser inländischen Betriebsstätte zuzuordnen ist (§ 14 Abs. 1

Satz 1 Nr. 2 Satz 4 KStG). Eine solche Betriebsstätte liegt vor, wenn die Betriebsstätteneinkünfte der deutschen Besteuerung unterliegen, das Besteuerungsrecht also insb. nicht durch ein DBA eingeschränkt wird (§ 14 Abs. 1 Satz 1 Nr. 2 Satz 7 KStG).

Hervorzuheben ist bei den genannten Körperschaften und Personengesellschaften die Notwendigkeit, dass diese *ihre Geschäftsleitung im Inland* haben. Insoweit besteht ein Unterschied zu § 1 KStG. Nach dieser Vorschrift ist es für die unbeschränkte Steuerpflicht notwendig, dass sich entweder der Sitz oder die Geschäftsleitung im Inland befindet.

Eine *Personengesellschaft* kann nur dann Organträger sein, wenn an ihr nur solche Gesellschafter beteiligt sind, die mit dem ihnen zuzurechnenden steuerlichen Gewinnanteil der deutschen Einkommen- oder der deutschen Körperschaftsteuer unterliegen (auch beschränkte Steuerpflicht ist zulässig). Unterliegt ein Gesellschafter der beschränkten Steuerpflicht, ist allerdings Voraussetzung, dass das Kriterium der finanziellen Eingliederung nicht zu den Mitunternehmern, sondern zu der Personengesellschaft selbst erfüllt ist.

Im Übrigen müssen die sich aus den §§ 14 bis 19 KStG ergebenden weiteren Voraussetzungen erfüllt sein.

4.3.2.1.3 Organgesellschaft

Während Organträger jedes gewerbliche Unternehmen i. S. d. § 14 Abs. 1 Nr. 2 KStG sein kann, ist der Kreis möglicher Organgesellschaften (auch: Organe) *wesentlich enger gezogen*.

Organgesellschaft kann nach § 14 Abs. 1 Satz 1 1. Halbsatz KStG lediglich eine AG, KGaA oder SE mit Geschäftsleitung im Inland und Sitz in einem Mitgliedstaat der EU oder einem Vertragsstaat des Europäischen Wirtschaftsraums sein.

Durch § 17 KStG wird der Kreis möglicher Organgesellschaften um alle anderen *Kapitalgesellschaften mit Geschäftsleitung im Inland* und Sitz in einem Mitgliedstaat der EU (dies schließt das Inland mit ein) oder einem Vertragsstaat des Europäischen Wirtschaftsraums erweitert. Hierdurch wird auch die GmbH in den Kreis der möglichen Rechtsformen aufgenommen. Damit kann aber bspw. auch eine Limited mit Sitz in Irland und Geschäftsleitung in Deutschland Organgesellschaft sein.

4.3.2.1.4 Gewinnabführungsvertrag

Eine finanzielle Eingliederung bringt für sich genommen ertragsteuerlich keine Folgen mit sich. Hinzukommen muss vielmehr der Abschluss eines GAV i. S. d. § 291 Abs. 1 AktG. In diesem muss sich die Organgesellschaft verpflichten, ihren ganzen Gewinn *an den Organträger abzuführen*. Nicht ausreichend ist hingegen ein Vertrag über die Abführung lediglich eines Teils des Gewinns (Teilgewinnabführungsvertrag i. S. d. § 292 Abs. 1 Nr. 2 AktG).

An die Wirksamkeit von GAV stellt das Aktienrecht *hohe Anforderungen*. Zu nennen sind in diesem Zusammenhang insb. folgende Anforderungen:

1. Die Gesellschafter der beteiligten Gesellschaften müssen dem Vertrag mit einer Mehrheit zustimmen, die drei Viertel des bei der Beschlussfassung vertretenen Grundkapitals entspricht (§ 293 Abs. 1 AktG);

2. der Vertrag muss in Schriftform abgeschlossen werden (§ 293 Abs. 3 AktG);

3. der Organträger muss entsprechend den Vorschriften des § 302 AktG Verluste des Organs übernehmen und

4. Erträge aus der Auflösung von vorvertraglichen Gewinnrücklagen des Organs dürfen nicht an den Organträger abgeführt werden (Umkehrschluss aus § 301 AktG).

Das Gesetz betreffend die Gesellschaften mit beschränkter Haftung enthält keine Regelungen, die den §§ 291 bis 299 AktG entsprechen. Die Regelungen des Aktiengesetzes sind *für GmbH aber analog anzuwenden*, wenn der GAV steuerlich wirksam sein soll. Dies ergibt sich aus dem ausdrücklichen Verweis in § 14 KStG auf § 291 AktG. Für die unter den Nummern 3 und 4 genannten Voraussetzungen ist dies zusätzlich in § 17 KStG ausdrücklich geregelt.

Zusätzlich zu den aktienrechtlichen enthält § 14 Abs. 1 KStG in seinen Nummern 3 und 4 *zwei weitere körperschaftsteuerliche Voraussetzungen*, die erfüllt sein müssen, damit ein GAV steuerlich anerkannt werden kann.

Nach § 14 Abs. 1 Satz 1 Nr. 3 KStG muss der GAV auf *mindestens fünf Jahre* abgeschlossen und während dieser Zeit auch tatsächlich durchgeführt werden. Er muss spätestens am Ende des Wirtschaftsjahrs abgeschlossen werden, für das er erstmalig anwendbar sein soll. Eine vorzeitige Beendigung des Vertrags durch Kündigung ist nur dann unschädlich, wenn ein wichtiger Grund die Kündigung rechtfertigt. Für die Organgesellschaft besteht dann ein wichtiger Grund zur Kündigung, wenn der Organträger nicht mehr in der Lage ist, seine vertraglichen Verpflichtungen zu erfüllen. Hingegen ist kein wichtiger Grund für den Organträger gegeben, wenn sich die Ertragslage der Organgesellschaft schlechter entwickelt als erwartet.

Ist *die erstmalige fünfjährige Vertragsfrist abgelaufen*, ist es für die steuerliche Anerkennung der Verlängerung des Vertrags nicht erforderlich, dass diese wiederum für mindestens fünf Jahre erfolgt. Vielmehr kann der Vertrag auch für einen kürzeren Zeitraum verlängert werden (bspw. für ein Jahr).

Nach § 14 Abs. 1 Satz 1 Nr. 4 KStG darf die Organgesellschaft nur insoweit Beträge aus ihrem Jahresüberschuss *in ihre Gewinnrücklagen einstellen* (mit Ausnahme der gesetzlichen Rücklagen), als dies bei vernünftiger kaufmännischer Beurteilung wirtschaftlich begründet ist. Ein mit § 14 KStG vereinbarer Grund zur Bildung einer Gewinnrücklage durch die Organgesellschaft dürfte regelmäßig dann vorliegen, wenn die Organgesellschaft Mittel für Investitionszwecke einbehalten, d. h. nicht an den Organträger abführen will.

Nicht in allen Fällen, in denen die beteiligten Unternehmen eine Organschaft mit GAV geplant haben, werden später die hierzu erforderlichen gesetzlichen Voraussetzungen erfüllt. Bezüglich dieser *Nichterfüllung* lassen sich die folgenden beiden Fälle unterscheiden:

1. Die beteiligten Personen gehen davon aus, dass die gesetzlichen Voraussetzungen einer Organschaft mit GAV erfüllt sind und handeln entsprechend. Es stellt sich aber heraus, dass dies nicht der Fall ist (Nichterfüllung der gesetzlichen Voraussetzungen).

2. Die Voraussetzungen einer Organschaft mit GAV sind zwar anfangs erfüllt, doch später fällt eine der Voraussetzungen fort (Fortfall der gesetzlichen Voraussetzungen).

Stellt sich heraus, dass die Voraussetzungen einer Organschaft mit GAV *von Anfang an* nicht erfüllt waren, sind bereits vorgenommene „Gewinnabführungen" in verdeckte Gewinnausschüttungen (vGA) umzudeuten. Hierbei sind alle für eine Gewinnabführung gezogenen Steuerfolgen aufzuheben und diejenigen einer verdeckten Gewinnausschüttung herzustellen.[178]

Fallen die Voraussetzungen eines GAV weg, nachdem Organschaft und GAV in der Vergangenheit *bereits wirksam waren*, hängen die Folgen davon ab, ob der GAV bereits fünf Jahre tatsächlich vollzogen worden ist oder nicht:

- Fällt ein Tatbestand *innerhalb der Fünfjahresfrist* weg, sind die Voraussetzungen des § 14 Abs. 1 Satz 1 Nr. 3 KStG nicht erfüllt. Es ergeben sich dann von Beginn an die gleichen Rechtsfolgen wie die soeben geschilderten im Fall einer Nichterfüllung der gesetzlichen Voraussetzungen von Anfang an.

- Fällt eine Voraussetzung des GAV *erst nach Ablauf der Fünfjahresfrist* weg, hat dies keine Auswirkungen auf die Vergangenheit. Erst ab dem Jahr des Fortfalls der Voraussetzungen ergeben sich Steuerfolgen. Ab diesem Jahr sind Gewinnabführungen nicht mehr nach den Vorschriften der §§ 14 bis 19 KStG, sondern nach den Regelungen für verdeckte Gewinnausschüttungen zu behandeln.

4.3.2.2 Folgen

Liegt eine ertragsteuerliche Organschaft mit einem steuerlich anzuerkennenden GAV vor, hat dies sowohl für das Organ als auch für den Organträger *erhebliche ertragsteuerliche Konsequenzen.*

Eine wichtige *körperschaftsteuerliche Folge* besteht darin, dass das Einkommen der Organgesellschaft grundsätzlich *dem Organträger* zugerechnet wird (§ 14 KStG).[179] Ausnahmen ergeben sich aus § 16 KStG. Das zuzurechnende Einkommen ist das Einkommen der Organgesellschaft *vor Berücksichtigung des an den Organträger abgeführten Gewinns bzw. des vom Organträger übernommenen Verlusts.* Im Jahresüberschuss des Organträgers ist zusätzlich der von der Organgesellschaft abgeführte Gewinn enthalten. Hierdurch erfolgt zunächst *eine Doppelerfassung beim Organträger*: Zum einen wird der abgeführte Gewinn,

[178] Vgl. bspw. *Janssen* (2017), S. 349 f.

[179] Genau genommen ist das Einkommen der Organgesellschaft(en) gem. § 14 Abs. 1 Satz 1 Nr. 2 Satz 6 KStG der inländischen Betriebsstätte des Organträgers zuzurechnen. Siehe hierzu Gliederungspunkt 4.3.2.1.2 (S. 181).

zum anderen wird das auf die Organgesellschaft entfallende Einkommen erfasst. Um eine lediglich einmalige Besteuerung des Gewinns der Organgesellschaft zu gewährleisten (und zwar i. H. d. bei ihr entstandenen Einkommens), muss der an den Organträger abgeführte Gewinn aus dem Einkommen des Organträgers herausgerechnet werden. Dies geschieht im Rahmen der Ermittlung der körperschaftsteuerlichen Bemessungsgrundlage in den entsprechenden Körperschaftsteuererklärungen.

Durch die Organschaft und den Abschluss eines GAV geht die subjektive Körperschaftsteuerpflicht der Organgesellschaft *nicht unter*. Organträger und Organ sind also weiterhin zwei eigenständige Steuersubjekte. Hieraus folgt, dass das Einkommen der Organgesellschaft *getrennt vom Einkommen des Organträgers* zu ermitteln ist. Dabei gelten grundsätzlich die allgemeinen Vorschriften über die Einkommensermittlung (die in den Vorschriften des Einkommensteuer- und des Körperschaftsteuergesetzes geregelt sind). Aus § 15 KStG ergeben sich lediglich einige Besonderheiten. So ist nach § 15 Satz 1 Nr. 1 KStG die Vorschrift über den Verlustabzug des § 10d EStG nicht anwendbar. Ursächlich hierfür ist, dass Verluste des Organs nach § 14 KStG dem Organträger zuzurechnen sind.

Ist das Einkommen des Organs ermittelt, ist es in einem weiteren Schritt dem Einkommen des Organträgers zuzurechnen. Die Besteuerung findet dann insoweit nicht bei der Organgesellschaft statt, sondern *beim Organträger*.

Sind die Voraussetzungen der *gewerbesteuerlichen Organschaft* erfüllt, gilt die Organgesellschaft nach § 2 Abs. 2 Satz 2 GewStG *als Betriebsstätte des Organträgers*. Dies hat zur Folge, dass der Gewerbeertrag der Organgesellschaft dem Organträger zuzurechnen ist. Die Ermittlung des Gewerbeertrags erfolgt für die Organgesellschaft allerdings gesondert. Insoweit besteht Übereinstimmung mit den Folgen einer körperschaftsteuerlichen Organschaft. Um Doppelbelastungen zu vermeiden, sind Hinzurechnungen i. S. d. § 8 GewStG nicht zu erfassen, soweit sie auf Rechtsverhältnissen zwischen dem Organträger und der Organgesellschaft beruhen.

4.3.3 Umsatzsteuerliche Organschaft

4.3.3.1 Voraussetzungen

Die umsatzsteuerliche Organschaft ist in § 2 Abs. 2 Nr. 2 UStG geregelt. Sie liegt vor, wenn als Organ *eine juristische Person*, i. d. R. eine Kapitalgesellschaft, nach dem Gesamtbild der tatsächlichen Verhältnisse *finanziell, wirtschaftlich und organisatorisch* in das Unternehmen des Organträgers eingegliedert ist. Zusätzlich zu einer finanziellen setzt die umsatzsteuerliche Organschaft also auch eine wirtschaftliche und eine organisatorische Eingliederung des Organs in den Organträger voraus.

Eine *wirtschaftliche Eingliederung* liegt vor, wenn die beherrschte Kapitalgesellschaft dem herrschenden Unternehmen nach Art einer unselbstständigen Betriebsstätte dient. An diese Voraussetzungen sind nach der Rechtsprechung des BFH allerdings *keine engen Maßstäbe* anzulegen.[180] So genügt es nach der

[180] Vgl. bspw. *Korn* (2019), § 2, Tz. 123.

Rechtsprechung bereits, dass die beherrschte Gesellschaft der Diversifikationsabsicht des herrschenden Unternehmens dient. Bei einer derart weiten Begriffsabgrenzung kann regelmäßig davon ausgegangen werden, dass eine wirtschaftliche Eingliederung herstellbar ist, wenn dies gewünscht wird.

Die *organisatorische Eingliederung* ist stets gegeben, wenn das Organ die Leitung seines Unternehmens *durch einen Beherrschungsvertrag* i. S. d. § 291 Abs. 1 AktG dem Organträger unterstellt. Eine organisatorische Eingliederung ist außerdem stets dann gegeben, wenn das Organ eine nach den Vorschriften der §§ 319 bis 327 AktG *eingegliederte Gesellschaft* ist. Handelt es sich bei dem Organ um eine GmbH, kann die wirtschaftliche Eingliederung dadurch erreicht werden, dass ein den aktienrechtlichen Vorschriften entsprechender Beherrschungsvertrag abgeschlossen oder dass das Organ den aktienrechtlichen Vorschriften entsprechend eingegliedert wird. Auch wenn weder ein Beherrschungsvertrag abgeschlossen, noch die Gesellschaft nach den Vorschriften des Aktienrechts eingegliedert ist, kann dennoch umsatzsteuerlich eine organisatorische Eingliederung erreicht werden. Es muss dann lediglich in anderer Weise sichergestellt werden, dass der Organträger seinen geschäftlichen Betätigungswillen auch in dem Organ durchsetzen kann. Dies kann z. B. dadurch geschehen, dass ein Mitglied der Geschäftsführung des Organträgers (oder ein Prokurist) zum Geschäftsführer oder Vorstand des Organs bestellt wird.

4.3.3.2 Folgen

Die vorrangige Folge einer umsatzsteuerlichen Organschaft besteht darin, dass *nur der Organträger* Unternehmer i. S. d. Umsatzsteuergesetzes ist. Ihm sind sämtliche Umsätze der zum Organkreis gehörenden Personen zuzurechnen und er hat diese folglich zu versteuern. Umsätze zwischen den einzelnen Gesellschaften des Organkreises (sog. **Innenumsätze**) sind dabei nicht steuerbar. Im Gegenzug ist die leistungsempfangende Gesellschaft eines Innenumsatzes nicht zum Vorsteuerabzug berechtigt. Dies verdeutlicht das folgende Beispiel.

Beispiel

Die Organgesellschaft 1 liefert für 100 T€ netto Waren an die Organgesellschaft 2. Außerdem erhält sie zu einem Nettokaufpreis von 50 T€ eine Lieferung vom Organträger.

Sowohl die Lieferung der Organgesellschaft 1 an die Organgesellschaft 2 als auch die Lieferung des Organträgers an die Organgesellschaft 1 sind ein nicht steuerbarer Innenumsatz. Die Lieferung der Organgesellschaft 1 führt bei der Organgesellschaft 2 nicht zu einem Vorsteuerabzug. Gleiches gilt für die Lieferung des Organträgers an die Organgesellschaft 1.

Aus dem Umstand, dass innerhalb eines Organkreises nur der Organträger Unternehmer ist, sind auch *alle weiteren Folgerungen* zu ziehen, die an die Unternehmereigenschaft geknüpft sind. So hat der Organträger vor allem die jeden Unternehmer betreffenden Aufzeichnungs-, Anmeldungs- und Zahlungspflichten zu erfüllen.

4.3.4 Aktionsparameter im Zusammenhang mit der Herstellung einer Organschaft

4.3.4.1 Überblick

Im Zusammenhang mit der Herstellung oder der Vermeidung einer Organschaft sowie deren Rechtsfolgen bestehen unternehmenspolitische Aktionsparameter. Zu nennen sind in diesem Zusammenhang insb.:

- die Herstellung oder die Vermeidung einer Eingliederung,
- der Abschluss oder der Nichtabschluss eines GAV sowie
- die Durchführung oder die Nichtdurchführung eines GAV.

4.3.4.2 Herstellung oder Vermeidung einer Eingliederung

Voraussetzung einer Organschaft ist bei allen drei in Betracht kommenden Steuerarten *die finanzielle Eingliederung* des Organs in das Unternehmen des Organträgers. Ein Aktionsparameter besteht insoweit, als diese Eingliederungsvoraussetzung entweder erfüllt oder bewusst nicht erfüllt wird. Das kann in Einzelfällen im Rahmen einer Kapitalerhöhung durch die Ausgabe *von stimmrechtslosen Vorzugsaktien* erreicht werden. Infolge dieser Ausgabe erfolgt zwar eine Kapitalzufuhr durch Dritte, doch bleiben die Stimmrechtsmehrheit und damit die finanzielle Eingliederung erhalten. Diese Möglichkeit verdeutlicht das folgende Beispiel.

Beispiel

Der Organträger A-GbR hält seit Jahren 60 % des Grundkapitals der X-AG i. H. v. 10 Mio. €. Infolge starker Expansion benötigt die X-AG dringend neues Eigenkapital i. H. v. 6 Mio. €. Der Ausgabekurs soll 300 % betragen. Folglich ist eine Erhöhung des Grundkapitals um 2 Mio. € erforderlich. Aus finanziellen Gründen sind die Gesellschafter der GbR nicht in der Lage, sich an der geplanten Kapitalerhöhung zu beteiligen. Sie wollen aber die Mehrheit der Stimmrechte behalten. Dieses Ziel verfolgen sie u. a. auch deshalb, weil die GbR weiterhin Organträger der X-AG sein soll.

In der hier geschilderten Situation bietet sich die Ausgabe stimmrechtsloser Vorzugsaktien an. Gelingt deren Platzierung, erreichen die Gesellschafter der GbR das von ihnen verfolgte Ziel.

Bei der Umsatzsteuer kann in Einzelfällen auch *die wirtschaftliche oder die organisatorische Eingliederung* als Aktionsparameter der betrieblichen Steuerplanung eingesetzt werden. Soll eine Organschaft durch die *wirtschaftliche* Eingliederung vermieden werden, kollidiert dieses Ziel allerdings häufig mit anderen unternehmenspolitischen Zielen, die eine wirtschaftliche Eingliederung unabdingbar erscheinen lassen. Auch ein Verzicht auf die *organisatorische* Eingliederung dürfte nur selten als steuerplanerischer Aktionsparameter einzusetzen sein, da auch hier ein Zielkonflikt mit oft höherrangigen anderen unternehmenspolitischen Zielen besteht. So kann auf eine organisatorische Eingliederung bspw. dann nicht verzichtet werden, wenn es ein übergeordnetes Ziel des (potentiellen) Organträgers ist, das (potentielle) Organ aus nicht steuerlichen Gründen zu beherrschen.

4.3.4.3 Abschluss und Durchführung eines Gewinnabführungsvertrags

Ein sehr wichtiger, vielleicht sogar der wichtigste Aktionsparameter im Zusammenhang mit der Herstellung einer Organschaft, ist der *Abschluss bzw. Nichtabschluss* eines GAV. Zu beachten ist allerdings, dass dieser Aktionsparameter *lediglich bei der Körperschaft- und bei der Gewerbesteuer*, nicht hingegen bei der Umsatzsteuer besteht. Bei der Umsatzsteuer ist lediglich das Bestehen bzw. Nichtbestehen einer Organschaft, nicht hingegen der Abschluss bzw. Nichtabschluss eines GAV von Bedeutung.

Auch *die Durchführung bzw. Nichtdurchführung* eines GAV kann bei der ertragsteuerlichen Organschaft als Aktionsparameter eingesetzt werden. Die Nichtdurchführung eines GAV kann erreicht werden:

- durch eine Dotierung von Rücklagen in einem Ausmaß, das über das nach § 14 Abs. 1 Satz 1 Nr. 4 KStG erlaubte hinausgeht,
- durch eine Abführung vorvertraglicher Rücklagen an den Organträger und damit einen Verstoß gegen § 301 AktG oder
- durch eine Nichteinhaltung der in § 14 Abs. 1 Satz 1 Nr. 3 KStG genannten Fünfjahresfrist.

4.3.5 Vor- und Nachteile einer Organschaft

4.3.5.1 Überblick

Vor der Nutzung der im vorherigen Gliederungspunkt aufgezeigten Aktionsparameter stellt sich die Frage, ob eine Organschaft *genügend Vorteile* mit sich bringen würde. Dieser Frage wird nun nachgegangen. Die Ausführungen beschränken sich dabei auf *ertragsteuerliche Aspekte*.

Die *umsatzsteuerliche* Organschaft wird hingegen ausgespart, da mittels dieser in erster Linie organisatorische Vorteile erzielt werden können. Dies liegt daran, dass die umsatzsteuerlichen Gesamtwirkungen auf Innenumsätze identisch sind. Ohne Organschaft liegen steuerbare und steuerpflichtige Umsätze vor, mit Organschaft hingegen nicht steuerbare Innenumsätze. Im ersten Fall entsteht zwar bei dem liefernden oder bei dem leistenden Unternehmen Umsatzsteuer, doch kann diese von dem die Leistung empfangenden Unternehmen als Vorsteuer abgezogen werden (§ 15 Abs. 1 UStG). Die Steuerwirkungen heben sich per Saldo auf. Im zweiten Fall entstehen hingegen von vornherein keine Umsatzsteuerwirkungen. Positiv zu Buche schlägt hier lediglich der geringere administrative Aufwand. Außerdem kann die Herstellung einer umsatzsteuerlichen Organschaft in Fällen, in denen bestimmte Umsätze nach § 15 Abs. 2 UStG zum Ausschluss des Vorsteuerabzugs führen, per Saldo Steuerwirkungen verursachen. Die Organschaft kann dann steuerliche Vorteile bewirken. Dies verdeutlicht das folgende Beispiel.

Beispiel

Die Gesellschaft G1 liefert Waren für 100 T€ netto an die Gesellschaft G2. G2 ist nicht zum Vorsteuerabzug berechtigt. Die Gesellschaften G1 und G2 a) gehören keinem Organkreis an bzw. b) sind organschaftlich miteinander verbunden.

a) Bei G1 entsteht eine Umsatzsteuerschuld i. H. v. 19 T€. Diese Umsatzsteuer kann G2 nicht als Vorsteuer geltend machen. Für die Gesellschaften G1 und G2 entsteht somit bei fehlender organschaftlicher Verbundenheit eine Steuerbelastung von insgesamt 19 T€.

b) Aufgrund des Organschaftsverhältnisses entsteht keine Umsatzsteuerschuld. G2 ist unverändert nicht zum Vorsteuerabzug für Vorlieferungen der G1 berechtigt. Für G1 und G2 entsteht somit im Falle ihrer organschaftlichen Verbundenheit eine Gesamtbelastung i. H. v. 0 €. Bei Herstellung einer Organschaft entsteht folglich im Vergleich zur Unterlassensalternative ein Vorteil von 19 T€.

4.3.5.2 Ertragsteuerliche Vor- und Nachteile

4.3.5.2.1 Fallunterscheidung

Der nachfolgenden Analyse liegt stets eine Konstellation zu Grunde, welche aus zwei „Personen" besteht. Bei den beiden Personen handelt es sich um die zwei rechtlich selbstständigen Unternehmen OG und UG. OG ist die Obergesellschaft, UG die Untergesellschaft. OG ist ein gewerbliches Unternehmen i. S. d. § 14 Abs. 1 Satz 1 Nr. 2 KStG, UG eine inländische Kapitalgesellschaft.

Zwischen OG und UG kann durch gestalterische Maßnahmen eine Organschaft hergestellt oder es kann darauf verzichtet werden. Wie bereits ausgeführt, kommt als gestalterische Maßnahme insb. der Abschluss bzw. der Nichtabschluss eines GAV in Betracht. Die Ergebnisse können auf mögliche Organschaften in einem beliebig großen Organkreis übertragen werden.

Hinsichtlich der Gewinn- bzw. der Verlustsituation der beiden Gesellschaften lassen sich folgende Fälle unterscheiden:

1. Beide Gesellschaften erzielen Gewinne,
2. nur eine Gesellschaft erzielt Gewinne oder
3. beide Gesellschaften erzielen Verluste.

Der dritte Fall wird hier nicht weiter betrachtet. Es bleiben also nur Fälle, in denen zumindest eine der beiden Gesellschaften Gewinne erzielt. Innerhalb dieser Fälle ist es sinnvoll, weiter danach zu unterscheiden, ob die UG erzielte Gewinne ohne Abschluss eines GAV thesaurieren oder aber ausschütten soll.

Anhand dieser Kriterien ergeben sich folgende Fälle:

1. UG und OG befinden sich in einer Gewinnsituation,
   (a) Gewinnbestandteile der UG werden bei dieser thesauriert,
   (b) Gewinnbestandteile der UG werden an die OG ausgeschüttet oder abgeführt.

2. Eine der beiden Gesellschaften befindet sich in einer Gewinn-, die andere in einer Verlustsituation. Eine Gewinnausschüttung oder -abführung der UG an die OG findet nicht statt.
3. Die UG befindet sich in einer Gewinn-, die OG in einer Verlustsituation. Der Gewinn oder die Gewinnbestandteile der UG werden an die OG ausgeschüttet oder abgeführt.

Diese Fälle werden nun untersucht. Dabei wird aus Vereinfachungsgründen stets davon ausgegangen, dass die Gewinn- bzw. die Verlustsituation jeweils sowohl handels- als auch steuerbilanziell eintritt.

4.3.5.2.2 Gewinnsituation beider Unternehmen und Thesaurierung bei der Untergesellschaft

Eine Thesaurierung ist im Falle einer Organschaft mit GAV nach § 14 Abs. 1 Satz 1 Nr. 4 KStG nur insoweit zulässig, „[...] als dies bei vernünftiger kaufmännischer Beurteilung wirtschaftlich begründet ist".

Ist diese Voraussetzung erfüllt, ergeben sich durch die Thesaurierung von Gewinnen der UG bei dieser durch die Herstellung einer Organschaft mit GAV regelmäßig *weder große Vor- noch große Nachteile*. Der Grund besteht darin, dass die Höhe der Steuerbelastung beider Unternehmen in der Summe regelmäßig nicht oder nur unwesentlich davon beeinflusst wird, ob die Besteuerung des Gewinns beim Organträger oder aber bei der Organgesellschaft stattfindet. Dies gilt in den Fällen, in denen es sich bei der OG um ein Personenunternehmen handelt, aber nur dann, wenn die Thesaurierung *einen quasi dauerhaften Charakter* hat. Nur dann können im Falle nicht organschaftlich verbundener Unternehmen die Steuerwirkungen einer späteren Ausschüttung auch dann vernachlässigt werden, wenn es sich bei der OG um ein Personenunternehmen handelt.

4.3.5.2.3 Gewinnsituation beider Unternehmen und ausgeschüttete bzw. abgeführte Gewinnbestandteile der Untergesellschaft

Zu unterscheiden ist zwischen dem Fall, dass die Obergesellschaft die Rechtsform einer Kapitalgesellschaft und dem, dass sie die Rechtsform eines Personenunternehmens hat.

Hat die Obergesellschaft die Rechtsform einer *Kapitalgesellschaft*, handelt es sich bei dem für die Ausschüttung bzw. für die Abführung vorgesehenen Bruttobetrag (für die Ausschüttung bzw. Abführung vorgesehener Betrag einschließlich der hierauf entfallenden Ertragsteuern) jeweils um E i. S. d. Gleichung zur Ermittlung der Steuerbelastung einer Kapitalgesellschaft (Gleichung V (S. 234)). Ein Unterschied besteht lediglich insoweit, als die Besteuerung dieses Bruttobetrags im Falle der Ausschüttung bei der Untergesellschaft, im Falle der Gewinnabführung hingegen bei der Obergesellschaft anfällt. Belastungsunterschiede entstehen hierdurch grundsätzlich nicht. Dieses Ergebnis gilt unabhängig davon, ob die ausgeschütteten bzw. die abgeführten Gewinnbestandteile bei der Obergesellschaft thesauriert oder von dieser ausgeschüttet werden. Ein

Unterschied ergibt sich aber durch § 8b KStG. Nach dieser Rechtsnorm sind faktisch 5 % der Ausschüttung bei der Obergesellschaft der Körperschaft- und der Gewerbesteuer zu unterwerfen (unter Beachtung der Grenze des Absatzes 4). Damit ist in Fällen der hier behandelten Art die Gewinnausschüttung stets nachteiliger als die Abführung des Gewinns.

Anders verhält es sich in den Fällen, in denen die Obergesellschaft die Rechtsform eines *Personenunternehmens* hat. Hier findet im Falle einer Ausschüttung eine Definitivbelastung der Untergesellschaft mit Gewerbe- und Körperschaftsteuer statt. In Höhe des Bruttogewinnbetrags G, der alternativ für eine Ausschüttung oder eine Gewinnabführung einschließlich der auf G entfallenden Ertragsteuern zur Verfügung steht, entsteht bei der Untergesellschaft also E i. S. d. soeben erwähnten Gleichung zur Ermittlung der Steuerbelastung einer Kapitalgesellschaft (Gleichung V (S. 234)). Wird die bei der Untergesellschaft im Falle der Ausschüttung entstehende Steuerbelastung mit $S_{O/a/ug}$ bezeichnet, beträgt diese:

$$S_{O/a/ug} = G \cdot (s_k + m_e \cdot h) \,. \tag{54}$$

Werden in dieser Gleichung die konkreten Werte s_{koe} = 0,15, s_{solz} = 0,055, m_e = 0,035 und h = 4 eingesetzt, ergibt sich:

$$S_{O/a/ug} = G \cdot (0{,}15825 + 0{,}035 \cdot 4) = 0{,}29825 \cdot G. \tag{55}$$

Im Falle einer Ausschüttung findet zusätzlich zur Belastung der Untergesellschaft *eine Belastung der (Mit-)Unternehmer der Obergesellschaft* mit Einkommensteuer statt (gem. § 20 Abs. 1 Nr. 1 i. V. m. § 32d Abs. 2 und § 3 Nr. 40 EStG i. d. R. nach dem Teileinkünfteverfahren). Eine Belastung der Obergesellschaft mit Gewerbesteuer entsteht aufgrund der Kürzungsvorschrift des § 9 Nr. 2a GewStG i. d. R. nicht. Wird die Ausschüttung mit A und der sich nach dem Teileinkünfteverfahren ergebende Faktor, der die steuerpflichtigen Einnahmen bestimmt, mit δ bezeichnet, ergibt sich die Belastung der Gesellschafter ($S_{O/a/ges}$) mit:

$$S_{O/a/ges} = \delta \cdot A \cdot s_e. \tag{56}$$

Die Höhe der Ausschüttung A ergibt sich durch Abzug der Steuerbelastung der Untergesellschaft (Gleichung 54) vom Bruttobetrag G. Sie beträgt:

$$A = G - G \cdot (s_k + m_e \cdot h) \,. \tag{57}$$

Durch Einsetzen von Gleichung 57 in Gleichung 56 ergibt sich:

$$S_{O/a/ges} = \delta \cdot \big(G - G \cdot (s_k + m_e \cdot h)\big) \cdot s_e. \tag{58}$$

Werden die konkreten Werte s_{koe} = 0,15, s_{solz} = 0,055, m_e = 0,035, δ = 0,6 und s_{ki} = 0 verwendet, ergibt sich hieraus:

$$S_{O/a/ges} = 0{,}6 \cdot \big(G - G \cdot (0{,}15825 + 0{,}035 \cdot 4)\big) \cdot s_e. \tag{59}$$

Die Gesamtbelastung des Bruttobetrags G mit Ertragsteuern der Untergesellschaft und Einkommensteuer der Gesellschafter ergibt sich durch Addition von Gleichung 54 auf der vorherigen Seite und Gleichung 58. Sie beträgt:

$$\begin{aligned} &S_{O/a/ug} + S_{O/a/ges} \\ &\quad = G \cdot (s_k + m_e \cdot h) + \delta \cdot \big(G - G \cdot (s_k + m_e \cdot h)\big) \cdot s_e \\ &\quad = G \cdot (s_k + m_e \cdot h) + G \cdot (1 - s_k - m_e \cdot h) \cdot \delta \cdot s_e \\ &\quad = G \cdot \big(s_k + m_e \cdot h + (1 - s_k - m_e \cdot h) \cdot \delta \cdot s_e\big). \end{aligned} \tag{60}$$

Werden die soeben genannten Werte eingesetzt (ohne h), ergibt sich die Gesamtbelastung des Bruttobetrags B mit Ertragsteuern der Untergesellschaft und Einkommensteuer (zuzüglich Solidaritätszuschlag und ggf. Kirchensteuer) der Gesellschafter durch Addition von Gleichung 55 und Gleichung 59. Sie beträgt:

$$\begin{aligned} S_{O/a/ug} + S_{O/a/ges} = G \cdot \big(&0{,}15825 + 0{,}035 \cdot h \\ &+ (1 - 0{,}15825 - 0{,}035 \cdot h)\big) \cdot 0{,}6 \cdot s_e \end{aligned} \tag{61}$$

Im Falle einer Organschaft mit GAV zwischen der Untergesellschaft und einer Obergesellschaft in der Rechtsform eines Personenunternehmens entsteht *bei der Untergesellschaft* keine Steuerbelastung. Besteuert werden vielmehr das Personenunternehmen als Organträger (mit Gewerbesteuer) und die (Mit-)Unternehmer dieses Unternehmens (mit Einkommensteuer und zwar mit dem tariflichen Einkommensteuersatz gem. § 32a EStG). Damit entsteht i. H. v. G, d. h. i. H. d. bereits bekannten Bruttobetrags, E i. S. d. Gleichung zur Ermittlung der Gesamtbelastung natürlicher Personen (s. Gleichung II (S. 233)). Hierdurch ergibt sich im Falle einer Organschaft mit GAV eine Steuerbelastung ($S_{O/gav/pers}$) i. H. v.:

$$S_{O/gav/pers} = G \cdot \big(s_e + m_e \cdot h - m_e \cdot \alpha \cdot (1 + s_{solz})\big). \tag{62}$$

Bei Einsetzen der gesetzlichen Werte von m_e = 0,035 und s_{solz} = 0,055 ergibt sich hieraus:

$$S_{O/gav/pers} = G \cdot \big(s_e + 0{,}035 \cdot (h - \alpha \cdot 1{,}055)\big). \tag{63}$$

Abbildung 4.1 auf der gegenüberliegenden Seite enthält Belastungsvergleiche zwischen konkreten Fällen der Gewinnausschüttung und der Gewinnabführung an eine Obergesellschaft in der Rechtsform eines Personenunternehmens. Alle in den Spalten 4 bis 6 angegebenen Steuerbelastungen bzw. Belastungsdifferenzen beruhen auf Gleichung 61 bzw. auf Gleichung 63. Variabel ist in beiden Gleichungen der Gewerbesteuerhebesatz h und der kombinierte Einkommensteuer-, Kirchensteuer- und Solidaritätszuschlagsatz s_e. Kirchensteuer ist bei allen in der Tabelle aufgeführten Werten nicht berücksichtigt, d. h. es gilt s_{ki} = 0. Bei s_e handelt es sich somit lediglich um einen kombinierten Einkommensteuer- und Solidaritätszuschlagsatz. Der Anrechnungsfaktor von Gewerbesteuer auf die Einkommensteuer des Gesellschafters α ist jeweils in

Fälle	Einkommensteuersatz ($s_{ei§32a}$) bei Gewinnabführung	Hebesatz (h)	Steuerbelastung *bei Ausschüttung* in % von *G*	Steuerbelastung *bei GAV* in % von *G*	*Differenzbelastung* zwischen Ausschüttung und GAV in % von *G*
(1)	(2)	(3)	(4)	(5)	(6) = (4) – (5)
1.	$s_{ei§32a}$ = 25 %	a) 300 % b) 400 % c) 500 %	37,984 40,930 43,876	25,798 26,344 29,844	+12,186 +14,586 +14,032
2.	$s_{ei§32a}$ = 42 %	a) 300 % b) 400 % c) 500 %	45,912 48,482 51,051	43,733 44,279 47,779	+2,179 +4,203 +3,272
3.	$s_{ei§32a}$ = 45 %	a) 300 % b) 400 % c) 500 %	47,311 49,814 52,317	46,898 47,444 50,944	+0,413 +2,370 +1,373

Abb. 4.1: Belastungsvergleich einer Gewinnausschüttung mit einer Gewinnabführung an ein Personenunternehmen bei $\alpha = h$ (jedoch maximal 3,8; ohne Kirchensteuer)

maximaler Höhe berücksichtigt. Bis zu einem Hebesatz von 380 % entspricht er somit diesem Hebesatz, bei höheren Hebesätzen beträgt er hingegen 3,8.

Spalte 2 der Abbildung 4.1 enthält die den Berechnungen zu Grunde gelegten Einkommensteuersätze ($s_{ei§32a}$). Berücksichtigt sind Einkommensteuersätze i. H. v. 25 % (Fälle 1a bis 1c), von 42 % (Fälle 2a bis 2c) und von 45 % (Fälle 3a bis 3c). Ein Einkommensteuersatz von 25 % entspricht bekanntlich dem Abgeltungsteuersatz. Bei den Steuersätzen 42 % und 45 % handelt es sich um Differenzsteuersätze in der ersten bzw. in der zweiten Proportionalzone.

Spalte 3 der Abbildung 4.1 enthält die den Berechnungen zu Grunde gelegten Hebesätze (h). Als Gewerbesteuerhebesätze sind in allen drei Fällen je 300 %, 400 % und 500 % berücksichtigt.

Spalte 4 enthält die zu den Steuer- bzw. Hebesätzen der Spalten 2 und 3 berechneten Steuerbelastungen im Falle der Ausschüttung, Spalte 5 diejenigen im Falle einer Gewinnabführung. In Spalte 6 sind die Differenzbelastungen der Spalten 4 und 5 aufgeführt.

Spalte 6 zeigt, dass die Ausschüttung bei dem niedrigen Einkommensteuersatz von 25 % erheblich höher belastet ist als die Gewinnabführung. Die Gewinnabführung ist also in diesen Fällen steuerlich erheblich vorteilhafter als die Ausschüttung. Der Vorteil beträgt zwischen rund 12 % und 15 % des Bruttogewinns. Bei Anwendung eines Einkommensteuersatzes von 42 % ($s_{ei§32a}$ = 42 %) verringert sich dieser Vorteil erheblich. Er beträgt dann lediglich noch zwischen rund 2 % und 4 %. Bei einem Einkommensteuersatz von 45 % wird der Vorteil nochmals deutlich kleiner. Er beträgt dann nur noch zwischen rund 0,4 % und 2,4 % des Bruttogewinns.

Zu beachten ist, dass in Abbildung 4.1 *keine Kirchensteuer* berücksichtigt wird. Fällt Kirchensteuer an, verschlechtert sich die relative Vorteilhaftigkeit der Gewinnabführung im Vergleich zur Gewinnausschüttung in allen Unterfällen der Fälle 2 und 3. Der Grund liegt darin, dass hier die Bemessungsgrundlage der Einkommensteuer bei Gewinnabführung höher ist als diejenige, die sich bei Ausschüttung ergibt.

Insgesamt kann festgestellt werden, dass die Gewinnabführung *bei niedrigen Einkommensteuersätzen* steuerlich erheblich vorteilhafter ist als die Ausschüttung. Hingegen entstehen *bei hohen Einkommensteuersätzen* nur geringfügige Belastungsunterschiede zwischen den Vergleichsfällen.

Nicht berücksichtigt wurde bei den bisherigen Ausführungen § 3c EStG. Nach dieser Vorschrift dürfen *Betriebsausgaben*, die mit Ausschüttungen der Unter- an die Obergesellschaft in wirtschaftlichem Zusammenhang stehen, nur zu 60 % abgezogen werden. Diese Vorschrift erhält dann große Bedeutung, wenn der Erwerb der Beteiligung der Ober- an der Untergesellschaft *weitgehend oder sogar vollständig fremdfinanziert* worden ist. Dann sind die Zinsen bei Verzicht auf Organschaft und GAV nur zu 60 %, in Fällen der Organschaft mit GAV hingegen in vollem Umfang abzugsfähig. Die Herstellung einer Organschaft mit GAV kann im Vergleich zur Unterlassensalternative dann also einen erheblichen körperschaftsteuerlichen Vorteil bewirken. Hinzu kommt noch ein gewerbesteuerlicher Vorteil. Dabei ist allerdings zu beachten, dass der Gewerbeertrag infolge der Hinzurechnungsvorschrift des § 8 Nr. 1 GewStG – bei Überschreitung des Freibetrags von 100 T€ – nur zu 75 % um die jeweils unter Beachtung des § 3c EStG abzugsfähigen Zinsen gemindert wird. Insgesamt wird der Gewerbeertrag im Falle der Herstellung der Organschaft somit ggü. der Unterlassensalternative um 30 % (= (100 - 60) · 75 %) der Zinsen gemindert.

4.3.5.2.4 Gewinn- und Verlustsituation ohne Ausschüttung bzw. Gewinnabführung

Aus Vereinfachungsgründen wird noch weiter eingegrenzt: Betrachtet werden lediglich solche Fälle, in denen es sich bei beiden Gesellschaften um Kapitalgesellschaften handelt.

Die *Übernahme des Verlusts* im Rahmen der Organschaft dürfte in vielen Fällen vorteilhafter, regelmäßig aber zumindest nicht nachteiliger als der alternative Verlustabzug sein. Ein Vorteil entsteht dann, wenn sich die Verlustübernahme zeitlich früher auf die Höhe der Steuerzahlungen auswirkt als der alternative Verlustabzug. Der Vorteil besteht dann *in einem Zinseffekt*. Von einer früheren Zahlungswirksamkeit der durch die Verlustübernahme hervorgerufenen Steuerminderungen kann regelmäßig dann ausgegangen werden, wenn und insoweit der alternative Verlustabzug erst in einem deutlich nach dem Jahr der Verlustentstehung liegenden Veranlagungszeitraum abgezogen werden kann.

Von einer *Zeitgleichheit* oder zumindest einer annähernden Zeitgleichheit kann dann ausgegangen werden, wenn der Verlustabzug im Wege eines *Verlustrücktrags* geltend gemacht werden kann. Dies ist wegen § 10d EStG hinsichtlich der Gewerbesteuer überhaupt nicht und hinsichtlich der Körperschaftsteuer nur in einem eng begrenzten Umfang möglich. Zeitgleichheit oder annähernde Zeitgleichheit des Verlustabzugs im Vergleich zur Verlustübernahme dürfte vielfach auch dann erreichbar sein, wenn die Verluste bereits im Jahr nach dem Jahr der Verlustentstehung im Wege des *Verlustvortrags* abgezogen werden können. Voraussetzung ist hier aber, dass es gelingt, den Verlustabzug im Rahmen einer Anpassung der Körperschaft- und Gewerbesteuer-Vorauszahlungen möglichst zeitnah mit der Verlustentstehung geltend zu machen.

Soweit es nicht gelingt, Verluste im Wege des Verlustabzugs zeitnah steuerlich geltend zu machen, ist die Herstellung einer Organschaft mit GAV vorteilhafter als ein Verzicht hierauf. Besonders groß wird der Vorteil einer Verlustübernahme stets dann, wenn damit zu rechnen ist, dass das verlusterzeugende Unternehmen *auf Dauer Verluste erwirtschaften wird*. Hier ergibt sich nicht nur ein Zins-, sondern zusätzlich auch ein Steuereffekt: Im Falle der Organschaft können diese Verluste steuerlich geltend gemacht werden, im Alternativfall hingegen nicht.

4.3.5.2.5 Gewinn- und Verlustsituation mit Ausschüttung bzw. Gewinnabführung

Auch hier wird aus Vereinfachungsgründen wieder nur auf Fälle eingegangen, in denen es sich bei beiden Gesellschaften *um Kapitalgesellschaften* handelt.

In Fällen der hier gekennzeichneten Art ergibt sich durch die Herstellung einer Organschaft mit GAV *ein steuerlicher Vorteil* ggü. der Unterlassensalternative. Dieser entsteht dadurch, dass bei Organschaft mit GAV der Gewinn der UG mit dem Verlust der OG *ausgeglichen wird*. Der Gewinn der UG wird insoweit also weder mit Gewerbe- noch mit Körperschaftsteuer belastet. Bei dem alternativen Verzicht auf die Herstellung einer Organschaft mit GAV wird der Gewinn der UG hingegen definitiv besteuert (zu einer dieser Belastung entsprechenden Entlastung kommt es bei der OG nicht).

4.3.5.3 Nicht steuerliche Vor- und Nachteile

Neben steuerlichen gibt es auch nicht steuerliche Vor- und Nachteile einer Organschaft und eines GAV. Letztere dürften die steuerlichen Vor- und Nachteile in ihrer Bedeutung häufig bei weitem übertreffen.

Die mit der Organschaft verbundene Eingliederung des Organs hat für den *Organträger* den Vorteil, dass er die Tätigkeit des Organs ganz *in den Dienst seiner geschäftspolitischen Interessen* stellen kann. Dieser Vorteil kann rechtlich durch den Abschluss eines Beherrschungsvertrags i. S. d. § 291 AktG abgesichert werden.

Aus Sicht des *Organs* kann sich aus dem Abschluss eines GAV ein erheblicher Vorteil ergeben. Dies ist dann der Fall, wenn das Organ *von Verlusten bedroht* ist. Durch die Verpflichtung zur Verlustübernahme durch den Organträger erhöhen sich in derartigen Fällen in erheblichem Maße die Überlebenschancen des Organs. Außerdem steigt seine Kreditwürdigkeit ggü. potentiellen Kreditgebern außerhalb des Organkreises. Umgekehrt kann die sich aus einem GAV ergebende Verlustübernahmeverpflichtung aus Sicht des *Organträgers* erhebliche finanzielle Nachteile bewirken. Bei langandauernden Verlustphasen kann diese Verpflichtung sogar eine Existenzbedrohung für den Organträger bedeuten (und damit für den ganzen Organkreis). Dies kann wegen der damit verbundenen Verpflichtung einer Verlustübernahme im Einzelfall den Verzicht auf den Abschluss eines GAV vorteilhaft erscheinen lassen.

4.3.5.4 Gesamtwürdigung

Die bisherigen Ausführungen haben Folgendes ergeben:

1. In vielen Fällen können durch die Herstellung einer Organschaft und den Abschluss eines GAV steuerliche Vorteile bewirkt werden (ggü. dem Fall eines Verzichts auf derartige Maßnahmen). Sie können in Einzelfällen ein erhebliches Ausmaß annehmen.
2. Aus nicht steuerlicher Sicht können Organschaft und GAV im Einzelfall Vorteile bieten, sie können aber auch Nachteile bewirken.

Insgesamt lässt sich keine generelle Aussage hinsichtlich der Vorteilhaftigkeit einer Organschaft und eines GAV treffen. Vielmehr ist eine sorgfältige Einzelfallprüfung erforderlich.

4.4 Aufgaben

14. Die in Deutschland unbeschränkt steuerpflichtige T-KG besitzt im Inland 100 %-Beteiligungen an mehreren Tochtergesellschaften, darunter auch an der überaus ertragskräftigen G-GmbH. Der Gewinn der G-GmbH betrug in den vergangenen Wirtschaftsjahren jeweils konstant 1 Mio. €. Dieser Gewinn kann auch für die kommenden Wirtschaftsjahre erwartet werden. Die Gewinne sind in den vergangenen Wirtschaftsjahren stets voll an die T-KG ausgeschüttet worden. Um im Hinblick auf die Gewinnausschüttungen eine mögliche Steueroptimierung herbeiführen zu können, wird die Begründung einer ertragsteuerlichen Organschaft zwischen der T-KG und der G-GmbH erwogen.

    Der Gewerbesteuerhebesatz beträgt 500 %. Es kann erwartet werden, dass dieser auch künftig beibehalten und der Körperschaftsteuersatz unverändert 15 % betragen wird. Verwenden Sie einen kombinierten Einkommensteuer-, Kirchensteuer- und Solidaritätszuschlagssatz (s_e) von 47,475 %!

    Ermitteln Sie die Steuerbelastung des Gewinns der G-GmbH, wenn dieser — wie bisher — voll an die T-KG ausgeschüttet wird! Ermitteln Sie die Steuerbelastung anschließend für den Fall, dass der Gewinn nach Begründung einer ertragsteuerlichen Organschaft an die T-KG abgeführt wird! Vergleichen Sie die Belastungen!

15. Es gelten die Ausgangsdaten der vorhergehenden Aufgabe. Der zwischen der T-KG und G-GmbH vereinbarte GAV wird am 1.6. des Jahres 1 zum ersten Mal abgeschlossen und tatsächlich durchgeführt. Nach Ablauf des 31.5. des Jahres 6 wird er zum 1.6. des Jahres 6 um drei Jahre verlängert. Im Jahr

8 hat die G-GmbH Rücklagen im Umfang von 200.000 € gebildet. Gesetzlich erlaubt wären höchstens 150.000 €. Die Feststellung der nicht gesetzeskonformen Rücklagendotierung erfolgt bei einer Betriebsprüfung im Jahr 9. Erörtern Sie die steuerlichen Folgen der Feststellung für die G-GmbH!

5 Lösungen zu den Aufgaben

Anmerkung: An dieser Stelle sei an die Annahme erinnert, die diesem Band bezüglich des **Solidaritätszuschlags** zugrunde liegt (s. S. 8).

5.1 Lösungen zu Gliederungspunkt 1

1. **In der Bäckerei des B ist dessen Ehefrau E bereits seit Jahren [...]** (s. S. 65)

   Aus dem geschilderten Sachverhalt ergibt sich, dass das Einzelunternehmen unter steuerlichen Gesichtspunkten noch nicht optimal gestaltet ist. Steuerliche Vorteile lassen sich durch den Abschluss folgender Verträge erzielen:

   - einen Arbeitsvertrag über die sofortige Anstellung der E im Betrieb,
   - einen Arbeitsvertrag über die Anstellung des S im Betrieb ab Beginn des neuen Jahres,
   - einen Vertrag über die Gewährung eines Darlehens der E an B.

   a) Arbeitsverträge: Durch den Abschluss eines Arbeitsvertrags zwischen E und B kann das zu versteuernde Einkommen der Eheleute um den Arbeitnehmer-Pauschbetrag i. S. d. § 9a EStG gemindert werden. Hierdurch mindert sich die Einkommensteuerschuld der Eheleute.

   Ein für die Familienmitglieder in der Summe vorteilhafter negativer Progressionseffekt ergibt sich, wenn das Gehalt des S zu einem zu versteuernden Einkommen unterhalb des Proportionalbereichs führt.

   Sowohl das Gehalt der E als auch das des S mindern den Gewerbeertrag des B. Dies führt zu einer Minderung der Gewerbesteuer, zugleich aber auch zu einer Minderung der Anrechnung von Gewerbesteuer auf die Einkommensteuer des B gem. § 35 EStG. Per Saldo kommt es aber nur dann zu einer Steuerentlastung, wenn der Gewerbesteuerhebesatz 401 % übersteigt.[181] Und selbst dann ist der zu erwartende Effekt gering.

   b) Darlehensvertrag: Es tritt kein Steuersatzeffekt ein, da die Zinsen der E aus dem Darlehen ebenso wie der alternativ höhere steuerliche Gewinn des B dem Tarif des § 32a EStG unterliegen: Der Abgeltungsteuersatz des § 32d Abs. 1 EStG kann gem. § 32d Abs. 2 Satz 1 Nr. 1 Buchstabe a EStG nicht auf die Zinsen angewendet werden, weil es sich bei E um eine dem B nahestehende Person handelt.[182] Aus dem gleichen Grund ist auch kein Vorteil

[181] Siehe hierzu *Schneeloch/Meyering/Patek*, Band 4 (2020), Teil I, Gliederungspunkt 4.2.3.

[182] Nach Ansicht des BFH reicht diese Begründung allein nicht dafür aus, dass der Abgeltungsteuersatz des § 32d Abs. 1 EStG nicht auf die Zinsen angewendet werden darf. Seines Erachtens wäre das eine mit Art. 6 Abs. 1 GG unvereinbare Diskriminierung der Familie; vgl. BFH-Urteil vom 29.4.2014, VIII R 9/13, BStBl II 2014, S. 986.

aus der Inanspruchnahme des Sparer-Pauschbetrags denkbar (§ 32d Abs. 2 Satz 2 EStG).

Ebenso wie die Gehälter an E und S bewirken die an die E zu zahlenden Zinsen eine Verringerung des Gewerbeertrags und damit der Gewerbesteuer des B. Bezüglich der Wirkungen kann auf das oben zu den Gehältern Gesagte verwiesen werden.

2. **Der ledige Alleingesellschafter G der X-GmbH erwartet [...]** (s. S. 65)

Der für die Ausschüttung bzw. die Gehaltszahlung zur Verfügung stehende Bruttobetrag ist in den Vergleichsfällen mit 200 T€ gleich groß. Bei voneinander abweichenden Steuerbelastungen der Alternativen ergeben sich dann in der Höhe voneinander abweichende Ausschüttungen und Gehaltszahlungen.

Da das ohne Gestaltungsmaßnahme erwartete zu versteuernde Einkommen der X-GmbH mit 500 T€ und der vorläufige Gewerbeertrag mit 600 T€ deutlich höher sind als der mögliche zusätzliche Gehaltsabzug von 200 T€, brauchen das zu versteuernde Einkommen und der Gewerbeertrag selbst nicht in die beabsichtigte Differenzbetrachtung aufgenommen zu werden. Vielmehr reicht es aus, die Einkommensdifferenz von 200 T€ in die Betrachtung einzubeziehen (die zugleich auch eine Differenz des Gewerbeertrags darstellt).

a) Brutto-Gewinnbestandteil für Ausschüttungen: Soll ein Brutto-Gewinnbestandteil der GmbH i. H. v. 200 T€ für Ausschüttungen verwendet werden, ist dieser zunächst auf der Ebene der GmbH zu versteuern. Er unterliegt der Gewerbesteuer (s_{ge}) i. H. v. 16,8 % (= 0,035 · 4,8) und dem kombinierten Körperschaftsteuer- und Solidaritätszuschlagsatz (s_k) i. H. v. 15,825 % (= 0,15 · 1,055). Er hat daher in voller Höhe, d. h. mit einem Betrag von 200 T€, die Wirkung von E i. S. v. Gleichung IV (S. 233) bzw. Gleichung V (S. 234). Die Steuerbelastung der Kapitalgesellschaft im Ausschüttungsfall ($S_{kap/a}$) beträgt demnach:

$$S_{kap/a} = \left(s_k + s_{ge}\right) \cdot 200.000 = (0{,}15825 + 0{,}168) \cdot 200.000 = 65.250\,€.$$

Für die Ausschüttung (A) an den Gesellschafter G verbleibt der um den Abzug der Steuern $S_{kap/a}$ reduzierte Betrag. Die Ausschüttung ist von G nach § 20 Abs. 1 Nr. 1 EStG zu versteuern. Sie unterliegt dem Abgeltungsteuersatz des § 32d Abs. 1 EStG, der einschließlich des Solidaritätszuschlagsatzes 26,375 % (= 25 % · 1,055) beträgt.[183] Kirchensteuer fällt nicht an, da G keiner Kirchengemeinde angehört. Da G gem. Sachverhalt bereits Einkünfte aus Kapitalvermögen i. H. v. 10 T€ erhält, ist der Sparer-Pauschbetrag des § 20 Abs. 9 EStG bereits voll ausgeschöpft. Der Steuersatz von 26,375 % kommt somit auf den vollen Ausschüttungsbetrag von 134.750 € (= 200.000 - 65.250) zur Anwendung. Folglich beträgt die Steuerbelastung des Gesellschafters:

$$S_{ges/a} = 134.750 \cdot 0{,}26375 = 35.540\,€.$$

[183] Von der in § 32d Abs. 2 Nr. 3 EStG kodifizierten Möglichkeit, auf die Anwendung von § 32d EStG zu verzichten, wird hier abgesehen. Siehe zu diesen „unternehmerischen" Beteiligungen Gliederungspunkt 1.3.3.2 (S. 24).

Insgesamt fällt im Fall der Ausschüttung folgende Steuerbelastung an:

$$S_{kap+ges/a} = 65.250 + 35.540 = 100.790\,€.$$

b) Brutto-Gewinnbestandteil für Gehaltszahlungen: Wird der Brutto-Gewinnbestandteil i. H. v. 200 T€ für eine Gehaltszahlung (Gh) an G verwendet, stellt diese bei der GmbH eine abzugsfähige Betriebsausgabe dar. Das Gehalt wird bei der GmbH folglich nicht mit Ertragsteuern belastet. Beim Gesellschafter G ist das Gehalt den Einnahmen aus nichtselbständiger Arbeit zuzurechnen. Einkommensteuer und Solidaritätszuschlag fallen i. H. v. 47,48 % (= 0,45 · 1,055) an. Da G gem. Sachverhalt bereits ohne die zusätzliche Gehaltszahlung i. H. v. 200 T€ ein über dem Arbeitnehmer-Pauschbetrag des § 9a EStG liegendes Gehalt bezieht, sind die vollen 200 T€ Bemessungsgrundlage. Infolge der Gehaltszahlung ergibt sich daher folgende Steuerbelastung ($S_{kap/gh}$):

$$S_{kap/gh} = Gh \cdot s_e = 200.000 \cdot 0{,}4748 = 94.960\,€.$$

c) Vergleich: Insgesamt ergeben sich für die 200 T€ also folgende Belastungen:

- bei Ausschüttung als Gewinn: 100.790 €,
- bei Zahlung als Gehalt: 94.960 €.

Somit beträgt die Mehrbelastung im Fall der Ausschüttung 5.830 € (= 100.790 - 94.960).

d) Anwendung von Belastungsformeln: Soll die Steuerwirkung des Ersatzes von Ausschüttungen durch Gehalt ermittelt werden, kann dies auch anhand der in Gliederungspunkt 1.4.2.1.2 (S. 43) abgeleiteten Belastungsformeln geschehen. Konkret kann das Ergebnis auch in einem Schritt mithilfe von Gleichung 27 (S. 45) erzielt werden. Der zu verwendende Brutto-Gewinnbestandteil von 200 T€ stellt Gh im Sinne dieser Gleichung dar. Es ergibt sich folgende Belastungsdifferenz:

$$\begin{aligned} S_{kap+ges/a} - S_{kap/gh} &= (s_k + m_e \cdot h) \cdot Gh \\ &\quad + (1 - s_k - m_e \cdot h) \cdot Gh \cdot s_{e§32d} \\ &\quad - F_{e§20} \cdot s_{e§32d} - Gh \cdot s_{e§32a} + F_{e§19} \cdot s_{e§32a} \\ &= (0{,}15825 + 0{,}168) \cdot 200.000 \\ &\quad + (1 - 0{,}15825 - 0{,}168) \cdot 200.000 \cdot 0{,}26375 \\ &\quad - 0 - 200.000 \cdot 0{,}4748 + 0 \\ &= 5.830. \end{aligned}$$

5.2 Lösungen zu Gliederungspunkt 2

3. Immobilienmakler M einigt sich im Herbst des Jahres 1 [...] (s. S. 129)

Miteinander zu vergleichen sind die folgenden beiden Fälle:

(a) M führt das Einzelunternehmen bei Anstellung seiner Kinder S und T fort.

(b) M bringt das Einzelunternehmen in eine mit seinen Kindern zu gründende KG ein (nur durch eine Einbringung kann er bei einer Umwandlung die Einzelrechtsnachfolge vermeiden).

Hierbei werden der Analyse ausschließlich die in der Aufgabenstellung genannten Prämissen zu Grunde gelegt. Die Eltern und ihre Kinder werden als eine wirtschaftliche Einheit angesehen. Es wird also das steuerliche Optimum der Gesamtheit der im Sachverhalt genannten Personen ermittelt (der Eltern und Kinder). Der Vorteilsvergleich wird folgendermaßen durchgeführt:

- In einem ersten Schritt werden die ertragsteuerlichen Vor- und Nachteile ermittelt, die durch die Aufnahme der Kinder als Kommanditisten in das Unternehmen entstehen würden (ggü. dem Fall, dass sie lediglich Angestellte werden).
- In einem zweiten Schritt werden die erbschaft- und schenkungsteuerlichen Folgen einer Aufnahme der Kinder als Gesellschafter in das Unternehmen zu Beginn des Planungszeitraums im Vergleich zu einem Verzicht hierauf herausgearbeitet.
- In einem dritten Schritt wird untersucht, ob im Fall einer Umwandlung die Buchwertfortführung oder die Aufdeckung der stillen Reserven die vorteilhaftere Maßnahme ist.

a) Aufnahme der Kinder als Kommanditisten: Gemäß Sachverhalt ist bereits die Entscheidung gefallen, dass die Kinder S und T künftig ihre Arbeitskraft in dem bisher als Einzelunternehmen geführten Unternehmen ihres Vaters einsetzen werden. Zu entscheiden ist nur noch, ob sie lediglich die Stellung von Angestellten oder zusätzlich auch die von Kommanditisten erhalten sollen. Werden sie keine Kommanditisten, stellen die Gehälter bei dem Unternehmen des M abzugsfähige Betriebsausgaben dar, bei ihnen selbst Einnahmen aus nichtselbständiger Arbeit. Erhalten die Kinder die Stellung von Kommanditisten, handelt es sich bei den Gehältern um Sondervergütungen i. S. d. § 15 Abs. 1 Satz 1 Nr. 2 EStG. Dies hat zur Folge, dass auch die Gehälter der Gewerbesteuer unterliegen. Die Gewerbesteuer ist bei den Gesellschaftern nach § 35 EStG auf deren Einkommensteuerschuld anzurechnen. Angesichts der im Sachverhalt genannten Daten (insb. den Gewinn- und Einkommenshöhen sowie dem Gewerbesteuer-Hebesatz von 400 %) ist zu erwarten, dass es zu einer Vollanrechnung der Gewerbesteuer kommt (bezogen auf die Summe der Gesellschafter).

Eine Vollanrechnung der Gewerbesteuer auf die Einkommensteuer der Gesellschafter hat zur Folge, dass der steuerliche Gewinn der Mitunternehmerschaft einschließlich der Sondervergütungen der Mitunternehmer im Ergebnis lediglich mit Einkommensteuer und Solidaritätszuschlag belastet wird. Die Summe der zu versteuernden Einkommen der Eltern und ihrer Kinder ist nach dem geschilderten Sachverhalt (zumindest annähernd) unabhängig davon, ob die Kinder die Stellung von Kommanditisten erhalten oder nicht. Da die zu versteuernden Einkommen sowohl der Eltern als auch der Kinder jeweils in die erste Proportionalzone hineinragen (unabhängig davon, ob diese Kommanditisten sind oder nicht), ist die Summe der Einkommensteuer in den Vergleichsfällen gleich groß. Damit ist auch der Saldo aller laufenden Ertragsteuern zumindest annähernd gleich groß.

b) Erbschaft- und schenkungsteuerlichen Folgen: Nach den Berechnungen des S beträgt der Wert des Betriebsvermögens zum 31.12. des Jahres 1 nach dem vereinfachten Ertragswertverfahren der §§ 199 bis 203 BewG 600 T€. Überträgt M jedem seiner beiden Kinder 24 % dieses Vermögens in Form von KG-Anteilen, beträgt der steuerpflichtige Erwerb jeweils 144 T€ (= 24 % · 600 T€). Jeder dieser Erwerbe liegt unterhalb des jedem Kind nach § 16 Abs. 1 Nr. 2 ErbStG zustehenden Freibetrags von 400 T€. Damit entsteht bei einer Schenkung der KG-Anteile zum 31.12. des Jahres 1 keine Erbschaft- und Schenkungsteuer.

Nimmt M die Kinder nicht zum 31.12. des Jahres 1, sondern erst zum 29.12. des Jahres 16 als Kommanditisten in das Unternehmen auf, entsteht auch dann – ceteris paribus – keine Erbschaft- und Schenkungsteuer. Gemäß Sachverhalt rechnet M zu diesem Zeitpunkt mit einem Wert des Unternehmens i. H. v. 900 T€. Bei der Schenkung eines KG-Anteils (der 24 % des Werts des Unternehmens umfasst) ergibt sich daraus für jedes Kind ein steuerpflichtiger Erwerb i. H. v. 216 T€ (= 24 % · 900 T€). Auch ein derartiger Erwerb liegt deutlich unterhalb des Freibetrags gem. § 16 Abs. 1 Nr. 2 ErbStG i. H. v. 400 T€. Damit ergibt sich bei einer isolierten Betrachtung der erbschaft- und schenkungsteuerlichen Folgen einer Schenkung der KG-Anteile entweder zum 31.12. des Jahres 1 oder zum 31.12. des Jahres 16 hinsichtlich der Steuerfolgen kein Unterschied. Zu beachten ist aber, dass die Eheleute zum 31.12. des Jahres 16 voraussichtlich ein übriges Vermögen i. H. v. mehr als 3 Mio. € besitzen werden. Dieser Umstand legt es nahe, die KG-Anteile zum 31.12. des Jahres 1 und nicht erst zum 31.12. des Jahres 16 auf die Kinder zu übertragen. Auf diese Weise gelingt es, den Spielraum für spätere steuerfreie Erwerbe von Teilen des übrigen Vermögens zu erweitern. Dies gilt zum einen, weil der Wert der KG-Anteile zum 31.12. des Jahres 1 nach derzeitigem Erkenntnisstand geringer ist als zum 31.12. des Jahres 16. Es gilt aber vor allem im Hinblick auf § 14 ErbStG. Nach dieser Rechtsnorm können die sich aus § 16 ErbStG ergebenden Freibeträge nach Ablauf eines Zehnjahreszeitraums erneut in Anspruch genommen werden.

c) Buchwertfortführung oder Aufdeckung der stillen Reserven: Kommt es zum 31.12. des Jahres 1 zur Umwandlung des Unternehmens in eine KG, kann diese unter Fortführung der Buchwerte, sie kann aber auch mit Vollaufstockung der stillen Reserven erfolgen (§ 24 Abs. 2 UmwStG).[184]

Der Vorteilsvergleich zwischen der Vollaufstockung einerseits und der Buchwertfortführung andererseits erfolgt mittels der Steuerdifferenz zwischen den Handlungsalternativen. Dabei wird der Fall der Buchwertfortführung als der Ausgangsfall betrachtet (als der Fall also, bei dem bei einer Differenzbetrachtung keine Steuerfolgen zu berücksichtigen sind).

[184] Zwischenwerte sind zwar ebenfalls möglich, doch ist kein Grund ersichtlich, weshalb diese vorteilhafter sein sollten als eine Buchwertfortführung oder als eine Vollaufstockung. Zwischenwerte werden deshalb nicht betrachtet.

c1) Vollaufstockung: Bei einer Vollaufstockung kommt es zum 31.12. des Jahres 1 zu einer Aufdeckung aller dann vorhandenen stillen Reserven einschließlich des originären Geschäftswerts. Die Summe dieser stillen Reserven beträgt 250.000 €. Da M bereits das 55. Lebensjahr vollendet hat, kann er die Anwendung der Begünstigungen der §§ 16 Abs. 4, 34 EStG beantragen. Dies gilt nach § 16 Abs. 2 Satz 3 EStG aber nur insoweit, als M nicht an der zu gründenden KG beteiligt ist. Gemäß Sachverhalt wird seine Beteiligung an dieser 52 % betragen. Als begünstigter Veräußerungsgewinn kommt somit lediglich ein Anteil an dem bei Vollaufstockung entstehenden Gewinn i. H. v. 120.000 € (= 250.000 · 48 %) in Betracht. Hiervon sind 45.000 € steuerfrei. Der übersteigende Betrag von 75.000 € (= 120.000 - 45.000) unterliegt im Fall einer entsprechenden Antragstellung nicht dem Tarif des § 32a EStG, sondern dem ermäßigten Steuersatz des § 34 Abs. 3 EStG. Der nicht begünstigte Gewinnanteil i. H. v. 130.000 € (= 250.000 · 52 %) unterliegt hingegen dem Tarif des § 32a EStG.

Umstritten ist, ob bei einer Vollaufstockung der auf die von M weiterhin gehaltene Beteiligung (52 %) entfallende Anteil an den stillen Reserven der Gewerbesteuer unterliegt (s. Gliederungspunkt 2.5.1 (S. 118)). Nach Ansicht des BFH, des BMF und des Gesetzgebers ist dies der Fall. Im Rahmen der hier durchzuführenden steuerplanerischen Überlegungen wird deren Ansicht gefolgt. Dies hat zur Folge, dass von den 250.000 € ein Betrag von 130.000 € (52 %) der Gewerbesteuer unterliegt, der Restbetrag von 120.000 € (48 %) hingegen nicht. Da die entstehende Gewerbesteuer aber – wie bereits erläutert – in vollem Umfang nach § 35 EStG auf die Einkommensteuerschuld anrechenbar sein dürfte, werden sie bei der hier durchzuführenden Belastungsrechnung nicht berücksichtigt.

Berücksichtigt werden also lediglich die einkommensteuerlichen Folgen. Diese setzen sich zusammen aus der Einkommensteuer auf den nicht begünstigten und den begünstigten Teil des Veräußerungsgewinns (soweit dieser nicht steuerfrei ist). Der nicht begünstigte Teil des Veräußerungsgewinns beträgt 130.000 €. Da die Eheleute im Jahr 1 mit einem steuerlichen Gewinn aus der Maklerfirma von 300.000 € rechnen, fällt die Einkommensdifferenz, der nicht begünstigte Teil des Veräußerungsgewinns, unter Berücksichtigung des Splittingtarifs in die erste Proportionalzone (s. Anlage 1 (S. 231)). Die entsprechende Einkommensteuerbelastung beträgt demnach 54.600 € (= 130.000 · 42 %). Hinzu kommt der Solidaritätszuschlag i. H. v. 3.003 € (= 54.600 · 0,055).

Die Einkommensteuer der Eheleute M auf den tarifbegünstigten Einkommensteil für das Jahr 1 ergibt sich wie folgt:

steuerpflichtiger Teil des Veräußerungsgewinns	75.000 €
+ laufender steuerlicher Gewinn des Jahres 1	300.000 €
+ nicht begünstigter Teil des Gewinns aus der Umwandlung	130.000 €
./. Saldo der Beträge, um die das zu versteuernde Einkommen gem. Sachverhalt niedriger ist als die Einkünfte aus dem Unternehmen	10.000 €
= zu versteuerndes Einkommen der Eheleute M im Jahr 1	495.000 €

Die fiktive Einkommensteuer auf das zu versteuernde Einkommen gem. § 32a EStG beträgt 189.972 € (= (0,42 · $\frac{495.000}{2}$ - 8.963,74) · 2).

Daraus resultiert ein ermäßigter Einkommensteuersatz gem. § 34 Abs. 3 EStG i. H. v. 21,4918 % (= 0,56 · $\frac{189.972}{495.000}$).

Dies führt zu einer Einkommensteuer auf den tarifbegünstigten Einkommensteil i. H. v. 16.119 € (= 75.000 · 0,214918).

Insgesamt ergibt sich für das Jahr 1 folgende zusätzliche Steuerbelastung infolge einer Aufdeckung der stillen Reserven:

Einkommensteuer auf den nicht begünstigten Teil des durch die Aufdeckung der stillen Reserven entstehenden Gewinns	54.600 €
+ Einkommensteuer auf den nach § 34 Abs. 3 EStG begünstigten Gewinnanteil	16.119 €
= zusätzliche Einkommensteuer insgesamt	70.719 €
+ Solidaritätszuschlag (61.755 · 0,055 =)	3.889 €
= zusätzliche Steuerbelastung insgesamt	74.608 €

c2) Folgewirkung der Vollaufstockung: Der aus der Vollaufstockung folgenden Steuermehrbelastung im Jahr 1 stehen Steuerminderbelastungen in den nachfolgenden Jahren ggü. Sie werden durch eine Erhöhung des AfA-Bemessungspotentials um 250.000 € verursacht. Dieses Potential besteht ausschließlich bei dem Firmenwert. Der hat nach § 7 Abs. 1 Satz 3 EStG eine typisierte Nutzungsdauer von 15 Jahren. Hieraus ergeben sich für die Jahre 2 bis 16 zusätzliche AfA-Beträge von jährlich 16.667 € (= 250.000 : 15).

Die AfA hat eine Minderung von *E* i. S. v. Gleichung II (S. 233) zur Folge. Da nicht ohne Weiteres ersichtlich ist, ob sich die zu versteuernden Einkommen der Kinder auch unter Berücksichtigung dieser AfA im Proportionalbereich bewegen werden, wird dies nun geprüft. Hierbei ist zu berücksichtigen, dass die Kinder zu jeweils 24 % an dem Gewinn der Gesellschaft beteiligt sind (d. h. nach Berücksichtigung der Sondervergütungen). Ihre Gewinnanteile werden jeweils um 24 % der zusätzlichen AfA geschmälert. Für die Jahre 2 und 3 ergibt sich Folgendes:

Steuerlicher Gesamtgewinn gem. Sachverhalt	300.000 €
./. Gehalt an S und T (60.000 · 2 =)	120.000 €
./. Gehalt an M	90.000 €
= Zwischensumme	90.000 €
./. zusätzliche AfA	16.667 €
= nach dem Gewinnverteilungsschlüssel zu verteilender Gewinn	73.333 €
davon entfallen auf S und T je 24 % (73.333 · 0,24 =)	17.600 €

Nun kann das zu versteuernde Einkommen von S und T jeweils wie folgt ermittelt werden:

Gehaltszahlung = Sondervergütung	60.000 €
+ Gewinnanteil gem. Gewinnverteilungsschlüssel	17.600 €
= Einkünfte aus Gewerbebetrieb des S bzw. der T	77.600 €
./. Abzüge bei der Einkommensermittlung	5.000 €
= zu versteuerndes Einkommen	72.600 €

Da beide Kinder ledig sind, liegt ihr zu versteuerndes Einkommen weit oberhalb des Endes des Progressionsbereichs (er endet nach § 32a EStG bei einem zu versteuernden Einkommen von 57.051 €; s. Anlage 1 (S. 231))). Damit ist auf die aus der zusätzlichen AfA resultierende Einkommensminderung auch bei den Kindern der Einkommensteuersatz von 42 % anzuwenden. Dies gilt auch für die Jahre 4 bis 16, da für diese Jahre ohne genaue Berechnung ersichtlich ist, dass das zu versteuernde Einkommen der Kinder um je 15.000 € höher sein wird als während der Jahre 2 und 3.

Somit kann für alle Jahre von 2 bis 16 für alle Beteiligten auf die aus der Erhöhung der AfA resultierende Einkommensminderung derselbe kombinierte Gewerbe- und Einkommensteuersatz angewendet werden. Dieser beträgt 44,279 % (= 0,42 · 1,055 + 0,035 · 4 - 0,035 · 3,8 · (1 + 0,055)).[185] Die aus der zusätzlichen AfA resultierenden Steuerersparnisse betragen demnach pro Jahr 7.380 € (= 16.667 · 0,44279).

c3) Gesamtwirkung: Den Steuerentlastungen in den Jahren 2 bis 16 steht die weiter oben für das Jahr 1 ermittelte Steuerbelastung von 74.608 € ggü., die aus der Aufdeckung der stillen Reserven resultiert. Bei dem im Sachverhalt geschätzten Nettokalkulationszinssatz von 6 % p.a. kann hieraus folgender Barwert der Steuerdifferenzen (*BW*) ermittelt werden:

$$\begin{aligned} BW = & -74.608 + 7.380 \cdot 1{,}06^{-1} + 7.380 \cdot 1{,}06^{-2} \\ & + 7.380 \cdot 1{,}06^{-3} + \cdots + 7.380 \cdot 1{,}06^{-15} = \text{-}2.932\,€. \end{aligned}$$

Folglich ist die Aufdeckung der stillen Reserven im Rahmen der Umwandlung des bisherigen Einzelunternehmens in eine KG geringfügig nachteiliger als die Buchwertfortführung.

d) Zusammenfassung: Die Untersuchung hat hinsichtlich eines steuerlichen Vorteilsvergleichs zwischen einer Beibehaltung des Unternehmens als Einzelunternehmen und dessen Umwandlung in eine KG Folgendes ergeben (zu den im Sachverhalt genannten Bedingungen):

(a) Die Belastung mit laufend veranlagten Ertragsteuern ist in den Alternativfällen per Saldo gleich groß (zumindest annähernd).

(b) Bei einem isolierten Vergleich der erbschaft- und schenkungsteuerlichen Folgen einer Aufnahme der Kinder in das Unternehmen zum 31.12. des Jahres 1 oder zum 29.12. des Jahres 16 ergeben sich keine Belastungsunterschiede. In beiden Fällen ist keine Belastung mit Erbschaft- und Schenkungsteuer zu erwarten. Dennoch ist eine sofortige Schenkung einer späteren Schenkung deutlich vorzuziehen, da

[185] Bei der Berechnung der Steuerbelastung wird unterstellt, dass der Grundfreibetrag bereits für die übrigen Einkünfte verwendet wird. Es handelt sich somit um eine Grenzbetrachtung.

hierdurch der Spielraum für eine erbschaft- bzw. schenkungsteuerliche Übertragung von Teilen des hohen übrigen Vermögens der Eltern auf ihre Kinder ermöglicht wird.

Vor diesem Hintergrund ist es steuerlich vorteilhafter, wenn die Kinder sofort als Kommanditisten in eine dann neu zu gründende KG eintreten. Bei der dazu notwendigen sofortigen Umwandlung des Einzelunternehmens in eine KG sollten die Buchwerte fortgeführt werden, da dies im konkreten Fall (leicht) vorteilhafter ist als die Aufdeckung der stillen Reserven.

4. **Einzelunternehmerin F möchte in die Bestand-OHG [...]** (s. S. 131)

Zivilrechtlich handelt es sich um den Eintritt in eine bestehende OHG. Ertragsteuerlich wird hingegen von der Gründung einer neuen OHG ausgegangen, in welche die Gesellschafter der OHG ihre Mitunternehmeranteile an der bisherigen OHG gegen Gewährung von Gesellschaftsrechten einbringen. Diese Aufnahme der F in die bestehende Personengesellschaft stellt einen Einbringungsvorgang i. S. d. § 24 UmwStG dar.[186] Jeder Mitunternehmeranteil ist dabei ein eigenständiger Einbringungsgegenstand. Insgesamt sind also drei Einbringungen zu beurteilen, für die jeweils die Wahl zwischen Buchwertansatz, Zwischenwertansatz und Ansatz gemeiner Werte besteht. Für die Einbringung der F sind bei Ansatz gemeiner Werte die Begünstigungen der §§ 16 Abs. 4, 34 EStG zugänglich.

Hinweis: Würde F nicht ihr Einzelunternehmen einbringen, sondern eine Geldeinlage leisten, wäre das Ergebnis das Gleiche (Tz. 01.47 UmwStE).

5. **Zum 31.12. des Jahres 1 bringt V sein bisheriges [...]** (s. S. 131)

a) Aufdeckung der stillen Reserven: Es ergibt sich folgende steuerliche Eröffnungsbilanz der KG zum 1.1. des Jahres 2:

Aktiva	Eröffnungsbilanz der KG per 1.1. des Jahres 2 (in T€)		Passiva
Ausstehende Einlagen K1, K2	200	Komplementärkapital V	800
Firmenwert	200	Kommanditkapital K1	100
Übriges Anlagevermögen	350	Kommanditkapital K2	100
Umlaufvermögen	250		
	1.000		1.000

b) Fortführung der Buchwerte: Da die Buchwerte fortgeführt werden sollen, kommt es durch die Einzahlungen der anderen Gesellschafter zum Ausweis offener Rücklagen.

In der Eröffnungsbilanz der KG sind die vom bisherigen Einzelunternehmen übernommenen Wirtschaftsgüter mit ihren bisherigen Werten anzusetzen. Entsprechend ergibt sich für V ein Komplementärkapital von 400 T€. Das bilanzielle Kommanditkapital des K1 und des K2 beträgt jeweils 50 T€ (insgesamt also 100 T€). Im Vergleich zur Schlussbilanz des V erhöht sich die Passivseite der Eröffnungsbilanz der KG um diese beiden Beträge. Die Aktivseite erhöht sich hingegen um die Einzahlungsverpflichtungen des K1

[186] Vgl. hierzu *Dötsch/Patt/Pung/Möhlenbrock* (2012), Tz. 24 mit weiteren Nachweisen.

und des K2, insgesamt also um 200 T€. Zum Ausgleich der Differenz zwischen Aktiv- und Passivseite der Bilanz von 100 T€ wird ein zusätzlicher Eigenkapitalposten von 100 T€ ausgewiesen. Dieser hat die Eigenschaft einer Kapitalrücklage. Er sollte deshalb auch als Rücklage ausgewiesen werden. Die steuerliche Eröffnungsbilanz hat dann folgendes Aussehen:

Eröffnungsbilanz der KG

Aktiva	per 1.1. des Jahres 2 (in T€)		Passiva
Ausstehende Einlagen K1, K2	200	Komplementärkapital V	400
Anlagevermögen	200	Kommanditkapital K1	50
Umlaufvermögen	200	Kommanditkapital K2	50
		Rücklage	100
	600		600

c) Abkaufen von stillen Reserven: Die neuen Gesellschafter der Personengesellschaft kaufen dem den Betrieb einbringenden Gesellschafter einen Teil der stillen Reserven ab. In diesem Fall haben die abkaufenden Gesellschafter eine positive Ergänzungsbilanz zu erstellen, der den Betrieb einbringende Gesellschafter hingegen eine negative Ergänzungsbilanz. Betont sei, dass diese Ergänzungsbilanzen ausschließlich steuerlich Bedeutung haben (nicht handelsbilanziell).

Die steuerliche Eröffnungsbilanz der KG hat folgendes Aussehen:

Eröffnungsbilanz der KG

Aktiva	per 1.1. des Jahres 2 (in T€)		Passiva
Anlagevermögen	200	Komplementärkapital V	320
Umlaufvermögen	200	Kommanditkapital K1	40
		Kommanditkapital K2	40
	400		400

Der nicht in der Bilanz der KG berücksichtigte Teil der Anschaffungskosten des K1 und des K2 von je 40 T€ ist den anteiligen stillen Reserven entsprechend auf die einzelnen Wirtschaftsgüter zu verteilen und in Ergänzungsbilanzen zu erfassen. Die gesamten stillen Reserven betragen 400 T€ (= 150 + 50 + 200). K1 und K2 werden zu je 10 % an ihnen beteiligt. Folglich werden die auf die neuen Gesellschafter entfallenden stillen Reserven in vollem Umfang aufgedeckt (anteilige Vollaufstockung).

Für K1 und K2 ergibt sich zum 1.1. des Jahres 2 jeweils folgende positive Ergänzungsbilanz:

(positive) Ergänzungsbilanz K1 bzw. K2

Aktiva	per 1.1. des Jahres 2 (in T€)		Passiva
Firmenwert	20	Eigenkapital	40
Übriges Anlagevermögen	15		
Umlaufvermögen	5		
	40		40

Damit steuerlich insgesamt tatsächlich die Buchwerte fortgeführt werden, muss V eine negative Ergänzungsbilanz erstellen. In dieser sind die summierten Bilanzansätze von K1 und K2 auszuweisen. Die negative Ergänzungsbilanz zum 1.1. des Jahres 2 hat folgendes Aussehen:

Aktiva	(negative) Ergänzungsbilanz V per 1.1. des Jahres 2 (in T€)		Passiva
Eigenkapital	80	Firmenwert	40
		Übriges Anlagevermögen	30
		Umlaufvermögen	10
	80		80

6. **Der in Deutschland lebende, verheiratete, 55 Jahre alte A [. . .]** (s. S. 131)

   a) Buchwertfortführung: Im Rahmen der Umwandlung hat die neu zu gründende GmbH gem. § 20 Abs. 2 UmwStG ein Wahlrecht, die Buchwerte des Einzelunternehmens fortzuführen (Buchwertfortführung), lediglich die in den Vorräten enthaltenen stillen Reserven von 70 T€ aufzudecken (Teilaufstockung) oder zusätzlich den originären Geschäfts- oder Firmenwert von 60 T€ aufzudecken (Vollaufstockung).[187] Über dieses Wahlrecht, das rechtlich der GmbH zusteht, hat faktisch A als deren Alleingesellschafter zu befinden.

   Wählt A die Buchwertfortführung, entstehen aus der Einbringung bei ihm persönlich keine Steuerfolgen. Deckt er hingegen stille Reserven auf, entsteht bei ihm ein Einbringungsgewinn, der als Veräußerungsgewinn i. S. d. § 16 EStG anzusehen ist. Auf diesen sind § 16 Abs. 4 und § 34 Abs. 1 und 3 EStG nach § 20 Abs. 4 UmwStG aber nur dann anzuwenden, wenn A sich zu einer Vollaufstockung entschließt. Eine Teilaufstockung ist nach den genannten Rechtsnormen hingegen nicht begünstigt. Diese Form der Aufstockung kann von vornherein aus der weiteren Betrachtung ausgeschieden werden, weil sich aus dem Sachverhalt kein Hinweis darauf ergibt, dass sie vorteilhafter als die Buchwertfortführung oder die Vollaufstockung sein könnte. Damit verbleiben als näher zu untersuchende Alternativen lediglich die Buchwertfortführung und die Vollaufstockung.

   Bei Buchwertfortführung ergeben sich für das zu versteuernde Einkommen der Eheleute A im Veranlagungszeitraum 1 aus dem Sachverhalt keine Änderungen. Das zu versteuernde Einkommen beträgt damit 120.000 €. Bei der von ihnen geplanten Zusammenveranlagung ergibt sich hieraus gem. § 32a EStG für das Jahr 1 eine Einkommensteuerschuld i. H. v. 32.472 € (= $(0{,}42 \cdot \frac{120.000}{2} - 8.963{,}74) \cdot 2$).

   b) Vollaufstockung: Bei einer Vollaufstockung entsteht bei A im Jahr 1 ein Veräußerungsgewinn i. S. d. § 16 Abs. 1 und 2 EStG i. H. v. 130.000 € (= 70.000

[187] In der Differenzierung zwischen einer Teilaufstockung der in den Vorräten enthaltenen stillen Reserven einerseits und dem originären Geschäfts- oder Firmenwert andererseits wird hier (mit der früheren Auffassung der Finanzverwaltung) kein Widerspruch zu dem Verbot der selektiven Aufstockung gesehen (s. Gliederungspunkt 2.4.2.1 (S. 106)). Die Differenzierung wird als angemessen erachtet, da der Grad an Objektivierung bei den Wirtschaftsgütern ein anderer ist als bei dem originären Geschäfts- oder Firmenwert. Dies entspricht aber nicht der h. M. Vgl. hierzu nur *Nitzschke* (2020), § 20 UmwStG, Tz. 87.

+ 60.000). Auf Antrag des A ist hiervon der sich aus § 16 Abs. 4 EStG ergebende Freibetrag abzuziehen, der 45.000 € beträgt. Das zu versteuernde Einkommen der Eheleute A erhöht sich damit ggü. dem Fall der Buchwertfortführung um 85.000 € (= 130.000 - 45.000) auf 205.000 € (= 120.000 + 85.000). Hiervon unterliegen – einen entsprechenden Antrag des A vorausgesetzt – 85.000 € dem ermäßigten Steuersatz des § 34 Abs. 3 EStG. Offensichtlich ist, dass sowohl ein Antrag nach § 16 Abs. 4 EStG als auch ein solcher nach § 34 Abs. 3 EStG möglich und auch vorteilhaft ist. Möglich sind die beiden Anträge, weil A in der Vergangenheit noch keine entsprechenden Anträge gestellt hat. Vorteilhaft sind sie, weil sie zu Steuervergünstigungen führen und A gem. Sachverhalt keine weitere Gelegenheit haben wird, entsprechende Anträge zu stellen.

Unter der Voraussetzung, dass A die beiden genannten Anträge stellt, kann die Einkommensteuerbelastung der Eheleute A für das Jahr 1 im Fall der Vollaufstockung wie folgt ermittelt werden (s. Anlage 1 (S. 231)):

zu versteuerndes Einkommen	205.000 €
fiktive Einkommensteuer nach § 32a Abs. 1 EStG $((0{,}42 \cdot \frac{205.000}{2} - 8.963{,}74) \cdot 2 =)$	68.172 €
fiktiver Steuersatz (68.172 : 205.000 =)	33,2546 %
ermäßigter Steuersatz (56 % · 33,2546 % =) (der Mindeststeuersatz i. S. d. § 34 Abs. 3 EStG i. H. v. 14 % ist nicht anwendbar)	18,6226 %
Einkommensteuerschuld auf den ermäßigt besteuerten Einkommensteil (18,6226 % · 85.000 € =)	15.829 €
+ Einkommensteuer auf den nicht begünstigten Teil des zu versteuernden Einkommens $((0{,}42 \cdot \frac{120.000}{2} - 8.963{,}74) \cdot 2 =)$	<u>32.472 €</u>
= Einkommensteuerschuld des Jahres 1	48.301 €

Für das Jahr 1 ergibt sich somit im Falle einer Vollaufstockung ggü. dem Fall der Buchwertfortführung eine um 15.829 € (= 48.301 - 32.472) höhere Einkommensteuerschuld. Hierbei handelt es sich um die auf den ermäßigten Einkommensteil entfallende Steuerschuld.

c) Gewerbesteuer: Gewerbesteuer entsteht für das Jahr 1 in den Vergleichsfällen in gleicher Höhe, da nur der laufende Gewinn und nicht der Veräußerungsgewinn der Gewerbesteuer unterliegt. Die Gewerbesteuer des Jahres 1 kann deshalb als entscheidungsirrelevant aus dem Vorteilsvergleich ausgeklammert werden.

d) Gesamtschau: Der im Vergleich zur Buchwertfortführung für das Jahr 1 zu konstatierenden Steuer*mehr*belastung der Eheleute A (i. H. v. 15.829 € plus Solidaritätszuschlag hierauf i. H. v. 870 € (= 15.829 · 5,5 %); insgesamt also i. H. v. 16.699 €) stehen *Minder*belastungen der GmbH in den Folgejahren ggü. Diese ergeben sich aus den Gewinnminderungen während der Jahre 2 bis 16 als Folge der Aufstockung. Eine Gewinnminderung i. H. v. 70.000 € ergibt sich zunächst bei der Veräußerung der Vorräte im Jahr 2. Durch die Aufstockung ist der buchmäßige Vorräteeinsatz um 70.000 € höher als er ohne vorangegangene Aufstockung im Jahr 1 wäre. Als Folge der Aufdeckung der im originären Geschäfts- oder Firmenwert enthaltenen stillen Reserven im Jahr 1 i. H. v. 60.000 € ergibt sich in den Jahren 2 bis 16 nach § 7 Abs. 1 Satz 3 EStG weiterhin eine jährliche Gewinnminderung von 4.000 € ($= \frac{60.000}{15}$).

Die Gewinnminderungen führen bei der GmbH zu einer Minderung der Teilbemessungsgrundlage E i. S. d. Gleichung zur Ermittlung der Steuerbelastung einer Kapitalgesellschaft (Gleichung V (S. 234)). Werden in diese Gleichung die hier relevanten Werte eingesetzt, nämlich E = -74.000 im Jahr 2 bzw. E = -4.000 € während der Jahre 3 bis 16, $s_k = 0{,}15 \cdot 1{,}055 = 0{,}15825$ und $s_{ge} = 0{,}035 \cdot 4 = 0{,}14$, ergeben sich folgende Steuerminderungen:

- während des Jahres 2 i. H. v. 22.071 € (= 74.000 · 29,825 %) und
- während der Jahre 3 bis 16 i. H. v. jeweils 1.193 € (= 4.000 · 29,825 %).

Bereits die für das Jahr 2 zu erwartenden Steuerminderungen fallen mit 22.071 € deutlich höher aus als die Steuermehrzahlungen für das Jahr 1 i. H. v. insgesamt 16.699 €. Hinzu kommen 14 weitere Steuerminderungen während der Jahre 3 bis 16 i. H. v. jeweils 1.193 €. Ein Steuerbarwertvergleich erübrigt sich bei derart klaren und übersichtlichen Ergebnissen. Es ist offensichtlich, dass die Vollaufstockung deutlich vorteilhafter ist als die Buchwertfortführung.

7. **S bringt zum 1.1. des Jahres 1 einen Betrieb in die T-GmbH [. . .]** (s. S. 132)

S hat die Anteile an der GmbH innerhalb der Siebenjahresfrist des § 22 Abs. 1 Satz 1 UmwStG veräußert. Daher ist der Gewinn in einen Einbringungsgewinn I und einen Gewinn aus der Anteilsveräußerung aufzuteilen. Der *Einbringungsgewinn I* wird so besteuert wie eine statt der Einbringung durchgeführte Veräußerung des Betriebs; der *Gewinn aus der Anteilsveräußerung* unterliegt den allgemeinen Grundsätzen für die Besteuerung der Veräußerung von Anteilen an einer Kapitalgesellschaft (unter Beachtung von § 17 Abs. 6 EStG bei Anteilen im Privatvermögen).

a) Einbringungsgewinn I: Der Einbringungsgewinn I wird rückwirkend auf den Stichtag der Einbringung ermittelt. Er soll die stillen Reserven erfassen, die zu diesem Zeitpunkt in dem von S eingebrachten Betrieb vorhanden waren. Der Einbringungsgewinn I mindert sich gem. § 22 Abs. 1 Satz 3 UmwStG für jedes abgelaufene Kalenderjahr um ein Siebtel. Zunächst ist der fiktive Veräußerungsgewinn zu ermitteln:

gemeiner Wert des eingebrachten Betriebs	400 T€
./. Buchwert, zu dem die GmbH das Betriebsvermögen ansetzte	100 T€
= fiktiver Veräußerungsgewinn	300 T€

Seit der Einbringung sind drei Jahre vergangen. Daher verringert sich der Einbringungsgewinn I um $\frac{3}{7}$ und es verbleiben 171,43 T€ ($= \frac{7-3}{7} \cdot 300$). Dieser Betrag ist gem. § 22 Abs. 1 Satz 1 UmwStG rückwirkend im Jahr der Einbringung, hier also im Jahr 1, nach § 16 EStG zu versteuern (ohne Anwendung des Teileinkünfteverfahrens). Die Begünstigung des § 16 Abs. 4 EStG darf nicht in Anspruch genommen werden (§ 22 Abs. 1 Satz 1 letzter Halbsatz UmwStG).

b) Gewinn aus der Anteilsveräußerung: Um eine Doppelbesteuerung zu vermeiden, erhöht der Einbringungsgewinn I die Anschaffungskosten der an der GmbH gewährten Anteile (§ 22 Abs. 1 Satz 4 UmwStG). Die GmbH kann den eingebrachten Betrieb nachträglich aufstocken und erhält so zusätzliches Aufwandspotential (§ 23 Abs. 2 UmwStG). Der Veräußerungsgewinn beträgt:

Veräußerungspreis	500 T€
./. ursprüngliche Anschaffungskosten (§ 20 Abs. 3 UmwStG)	100 T€
./. nachträgliche Anschaffungskosten (i. H. d. Einbringungsgewinns I; § 22 Abs. 1 Satz 4 UmwStG)	171,43 T€
= Veräußerungsgewinn	228,57 T€

Die von der GmbH gewährten Anteile gelten gem § 17 Abs. 6 EStG unabhängig von ihrer Beteiligungshöhe als Anteile i. S. d. § 17 EStG. Daher kommt das Teileinkünfteverfahren gem. § 3 Nr. 40 Buchstabe c EStG zur Anwendung (228,57 · 60 %).

b) Ergebnis: Insgesamt ergeben sich für S aus der Veräußerung somit Einkünfte i. H. v. 308,57 T€ (= 171,43 + 228,57 · 60 %). Ohne die Regelung des § 22 UmwStG hätten die Einkünfte lediglich 240 T€ (= (500 - 100) · 60 %) betragen.

8. **Die Gesellschafter der Hagen-OHG entscheiden einstimmig [...]** (s. S. 132)

Die Hagen-AG kann das Betriebsvermögen der Hagen-OHG i. H. d. Buchwerts, des gemeinen Werts oder eines Zwischenwerts ansetzen (§ 20 Abs. 2 UmwStG). Die ertragsteuerlichen Folgen ergeben sich durch die Wahl des Wertansatzes.

Bei Ansatz des *Buchwerts* tritt die Hagen-AG in die steuerliche Rechtsstellung der bisherigen Mitunternehmerschaft ein (§ 23 Abs. 1 i. V. m. § 12 Abs. 3 UmwStG). Die Hagen-AG ist somit vollständig an die bilanzielle Behandlung eines jeden Wirtschaftsguts durch ihren Rechtsvorgänger gebunden. Die Abschreibungsmethode, die Bemessungsgrundlage sowie die Nutzungsdauer eines Wirtschaftsguts sind zu übernehmen.

Nach § 23 Abs. 1 UmwStG gilt dies auch bei Ansatz eines *Zwischenwerts*. Da die Höhe der Wertansätze steigt, erhöht sich das steuerliche Abschreibungsvolumen. Die Abschreibungsmethoden bleiben unverändert, die Bemessungsgrundlagen werden neu bestimmt (§ 23 Abs. 3 UmwStG).

Setzt die Hagen-AG das Betriebsvermögen zum *gemeinen Wert* an, ist zwischen der Einzel- und der Gesamtrechtsnachfolge zu unterscheiden (§ 23 Abs. 4 UmwStG). Bei der Einzelrechtsnachfolge gelten die Wirtschaftsgüter zum Zeitpunkt der Einbringung als angeschafft. Die Hagen-AG tritt nicht in die Rechtsstellung der Hagen-OHG ein. Sie ist bzgl. der Wahl der Abschreibungsmethode, der Berechnung der Bemessungsgrundlage und der Festlegung der Nutzungsdauer nicht an die Vorgehensweise der Hagen-OHG gebunden. Bei der Gesamtrechtsnachfolge i. S. d. Umwandlungsgesetzes ist § 23 Abs. 3 UmwStG entsprechend anzuwenden. Die Hagen-AG tritt steuerlich in die Rechtsstellung der Hagen-OHG ein. Deren Abschreibungsmethode, Berechnung der Bemessungsgrundlage und Festlegung der Nutzungsdauer sind zu übernehmen.

Die Maschine ist in der Eröffnungsbilanz der Hagen-AG zum 1.1. des Jahres 2 mit folgendem Wert anzusetzen:

Wert gem. der Schlussbilanz der Hagen-OHG ($100.000 - \frac{100.000}{10} \cdot 1{,}5 =$)	85.000 €
+ Anteil an den stillen Reserven ($85.000 \cdot (\frac{5\text{ Mio.} - 4\text{ Mio.}}{4\text{ Mio.}}) =$)	21.250 €
= Wert gem. Eröffnungsbilanz der Hagen-AG	106.250 €
Abschreibung im Jahr 2 ($\frac{\text{Wert gem. Eröffnungsbilanz der Hagen-AG}}{\text{Restnutzungsdauer (8,5 Jahre)}} = \frac{106.250}{8{,}5} =$)	12.500 €
Bilanzansatz der Maschine zum 31.12.02 (= Wert gem. Eröffnungsbilanz der Hagen-AG – Abschreibung = 106.250 - 12.500 =)	93.750 €

9. **Die unbeschränkt steuerpflichtige B-GmbH mit Sitz […]** (s. S. 133)

Die Ausgangsstruktur ist hinsichtlich der GmbH dem Trennungsprinzip zuzuordnen, die Zielstruktur hingegen dem Transparenzprinzip. Die notwendige Anpassung erfolgt im Wege der Ausschüttungsfiktion bei den Gesellschaftern. Hierdurch wird der steuerliche Status quo herbeigeführt, der bei einem Personenunternehmen gegolten hätte (vollständige Besteuerung bereits bei Gewinnentstehung).

a) Ansatz von Buchwerten: Die B-GmbH kann die übergegangenen Wirtschaftsgüter zu Buchwerten ansetzen, sofern die spätere Besteuerung der stillen Reserven sichergestellt ist und keine Gegenleistung gewährt wird oder diese lediglich in Gesellschaftsrechten besteht (§ 3 Abs. 2 UmwStG). Da die beiden Voraussetzungen laut Aufgabe erfüllt sind, kann eine Übertragung zu Buchwerten erfolgen.

Mangels Aufdeckung stiller Reserven entsteht kein steuerlicher Übertragungsgewinn i. S. d. § 4 Abs. 1 UmwStG. Der Besteuerung im Wirtschaftsjahr 1 unterliegt somit lediglich der laufende Gewinn von 50.000 €. Dieser hat die Wirkung von E i. S. v. Gleichung IV (S. 233). Der mit E verknüpfte kombinierte Körperschaftsteuer- und Solidaritätszuschlagsatz s_k nimmt den Wert 15,825 % (= 0,15 · 1,055) an. Der Gewerbesteuersatz ergibt sich als das Produkt aus der Steuermesszahl von 3,5 % und dem Gewerbesteuer-Hebesatz von 400 %; er beträgt also 14 % ($s_{ge} = 0{,}14$). Somit ergibt sich eine Steuerbelastung i. H. v. 14.913 € (= 50.000 · (0,15825 + 0,14)).

a1) Ausschüttungsfiktion: Für die Gesellschafter gilt gem. § 7 UmwStG eine Ausschüttungsfiktion. Danach hat jeder Gesellschafter den auf ihn entfallenden Anteil an den thesaurierten Gewinnen der Gesellschaft (ausschüttbarer Gewinn) entsprechend seinem Anteil am Nennkapital der Gesellschaft zu versteuern. Es ergibt sich folgender ausschüttbarer Gewinn:

Eigenkapital laut Schlussbilanz	600.000 €
./. Nennwert	100.000 €

./. steuerliches Einlagekonto	100.000 €
= ausschüttbarer Gewinn	400.000 €

Auf X entfallen davon 280.000 € (= 400.000 · 0,7) und auf Y 120.000 € (= 400.000 · 0,3).

Da die Anteile an der B-GmbH jeweils im Betriebsvermögen gehalten werden, ist der ausschüttbare Gewinn bei den Gesellschaftern gem. § 20 Abs. 8 EStG den Einkünften aus Gewerbebetrieb zuzurechnen. Für diese gilt gem. § 3 Nr. 40 EStG das Teileinkünfteverfahren, d. h. die Einkünfte unterliegen nur zu 60 % der Besteuerung. Die steuerpflichtigen Einkünfte aus Gewerbebetrieb des X betragen damit 168.000 € (= 280.000 · 0,6), die des Y 72.000 € (= 120.000 · 0,6). Diese Einkünfte unterliegen nicht der Gewerbesteuer: Da der Umfang der Beteiligung jeweils größer als 15 % ist, erfolgt deren Kürzung (§ 9 Nr. 2a GewStG).

Die übernehmende B-OHG hat im Sinne der Ausschüttungsfiktion ein gesellschafterbezogenes Übernahmeergebnis zu ermitteln. Dieses ermittelt sich gem. § 4 Abs. 4 UmwStG aus dem Unterschiedsbetrag zwischen dem übergegangenen Vermögen und dem Buchwert der Anteile an der übertragenden B-GmbH. Die fiktiven Gewinnausschüttungen sind abzuziehen.

a2) Übernahmeergebnisse: Für den *Gesellschafter X* ergibt sich folgendes *Übernahmeergebnis*:

Aktiva der B-GmbH	1.500.000 €
./. Fremdkapital der B-GmbH	900.000 €
= übergehendes Vermögen	600.000 €
davon 70 %:	420.000 €
./. Beteiligung an der B-GmbH	145.000 €*
./. ausschüttbarer Gewinn	280.000 €
= Übernahmeergebnis	-5.000 €

*Hinweis: Der Wert der Beteiligung an der B-GmbH (145.000) ermittelt sich aus dem Anteil des X am Nennkapital der Gesellschaft (100.000 · 0,7) zuzüglich seines steuerlichen Einlagekontos (75.000).

Übernahmeergebnis des *Gesellschafters Y*:

Aktiva der B-GmbH	1.500.000 €
./. Fremdkapital der B-GmbH	900.000 €
= übergehendes Vermögen	600.000 €
davon 30 %:	180.000 €
./. Beteiligung an der B-GmbH	55.000 €
./. ausschüttbarer Gewinn	120.000 €
= Übernahmeergebnis	5.000 €

a3) steuerpflichtige Einkünfte: Das gesamte Übernahmeergebnis beträgt somit 0 € (= -5.000 + 5.000). Es wird den Gesellschaftern zugerechnet. Gemäß § 4 Abs. 7 Satz 1 UmwStG unterliegt es dem Teileinkünfteverfahren gem. § 3 Nr. 40 EStG. Dies gilt gem. § 4 Abs. 6 Satz 4 UmwStG auch für Verluste. Damit unterliegen bei X Einkünfte i. H. v. -3.000 € (= -5.000 · 0,6) der Besteuerung, bei Y Einkünfte i. H. v. 3.000 € (= 5.000 · 0,6).

Die *steuerpflichtigen Einkünfte des X* betragen damit insgesamt:

ausschüttbarer Gewinn	168.000 €
+ Übernahmeergebnis	-3.000 €
+ Einkünfte aus nichtselbständiger Arbeit	75.000 €
= Summe der Einkünfte	240.000 €

Dies führt bei Anwendung von § 32a EStG (s. Anlage 1 (S. 231)) zu einer Steuerbelastung von 96.887 € (= (240.000 · 0,42 – 8.963,74) · 1,055).

Anders verhält es sich mit den *steuerpflichtigen Einkünfte des Y*. Diese betragen insgesamt:

ausschüttbarer Gewinn	72.000 €
+ Übernahmeergebnis	3.000 €
+ Einkünfte aus nichtselbständiger Arbeit	45.000 €
= Summe der Einkünfte	120.000 €

Gemäß § 32a EStG (s. Anlage 1 (S. 231)) ergibt sich eine Steuerbelastung von 43.715 € (= (120.000 · 0,42 – 8.963,74) · 1,055).

b) Ansatz gemeiner Werte: Auf Ebene der B-GmbH ist beim Ansatz der gemeinen Werte gem. § 4 Abs. 1 UmwStG ein steuerlicher Übertragungsgewinn zu ermitteln. Dieser ergibt sich aus dem angesetzten Wert der übergegangenen Wirtschaftsgüter (1.500.000 + 200.000 + 50.000 = 1.750.000) abzüglich der Buchwerte. Er beträgt hier 250.000 € (= 1.750.000 – 1.500.000).

Der Übertragungsgewinn unterliegt im vollem Umfang der Körperschaftsteuer, der Gewerbesteuer und dem Solidaritätszuschlag. Unter Berücksichtigung des laufenden Gewinns von 50.000 € ergibt sich eine Steuerbelastung von 89.475 € (= (250.000 + 50.000) · (0,15825 + 0,14)).

Für die Gesellschafter gilt die auch beim Ansatz der Buchwerte zu beachtende Ausschüttungsfiktion. Das weitere Vorgehen zur Ermittlung der Übernahmeergebnisse entspricht somit dem bei Ansatz der Buchwerte. Bei der Ermittlung der Übernahmeergebnisse sind aber statt der Buchwerte die gemeinen Werte maßgeblich.

Übernahmeergebnis des X:

Aktiva der B-GmbH	1.750.000 €
./. Fremdkapital der B-GmbH	900.000 €
= übergehendes Vermögen	850.000 €
davon 70 %:	595.000 €
./. Beteiligung an der B-GmbH	145.000 €
./. ausschüttbarer Gewinn	280.000 €
= Übernahmeergebnis	170.000 €

Übernahmeergebnis des Y:

Aktiva der B-GmbH	1.750.000 €
./. Fremdkapital der B-GmbH	900.000 €
= übergehendes Vermögen	850.000 €
davon 30 %:	255.000 €
./. Beteiligung an der B-GmbH	55.000 €
./. ausschüttbarer Gewinn	120.000 €
= Übernahmeergebnis	80.000 €

Das gesamte Übernahmeergebnis beträgt somit 250.000 € (= 170.000 + 80.000). Es resultiert aus der Aufdeckung der stillen Reserven. Es wird auch in diesem Fall den Gesellschaftern zugerechnet und es findet gem. § 4 Abs. 7 Satz 1 UmwStG das Teileinkünfteverfahren Anwendung. Damit unterliegen bei X Einkünfte i. H. v. 102.000 € (= 170.000 · 0,6) der Besteuerung, bei Y Einkünfte i. H. v. 48.000 € (= 80.000 · 0,6).

Die *steuerpflichtigen Einkünfte des X* betragen insgesamt:

ausschüttbarer Gewinn	168.000 €
+ Übernahmeergebnis	102.000 €
+ Einkünfte aus nichtselbständiger Arbeit	75.000 €
= Summe der Einkünfte	345.000 €

Bei Anwendung des § 32a EStG (s. Anlage 1 (S. 231)) ergibt sich eine Steuerbelastung von 145.770 € (= (345.000 · 0,45 – 17.078,74) · 1,055).

Die *steuerpflichtigen Einkünfte des Y* betragen insgesamt:

ausschüttbarer Gewinn	72.000 €
+ Übernahmeergebnis	48.000 €
+ Einkünfte aus nichtselbständiger Arbeit	45.000 €
= Summe der Einkünfte	165.000 €

Bei Anwendung des § 32a EStG (s. Anlage 1 (S. 231)) ergibt sich eine Steuerbelastung von 63.654 € (= (165.000 · 0,42 – 8.963,74) · 1,055)).

c) Vergleich: Der Vergleich zwischen dem Ansatz von Buchwerten und dem von gemeinen Werten zeigt, dass bei Ansatz von Buchwerten eine insgesamt geringere Steuerbelastung resultiert als beim Ansatz gemeiner Werte: Auf Ebene der GmbH ist die Steuerbelastung um 74.562 € (= 89.475 – 14.913) geringer, bei Gesellschafter X ergibt sich eine Ersparnis von 48.883 € (= 145.770 – 96.887) und bei Y von 19.939 € (= 63.654 – 43.715)

Die Belastungsunterschiede sind vorwiegend auf das mit dem Ansatz gemeiner Werte verbundene Aufdecken stiller Reserven zurückzuführen. Daneben kommt bei den Gesellschaftern aber auch dem Progressionseffekt Bedeutung zu.

Nicht übersehen werden darf, dass sich aufgrund des Ansatzes gemeiner Werte bei der B-OHG künftig höhere Abschreibungen ergeben, welche die Steuerbelastung in späteren Jahren mindern werden. Dies wird die Wirkung der Aufdeckung der stillen Reserven kompensieren. Da diese Minderung aber erst zeitverzögert erfolgt (in Abhängigkeit von der Nutzungsdauer der abzuschreibenden Wirtschaftsgüter), verbleiben Zinsnachteile.

10. Der in Deutschland lebende Z ist alleiniger [...] (s. S. 133)

Die Ausgangsdaten weisen große Ähnlichkeit mit der vorherigen Aufgabe auf. Wesentlicher Unterschied ist, dass Z seine Anteile an der GmbH im Privatvermögen hält.

Da die Aufgabenstellung nichts Gegenteiliges vermuten lässt, kann unterstellt werden, dass die Voraussetzungen des § 3 Abs. 2 UmwStG erfüllt sind. Demnach kann die GmbH die übergegangenen Wirtschaftsgüter zu Buchwerten ansetzen. In der Folge entsteht kein steuerlicher Übertragungsgewinn i. S. d. § 4 Abs. 1 UmwStG. Der Besteuerung im Wirtschaftsjahr 1 unterliegt somit lediglich der laufende Gewinn des Jahres. Dazu enthält die Aufgabenstellung keine Angaben.

Es handelt sich um eine Beteiligung i. S. d. § 17 EStG. Daher gelten die Anteile an der GmbH gem. § 5 Abs. 2 UmwStG als in das Einzelunternehmen eingebracht. Da die Beteiligung als zum Buchwert eingelegt gilt, entsteht hierbei kein Gewinn.

Der Übernahmegewinn ergibt sich aus der Differenz der Summe der Buchwerte der GmbH (1.500 - 900 = 600 T€) und dem Buchwert der Anteile des Einzelunternehmens an der Kapitalgesellschaft. Z hat die Anteil im Privatvermögen gehalten. Daher ist ein derartiger Buchwert nicht vorhanden. Aufgrund der Einlagefiktion des § 5 Abs. 2 UmwStG gelten die Anteile zum Umwandlungsstichtag als mit ihren ursprünglichen Anschaffungskosten eingelegt. Diese entsprechen dem gezeichneten Kapital und der Kapitalrücklage und belaufen sich auf 200 T€. Somit ergibt sich ein vorläufiger Übernahmegewinn i. H. v. 400 T€ (= 600 - 200).

Nach § 4 Abs. 5 Satz 2 UmwStG ist der Übernahmegewinn um die sich aus § 7 UmwStG ergebenden fiktiven Gewinnausschüttungen zu verringern. Diese betragen:

Eigenkapital laut Schlussbilanz	600.000 €
./. Nennwert	100.000 €
./. steuerliches Einlagekonto	100.000 €
= ausschüttbarer Gewinn	400.000 €

Somit beträgt der Übernahmegewinn letztlich 0 T€.

In Höhe der fiktiven Ausschüttung handelt es sich bei Z um Einnahmen aus Kapitalvermögen (§ 7 UmwStG). Diese unterliegen gem. § 43 Abs. 1 Satz 1 Nr. 1 EStG der Kapitalertragsteuer, weil es sich um inländische Kapitalerträge handelt (Tz. 07.08 UmwStE).

Da es sich um Anteile i. S. d. § 17 EStG handelt, ist der ausschüttbare Gewinn bei Z gem. § 20 Abs. 8 EStG den Einkünften aus Gewerbebetrieb zuzurechnen. Es kommt das Teileinkünfteverfahren gem. § 3 Nr. 40 EStG zur Anwendung, d. h. die Einkünfte unterliegen nur zu 60 % der Besteuerung. Diese Einkünfte unterliegen nicht der Gewerbesteuer (§ 18 Abs. 2 Satz 2 UmwStG). Die steuerpflichtigen Einkünfte des Z betragen damit 240.000 € (= 60 % · 400.000).

11. Die unbeschränkt steuerpflichtige Neu-GmbH ist zu [...] (s. S. 134)

a) Verschmelzung zu Buchwerten: Die Alt-GmbH kann die übergehenden Wirtschaftsgüter zu Buchwerten ansetzen, sofern die spätere Besteuerung der stillen Reserven sichergestellt ist und keine Gegenleistung gewährt wird oder diese lediglich in Gesellschaftsrechten besteht (§ 11 Abs. 1 UmwStG). Da die beiden Voraussetzungen laut Aufgabenstellung erfüllt sind, kann eine Übertragung zu Buchwerten erfolgen. In diesem Fall entsteht bei der Alt-GmbH kein Übertragungsgewinn i. S. d. § 11 Abs. 2 Satz 2 UmwStG. Der vorhandene Verlustvortrag geht gem. § 8c Abs. 1 KStG unter; dessen Übertragung auf die Neu-GmbH ist nicht möglich. Da im Jahr 1 ein steuerlicher Gewinn i. H. v. 0 € erwirtschaftet wird, ergibt sich auf Seiten der Alt-GmbH keine weitere Besteuerung. Mit der Übertragung des Vermögens erlischt die Alt-GmbH. Für die Jahre 1 bis 6 ist daher keine Steuerbelastung zu beachten.

Die Neu-GmbH hat gem. § 12 Abs. 1 UmwStG die Wertansätze der Alt-GmbH zu übernehmen. Gemäß § 12 Abs. 2 UmwStG ist ein Übernahmeergebnis zu ermitteln. Es ergibt sich aus der Differenz des Buchwerts der übergegangenen Wirtschaftsgüter (400.000 - 300.000) und dem Buchwert der Beteiligung (100.000). Es beträgt hier folglich 0 € (= 100.000 - 100.000).

Damit unterliegt im Wirtschaftsjahr 1 lediglich der laufende Gewinn von 200.000 € der Besteuerung. Er hat die Wirkung von E i. S. v. Gleichung IV (S. 233). Der mit E verknüpfte kombinierte Körperschaftsteuer- und Solidaritätszuschlagsatz s_k nimmt den Wert 15,825 % (= 0,15 · 1,055) an. Der Gewerbesteuersatz ergibt sich als das Produkt aus der Steuermesszahl von 3,5 % und dem Gewerbesteuer-Hebesatz von 400 %; er beträgt 14 % (s_{ge} = 0,14). Die Steuerbelastung beträgt folglich 59.650 € (= 200.000 · (0,15825 + 0,14)). Diese Belastung ergibt sich auch für die Wirtschaftsjahre 2 bis 6.

Die Gesamtsteuerbelastung in den Jahren 1 bis 6 beträgt damit 357.900 € (= 59.650 · 6). Unter Anwendung eines Nettokalkulationszinssatzes von 5 % ergibt sich ein Steuerbarwert von 317.903 € (= $\sum_{t=0}^{5}$ 59.650 · $1{,}05^{-t}$) – bezogen auf das Ende des ersten Jahres.

b) Verschmelzung zu gemeinen Werten: Gemäß § 11 Abs. 1 UmwStG kann die Alt-GmbH die Wirtschaftsgüter ohne weitere Voraussetzungen zu gemeinen Werten ansetzen. In diesem Fall ergibt sich gem. § 11 Abs. 2 Satz 2 UmwStG ein Übertragungsgewinn von 150.000 € (= (550.000 – 300.000) - (400.000 – 300.000)). Dieser ist zusammen mit dem laufenden Gewinn von 0 € mit dem Verlustvortrag von 100.000 € zu verrechnen, so dass sich ein steuerpflichtiger Gewinn von 50.000 € (= 150.000 + 0 – 100.000) ergibt. Er unterliegt in vollem Umfang der Gewerbe- und Körperschaftsteuer sowie dem Solidaritätszuschlag (§§ 11 Abs. 2 Satz 3 UmwStG, 19 Abs. 1 UmwStG). Die Steuerbelastung beträgt 14.913 € (= 50.000 € · (0,15825 + 0,14)).

Die Neu-GmbH hat gem. § 12 Abs. 1 UmwStG die Wertansätze der Alt-GmbH zu übernehmen. Gemäß § 12 Abs. 2 UmwStG ist ein Übernahmeergebnis zu ermitteln, welches sich aus der Differenz des Werts der übergegangenen Wirtschaftsgüter (550.000 - 300.000 = 250.000) und der Differenz des Buchwerts der Beteiligung (100.000) ergibt. Es beträgt 150.000 € (= 250.000 – 100.000).

Das Übernahmeergebnis bleibt gem. § 12 Abs. 2 Satz 1 UmwStG bei der Ermittlung des zu versteuernden Einkommens bei der Körperschaft- und bei der Gewerbesteuer außer Ansatz. Allerdings gelten gem. § 12 Abs. 2 Satz 2 UmwStG i. V. m. § 8b Abs. 3 Satz 1 KStG 5 % des Übernahmeergebnisses als nicht abzugsfähige Betriebsausgaben. Durch dieses Vorgehen wird die Verschmelzung mit einer Gewinnausschüttung gleichgestellt. Das zu versteuernde Einkommen der Neu-GmbH erhöht sich folglich um 7.500 € (= 150.000 · 5 %) und der Gewinn des Wirtschaftsjahres 1 beträgt 207.500 € (= 200.000 + 7.500). Daraus resultiert eine Steuerbelastung von 61.887 € (= 207.500 · (0,15825 + 0,14)).

Auf den laufenden Gewinn der Wirtschaftsjahre 2 bis 6 wirkt sich die Aufdeckung der stillen Reserven durch ein um 150.000 € höheres Abschreibungsvolumen aus: Es ergibt sich eine zusätzliche jährliche Abschreibung von 30.000 € (= 150.000 : 5). Das zu versteuernde Einkommen beträgt somit jeweils 170.000 € (= 200.000 – 30.000) und es ergibt sich eine Steuerbelastung von jeweils 50.703 € (= 170.000 · (0,15825 + 0,14)).

Die Steuerbelastung in den Jahren 1 bis 6 beträgt damit insgesamt 330.315 € (= 14.913 + 61.887 + (50.703 · 5)). Bei Verwendung eines Nettokalkulationszinssatzes von 5 % ergibt sich ein Steuerbarwert von 296.318 € (= 14.913 + 61.887 + $\sum_{t=1}^{5}$ 50.703 · $1{,}05^{-t}$).

c) Vergleich: Der Vergleich der Steuerbarwerte zeigt, dass sich bei Ansatz gemeiner Werte ein um 21.585 € (= 317.903 – 296.318) geringerer Steuerbarwert ergibt als bei Ansatz von Buchwerten. Damit ist der Ansatz gemeiner Werte in diesem Fall vorteilhaft.

Die Vorteilhaftigkeit erklärt sich durch den bei Ansatz gemeiner Werte verrechenbaren Verlustvortrag von 100.000 €, welcher eine Minderung des Übertragungsgewinns und damit der hierauf entfallenden Steuerbelastung bewirkt. Diese Minderung der Steuerbelastung kompensiert den Nachteil der erst verspäteten Entlastungswirkung im Zuge höherer zu verrechnender Abschreibungen.

Im Falle einer fehlenden Verlustverrechnung würde sich beim Ansatz gemeiner Werte ein deutlich höherer Steuerbarwert ergeben. Aus dem Übertragungsgewinn von 150.000 € würde eine Steuerbelastung von 44.738 € (= 150.000 · (0,15825 + 0,14)) resultieren. Die Gesamtsteuerbelastung in den Jahren 1 bis 6 würde damit 360.140 € (= 44.738 + 61.887 + (50.703 · 5)) betragen und es ergäbe sich ein Steuerbarwert von 326.143 € (= 44.738 + 61.887 + $\sum_{t=1}^{5}$ 50.703 · $1{,}05^{-t}$). Im Vergleich mit dem Ansatz von Buchwerten ergäbe sich ein Nachteil von 8.240 € (= 317.903 – 326.143) zu Lasten des Ansatzes gemeiner Werte. Dieser Nachteil ist auf den Zinseffekt zurückzuführen.

5.3 Lösungen zu Gliederungspunkt 3

12. Im Jahr 1989 hat der am 27.6.1962 geborene V in Düsseldorf [. . .] (s. S. 175)

a) Konkretisierung der Entscheidungssituation: Aus dem Sachverhalt ergeben sich folgende Bedingungen, die den Kreis möglicher Rechtsformen einengen:

(a) V, S und T müssen nach der Umstrukturierung Gesellschafter sein.

(b) Keiner der drei künftigen Gesellschafter darf persönlich für die Schulden des Unternehmens haften.

(c) V will alleiniger Eigentümer des im Rheinland zu erwerbenden Grundstücks werden.

(d) V will bei Abstimmungen, die die wichtigsten Teile des übrigen Produktionsvermögens betreffen, nicht überstimmt werden können.

Die erste Bedingung bewirkt, dass V, S und T eine Gesellschaft gründen müssen. Die Fortführung der Rechtsform des Einzelunternehmens ist somit nicht möglich.

Die zweite Bedingung hat zur Folge, dass einfache Personengesellschaften (OHG, KG) von vornherein aus der Betrachtung ausscheiden (bei diesen müsste mindestens eine Person persönlich für die Schulden der Gesellschaft haften). Damit bleiben als mögliche Rechtsformen lediglich die GmbH, die GmbH & Co. KG und die Betriebsaufspaltung übrig. Zwar kämen auch noch die AG bzw. die KGaA und die SE in Betracht, doch gibt es keinen erkennbaren Grund, eine dieser Rechtsformen derjenigen der GmbH vorzuziehen. Stattdessen müsste eine Reihe von Pflichten erfüllt werden, die sich aus dem Aktiengesetz ergeben und die bei Gründung einer GmbH nicht erfüllt zu werden brauchen.

Die dritte der genannten Bedingungen hat zur Folge, dass auch die einfache GmbH als Rechtsform ausscheidet. Will V Alleineigentümer des zu erwerbenden Grundstücks im Rheinland werden, kann dieses nur dann anschließend für Produktions- und Verwaltungszwecke der GmbH genutzt werden, wenn V es nach Fertigstellung der entsprechenden Gebäude an die GmbH vermietet bzw. verpachtet. Da zumindest die Produktionshalle für den Gesellschaftszweck der GmbH notwendig ist, ergibt sich hieraus eine unechte Betriebsaufspaltung.

Auch im Fall der Gründung einer GmbH & Co. KG kann das zu erwerbende Grundstück aufgrund der an dritter Stelle genannten Bedingung nur von V erworben und von diesem an die Gesellschaft vermietet bzw. verpachtet werden. Steuerrechtlich stellt das Grundstück dann Sonderbetriebsvermögen des V an der KG der GmbH & Co. KG dar.

Aus den bisherigen Ausführungen ergibt sich, dass nur die Rechtsformen GmbH & Co. KG und Betriebsaufspaltung verbleiben. Bei beiden Rechtsformen ist es möglich, auch die vierte der genannten Bedingungen zu erfüllen (dass V bei Beschlüssen, die die wichtigsten Teile des Produktionsvermögens betreffen, nicht überstimmt werden kann). Im Fall der GmbH & Co. KG befinden sich die Produktionsanlagen üblicherweise bei der KG. Wird hiervon auch im vorliegenden Fall ausgegangen, beinhaltet die vierte Bedingung, dass V in der KG über die Mehrheit der Stimmrechte verfügen muss. Dies ist bei einer an die Kapitalbeteiligung geknüpften Stimmrechtsverteilung möglich. Voraussetzung ist allerdings, dass V an der KG Mehrheitsgesellschafter wird.

Im Fall der Betriebsaufspaltung bietet es sich an, dass V im Rahmen der Umstrukturierung Eigentümer der wichtigsten Betriebsgrundlagen bleibt.

Er vermietet bzw. verpachtet diese dann gemeinsam mit dem noch zu erwerbenden Grundstück an die Betriebs-GmbH.

Damit bleiben folgende zwei miteinander zu vergleichende mögliche Gestaltungen übrig, die in Abbildung 5.1 auf der nächsten Seite veranschaulicht sind:

(a) Eine oder mehrere der beteiligten Personen gründen eine GmbH. Diese gründet gemeinsam mit den Gesellschaftern V, S und T eine KG. Die GmbH wird Komplementär-GmbH, V, S und T werden Kommanditisten. Hierbei wird V Mehrheitsgesellschafter der KG. Das Stimmrecht in der KG wird an die Beteiligungsverhältnisse geknüpft.

(b) V, S und T gründen eine GmbH. V behält das wichtigste Vermögen seines Einzelunternehmens, erwirbt das Grundstück im Rheinland und vermietet bzw. verpachtet dieses gemeinsam mit den übrigen wichtigen Betriebsgrundlagen an die GmbH.

b) Schenkung des V an seine Kinder und Erbschaft- und Schenkungsteuerbelastung: Die geplanten Schenkungen des V an seine Kinder führen jeweils zu einem steuerpflichtigen Erwerb nach § 10 Abs. 1 ErbStG. Die Bewertung des steuerpflichtigen Erwerbs hat nach den Regeln des § 12 ErbStG zu erfolgen. Erfolgt eine Schenkung in Geld, hat die Bewertung nach § 12 Abs. 1 ErbStG i. V. m. § 9 BewG zu dessen gemeinem Wert zu erfolgen. Dies ist der Nominalwert des Geldbetrags. Im vorliegenden Fall beträgt der Wert einer jeden der beiden Schenkungen 1 Mio. €. Hiervon abzuziehen ist jeweils der Freibetrag nach § 16 Abs. 1 Nr. 2 ErbStG i. H. v. 400 T€, so dass ein Erwerb von 600 T€ zu versteuern ist. Der anzuwendende Steuersatz beträgt nach § 19 Abs. 1 ErbStG 15 %. Damit verursacht jede der beiden Schenkungen Erbschaft- und Schenkungsteuer i. H. v. 90 T€ (= 600.000 · 15 %). Insgesamt beträgt die Erbschaft- und Schenkungsteuer bei der Schenkung von Geld also 180 T€ (= 90.000 · 2).

Eine Alternative zur Schenkung von Geld ist die Schenkung von Grundstücken bzw. von Bruchteilseigentum an Grundstücken. Im konkreten Fall bietet sich nur die Schenkung des in Sachsen zu erwerbenden Grundstücks an. Wird so verfahren, muss V das Grundstück erwerben und es anschließend an S und T verschenken. Nach § 157 Abs. 1 BewG ist der Grundbesitzwert dieses Grundstücks zum Tag der Schenkung mit Hilfe eines Feststellungsbescheids förmlich festzustellen. Der Grundbesitzwert ist gem. § 157 Abs. 3 BewG nach den §§ 176 bis 198 BewG zu ermitteln. Bei einem mit einer Produktionshalle bebauten Grundstück handelt es sich um ein Geschäftsgrundstück i. S. d. § 181 Abs. 1 Nr. 4 BewG. Es ist entweder gem. § 182 Abs. 3 BewG nach dem Ertragswertverfahren oder gem. § 182 Abs. 4 BewG nach dem Sachwertverfahren zu bewerten. Das Ertragswertverfahren kommt dann zur Anwendung, wenn sich für das mit der Produktionshalle bebaute Grundstück eine (orts-)übliche Miete ermitteln lässt. Ist dies nicht möglich, ist das Sachwertverfahren anzuwenden.

Das Ertragswertverfahren ist in den §§ 184 bis 188 BewG, das Sachwertverfahren in den §§ 189 bis 191 BewG geregelt. Eine konkrete Wertermittlung kann hier nicht durchgeführt werden, da die dafür erforderlichen Daten fehlen. Es kann aber angenommen werden, dass der Grundbesitzwert in

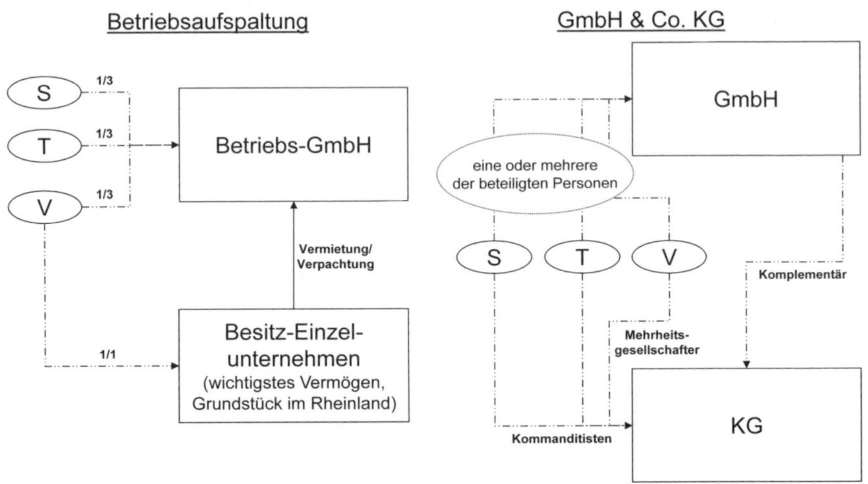

Abb. 5.1: Betriebsaufspaltung oder GmbH & Co. KG als in Frage kommende Alternativen

etwa dem Preis entspricht, zu dem das Grundstück V bereits zum Kauf angeboten worden ist. Näherungsweise kann also von einem Grundbesitzwert i. H. v. 2 Mio. € ausgegangen werden. Auf S und T entfällt demnach ein Anteil i. H. v. jeweils 1 Mio. €. Unter Zugrundelegung dieses Werts entsteht – ebenso wie bei der Schenkung von Geldvermögen – Erbschaft- und Schenkungsteuer i. H. v. 90 T€ (= (1.000.000 - 400.000) · 15 %) je Schenkung, für die beiden Schenkungen zusammen also i. H. v. 180 T€.

Völlig vermeiden lässt sich die Erbschaft- und Schenkungsteuer, wenn V die beabsichtigte Schenkung in Form einer Schenkung von Anteilen an der noch zu gründenden Gesellschaft vornimmt. Im Fall der Gründung einer GmbH & Co. KG handelt es sich um die schenkungsweise Aufnahme der Kinder als Kommanditisten (wenn die GmbH nur eine Komplementärfunktion hat), im Fall der Betriebsaufspaltung um die Schenkung von GmbH-Anteilen. Da die Voraussetzung der Mindesthöhe der Beteiligung (§ 13b Abs. 1 Nr. 3 S. 1 ErbStG) erfüllt ist, kann in beiden Fällen durch die kumulative Wirkung der Steuerbefreiung der §§ 13a und 16 ErbStG die Entstehung von Erbschaft- und Schenkungsteuer vermieden werden.

Wird wiederum von einer Übertragung von Vermögen i. H. v. 1 Mio. € je Schenkung ausgegangen, ist dieses i. H. d. Verschonungsabschlags i. S. d. § 13a Abs. 1 ErbStG steuerfrei. Der umfasst 85 % des in § 13b Abs. 4 ErbStG definierten begünstigten Vermögens. Zumindest näherungsweise kann davon ausgegangen werden, dass dies je Schenkung einem Betrag von 850 T€ (= 85 % · 1 Mio. €) entspricht. Vom verbleibenden Betrag abzuziehen ist noch der sich aus § 13a Abs. 2 ErbStG ergebende Abzugsbetrag von maximal 150 T€ je Schenkung.

Die Gewährung des Verschonungsabschlags nach § 13a Abs. 1 ErbStG ist an bestimmte in Absatz 3 der Norm aufgeführte Voraussetzungen geknüpft. Außerdem entfallen sowohl der Verschonungsabschlag als auch der Abzugsbetrag (teilweise), wenn die Behaltensfristen des § 13a Abs. 6 ErbStG nicht eingehalten werden. Nach dem hier dargestellten Sachverhalt kann aber davon ausgegangen werden, dass diese Regelungen eingehalten werden, so dass sowohl der Verschonungsabschlag als auch der Abzugsbetrag auf Dauer erhalten bleiben.

Bereits die Kombination aus Verschonungsabschlag und Abzugsbetrag bewirkt, dass der steuerpflichtige Erwerb 0 € beträgt oder wenig darüber liegt. Durch die Möglichkeit des Abzugs des Freibetrags nach § 16 ErbStG i. H. v. maximal 400 T€ je Kind ist auf jeden Fall gewährleistet, dass keine Erbschaft- und Schenkungsteuer anfällt.

c) Grunderwerbsteuer: Mit dem Erwerb des in Leipzig belegenen Grundstücks entsteht Grunderwerbsteuer und zwar unabhängig davon, ob V, seine Kinder oder die zu gründende Gesellschaft das Grundstück erwerben. Erwirbt V das Grundstück und überträgt es anschließend schenkungsweise auf seine Kinder, liegt ein zweiter steuerbarer Erwerb i. S. d. § 1 Abs. 1 GrEStG vor. Dieser Erwerb ist aber nach § 3 Nr. 2 GrEStG von der Besteuerung ausgenommen, d. h. die Übertragung des Grundstücks von V auf S und T ist von der Grunderwerbsteuer befreit.

Genutzt werden soll das Grundstück nicht von S und T, sondern vom Unternehmen. Durch die Nutzung des Grundstücks durch das Unternehmen kann ein weiterer grunderwerbsteuerbarer und -pflichtiger Vorgang ausgelöst werden. Dies ist aber nur dann der Fall, wenn das Grundstück nach der Schenkung nicht im Eigentum der beiden Kinder verbleibt, sondern auf einen anderen Rechtsträger übertragen wird. Eine solche Übertragung liegt bei einer Sacheinlage durch die Kinder vor. Bemessungsgrundlage ist dann nach § 8 Abs. 2 GrEStG der Grundbesitzwert. Dieser dürfte zumindest annähernd dem Preis entsprechen, zu dem V das Grundstück erwerben kann (also 2 Mio. €). Wird von einem Grundbesitzwert in dieser Höhe ausgegangen, beträgt die Grunderwerbsteuer bei dem nach § 11 GrEStG anzuwendenden Steuersatz von 3,5 % 70.000 € (= 2.000.000 · 3,5 %). In dieser Höhe entsteht bei der hier skizzierten Vorgehensweise ein grunderwerbsteuerlicher Nachteil ggü. dem Fall, dass das Unternehmen das Grundstück unmittelbar erwirbt. Dieser Nachteil lässt sich aber dadurch vermeiden, dass das Grundstück von S und T lediglich vermietet wird. Im Fall der Betriebsaufspaltung entsteht dann eine zweite Betriebsaufspaltung, diese aber nicht mit V, sondern mit S und T. Im Fall der Gründung einer GmbH & Co. KG und Vermietung des Grundstücks an die KG entsteht Sonderbetriebsvermögen des S und der T.

d) Steuerliche Vor- und Nachteile der GmbH & Co. KG im Vergleich zur Betriebsaufspaltung: Unterschiedliche steuerliche Auswirkungen können sich bzgl. d1) stiller Reserven, d2) der Wirkungen des § 11 Abs. 1 Satz 3 Nr. 1 GewStG, d3) Gehältern, d4) Miet- und Pachtaufwendungen und d5) thesaurierten Gewinnen ergeben.

d1) Stille Reserven: Im Zeitpunkt der Umstrukturierung können stille Reserven in dem bisherigen Einzelunternehmen des V ruhen. Bei der Gründung einer GmbH & Co. KG wird dieses Einzelunternehmen nach § 24 UmwStG in die KG der GmbH & Co. KG eingebracht. Hierbei können die Buchwerte fortgeführt, es können aber auch die stillen Reserven aufgedeckt werden.[188] Im Fall der Aufstockung entsteht ein Gewinn. Dieser ist aber nach § 16 Abs. 2 Satz 3 EStG insoweit als laufender Gewinn und nicht als begünstigter Veräußerungsgewinn zu behandeln, als V an der KG der GmbH & Co. KG beteiligt ist. Allein aufgrund dieser Vorschrift besteht die Vermutung, dass eine Aufdeckung der stillen Reserven nicht vorteilhaft ist. Allerdings kann hier noch Untersuchungsbedarf bestehen. Eine entsprechende Untersuchung lässt sich aber nur anhand der konkreten Bilanzzahlen und nach Schätzung der stillen Reserven durchführen. Da diese Zahlen nicht angegeben sind, lässt sich diese Untersuchung nicht durchführen. Nachfolgend wird davon ausgegangen, dass die Buchwertfortführung vorteilhafter ist als die Aufstockung.

Im Fall der Betriebsaufspaltung kommt es insoweit zu einer Aufdeckung stiller Reserven, als Wirtschaftsgüter auf die Betriebs-GmbH übertragen werden. Gegenüber der Gründung einer GmbH & Co. KG dürfte hierdurch allerdings kein oder nur ein geringer Nachteil entstehen. Dies liegt daran, dass die wichtigsten Betriebsgrundlagen in dem bisherigen Personenunternehmen verbleiben sollen, welches nun zum Besitzpersonenunternehmen wird. Damit werden im Wesentlichen nur diejenigen stillen Reserven aufgedeckt, die in den Vorräten vorhanden sind. Bei diesen kann davon ausgegangen werden, dass sie im Jahr der Umwandlung oder kurz danach veräußert werden. Damit entsteht im Jahr der Umwandlung zwar ein Gewinn, doch wird dieser bereits in demselben Jahr oder im Folgejahr durch eine Gewinnminderung kompensiert. Diese zu erwartende Wirkung kann durch eine entsprechende Darlegung ggü. dem Finanzamt vermutlich bereits bei der Festsetzung der Vorauszahlungen berücksichtigt werden. Hierdurch würden dann lediglich geringfügige unterjährige Zinseffekte verbleiben, die hier vernachlässigt werden können.

Hinsichtlich der steuerlichen Behandlung der stillen Reserven besteht zusammenfassend also kein oder nur ein vernachlässigbar geringer Unterschied zwischen den Vergleichsfällen.

d2) Wirkungen des § 11 Abs. 1 Satz 3 Nr. 1 GewStG: Sowohl bei Gründung einer GmbH & Co. KG als auch im Fall einer Betriebsaufspaltung kommt der Freibetrag nach § 11 Abs. 1 Satz 3 Nr. 1 GewStG zur Anwendung. Im Fall der GmbH & Co. KG kommt dieser bei der KG, im Fall der Betriebsaufspaltung bei dem Besitzpersonenunternehmen zum Abzug. Vor- oder Nachteile entstehen zwischen den Vergleichsfällen insoweit nicht.

d3) Gehälter: Gehälter an V, S und T sind im Fall der Betriebsaufspaltung abzugsfähige Betriebsausgaben. Voraussetzung ist allerdings, dass die Gehälter von der Betriebs-GmbH und nicht vom Besitzpersonenunternehmen gezahlt werden. Diese Vorgehensweise ist ohnehin sachgerecht. Daher wird nachfolgend von ihr ausgegangen.

Im Fall der Gründung einer GmbH & Co. KG sollten die Gehälter von der Komplementär-GmbH gezahlt werden, da es sich ansonsten um Sondervergütungen handeln würde (V, S und T sind in diesem Fall als Gesellschafter der KG vorgesehen). Deren Gewerbesteuerbelastung würde nicht

[188] Teilaufstockungen sind zwar ebenfalls möglich, doch ist kein Grund ersichtlich, weshalb diese vorteilhafter sein sollten als eine Buchwertfortführung oder als eine Vollaufstockung. Teilaufstockungen werden deshalb nicht betrachtet.

vollständig durch die Anrechnung nach § 35 EStG aufgewogen, da der für beide Produktionsstandorte des Unternehmens erwartete Gewerbesteuer-Hebesatz von 450 % für eine Vollanrechnung der Gewerbesteuer zu hoch ist (eine Vollanrechnung ist nur bis zu einem Gewerbesteuer-Hebesatz von 401 % möglich[189]). Es ergäbe sich also ein Nachteil im Vergleich zur Betriebsaufspaltung.

Gehaltszahlungen der Komplementär-GmbH werden bei Personen, welche zugleich Gesellschafter der KG sind, als Sondervergütungen behandelt (wenn unterstellt wird, dass die GmbH im Wesentlichen nur eine Komplementärfunktion ausübt und das Vermögen durch die KG gehalten wird). Um diese unerwünschte Wirkung zu vermeiden, ist der Verzicht auf die Beteiligung an der KG notwendig. Dies kommt nur für S und T, nicht hingegen für V in Betracht. Wird diese Gestaltung gewählt, können die Gehälter an S und T zum Abzug kommen. Alleiniger Kommanditist wird dann V. Durch die Nichtabzugsfähigkeit seines Geschäftsführergehalts entsteht im Vergleich zur Betriebsaufspaltung der gerade beschriebene gewerbesteuerliche Nachteil, der aus der zu erwartenden Höhe der Gewerbesteuer-Hebesätze von 450 % in beiden Produktionsstandorten des Unternehmens resultiert. Der zu erwartende gewerbesteuerliche Nachteil ist gering.

Für den Verzicht von S und T auf eine Beteiligung an der KG wäre es aufgrund der intendierten Schenkung von je 1 Mio. € an diese notwendig, dass die Komplementär-GmbH mit einem Eigenkapital i. H. v. (mindestens) 2 Mio. € ausgestattet wird (da gem. den obigen Ausführungen die Schenkung von Unternehmensanteilen vorzugswürdig ist). Dies dürfte aus nicht steuerlichen Gründen unerwünscht sein (darauf deutet hin, dass die persönliche Haftung ausgeschlossen werden soll; das Eigenkapital der GmbH wäre im Haftungsfall nicht vor dem Zugriff von Gläubigern geschützt). Somit ist die Beteiligung von S und T auch an der KG nicht zu vermeiden. Das bedeutet, dass die an V, S und T gezahlten Gehälter in jedem Fall als Sondervergütungen behandelt werden. Der Nachteil der GmbH & Co. KG ergibt sich aus der Differenz zwischen den Gewerbesteuer-Hebesätzen 450 % (tatsächlicher Gewerbesteuer-Hebesatz) und 401 % (maximaler Gewerbesteuer-Hebesatz, bei dem es zu einer Vollanrechnung der Gewerbesteuer auf die Einkommensteuer und den Solidaritätszuschlag kommt), multipliziert mit der Steuermesszahl von 3,5 % und der Summe der jährlichen Gehälter aller drei Gesellschafter. Die Summe dieser Gehälter beträgt 450 T€ (= 150.000 · 3) pro Jahr. Als nicht anrechenbare Gewerbesteuer ergibt sich demnach 7.718 € (= (450 % - 401 %) · 3,5 % · 450 T€) pro Jahr. In dieser Höhe entsteht bei Gründung einer GmbH & Co. KG ein gewerbesteuerlicher Nachteil ggü. dem Fall der Betriebsaufspaltung.

Eine vollständige Abzugsfähigkeit der Gehälter an V, S und T lässt sich nur durch Gestaltungsmaßnahmen erreichen, die von der traditionellen Gestaltung der GmbH & Co. KG abweichen. Eine Möglichkeit besteht darin, dass V nicht Gesellschafter, sondern lediglich Geschäftsführer der Komplementär-GmbH wird. Allerdings erscheint es zumindest zweifelhaft, ob V dies aus nicht steuerlichen Gründen akzeptieren wird. Diese Frage müsste erforderlichenfalls vorab geklärt werden. Eine andere Möglichkeit besteht

[189] Siehe dazu *Schneeloch/Meyering/Patek*, Band 4 (2020), Teil I, Gliederungspunkt 4.2.3.

darin, dass V zwar Gesellschafter der GmbH, nicht aber der KG wird. Diese Gestaltung ist nur dann mit den nicht steuerlichen Rahmendaten vereinbar, wenn der Betrieb des bisherigen Einzelunternehmens nicht in die KG, sondern in die GmbH eingebracht wird. Die GmbH hätte dann weit über die Komplementärfunktion hinausgehende Aufgaben. Hier stellt sich die Frage, welche Funktionen die KG dann überhaupt ausüben soll. Diese Frage müsste, sollte dieser Gedanke weiterverfolgt werden, unbedingt geklärt werden. Außerdem müsste mit V, S und T geklärt werden, ob die hier skizzierte Gestaltungsmaßnahme mit ihren sonstigen Vorstellungen in Einklang steht. Dies erscheint deshalb notwendig, weil eine von der derzeit üblichen Konstruktion einer GmbH & Co. KG weit abweichende Konstruktion gewählt würde.

d4) Miet- und Pachtaufwendungen: Bei Anschaffungs- und Herstellungskosten des Grundstücks und der darauf zu errichtenden Gebäude von 15 Mio. € kann der angemessene jährliche Miet- und Pachtzins auf 1 Mio. € geschätzt werden.

Eine der Bedingungen ist, dass V alleiniger Eigentümer des im Rheinland zu erwerbenden Grundstücks wird. Es wurde bereits ausgeführt, dass es sich im Fall der *Betriebsaufspaltung* anbietet, dass die wichtigsten Betriebsgrundlagen und das noch zu erwerbenden Grundstück ein Besitzpersonenunternehmen bilden, dessen Eigentümer V wird. Er vermietet bzw. verpachtet die Betriebsgrundlagen und das Grundstück dann an die Betriebs-GmbH. Die Miet- oder Pachtzahlungen mindern das zu versteuernde Einkommen und den Gewerbeertrag der Betriebs-GmbH. Bei V unterliegen die Miet- bzw. Pachteinnahmen der Einkommensteuer und zusätzlich der Gewerbesteuer des Besitzpersonenunternehmens (bei der Gewerbesteuer unter Beachtung der gewerbesteuerlichen Hinzurechnung der Miet- und Pachteinnahmen). Damit haben die Mieten bzw. Pachten bei der Betriebs-GmbH die Wirkung von $-E$ i. S. v. Gleichung IV (S. 233) und bei V bzw. dem Besitzpersonenunternehmen von E und H_{ge} i. S. v. Gleichung II (S. 233).

Der in Gleichung IV mit E verknüpfte kombinierte Körperschaftsteuer- und Solidaritätszuschlagsatz s_k nimmt den Wert 15,825 % (= 0,15 · 1,055) an. Der Gewerbesteuersatz ergibt sich als das Produkt aus der Steuermesszahl von 3,5 % und dem Gewerbesteuer-Hebesatz von 450 %; er beträgt also 15,75 % (s_{ge} = 0,1575).

Da V keiner Kirchengemeinde angehört und sich sein Einkommen in der zweiten Proportionalzone bewegt, ist für s_e in Gleichung II ein kombinierter Einkommensteuer- und Solidaritätszuschlagsatz von 47,475 % (= 45 % · 1,055) einzusetzen. Die Steuermesszahl hat den Wert 3,5 % (m_e = 0,035), der Gewerbesteuer-Hebesatz einen Wert von 450 % (h = 4,5), der Anrechnungsfaktor nach § 35 EStG einen Wert von 3,8 (α = 3,8) und der Solidaritätszuschlag von 5,5 % (s_{solz} = 0,055).

Zur Ermittlung der Hinzurechnung ist H_{ge} zu bestimmen. Hierzu ist gem. § 8 Nr. 1 Buchstabe e GewStG ein Viertel der Hälfte der Miet- und Pachtzinsen anzusetzen. Nach Abzug des Freibetrags von 100.000 € ergibt sich somit ein Betrag von 25.000 € (= 1.000.000 · $\frac{1}{4}$ · $\frac{1}{2}$ - 100.000). Die übrigen Werte für die Berechnung der Steuerfolgen der Hinzurechnung liegen vor.

Insgesamt ergeben sich folgende Wirkungen:

Wirkung der Zahlung der Miet- und Pachtzinsen bei der Betriebs-GmbH (-1.000.000 · (0,15825 + 0,1575) =)	-315.750 €
Wirkung der Vereinnahmung der Miet- und Pachtzinsen bei V und dem Besitzpersonenunternehmen (1.000.000 · (0,47475 + 0,035 · 4,5 - 0,035 · 3,8 · 1,055) + 25.000 · 0,035 · (4,5 - 3,8 · 1,055) =)	493.364 €
jährliche Differenzbelastung =	177.614 €

Die Vereinbarung der Miet- und Pachtzahlungen zwischen V und der Betriebs-GmbH verursacht also *im Vergleich zur Unterlassensalternative* per Saldo eine jährliche Mehrbelastung i. H. v. rund 177,6 T€. Aus rein steuerlicher Sicht legt dieser Sachverhalt die Vereinbarung einer möglichst geringen Miet- bzw. Pachthöhe nahe. Das ist nach der Rechtsprechung des BFH auch zulässig.[190] V sollte deshalb überlegen, ob er unter Berücksichtigung aller nicht steuerlichen Aspekte bereit ist, einen unter 1 Mio. € pro Jahr liegenden Mietzins zu akzeptieren und wie hoch dieser mindestens sein sollte.

Die bisherigen Ausführungen zu Miet- und Pachtaufwendungen beziehen sich auf einen Vergleich der Betriebsaufspaltung mit der Unterlassensalternative. Sie sagen somit nichts über die Vorteilhaftigkeit der Betriebsaufspaltung *im Vergleich zur GmbH & Co. KG* aus. Dafür ist einer Vergleich mit der GmbH & Co. KG notwendig. Oben wurde bereits ausgeführt, dass das noch zu erwerbende Grundstück auch im Fall der Gründung einer GmbH & Co. KG nur von V erworben und von diesem an die KG vermietet bzw. verpachtet werden sollte. Bei dem Grundstück handelt es sich dann um Sonderbetriebsvermögen des V an der KG der GmbH & Co. KG. Somit führt die Vereinbarung von Miet- oder Pachtzahlungen der KG an V zu einer Minderung des Gewinns der KG, der aber bei V eine Behandlung als Sondervergütung entgegensteht, so dass sich insgesamt keine steuerlichen Auswirkung auf dessen gewerblichen Einkünfte ergeben. Es zeigen sich deutliche Vorteile ggü. der Betriebsaufspaltung, für die eine jährliche Mehrbelastung von rund 177,6 T€ ermittelt wurde.

d5) Thesaurierte Gewinne: Die Gewinne sollen vollständig oder doch weitgehend thesauriert werden. Dies soll quasi auf Dauer geschehen. Damit kann im Fall der Thesaurierung innerhalb einer GmbH der Barwert der Steuerzahlungen späterer Ausschüttungen vernachlässigt werden. Da sich die Einkommen aller Gesellschafter voraussichtlich in der ersten oder der zweiten Proportionalzone bewegen werden, ist die Thesaurierung innerhalb einer GmbH vorteilhafter als innerhalb eines Personenunternehmens. Dies gilt sowohl bei Gründung einer GmbH & Co. KG als auch im Fall einer Betriebsaufspaltung.

Bei einer GmbH & Co. KG ist es somit vorteilhaft, die Gewinne innerhalb der GmbH zu thesaurieren, im Fall einer Betriebsaufspaltung innerhalb der Betriebs-GmbH. Hierbei ist die Möglichkeit der Thesaurierung im Fall der Betriebsaufspaltung erheblich größer als in dem einer GmbH & Co.

[190] Nach einem Beschluss des Großen Senats des BFH aus dem Jahr 1987 ist nämlich kein Gesellschafter der GmbH gezwungen, Nutzen aus der GmbH zu ziehen; vgl. BFH-Beschluss vom 26.10.1987, GrS 2/86, BStBl II 1988, S. 348.

KG, da die GmbH bei der GmbH & Co. KG – wie hier unterstellt – ausschließlich oder doch überwiegend die Komplementärfunktion ausüben soll. In diesem Fall ist die Betriebsaufspaltung hinsichtlich der Steuerfolgen der Thesaurierung erheblich vorteilhafter als die GmbH & Co. KG. Für die GmbH & Co. KG sollte deshalb geklärt werden, ob von der üblichen Form einer reinen Komplementär-GmbH dadurch Abstand genommen werden kann, dass die GmbH in erheblichem Umfang betriebliche Funktionen übernimmt. Solange dies nicht geklärt ist, kann nicht abschließend beurteilt werden, ob die GmbH & Co. KG hinsichtlich der steuerlichen Behandlung thesaurierter Gewinne tatsächlich nachteiliger ist als die Betriebsaufspaltung.

d6) Zusammenfassung: Die Teilergebnisse lassen sich wie folgt zusammenfassen:

- Weder bei Umwandlung des Einzelunternehmens in eine GmbH & Co. KG noch bei seiner Aufspaltung in ein Besitzpersonenunternehmen und in eine Betriebs-Kapitalgesellschaft dürfte es vorteilhaft sein, die in dem bisherigen Einzelunternehmen entstandenen stillen Reserven aufzudecken. Hinsichtlich der Steuerfolgen dieser stillen Reserven bestehen deshalb keine Unterschiede zwischen den Alternativen.
- Ebenfalls keine Unterschiede zwischen den Alternativen ergeben sich aus dem Abzug des Freibetrags des § 11 Abs. 1 Satz 3 Nr. 1 GewStG.
- Hinsichtlich der Gehaltszahlungen ist die Betriebsaufspaltung geringfügig vorteilhafter als die GmbH & Co. KG.
- Hinsichtlich der Miet- und Pachtzahlungen ist die GmbH & Co. KG deutlich vorteilhafter als die Betriebsaufspaltung.
- Hinsichtlich der thesaurierten Gewinne kann keine Aussage getroffen werden, da nicht geklärt ist, ob die GmbH bei der GmbH & Co. KG in erheblichem Umfang betriebliche Funktionen übernehmen kann.

13. Der unbeschränkt steuerpflichtige K (ledig und [...] (s. S. 176)

Gegenüberzustellen sind die ertragsteuerliche Gesamtsteuerbelastung der Fortführung des Einzelunternehmens und die bei Vornahme einer Betriebsaufspaltung.

a) Keine Vornahme einer Betriebsaufspaltung: Der Gewinn aus Gewerbebetrieb (300.000 €) unterliegt der Gewerbesteuer. Unter Berücksichtigung des Freibetrags (§ 11 Abs. 1 Satz 3 Nr. 1 GewStG) von 24.500 € ergibt sich eine Gewerbesteuerbelastung von 43.391 € (= 275.500 · 0,035 · 4,5).

Daneben unterliegt der Gewinn aus Gewerbebetrieb der persönlichen Einkommensteuer des K. Die tarifliche Einkommensteuer beträgt gem. § 32a EStG (s. Anlage 1 (S. 231)) 117.921 € (= 300.000 · 0,45 – 17.078,74).

Die Einkommensteuer wird durch die Anrechnung des 3,8fachen des Gewerbesteuermessbetrags um 36.643 € (= 9.643 · 3,8) gemindert. Unter Berücksichtigung des Solidaritätszuschlags ergibt sich damit eine kombinierte Steuerbelastung von 87.139 € (= (119.239 – 36.643) · 1,055).

Die Gesamtsteuerbelastung ohne Vornahme einer Betriebsaufspaltung beträgt damit 130.530 € (= 43.391 + 87.139).

b) Vornahme einer Betriebsaufspaltung: Auf Ebene der GmbH sind das Gehalt des K und die Pachtzinsen abzugsfähige Betriebsausgaben. Die gewerblichen Einkünfte verringern sich auf 175.000 € (= 300.000 – 75.000 – 50.000).

Die gewerblichen Einkünfte unterliegen vollständig der Gewerbesteuer, der Körperschaftsteuer und dem Solidaritätszuschlag. Es sei darauf hingewiesen, dass der Freibetrag der Gewerbesteuer bei einer Kapitalgesellschaft nicht zur Anwendung kommt; außerdem scheidet eine Hinzurechnung der Pachtzinsen gem. § 8 Nr. 1 GewStG aus, da deren Betrag 100.000 € nicht übersteigt.

Die Gesamtbelastung mit Gewerbesteuer, Körperschaftsteuer und Solidaritätszuschlag beträgt 55.256 € (= 175.000 · (0,15825 + 0,035 · 4,5)). Es ergibt sich eine ausschüttbare Bruttodividende von 119.744 € (= 175.000 – 55.256).

Beim Einzelunternehmen des K ergibt sich aufgrund der Pachtzinsen sowie der Bruttodividende ein Gewinn aus Gewerbebetrieb von 169.744 € (= 50.000 + 119.744), welcher der Gewerbesteuer unterliegt. Für deren Ermittlung ist die Bruttodividende zu kürzen (§ 9 Nr. 2a GewStG). Unter Berücksichtigung des Freibetrags (§ 11 Abs. 1 Satz 3 Nr. 1 GewStG) von 24.500 € ergibt sich eine Gewerbesteuerbelastung von 4.016 € (= (50.000 - 24.500) · 0,035 · 4,5).

K selbst erzielt Einkünfte aus Gewerbebetrieb und aus nichtselbständiger Arbeit. Bei den Einkünften aus Gewerbebetrieb unterliegt die Bruttodividende dem Teileinkünfteverfahren (§ 3 Nr. 40 EStG); diese Einkünfte betragen damit 121.846 € (= (119.744 · 0,6) + 50.000). Die Einkünfte aus nichtselbständiger Arbeit bestehen aus dem Geschäftsführergehalt von 75.000 €; sie können um den Werbungskosten-Pauschbetrag i. S. d. § 9a EStG i. H. v. 1.000 € gemindert werden. Die gesamten steuerpflichtigen Einkünfte betragen somit 195.846 € (= 121.846 + 75.000 - 1.000). Es ergibt sich gem. Anlage 1 (S. 231) eine tarifliche Einkommensteuer von 73.291 € (= 195.846 · 0,42 – 8.963,74). Unter Berücksichtigung der Anrechnung des 3,8fachen Gewerbesteuermessbetrags von 3.393 € (= 893 · 3,8) und des Solidaritätszuschlags ergibt sich eine Steuerbelastung von 73.742 € (= (73.291 – 3.393) · 1,055). Die Gesamtsteuerbelastung bei Vornahme einer Betriebsaufspaltung beträgt daher 133.014 € (= 55.256 + 4.016 + 73.742).

c) Ergebnis: Bei Vornahme einer Betriebsaufspaltung ergibt sich eine um 2.484 € (= 133.014 – 130.530) höhere Steuerbelastung. Demnach ist eine Betriebsaufspaltung nicht vorteilhaft.

5.4 Lösungen zu Gliederungspunkt 4

14. Die in Deutschland unbeschränkt steuerpflichtige T-KG [. . .] (s. S. 196)

Bei einer *Gewinnausschüttung* ergibt sich die Steuerbelastung der Untergesellschaft aus Gleichung 54 (S. 191). Sie beträgt 333.250 € (= 1.000.000 · (0,15825 + 0,175)).

Die Steuerbelastung bei der Obergesellschaft ergibt sich aus Gleichung 58 (S. 191). Eine Belastung mit Gewerbesteuer fällt aufgrund des Schachtelprivilegs des § 9 Nr. 2a GewStG nicht an, da die Beteiligung mehr als 15 %

beträgt. Nach Einsetzen der Werte resultiert damit eine Steuerbelastung i. H. v. 189.923 € (= ((1.000.000 - 1.000.000 · (0,15825 + 0,175)) · 0,6 · 0,47475).

Die Gesamtsteuerbelastung für den Fall der Ausschüttung beträgt damit 523.173 € (= 333.250 + 189.923).

Bei einem *GAV*, d. h. im Fall einer Organschaft, fallen auf Ebene der Untergesellschaft keine Ertragsteuern an. Die Steuerbelastung der Obergesellschaft ergibt sich aus Gleichung 62 (S. 192). Nach Einsetzen der Werte resultiert damit eine Steuerbelastung i. H. v. 509.435 € (= 1.000.000 · (0,47475 + 0,035 · (5 – 1,055 · 3,8))).

Die Steuerbelastung ist im Fall einer Organschaft somit um 13.738 € (= 523.173 - 509.435) geringer. Damit ist die Begründung einer Organschaft steuerlich vorteilhaft.

15. Es gelten die Ausgangsdaten der vorhergehenden Aufgabe [...] (s. S. 196)

Voraussetzung für die ertragsteuerliche Organschaft ist das Abschließen und die Durchführung eines GAV. Die Dotierung der Rücklage über das gesetzlich Erlaubte hinaus führt zu einer Nichtdurchführung des GAV. Somit wird die ertragsteuerliche Organschaft ab dem Jahr des Fortfalls der Voraussetzungen (hier das Jahr 8) nicht mehr anerkannt.

Da der GAV bereits nach der erstmaligen Schließung und Durchführung verlängert wurde, hat der Fortfall der Voraussetzungen aber keine Auswirkungen auf die Vergangenheit.

Die Gewinnabführung des Jahres 8 wird aufgrund des Fortfalls der Voraussetzung nicht nach den Vorschriften der §§ 14 bis 19 KStG sondern nach den Regelungen über die vGA behandelt. Hiernach wird der im Jahr 8 an die T-KG abgeführte Gewinn der G-GmbH bei der G-GmbH dem steuerlichen Gewinn wieder hinzugerechnet. Die Steuerbelastung lässt sich mit Hilfe von Gleichung 54 (S. 191) ermitteln. Sie beträgt 333.250 € (= 1.000.000 · (0,15825 + 0,175)).

Anhang

Anlage 1: Einkommensteuertarif (Grundtarif)

Diesem Werk wurde nachfolgende Fassung von § 32a EStG zu Grunde gelegt. Es handelt sich dabei um den Tarif des Jahres 2020, wie er bei Redaktionsschluss bekannt war.

(1) [1]Die tarifliche Einkommensteuer bemisst sich nach dem zu versteuernden Einkommen. [2]Sie beträgt ab dem Veranlagungszeitraum 2020 vorbehaltlich der §§ 32b, 32d, 34, 34a, 34b und 34c jeweils in Euro für zu versteuernde Einkommen

1. bis 9.408 Euro (Grundfreibetrag): 0;
2. von 9.409 Euro bis 14.532 Euro: (972,87 · y + 1.400) · y;
3. von 14.533 Euro bis 57.051 Euro: (212,02 · z + 2.397) · z + 972,79;
4. von 57.052 Euro bis 270.500 Euro: 0,42 · x – 8.963,74;
5. von 270.501 Euro an: 0,45 · x – 17.078,74.

[3]Die Größe „y" ist ein Zehntausendstel des den Grundfreibetrag übersteigenden Teils des auf einen vollen Euro-Betrag abgerundeten zu versteuernden Einkommens. [4]Die Größe „z" ist ein Zehntausendstel des 14.532 Euro übersteigenden Teils des auf einen vollen Euro-Betrag abgerundeten zu versteuernden Einkommens. [5]Die Größe „x" ist das auf einen vollen Euro-Betrag abgerundete zu versteuernde Einkommen. [6]Der sich ergebende Steuerbetrag ist auf den nächsten vollen Euro-Betrag abzurunden.

(5) Bei Ehegatten, die nach den §§ 26, 26b zusammen zur Einkommensteuer veranlagt werden, beträgt die tarifliche Einkommensteuer vorbehaltlich der §§ 32b, 32d, 34, 34a, 34b und 34c das Zweifache des Steuerbetrags, der sich für die Hälfte ihres gemeinsam zu versteuernden Einkommens nach Absatz 1 ergibt (Splitting-Verfahren).

Anlage 2: Grenzsteuersätze der Einkommensteuer-Tariffunktionen (Grundtarif)

Die Herleitung der Grenzsteuersätze erfolgt in Band 4 des Gesamtwerks.[1] Die genannten Beträge des zu versteuernden Einkommens beziehen sich auf den Grundtarif (Anlage 1 auf der vorherigen Seite). Bei Anwendung des Splittingtarifs verdoppeln sie sich.

Tarifbereich (in €)	Grenzsteuersatz
$E^* \leq 9.408$	$s'_e = 0$
$9.409 \leq E^* \leq 14.532$	$s'_e = 19{,}4574 \cdot E^* \cdot 10^{-6} - 0{,}043055219$ $\Rightarrow$ 14 % bis 23,97 %
$14.533 \leq E^* \leq 57.051$	$s'_e = 4{,}2404 \cdot E^* \cdot 10^{-6} + 0{,}178078507$ $\Rightarrow$ 23,97 % bis 42 %
$57.052 \leq E^* \leq 270.500$	$s'_e = 0{,}42$
$E^* > 270.500$	$s'_e = 0{,}45$

[1] Siehe hierzu *Schneeloch/Meyering/Patek*, Band 4 (2020), Teil I, Gliederungspunkt 3.2.2.

Anlage 3: Grundlegende Formeln zur Modellierung von Steuerbelastungen

Die Herleitung dieser Formeln erfolgt in Band 4 (die Nummern 1 bis 7) und Band 5 (Nummer 8) des Gesamtwerks.[2] Zur besseren Nachvollziehbarkeit wurde die dortige Nummerierung bei *römischer* Nummerierung übernommen. Bei arabischer Nummerierung wird hingegen der hier verwendeten Nummerierung gefolgt, um Verwechselungen zu vermeiden. Die in den anderen Bänden verwendeten Nummern werden in der Beschreibung erwähnt.

1. Die **Gesamtbelastungsformel für Personenunternehmen** lautet:

$$\begin{aligned} S_{nat} = {} & E \cdot (s_e + s_{ge}) + E_e \cdot s_e + H_{ge} \cdot s_{ge} \\ & - A_{n/gewst} \cdot (1 + s_{solz}) \\ & + B_{mbgr} \cdot (s_{gr} - \gamma \cdot s_{ge} - s_{gr} \cdot s_{ge} - s_{gr} \cdot s_e) \\ & + B_{mpgr} \cdot s_{gr} \cdot (1 - s_e)\,. \end{aligned} \tag{I}$$

In Einzelfällen kann es sinnvoll sein, den Gewerbesteuersatz s_{ge} als das Produkt aus Steuermesszahl m_e und Gewerbesteuer-Hebesatz h zu schreiben. Dies ermöglicht es außerdem, das sich nach § 35 EStG ergebende Anrechnungsguthaben unter Bezugnahme auf die in dieser Gleichung enthaltenen Teilbemessungsgrundlagen von der Steuerschuld abzuziehen (in Gleichung I wird das sich nach § 35 EStG ergebende Anrechnungsguthaben ohne Bezugnahme auf die in dieser Gleichung enthaltenen Teilbemessungsgrundlagen von der Steuerschuld abgezogen). Dann ergibt sich folgende Formel:

$$\begin{aligned} S_{nat} = {} & E \cdot \big(s_e + m_e \cdot h - m_e \cdot \alpha \cdot (1 + s_{solz})\big) + E_e \cdot s_e \\ & + H_{ge} \cdot m_e \cdot \big(h - \alpha \cdot (1 + s_{solz})\big) \\ & + B_{mbgr} \cdot \big(\gamma \cdot m_e \cdot \alpha \cdot (1 + s_{solz}) + s_{gr} \cdot m_e \cdot \alpha \cdot (1 + s_{solz}) \\ & \qquad + s_{gr} - \gamma \cdot m_e \cdot h - s_{gr} \cdot m_e \cdot h - s_{gr} \cdot s_e\big) \\ & + B_{mpgr} \cdot s_{gr} \cdot (1 - s_e)\,. \end{aligned} \tag{II}$$

2. Die **Gesamtbelastungsformel für Kapitalgesellschaften** lautet:

$$\begin{aligned} S_{kap} = {} & E \cdot (s_k + s_{ge}) + E_k \cdot s_k + H_{ge} \cdot s_{ge} \\ & + B_{mbgr} \cdot \big((1 - s_k) \cdot s_{gr} - (\gamma + s_{gr}) \cdot s_{ge}\big). \end{aligned} \tag{IV}$$

Auch bei Kapitalgesellschaften kann es in Einzelfällen sinnvoll sein, den Gewerbesteuersatz s_{ge} als das Produkt aus Steuermesszahl m_e und Gewerbesteuer-Hebesatz h zu schreiben. Geschieht dies, wird Gleichung IV zu:

[2] Siehe *Schneeloch/Meyering/Patek*, Band 4 (2020), Teil I, Gliederungspunkte 4 und 5; *Schneeloch/Meyering/Patek*, Band 5 (2021).

$$S_{kap} = E \cdot (s_k + m_e \cdot h) + E_k \cdot s_k + H_{ge} \cdot m_e \cdot h + B_{mbgr} \cdot \big((1 - s_k) \cdot s_{gr} - (\gamma + s_{gr}) \cdot m_e \cdot h\big). \quad \text{(V)}$$

3. Der **kombinierte Steuersatz** kann bei einem vorgegebenen reinen Einkommensteuersatz s_{ei} mittels folgender Gleichung, die in Band 4 als *Nummer 20* bezeichnet wird, ermittelt werden:

$$s_e = \frac{s_{ei} \cdot (1 + s_{ki} + s_{solz})}{1 + s_{ei} \cdot s_{ki}}. \quad (64)$$

4. **Ermittlung des Steuerbarwerts** und des **Barwerts von Steuerdifferenzen**: Bei der Ermittlung des Steuerbarwerts ist der Barwert (BW) der sich aus der jeweiligen Gestaltungsmaßnahme ergebenden Steuerzahlungen folgendermaßen zu ermitteln (in Band 4 als *Nummer 90* bezeichnet):

$$BW = \sum_{t=0}^{n} S_t \cdot q_n^{-t}. \quad (65)$$

Bestehen j steuerliche Gestaltungsalternativen ($j = 1, 2, \ldots, m$), sind im Rahmen der Steuerplanung deren Barwerte (BW_j) miteinander zu vergleichen. Zu wählen ist die Alternative mit dem geringsten Barwert (in Band 4: *Nummer 91*):

$$BW_j \rightarrow Min!. \quad (66)$$

Sind die Barwerte zweier Alternativen 1 und 2 miteinander zu vergleichen, kann die Differenz der Barwerte als Barwert der jährlichen Steuerdifferenzen zwischen den Alternativen geschrieben werden (in Band 4: *Nummer 92*):

$$\sum_{t=0}^{n} S_{1t} \cdot q_n^{-t} - \sum_{t=0}^{n} S_{2t} \cdot q_n^{-t} = \sum_{t=0}^{n} (S_{1t} - S_{2t}) \cdot q_n^{-t}. \quad (67)$$

Alternative 1 ist dann vorteilhafter, wenn gilt (in Band 4: *Nummer 93*):

$$\sum_{t=0}^{n} (S_{1t} - S_{2t}) \cdot q_n^{-t} < 0. \quad (68)$$

5. Die **Belastungsdifferenz zwischen Eigen- und der Gesellschafterfremdfinanzierung** lässt sich folgendermaßen ermitteln:

$$S_{kap+ges/a-zi} = B \cdot (s_k + s_{ge}) + B \cdot (1 - s_k - s_{ge}) \cdot s_{e/a} - B \cdot \frac{\beta \cdot s_{ge} + s_{e/zi} \cdot (1 - s_k - s_{ge})}{1 - s_k - s_{ge} + \beta \cdot s_{ge}}. \quad (69)$$

Literaturverzeichnis

1. Monographien, Sammelwerke, Kommentare, Zeitschriftenaufsätze

Bär, Ulrike/Merkle, Florian (2019): § 24 UmwStG, in: Umwandlungssteuergesetz, hrsg. von *Detlef Haritz* und *Stefan Menner*, 5. Auflage, München.

Beinert, Jörg (1979): Familienkapitalgesellschaften im Zivil- und Steuerrecht, in: Steuerberater-Jahrbuch 1978/79, Köln, S. 269–299.

Binz, Mark K./Sorg, Martin H. (2018): Die GmbH & Co. KG: im Gesellschafts- und Steuerrecht, 12. Auflage, München.

Bode, Walter (2020): § 15 EStG, in: Blümich: Einkommensteuer - Körperschaftsteuer - Gewerbesteuer: Kommentar, herausgegeben von *Bernd Heuermann* und *Peter Brandis*, München (Loseblatt), Stand: März 2020.

Börst, Jürgen (2019): § 7 UmwStG, in: Umwandlungssteuergesetz, hrsg. von *Stefan Menner* und *Andrea Bilitweski*, 5. Auflage, München.

Brähler, Gernot/Krenzin, Andreas (2020): Umwandlungssteuerrecht. Grundlagen für Studium und Steuerberaterprüfung, 11. Auflage, Wiesbaden.

Brandmüller, Gerhard (1997): Die Betriebsaufspaltung nach Handels- und Steuerrecht einschließlich Betriebsverpachtung, 7. Auflage, Heidelberg.

Brönner, Herbert (2007): Die Besteuerung der Gesellschaften, herausgegeben von *Herbert Brönner*, 18. Auflage, Stuttgart.

Creutzmann, Andreas (2008): Unternehmensbewertung und Erbschaftsteuer – Anmerkungen zum Diskussionsentwurf für eine Anteils- und Betriebsvermögensbewertungsordnung –, Stbg, S. 148–167.

Dötsch, Ewald/Patt, Joachim/Pung, Alexandra/Möhlenbrock, Rolf (2012): Umwandlungssteuerrecht, 7. Auflage, Stuttgart.

Fehrenbacher, Oliver/Tavakoli, Anusch (2014): Besteuerung der GmbH & Co. KG, 2. Auflage, Wiesbaden.

Fromm, Rüdiger (2005): „Wert des Betriebsvermögens" bei Veräußerung oder Vererbung der Obergesellschaft einer doppelstöckigen Personengesellschaft, GmbHR, S. 425–427.

Fuhrmann, Claas (2020): § 24 UmwStG, in: Umwandlungsrecht: Kommentar, hrsg. von *Siegfried Widmann* und *Dieter Mayer*, Bonn (Loseblatt), Stand: Juni 2020.

Graw, Christian (2013): Der Teilbetriebsbegriff im UmwSt-Recht nach dem UmwStE 2011, DB, S. 1011–1015.

Grobshäuser, Uwe/Maier, Walter/Kies, Dieter (2017): Besteuerung der Gesellschaften, 5. Auflage, Stuttgart.

Hallerbach, Dorothee (2016): Die GmbH & Co. KG, begründet von *Günter Söffing*, fortgeführt von *Dorothee Hallerbach* u. a. 3. Auflage, Herne, Abschnitte 1–3.3.

Hansen, Herbert (2004): Der gestiegene wirtschaftliche Stellenwert der GmbH, GmbHR, S. 39–43.

Heinhold, Michael/Hüsing, Silke/Kühnel, Mirko/Streif, Dominik/Weißflog, Knut (2015): Besteuerung der Gesellschaften: Rechtsformen und ihre steuerliche Behandlung, 3. Auflage, Herne.

Hering, Thomas (2014): Unternehmensbewertung, 3. Auflage, München.

IDW (2014): Bilanzierung von Anteilen an Personenhandelsgesellschaften im handelsrechtlichen Jahresabschluss (IDW RS HFA 18), IDW-Fachnachrichten, S. 417–418.

Jacobs, Otto H. (2015): Unternehmensbesteuerung und Rechtsform: Handbuch zur Besteuerung deutscher Unternehmen, 5. Auflage, München.

Jacobs, Otto H./Scheffler, Wolfram (1996): Steueroptimale Rechtsform – Eine Belastungsanalyse für mittelständische Unternehmen, 2. Auflage, München.

Janssen, Bernhard (2017): Verdeckte Gewinnausschüttungen - systematische Darstellung der Voraussetzungen und Auswirkungen, 12. Auflage, Herne.

Kaminski, Bert/Strunk, Günther (2012): Einfluss von Steuern auf unternehmerische Entscheidungen, Wiesbaden.

Klingberg, Dietgard (2020): §§ 4, 7 UmwStG, in: Blümich: Einkommensteuer - Körperschaftsteuer - Gewerbesteuer: Kommentar, herausgegeben von *Bernd Heuermann* und *Peter Brandis*, München (Loseblatt), Stand: März 2020.

Klingebiel, Jörg/Patt, Joachim/Rasche, Ralf/Krause, Torsten (2016): Umwandlungssteuerrecht, 4. Auflage, Stuttgart.

Klunzinger, Eugen (2012): Grundzüge des Gesellschaftsrechts, 16. Auflage, München.

König, Rolf/Maßbaum, Alexandra/Sureth-Sloane, Caren (2016): Besteuerung und Rechtsformwahl: Personengesellschaften, Kapitalgesellschaften und Mischformen im Vergleich, 7. Auflage, Herne.

Korn, Christian (2019): § 2 UStG, in: Umsatzsteuergesetz: Kommentar, begründet von *Johann Bunjes* und *Reinhold Geist*, erläutert von *Hans-Hermann Heidner* u. a. 18. Auflage, München.

Kornblum, Udo (2019): Bundesweite Rechtstatsachen zum Unternehmens- und Gesellschaftsrecht (Stand 1.1.2019), GmbHR, S. 689–698.

Kußmaul, Heinz (2016): Betriebswirtschaftslehre: eine Einführung für Einsteiger und Existenzgründer, 8. Auflage, München.

Kußmaul, Heinz (2020): Betriebswirtschaftliche Steuerlehre, 8. Auflage, München.

Ley, Ursula (2004): Die Anwendung von § 15a EStG auf doppelstöckige Personengesellschaften, DStR, S. 1498–1504.

Lishaut, Ingo van (2019): § 4 UmwStG, in: Umwandlungssteuergesetz: Kommentar, herausgegeben von *Thomas Rödder*, *Andreas Herlinghaus* und *Ingo van Lishaut*, 3. Auflage, Köln.

Madl, Roland (2012): Umwandlungssteuerrecht, 5. Auflage, Stuttgart.

Matschke, Manfred Jürgen/Brösel, Gerrit (2013): Unternehmensbewertung: Funktionen – Methoden – Grundsätze, 4. Auflage, Wiesbaden.

Mayer, Lars (2003): Steuerbilanzielle Behandlung von Mehrwerten bei Erwerb einer Beteiligung an einer doppelstöckigen Personengesellschaft – Anwendung der Spiegelbildmethode in der Steuerbilanz, DB, S. 2034–2040.

Menner, Stefan (2019): § 20 UmwStG, in: Umwandlungssteuergesetz, hrsg. von *Stefan Menner* und *Andrea Bilitweski*, 5. Auflage, München.

Meyering, Stephan (2007): Existenzgründung durch Einzelunternehmenskauf, Berlin.

Nitzschke, Dirk (2020): § 20 UmwStG in: Blümich: Einkommensteuer - Körperschaftsteuer - Gewerbesteuer: Kommentar, herausgegeben von *Bernd Heuermann* und *Peter Brandis*, München (Loseblatt), Stand: März 2020.

Pahlke, Armin (2018): Grunderwerbsteuergesetz: Kommentar, erläutert von *Armin Pahlke*, mitbegründet von *Willy Franz*, 6. Auflage, München.

Rahier, Gabriele (1999): Zusammenführung von Unternehmen durch Verschmelzung nach dem Umwandlungsgesetz, Lohmar/Köln.

Richter, Lutz (2003): Ansätze einer Konzernbesteuerung in Deutschland - Eine betriebswirtschaftliche Analyse spezifischer steuerrechtlicher und zivilrechtlicher Aspekte und Fragestellungen sowie grenzüberschreitender Betrachtungsweisen aus nationaler Sicht im Kontext (eines Entwurfs) des Unternehmenssteuerfortentwicklungsgesetzes (UntStFG) -, Frankfurt am Main u. a.

Scheffler, Wolfram/Nagel, Julia (2013): Umstrukturierungen von Unternehmen: Einfluss der Rechtsform auf die Grunderwerbsteuer und die Umsatzsteuer, UBg, S. 442–452.

Schlösser, Julia/Reichl, Alexander/Rapp, Benjamin (2017): § 11 UmwStG, in: Umwandlungen: Verschmelzungen – Spaltung, Formwechsel – Vermögensübertragunghrsg. von *Bernd Sagasser*, *Thomas Bula* und *Thomas R. Brünger*, 5. Auflage, München.

Schmitt, Joachim (2018): §§ 4, 20, 24 UmwStG, in: Umwandlungsgesetz – Umwandlungssteuergesetz, hrsg. von *Joachim Schmitt* und *Robert Hörtnagl*, 8. Auflage, München.

Schneeloch, Dieter (1991): Betriebsaufspaltung – Voraussetzungen und Steuerfolgen, DStR, S. 761–765, 804–810.

Schneeloch, Dieter (2006): Rechtsformwahl und Rechtsformwechsel mittelständischer Unternehmen: Auswahlkriterien, Steuerplanung, Gestaltungsempfehlungen, 2. Auflage, München.

Schneeloch, Dieter (2009): Betriebswirtschaftliche Steuerlehre, Band 2: Betriebliche Steuerpolitik, 3. Auflage, München.

Schneeloch, Dieter/Meyering, Stephan/Patek, Guido (2016): Betriebswirtschaftliche Steuerlehre, Band 1: Grundlagen der Besteuerung, Ertragsteuern, 7. Auflage, München.

Schneeloch, Dieter/Meyering, Stephan/Patek, Guido (2017a): Betriebswirtschaftliche Steuerlehre, Band 2: Steuerliche Gewinnermittlung, 7. Auflage, München.

Schneeloch, Dieter/Meyering, Stephan/Patek, Guido (2017b): Betriebswirtschaftliche Steuerlehre, Band 3: Substanzsteuern, Verkehrsteuern und Grundzüge des Besteuerungsverfahrens, 7. Auflage, München.

Schneeloch, Dieter/Meyering, Stephan/Patek, Guido (2020): Betriebswirtschaftliche Steuerlehre, Band 4: Grundlagen und autonome Steuerplanung, 4. Auflage, München.

Schneeloch, Dieter/Meyering, Stephan/Patek, Guido (2021): Betriebswirtschaftliche Steuerlehre, Band 5: Investitions-, Finanzierungs- und Standortwahlentscheidungen, 4. Auflage, München.

Söffing, Matthias/Micker, Lars (2019): Die Betriebsaufspaltung: Formen, Voraussetzungen, Rechtsfolgen, begründet von *Günter Söffing*, 7. Auflage, Herne.

Statistisches Bundesamt Deutschland (2020a): Finanzen und Steuern: Umsatzsteuerstatistik (Voranmeldungen) 2017 (Fachserie 14/Reihe 8.1), Wiesbaden.

Statistisches Bundesamt Deutschland (2020b): Finanzen und Steuern: Umsatzsteuerstatistik (Voranmeldungen) 2018 (Fachserie 14/Reihe 8.1), Wiesbaden.

Strauch, Robert (2012): Umwandlungssteuerrecht, 2. Auflage, Heidelberg u. a.

Wacker, Roland (2020): § 15 EStG, in: Einkommensteuergesetz: Kommentar, begründet von *Ludwig Schmidt*, herausgegeben von *Heinrich Weber-Grellet*, 39. Auflage, München.

Wehrheim, Michael (1989): Die Betriebsaufspaltung in der Finanzrechtsprechung, Wiesbaden.

Weier, Dagmar (2008): Der deutsche Teilbetrieb wird europäisch, DStR, S. 1002–1008.

Wöhe, Günter (1990): Betriebswirtschaftliche Steuerlehre: Der Einfluß der Besteuerung auf die Wahl und den Wechsel der Rechtsform eines Betriebes, Band 2, 1. Halbband, 5. Auflage, München.

Zimmermann, Reimar/Hottmann, Jürgen/Kiebele, Sabrina/Schaeberle, Jürgen/Scheel, Thomas (2017): Die Personengesellschaft im Steuerrecht, 12. Auflage, Achim.

2. Gesetze und Verordnungen der Bundesrepublik Deutschland

AO: Abgabenordnung in der Fassung der Bekanntmachung vom 1.10.2002, BGBl I 2002, S. 3866, berichtigt durch BGBl I 2003, S. 61, zuletzt geändert durch Gesetz vom 21.12.2019, BGBl I 2019, S. 2875.

BewG: Bewertungsgesetz in der Fassung der Bekanntmachung vom 1.2.1991, BGBl I 1991, S. 230, zuletzt geändert durch Gesetz vom 12.12.2019, BGBl I 2019, S. 2451.

BGB: Bürgerliches Gesetzbuch in der Fassung der Bekanntmachung vom 2.1.2002, BGBl I 2002, S. 42, berichtigt: S. 2909 und BGBl I 2003, S. 738, zuletzt geändert durch Gesetz vom 19.03.2020, BGBl I 2020, S. 540.

ErbStG: Erbschaftsteuergesetz in der Fassung der Bekanntmachung vom 27.2.1997, BGBl I 1997, S. 378, zuletzt geändert durch Gesetz vom 26.11.2019, BGBl I 2019, S. 1794.

EStG: Einkommensteuergesetz in der Fassung der Bekanntmachung vom 8.10.2009, BGBl I 2009, S. 3366, 3862, zuletzt geändert durch Gesetz vom 21.12.2019, BGBl I 2019, S. 2886.

Gesetz zur Rückführung des Solidaritätszuschlags 1995 vom 10.12.2019, BGBl I 2019, S. 2115.

GmbHG: Gesetz betreffend die Gesellschaften mit beschränkter Haftung vom 20.4.1892, in bereinigter Fassung (BGBl III, Gliederungsnummer 4123-1), zuletzt geändert durch Gesetz vom 17.7.2017, BGBl I 2017, S. 2446.

GewStG: Gewerbesteuergesetz vom 1.12.1936, in der Fassung der Bekanntmachung vom 15.10.2002, BGBl I 2002, S. 4167, zuletzt geändert durch Gesetz vom 12.12.2019, BGBl I 2019, S. 2451.

GG: Grundgesetz für die Bundesrepublik Deutschland vom 23.5.1949, in bereinigter Fassung (BGBl III, Gliederungsnummer 100-1, zuletzt geändert durch Gesetz vom 15.11.2019, BGBl I 2019, S. 1546.

GrEStG: Grunderwerbsteuergesetz in der Fassung der Bekanntmachung vom 26.2.1997, BGBl I 1997, S. 418, berichtigt: S. 1804, zuletzt geändert durch Gesetz vom 25.3.2019, BGBl I 2019, S.ß57.

HGB: Handelsgesetzbuch vom 10.5.1897, RGBl I 1897, S. 219, in bereinigter Fassung (BGBl III, Gliederungsnummer 4100-1), zuletzt geändert durch Gesetz vom 12.12.2019, BGBl I 2019, S. 2637.

KStG: Körperschaftsteuergesetz vom 31.8.1976 in der Fassung der Bekanntmachung vom 15.10.2002, BGBl I 2002, S. 4144, zuletzt geändert durch Gesetz vom 21.12.2019, BGBl I 2019, S. 2875.

UmwG: Umwandlungsgesetz vom 28.10.1994, BGBl I 1994, S. 3210, berichtet: BGBl I 1995, S. 428, zuletzt geändert durch Gesetz vom 19.12.2018, BGBl I 2018, S. 2694.

UmwStG: Umwandlungssteuergesetz vom 7.12.2006, BGBl I 2006, S. 2782, berichtigt: S. 2791, zuletzt geändert durch Gesetz vom 25.3.2019, BStBl I 2019, S. 357.

UStG: Umsatzsteuergesetz vom 26.11.1979 in der Fassung der Bekanntmachung vom 21.2.2005, BGBl I 2005, S. 386, zuletzt geändert durch Gesetz vom 21.12.2019, BGBl I 2019, S. 2886.

3. Gerichtsbeschlüsse und -urteile

BFH-Beschluss vom 8.11.1971, GrS 2/71, BStBl II 1972, S. 63.

BFH-Beschluss vom 26.10.1987, GrS 2/86, BStBl II 1988, S. 348.

BFH-Beschluss vom 5.7.1990, GrS 4-6/89, BStBl II 1990, S. 847.

BFH-Beschluss vom 25.2.1991, GrS 7/89, BStBl II 1991, S. 691.

BFH-Beschluss vom 3.4.2001, IV B 111/00, BFH/NV 2001, S. 1252.

BFH-Urteil vom 3.11.1959, I 217/58, BStBl III 1960, S. 50.

BFH-Urteil vom 6.5.1965, IV 135/64 U, BStBl III 1965, S. 503.

BFH-Urteil vom 24.6.1969, I 201/64, BStBl II 1970, S. 17.

BFH-Urteil vom 9.7.1970, IV R 16/69, BStBl II 1970, S. 722.

BFH-Urteil vom 2.8.1972, IV 87/65, BStBl II 1972, S. 796.

BFH-Urteil vom 14.8.1975, IV R 30/71, BStBl II 1976, S. 88.

BFH-Urteil vom 14.12.1978, V R 85/74, BStBl II 1979, S. 288.

BFH-Urteil vom 5.2.1981, IV R 165-166/77, BStBl II 1981, S. 376.

BFH-Urteil vom 30.7.1985, VIII R 263/81, BStBl II 1986, S. 359.

BFH-Urteil vom 6.8.1985, VIII R 280/81, BStBl II 1986, S. 17.

BFH-Urteil vom 12.11.1985, VIII R 342/82, BStBl II 1986, S. 299.

BFH-Urteil vom 23.1.1986, IV R 335/84, BStBl II 1986, S. 623

BFH-Urteil vom 18.2.1986, VIII R 125/85, BStBl II 1986, S. 611.

BFH-Urteil vom 12.10.1988, X R 5/86, BStBl II 1989, S. 152.

BFH-Urteil vom 23.8.1990, IV R 71/89, BStBl II 1991, S. 172.

BFH-Urteil vom 11.12.1990, VIII R 14/87, BStBl II 1991, S. 510.

BFH-Urteil vom 12.2.1992, XI R 18/90, BStBl II 1992, S. 723.

BFH-Urteil vom 16.9.1994, III R 45/92, BStBl II 1995, S. 75.

BFH-Urteil vom 21.8.1996, X R 25/93, BStBl II 1997, S. 44.

BFH-Urteil vom 4.12.1996, II B 116/96, BStBl II 1997, S. 661.

BFH-Urteil vom 24.2.2000, IV R 62/98, BStBl II 2000, S. 417.

BFH-Urteil vom 29.8.2001, VIII R 34/00, BFH/NV 2002, S. 185.

BFH-Urteil vom 19.3.2002, VIII R 57/99, BStBl II 2002, S. 662.

BFH-Urteil vom 6.6.2002, V R 43/01, BStBl II 2003, S. 36.

BFH-Urteil vom 30.4.2003, I R 102/01, BStBl II 2004, S. 804.

BFH-Urteil vom 15.6.2004, VIII R 7/01, BStBl II 2004, S. 754.

BFH-Urteil vom 29.11.2007, IV R 82/05, BStBl II 2008, S. 471.

BFH-Urteil vom 17.7.2008, I R 77/06, BStBl II 2009, S. 464.

BFH-Urteil vom 19.3.2009, IV R 78/06, BStBl II 2009, S. 803.

BFH-Urteil vom 20.5.2010, III R 28/08, BFH/NV 2010, S. 1946.

BFH-Urteil vom 16.5.2013, IV R 54/11, BFH/NV 2013, S. 1557.

BFH-Urteil vom 29.4.2014, VIII R 9/13, BStBl II 2014, S. 986.

BFH-Urteil vom 29.7.2015, IV R 16/13, BFH/NV 2016, S. 19.

BFH-Urteil vom 12.4.2018, IV R 5/15, BFHE 261, S. 157.

BGH-Urteil vom 11.10.1967, Ib ZR 144/65, NJW 1968, S. 392.

BGH-Urteil vom 8.5.1979, KVR 1/78, NJW 1979, S. 2401.

BGH-Urteil vom 2.3.1988, VIII ZR 63/87, NJW 1988, S. 1668.

BVerfG-Beschluss vom 14.1.1969, 1 BvR 136/62, BStBl II 1969, S. 389.

BVerfG-Beschluss vom 12.3.1985, 1 BvR 571/81, BStBl II 1985, S. 475.

EuGH-Urteil vom 20.6.1991, C-60/90, Polysar Investments Netherlands.

FG Düsseldorf, Urteil vom 29.1.2019, 0 K 2717/17 G, Zerl, EFG 2019 S. 544.

FG Niedersachsen vom 19.11.2015, 5 K 286/12, EFG 2016, S. 138.

RFH-Urteil vom 26.10.1938, VI 501/38, RStBl 1939, S. 282.

RFH-Urteil vom 1.7.1942, VI 96/42, RStBl 1942, S. 1081.

4. Sonstige Quellen

BMF-Schreiben vom 29.1.2008, IV B 2 - S 2176/07/0001, BStBl I 2008, S. 317.

BMF-Schreiben vom 20.5.2009, IV C 6 - S 2134/07/10005, BStBl I 2009, S. 671.

BMF-Schreiben vom 11.11.2011, IV C 2-S 1978-b/08/10001(Umwandlungssteuererlass), BStBl I 2011, S. 1314.

BR-Drucksache 612/93 vom 3.9.1993: Gesetzentwurf der Bundesregierung: Entwurf eines Gesetzes zur Bekämpfung des Mißbrauchs und zur Bereinigung des Steuerrechts (Mißbrauchsbekämpfungs- und Steuerbereinigungsgesetz – StMBG).

BT-Drucksache 16/7036 vom 8.11.2007: Bericht des Finanzausschusses (7. Ausschuss) a) zu dem Gesetzentwurf der Bundesregierung – Drucksachen 16/6290, 16/6739 – Entwurf eines Jahressteuergesetzes 2008 (JStG 2008) [...].

BT-Drucksache 19/14103 vom 16.10.2019: Regierungsentwurf zum Gesetz zur Rückführung des Solidaritätszuschlags 1995.

EStH: EStH 2016: Einkommensteuer-Hinweise 2016, Bundesministerium der Finanzen, amtliches Einkommensteuer-Handbuch 2016, Stuttgart 2017.

EStR: Einkommensteuer-Richtlinien vom 16.12.2005, BStBl I 2005, Sondernummer 1, in der Fassung der EStÄR 2012 vom 25.3.2013, BStBl I 2013, S. 276.

GewStR: Gewerbesteuer-Richtlinien vom 28.4.2010, BStBl I 2010, Sondernummer 1, S. 2.

KStR: Allgemeine Verwaltungsvorschrift zur Anwendung des Körperschaftsteuerrechts (Körperschaftsteuer-Richtlinien 2015 – KStR 2015), BStBl I 2016, Sondernummer 1, S. 2.

Oberste Finanzbehörden der Länder: Gleich lautende Erlasse zur Anwendung der §§ 3 und 6 GrEStG in den Fällen des § 1 Abs. 3 GrEStG vom 19.9.2018, S 4505 – 12 – V A 6 (Aktenzeichen des NRW-Finanzministeriums), BStBl I 2018, S. 1069.

Oberste Finanzbehörden der Länder: Gleich lautende Erlasse zur Anwendung der §§ 5 und 6 GrEStG vom 12.11.2018, S 4514 – 12 – V A 6 (Aktenzeichen des NRW-Finanzministeriums), BStBl I 2018, S. 1334.

OFD Koblenz, Kurzinformation der Steuergruppe St 3 vom 28.2.2007, S 2243 A - St 31 3, DStR 2007, S. 992.

Richtlinie des Rates 2009/133/EG vom 19.10.2009, Abl. EU; Nr. L310, S. 34 (Fusionsrichtlinie).

UmwStE: BMF-Schreiben vom 11.11.2011, IV C 2-S 1978-b/08/10001, BStBl I 2011, S. 1314.

UStAE: Verwaltungsregelung zur Anwendung des Umsatzsteuergesetzes (Umsatzsteuer-Anwendungserlass) vom 1.10.2010, BStBl I 2010, S. 846, zuletzt geändert durch BMF-Schreiben vom 18.5.2016, BStBl I 2016, S. 506.

Stichwortverzeichnis